爱敬与仪章

东亚视域中的《朱子家礼》

[日]吾妻重二 著
吴震 等译

上海古籍出版社

图书在版编目(CIP)数据

爱敬与仪章：东亚视域中的《朱子家礼》/(日)吾妻重二著;吴震等译. —上海：上海古籍出版社，2021.5（2021.10重印）
ISBN 978-7-5325-9984-4

Ⅰ.①爱… Ⅱ.①吾… ②吴… Ⅲ.①朱熹(1130-1200)—家礼—研究 Ⅳ.①K892.27

中国版本图书馆 CIP 数据核字(2021)第 075111 号

爱敬与仪章：东亚视域中的《朱子家礼》
吾妻重二　著
上海古籍出版社出版发行
（上海瑞金二路 272 号　邮政编码 200020）
（1）网址：www.guji.com.cn
（2）E-mail：guji1@guji.com.cn
（3）易文网网址：www.ewen.co
上海颛辉印刷厂有限公司印刷
开本 890×1240　1/32　印张 17.25　插页 11　字数 384,000
2021 年 5 月第 1 版　2021 年10月第 2 次印刷
印数：1,301 — 2,100
ISBN 978-7-5325-9984-4
B・1212　定价：88.00 元
如有质量问题，请与承印公司联系

司马光像　《纪念司马光王安石九百年特展目录》
（台北故宫博物院，1986 年），页 3

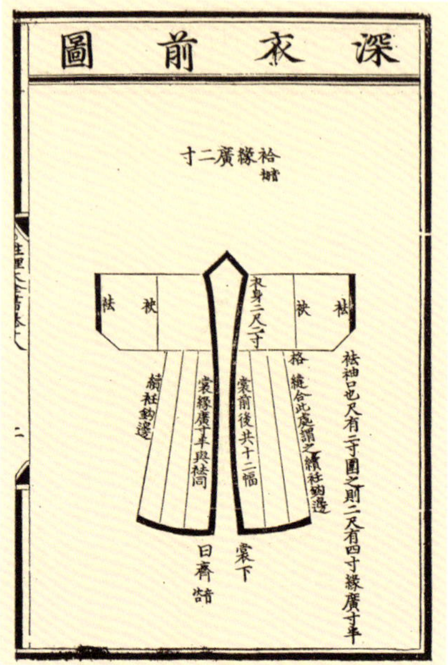

深衣前图　《性理大全》所收《家礼》

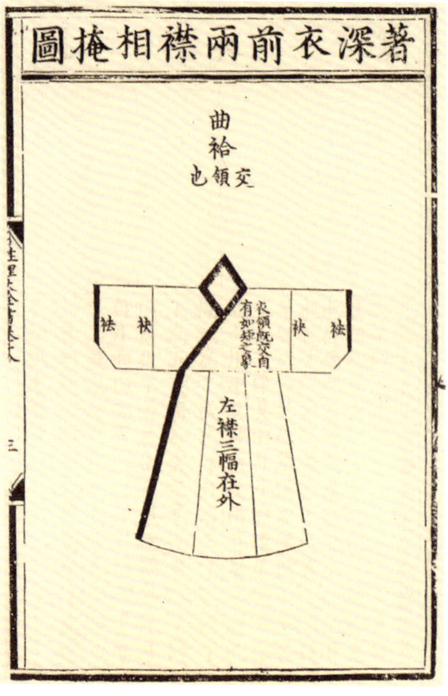

着深衣前两襟相掩图　《性理大全》所收《家礼》

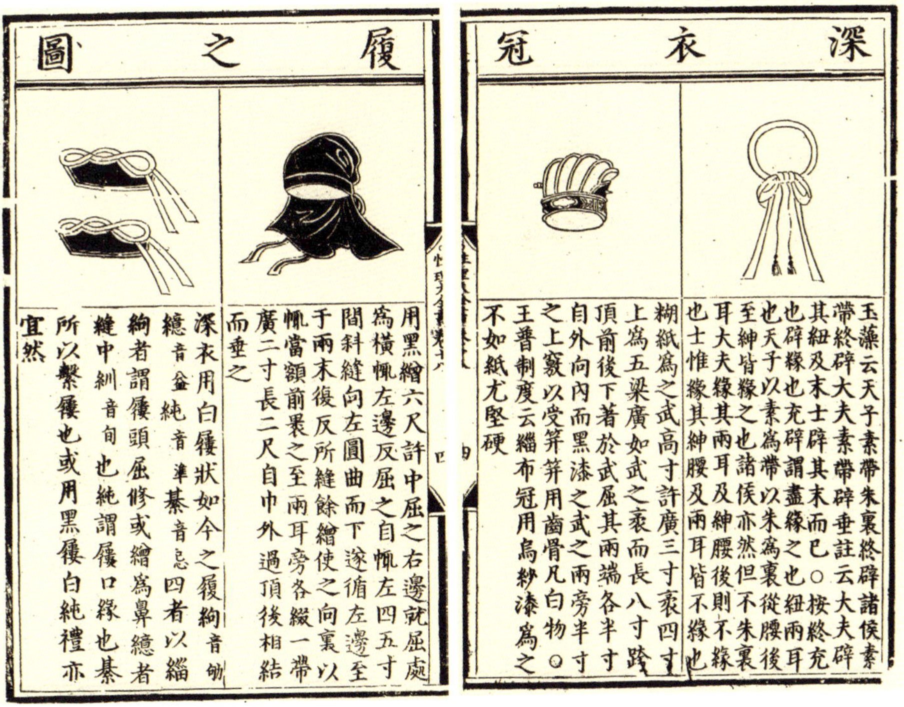

深衣冠屨之圖

玉藻云天子素帶朱裏終辟諸侯素帶終辟大夫素帶辟垂註云大夫辟其紐及末士辟其末而已○按終充也辟緣也充辟謂盡緣之也紐兩耳也天子以素爲帶以朱爲裏從腰後至紳皆緣之也諸侯亦然但不朱裏耳大夫緣其兩耳及紳腰後則不緣也士惟緣其紳腰及兩耳皆不緣也

糊紙爲之武高寸許廣三寸袤四寸上爲五梁廣如武之袤而長八寸跨頂前後下著於武屈其兩端各半寸自外向內而黑漆之武之兩旁半寸之上竅以受笄笄用齒骨凡白物○王普制度云緇布冠用烏紗漆爲之不如紙尤堅硬

用黑繒六尺許中屈之右邊就屈處爲橫幓左邊反屈之自幓左四五寸間斜縫向左圓曲而下遂循左邊至于兩末復反所縫餘繒使之向裏以幓當額前裹之至兩耳旁各綴一帶廣二寸長二尺自巾外過頂後相結而垂之

深衣用白屨狀如今之履絇音劬繶音益純音準綦音忌四者以緇絇者謂屨頭屈修或繒爲鼻繶者縫中紃音旬也純謂屨口緣也綦所以繫屨也或用黑屨白純禮亦宜然

深衣冠履之图　《性理大全》所收《家礼》

苏轼直裰姿　赵孟頫笔　沈从文《中国古代服饰研究（增订本）》（香港：商务印书馆香港有限公司，1992 年），页 375

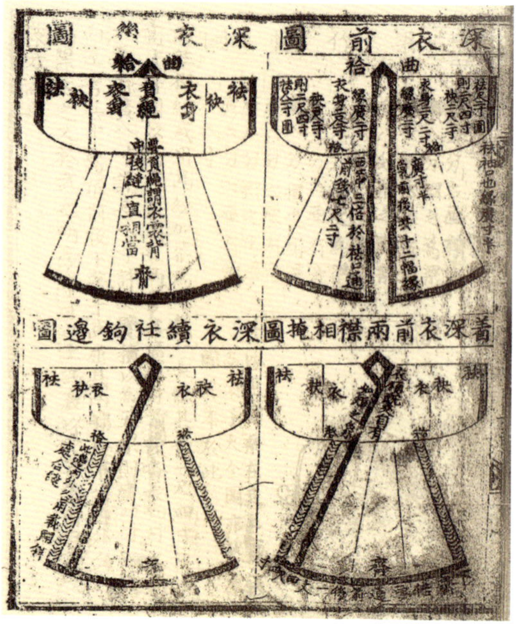

深衣前图及深衣后图　金长生《家礼辑览》图说

许传深衣姿 한국고전의례연구회 《국역 사의 士仪》1（도서출판 보고사, 2006 年）卷首图

深衣复原图（韩国） 권오창《인물화로 보는 조선시대 우리옷》（현암사, 1998 年），页 77

李益炡的深衣

首尔檀国大学石宙善纪念博物馆所藏（檀国大学崔圭顺教授提供）

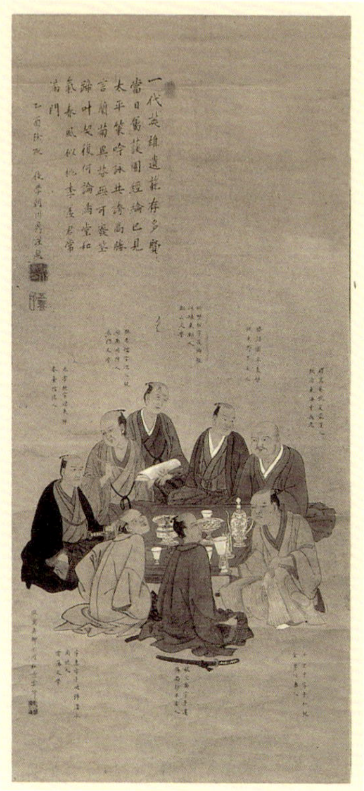

蘐园小集图　京都大学总合博物馆藏　京都大学文学部博物馆《日本肖像画图录》（京都：思文阁，1991 年），页 59

朱舜水木雕坐像　石原道博《朱舜水》（东京：吉川弘文馆，1961 年）卷首图

藤原惺窝像　狩野永纳原画　渡边华山模写

东京国立博物馆藏　据该博物馆网页

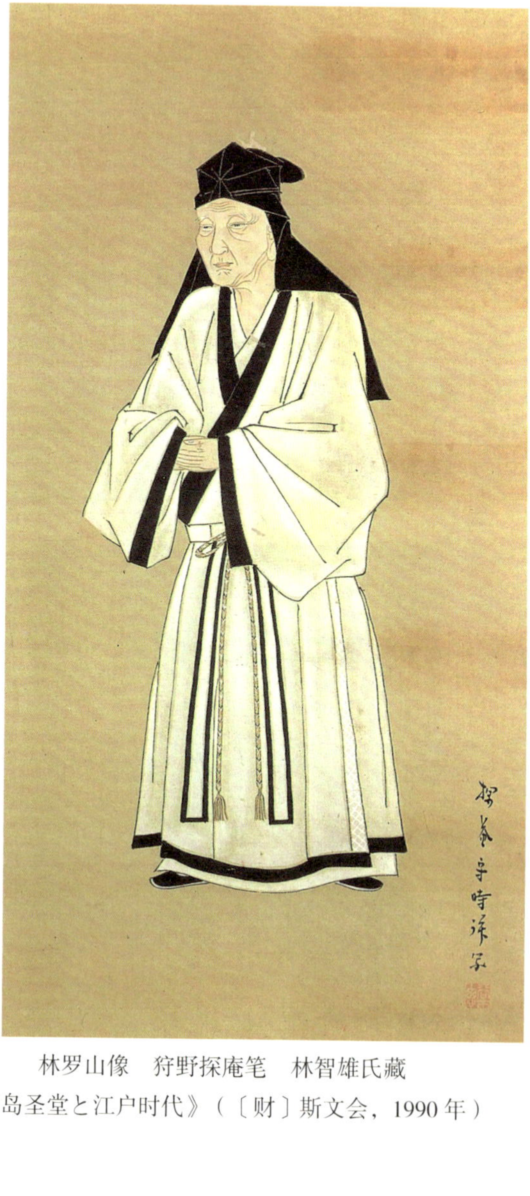

林罗山像　狩野探庵笔　林智雄氏藏
《汤岛圣堂と江户时代》（〔财〕斯文会，1990 年）

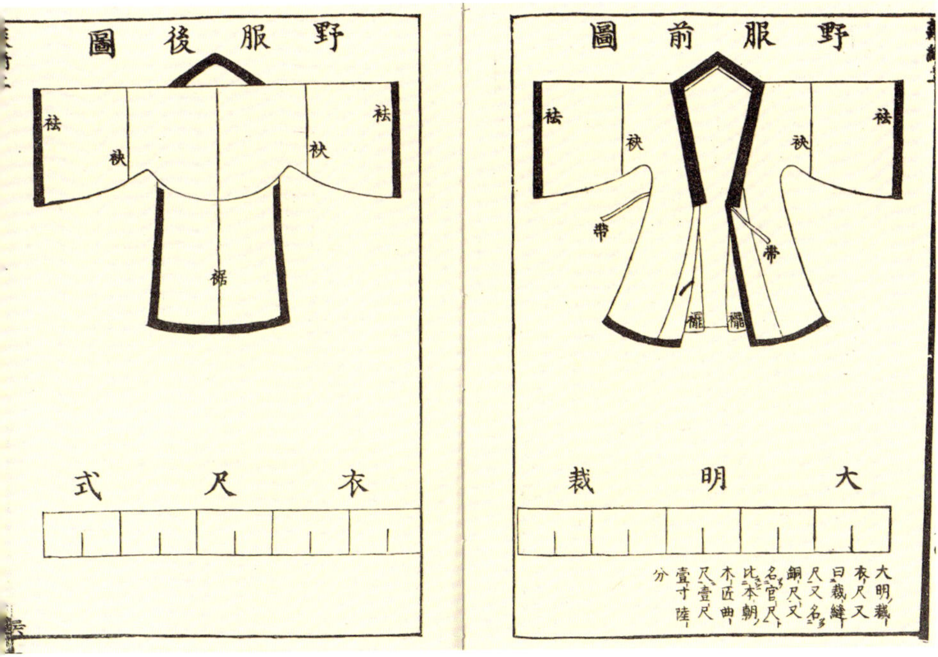
野服後圖
袪
袂
袂
袪
裾
衣尺式
野服前圖
袪
袂
袂
袪
帶
帶
襴
襴
大明裁
大明裁衣尺又曰裁縫尺又名銅尺又名官尺比本朝木匠曲尺壹尺壹寸陸分

野服图　《朱氏谈绮》卷上

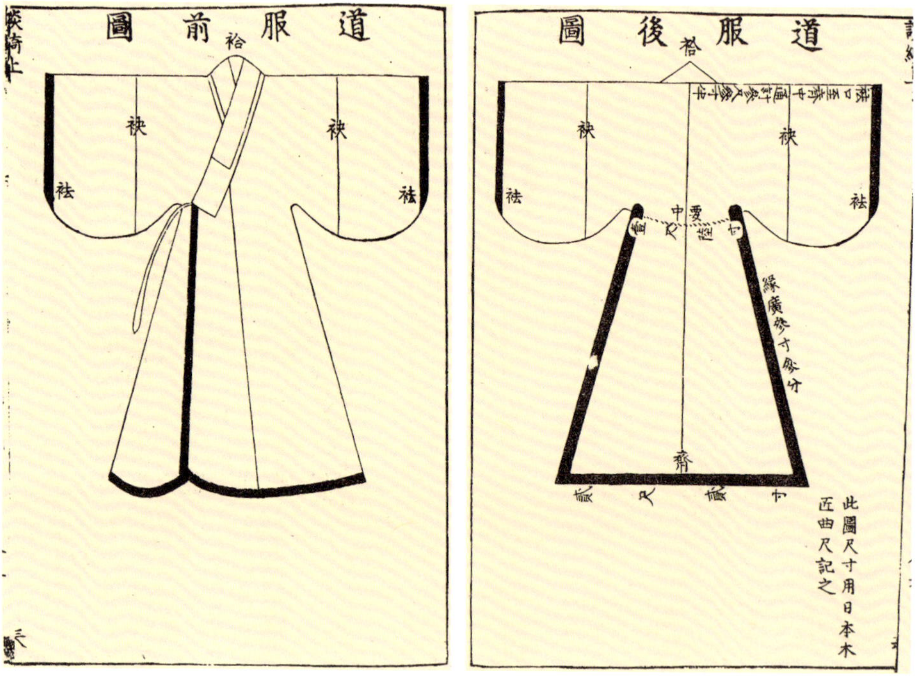

道服图　《朱氏谈绮》卷上

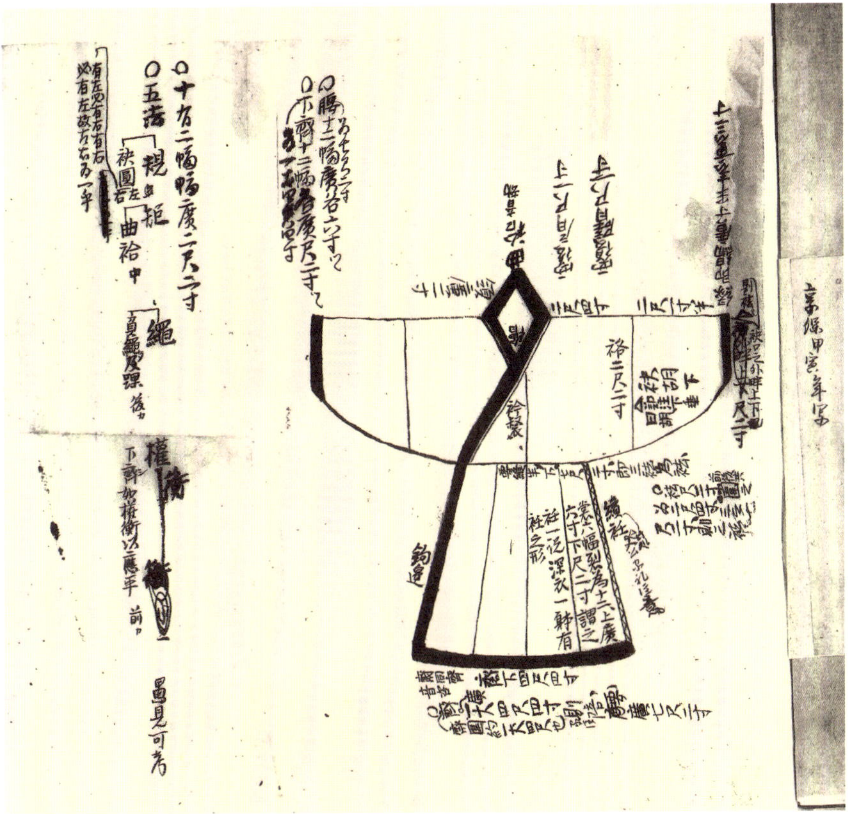

服部南郭　深衣图　早稻田大学图书馆服部文库藏

服部南郭　纸制深衣　前面和背面

早稻田大学图书馆服部文库藏

中井履轩　纸制深衣

大阪大学怀德堂文库藏　据 WEB 怀德堂网页画像胶卷 37

简　目

第一编　文献足征

第二编　礼文备具

第三编　礼书承传

目 录

第二编　礼 文 备 具

第五章　木主形状考

——到朱子学为止　212

第六章　木主影响考

——朱熹《家礼》的一个侧面　235

第三编　礼 书 承 传

第九章　《家礼》与日本

序

一

此书收载了有关南宋朱熹（1130—1200）《家礼》的一系列论文，在此先说明一下此书的缘由。

《家礼》一书作为“冠婚丧祭”的礼仪实施手册，宋代以后随着朱子学的发展与普及，产生了巨大的影响力。但是它所具备的意义似乎并未得到充分的关注。其原因可能有很多，但对儒学的偏颇见解可以说是其中的主要原因。

众所周知，儒学以“仁”与“礼”为核心内容，二者缺一不可。关于此点，《论语·颜渊》中“克己复礼为仁。一日克己复礼，天下归仁焉”、《论语·雍也》中“博学于文，约之以礼”等语即有明确的体现。另外，关于“孝”的实践，《论语·为政》中有如下问答：

> 孟懿子问孝。子曰：“无违。……生，事之以礼；死，葬之以礼，祭之以礼。”

这里孔子说：父母生前当然奉事之，死后还能正确地实行“葬”“祭”的“礼”，才算是尽“孝”。换言之，仁、孝的“思想”通过

“礼”的实践才能具体化、现实化；思想与礼仪，即实质与形式二者，好似车之两轮，都很重要。正因如此，后世儒学以《仪礼》《周礼》《礼记》三礼文献为基础，发展出丰富多彩的礼学与礼制。

我们不能忽视这种礼学与礼制对于国家仪礼、社会仪式、风俗习惯、日常行为、礼节、丧葬仪礼以及祖先祭祀等方面造成的影响。儒学的礼学与礼制在人们的日常生活中发生过很大的作用，过去中国人民的社会生活离不开“礼”。

但是，近代以来的儒学研究重心转移到思想研究方面，集中在中国“哲学”的领域中。当然，这与在儒学漫长的历史中诞生了丰富的哲学思想是分不开的，而在“哲学”领域中难以讨论“礼仪”方面，因此“礼仪”研究被搁置一边。其实，尽管哲学是儒学的重要部分，但并非是儒学的全部，在回溯儒学史展开的时候我们必须确认“哲学”与“礼仪”两个方面。

近十多年来，出于这种反省与展望，“礼仪”研究不仅在中国，在韩国、日本也出现了显著的变化。本书以 2003 年整理的日本科学研究费报告书为基础，还收录了以之为契机而新写的有关《家礼》的一系列文章，也可能在儒学以及东亚文化传统再审视方面发挥一些作用。

二

现在要说明《家礼》的作者问题。自清代王懋竑以及《四库全书总目》等都主张“《家礼》伪作说”以来，这一说法十分流行，但是这种说法是误解，是错误的。对此问题，前人已经有所考察，我也做过一些考证（参见本书 17 页以后），详细内容在此不再重复。简单地说，虽然《家礼》在内容上有前后矛盾等若干问题，不过这应该是由于《家礼》不是定本而是稿本所引发的。朱熹的高足陈淳说《家礼》是“未成之缺典”，此说法十分准确。《家礼》虽是朱熹的未定稿，但也是朱熹自撰的重要著作，这一点是毋庸置疑的。

朱熹《家礼》是一部划时代的著作，能够从三个方面确认。

第一是作为礼仪文献的重要性。在中国，最重要的古典礼仪文献当然是《仪礼》，可以说《仪礼》是中国古代礼仪文献的代表。与之相对，《家礼》则是中国近世（宋元明清）礼仪文献的代表。作为中国传统礼仪实践手册，我们必须在提起《仪礼》时一同提起《家礼》。在此意义上，《家礼》可说是儒学的“新古典”。

第二是《家礼》内容的普遍性。所谓的普遍性也可以说是超越阶级。《家礼》在礼仪的实践上并没有拘泥阶级或官品，而是处处强调“士”与“庶”都可以按自己的情况实践自己的礼仪。中国古代，礼仪被认定是只有特权阶级才能享受的，《礼记·曲礼》中“礼不下庶人，刑不上大夫”一语即为此阶级性的象征。一般的庶民没有行礼的资格，阶级的差异强制地决定了礼之有无。但《家礼》并没有设定这种阶级、官品的差别。

当时，宋朝继承传统国家礼制，在礼仪实践上还保持阶级性的很多限制，而《家礼》却与这种国家法令规定的阶级性不同，提倡了超越阶级的士庶“日用常行之道”。这应该是朱子学“人皆可以为圣”的平等主义人性观的反映。如“性善，故人皆可为尧舜”（《朱子语类》卷五十五）一句说明，朱子学基于性善说认为人们都可以成为“尧舜”。我们可以说，朱子学有很高的儒学理想，此理想与中国古代、中世纪的阶级性浓厚的人生观有很大的不同。

第三是《家礼》的广泛影响。《家礼》一书曾经超出中国的范围，还给朝鲜·韩国、日本、越南、琉球等东亚地区带来了很大的影响。有关《家礼》的注释、书籍、文章在这些地区曾经大量出现，实行《家礼》式礼仪的例子也很多，其影响程度可能不亚于朱熹的名著《四书集注》。近年来的调查说明，东亚地区近世有关《家礼》的文献极多，我们不得不承认此书强大的感化力量。

三

“礼”原本是区分“文明”与“野蛮”、“人类”与“禽兽”的重要标志。比如重编《家礼》撰写《文公家礼仪节》的明人丘濬（1421—1495），在该书序中提到：

> 礼之在天下，不可一日无也。中国所以异于夷狄，人类所以异于禽兽，以其有礼也。礼其可一日无乎？成周以礼持世，上自王朝以至于士庶人之家，莫不有其礼。

丘濬说：“礼”是区分中国与夷狄、人类与禽兽的关键实践，也是上自王朝下至士庶人一日都不可欠缺的重要因素。这种思想不仅在中国，在东亚地区也成为了一个共通认识。日本江户时代前期著名的朱子学者贝原益轩（1630—1714）的解说可以说明这一事实：

> 礼者天地之常，人之则也。则，谓人之规距也。无礼，则无人间之规矩而同于禽兽。因此应自幼即谨守礼仪。人之行为，

事事应有礼。若万事有礼，则有条理而易行，心亦定而安。若无礼，则条理差失，紊乱而不行，心亦不安。故礼乃不可不行者也。自小儿之时，即应当遵从和礼之法而教之起居动作、饮食、酒茶之礼仪、拜礼等。(《和俗童子训》，原文为日语)

在此“无礼，则无人间之规矩而同于禽兽”一句特别值得注意。“礼者天地之常，人之仪则也”也是以朱熹的说法为根据，并与丘濬的见解如出一轨，相互沟通。不仅如此，贝原益轩还强调“起居动作、饮食、酒茶之礼仪、拜礼等”，对于日本近世日常仪礼的普及产生了重要影响。现在人们都说“日本人很讲究礼貌”，而假如是这样，这种礼貌也可以说是在朱子学的影响之下产生的。

此外，如韩国首尔南大门的正式名称为“崇礼门”，琉球王宫首里城的正门亦挂有“守礼之邦”的匾额，这些情况都值得注意。这些“礼”字向国内外宣告着自己不是野蛮之地而是文明之国。“华夷”之分的标志也就在于“礼”，东亚近世文明的形成中，儒学的“礼”的作用十分重大，而《家礼》就在其中扮演了重要角色。

四

我的《家礼》研究开始于20世纪90年代，最初的总结成果是2003年的科学研究费报告书:《朱熹〈家礼〉版本与思想的实证研究》。

最初，我认为此研究已告一段落，但随着调查推进，就感觉到仍有很多不明之处，尤其痛感东亚范围的调查很不充分，还需要继续进行研究。因此，2009年11月3—4日，我在关西大学全球化COE（文化交涉学教育研究据点，ICIS）的支援之下，与韩国国学研究院共同举办了国际研讨会“朱子家礼与东亚文化交涉”。当时，中国大陆、中国台湾、日本、韩国、美国、加拿大等国内外的很多优秀学者共聚一堂，取得了丰硕的成果。我与朴元在共同编著的此次会议论文集《朱子家礼与东亚文化交涉》也在2012年得以出版。我自认为，此国际研讨会与论文集应是《家礼》研究史中的一个里程碑。

在此期间，我还开始收集中国、朝鲜、日本、越南等地与《家礼》相关的文献，并在2010年影印出版了日本江户时期《家礼》相关的重要文献，名为《家礼文献集成·日本篇（一）》；到今年为止，此系列共出版了九册。

2012年，在复旦大学吴震教授的帮助下，我出版了《朱熹〈家礼〉实证研究》一书。该书获得好评，同年十月就发行了第二版。

本书的前半部分，即第一章到第七章，已经收录在此《朱熹〈家礼〉实证研究》中，文字有一定改动。而第八章以后的后半部分是该书出版以后撰写的新文章。本书所载的“初版序”就是此《朱熹〈家礼〉实证研究》的序文。

这些文章中，第一章“儒教仪礼研究的现状与课题”一文原是2008年撰写的旧稿，现在已经有必要补充后来出现的各种新成果，诸如彭林、杨华、殷慧、彭卫民、叶纯芳、乔秀岩（桥本秀美）、田世民、张东宇、韩淑婷、松川雅信等人的著作。但现在没有时间加写这些信息，十分遗憾。不过，我觉得此文中指出的“现状与课题”的基本方向至今仍有一定的意义。

关于本书副标题“东亚视域中的《朱子家礼》”中所谓的“东亚”，也可能名不副实，因为所载文章大部分是讨论中国与日本，很少涉及朝鲜·韩国、越南等地。虽说如此，但我还是采用了“东亚”一词，这是因为我个人的关注一直在于东亚，并且还希望借此提醒人们《家礼》所涉及的范围不仅限于中国，还扩大到了东亚各国。

顺便一提，原《朱熹〈家礼〉实证研究》的后半部分是《校勘本〈家礼〉》。2020年，我抽出此校勘部分，并加以一些补订，以《〈朱子家礼〉宋本汇校》为名由上海古籍出版社出版了。

五

吴震教授在阳明学方面有显著业绩，也是当代中国哲学史专家的代表。同时，吴震教授对朱子学、《家礼》以及礼仪研究的意义亦有着深刻的理解，此次本书的出版也得到了吴震教授的全面支持与协助。另外，吴震教授现在还正在进行东亚地区中国、朝鲜·韩国、日本、越南的《家礼》相关文献的标点汇编工作，我也共同参与这项工作。这套丛书不久将出版面世，东亚《家礼》研究就会获得可靠的文本，这将极大地推动相关研究。

我已经发表的有关《家礼》的研究成果如下，以供参考。其中《家礼文献集成·日本篇》已经出版九册，预计还有二、三册即将完结。

《朱熹〈家礼〉の版本と思想に関する実証的研究》，研究代表者：吾妻重二，2000年度~2002年度科学研究费补助金·基盘研究（C）（2）研究成果报告书，全299页，2003年3月

《东アジアの仪礼と宗教》，关西大学《アジア文化交流研究丛

刊》第三辑，吾妻重二、二阶堂善弘编，雄松堂出版，全 425 页，2008 年 8 月

《家礼文献集成·日本篇（一）》，吾妻重二编著，关西大学《东西学术研究所资料集刊》27—1，关西大学出版部，全 254 页，2010 年 3 月

《朱子家礼と东アジアの文化交涉》，吾妻重二、朴元在编，汲古书院，全 486 页，2012 年 3 月；韩语译：『국학연구』第 16 辑，韩国国学振兴院，2010 年 6 月

《朱熹〈家礼〉实证研究》（汉语），吾妻重二，吴震、郭海良等译，华东师范大学出版社，全 420 页，2012 年 5 月　＊同年 10 月，第二版出版

《家礼文献集成·日本篇（二）》，吾妻重二编著，关西大学《东西学术研究所资料集刊》27—2，关西大学出版部，全 301 页，2013 年 3 月

《〈朱子语类〉訳注　卷八十四~八十六》，吾妻重二、井泽耕一、洲胁武志译注，汲古书院，全 359 页，2014 年 12 月

《〈朱子语类〉訳注　卷八十七~八十八》，吾妻重二、秋冈英行、白井顺、桥本昭典、藤井伦明译注，汲古书院，全 339 页，2015 年 7 月

《家礼文献集成·日本篇（三）》，吾妻重二编著，关西大学《东西学术研究所资料集刊》27—3，关西大学出版部，全 342 页，2015 年 3 月

《家礼文献集成·日本篇（四）》，吾妻重二编著，关西大学《东西学术研究所资料集刊》27—4，关西大学出版部，全 283 页，

2015年3月

《家礼文献集成·日本篇（五）》，吾妻重二编著，关西大学《东西学术研究所资料集刊》27—5，关西大学出版部，全369页，2016年3月

《家礼文献集成·日本篇（六）》，吾妻重二编著，关西大学《东西学术研究所资料集刊》27—6，关西大学出版部，全341页，2016年3月

《家礼文献集成·日本篇（七）》，吾妻重二编著，关西大学《东西学术研究所资料集刊》27—7，关西大学出版部，全368页，2018年3月

《家礼文献集成·日本篇（八）》，吾妻重二编著，关西大学《东西学术研究所资料集刊》27—8，关西大学出版部，全348页，2019年3月

《〈朱子家礼〉宋本汇校》，吾妻重二汇校，上海古籍出版社，全241页，2020年9月

《家礼文献集成·日本篇（九）》，吾妻重二编著，关西大学《东西学术研究所资料集刊》27—9，关西大学出版部，全309页，2021年3月

以上是本书出版的缘由和背景。希望本书能对《家礼》以及儒学研究有所贡献，并在此对吴震教授的帮助和情谊衷心表示感谢。

吾妻重二

2021年4月15日　写于日本关西大学

初版序

一

本书所收是我撰写的有关《家礼》的各篇论文。在此，我想先就有关研究经过略作说明。

事实上，《家礼》一书作为“冠婚丧祭”之仪礼的实施手册，自宋代以降便产生了巨大的影响。然而，对于《家礼》所具有的这层意义，在此之前并没有受到充分的关注。那么，《家礼》何以是一部具有划时代之意义的文本呢？我想可以从以下三个方面来加以阐明。

第一、《家礼》作为礼文献的重要性。就礼文献之古典而言，不用说，《仪礼》是很重要的，但是与《仪礼》作为中国古代礼文献之代表相对而言，《家礼》则是中国近世（宋元明清）礼文献之代表。作为中国传统的仪礼实践之手册，与《仪礼》同样重要的，我们不得不列举《家礼》，在这个意义上可以说，《家礼》乃是儒教的“新古典”。

第二、《家礼》具有“士庶”即特权阶层及一般庶民都可实行的内容。在中国古代，礼只是特权阶层才能享受的，这一点在《礼记·曲礼篇上》“礼不下庶人，刑不上大夫”这句话中得到典型的体现。一般庶民被认为没有实行礼的资格，而阶层的差异则强烈地规定了有没有可实施的礼。然而，《家礼》则没有设定这种阶层的差别。可以说，《家礼》是谁都可以实施的一种仪礼书，而这正反映了“谁都可以成为圣人”这一朱子学的平等主义的人类观。

第三、《家礼》一书的影响超越了中国的地域范围，扩展到了韩国、日本及琉球等东亚世界。由上述东亚地区有着十分丰富的有关《家礼》的注释、撰述及论文便可充分说明这一点。《家礼》在东亚近世时期所具有的影响，此前只为部分研究者所了解，然而，我们应当重新关注《家礼》所拥有的这种巨大的感化力。

其实，所谓礼，乃是区分“文明”与“野蛮”的一个重要标志。例如，明代丘濬在《文公家礼仪节·序》中曾说：

> 礼之在天下，不可一日无也。中国所以异于夷狄，人类所以异于禽兽，以其有礼也。礼其可一日无乎！成周以仪持世，上自王朝以至于士庶人之家，莫不有其礼。

这一思想其实不仅是中国，而且也是东亚地域的共识。这一点我们可以从韩国首都首尔南大门的正式名称为“崇礼门”、琉球王宫首里城的正门悬挂的匾额为“守礼之邦”得到充分的了解，这是向国内外宣扬自己乃是崇尚文明的、礼仪的国度。礼成了区分“华夷”的中心指标。

还须指出，《家礼》乃是朱熹的自著这一点也很重要。《家礼》乃是他人所作的“伪作说”由清代王懋竑提出，为《四库全书总目》所继承，以后长期流传，然而通过包括笔者在内的近年来的研究证明这个观点是错误的。《家礼》虽然是朱熹的未定稿，但必须被看作是朱熹的重要著作。

二

我的《家礼》研究始于20世纪90年代后半期，其最初的成果即是收录于本书的《〈家礼〉版本考——到〈性理大全〉为止》（译者按，即本书第三章）。此后，接受了科学研究费补助金的研究资助，开始真正投入研究，整理成了报告书《关于朱熹〈家礼〉的版本与思想的实证研究》。[1]

就我个人来说，本想就此告一段落，然而随着调查的进行，深深感到仍有许多尚未明确的问题点，特别是有关东亚区域的调查研究还很不充分，因而又将研究持续下去。从2005年至2007年，在关西大学东西学术研究所组织了思想・仪礼研究班，开始实施“东亚儒教仪礼研究”，从2005年至2009年，又在文部科学省私立大学学术项目推动基地“关西大学东西学术研究所亚洲文化交流研究中心”（CSAC）设立了思想・仪礼研究班，继续展开相关研究。后来根据这些研究项目的研究报告，整理出了《东亚儒教仪礼研究》[2] 以

1 《朱熹〈家禮〉の版本と思想に關する實証的研究》（项目主持：吾妻重二，平成12年度—14年度科学研究费补助金・基础研究（C）（2）研究成果报告书，2003年3月，共299页）。

2 吾妻重二编：《東アジアにおける儒教儀禮の研究》（思想・仪礼研究班，关西大学东西学术研究所研究报告书，2007年10月，共206页）。

及《东亚的仪礼与宗教》[3] 2册。

另外在此期间，我逐渐收集了中国、朝鲜、日本、越南有关《家礼》的文献。于是首先影印了撰于日本江户时代的有关《家礼》的重要文献，出版了《家礼文献集成·日本篇（一）》。[4] 进而又在文部科学省采纳的本校的国际化推动项目COE“文化交涉学教育研究基地”，自2007年以降，在东亚文化交涉的主题之下，共同进行了《朱子语类》“礼”部分的译注工作。[5]

事实上，与东亚地域的文化交流、文化交涉相关，儒教展开之本身便是一项意味深远的研究课题，这一点无须赘述。但是令人关注的是，包括冠婚丧祭在内的儒教仪礼也曾在这些地域广泛传播，而且在人们的通俗仪礼、知识构成、行为准则、祖先祭祀等方面承担着重要的作用。在此之前，说到儒教及朱子学，被人们所强调的只是“哲学”层面，然而不用说，儒教及朱子学拥有远远超过哲学层面的丰富多彩的内容，仅以哲学的观点难以覆盖儒教及朱子学的范围，而仪礼构成了儒教及朱子学的重要部分，并作为传统的文化要素而具有深远的意义。

就在这样的背景之下，我对儒教仪礼以及《家礼》进行着不断

3　吾妻重二、二阶堂善弘编：《東アジアの儀禮と宗教》（关西大学アジア文化交流研究丛刊第3辑，雄松堂出版，2008年8月，共425页）。

4　吾妻重二编著：《家禮文獻集成　日本篇1》（关西大学东西学术研究所资料丛刊27—1，关西大学出版部，2010年3月，共254页）。

5　吾妻重二责任编集：《東アジア文化交涉研究》别册5《〈朱子語類〉禮關係部分　譯注1》（关西大学文化交涉学教育研究基地，2009年3月，共122页）；另，《〈朱子語類〉禮關係部分　譯注2》（科学研究费基础研究（A）（一般）、《東アジアにおける傳統教養の形成と展開に關する學際的研究：書院・私塾教育を中心に》，2009年度报告书，2010年1月，共108页）。

的研究。这一研究步伐虽然缓慢，但我以为，也正由此而获得了扎实的成果。于是，我决心将此前的研究成果进行整理。在日本，我还没有正式出版有关《家礼》的论著，因此本书乃是我的第一部有关《家礼》的论文集。本书若能促使人们不仅对于儒教、朱子学，而且对于中国及东亚世界传统文化的存在样态予以必要的回顾以及关照，将是我的荣幸。

三

本书的翻译得到了复旦大学吴震教授的莫大帮助。翻译学术论文是如何的艰难，这是由我自己的亲身经历可以想见的。因为翻译不仅需要语言学的能力，更要有相关领域的正确的专门知识。吴震教授既有关于中国思想的渊博学识，又有出色的语言能力，故能使得本书翻译成为可能。在编后记中，吴震教授还作了非常仔细恳切的解说。

与吴震教授的初次会面约在20余年以前，当时教授还在京都大学作为大学院生留学。此后，时常与教授保持联系。2008年3月，在复旦大学召开关西大学文化交涉学教育研究基地联络事务所揭牌仪式的记念讲演之际，得以久别重逢，继而于2008年10月，我参加了在复旦大学哲学学院由教授主持的国际学术会议“宋代新儒学的精神世界——以朱子学为中心”，并在会上发表论文。在上述国际化推动项目COE“文化交涉学教育研究基地”，自2009年末至2010年初，我得以邀请到吴震教授来关西大学作为客座教授进行共同研究。另外，在2010年4月，教授与我共同主编的《思想与文献：日本学者宋明儒学研究》[6] 得以出版。

由于以上的机缘，本书得以在中国出版。最后，我要借此机会，向吴震教授所付出的辛劳以及深厚情谊表示衷心的感谢！

吾妻重二

2011年1月21日于关西大学

6 吴震、吾妻重二主编：《思想与文献：日本学者宋明儒学研究》（上海：华东师范大学出版社，2010年4月，共440页）。

第一编　文献足征

第一章　儒教仪礼研究的现状与课题

——以《家礼》为中心

（附《家礼》研究文献目录：中国、朝鲜·韩国、越南、日本）

前　言

首先，我们将要讨论中国古代仪礼与儒教的关系、儒教仪礼所包含的意义以及朱熹《家礼》的历史地位。也就是说，本文想借此机会，将就什么是“儒教仪礼”、《家礼》在儒教仪礼中占有何种地位等问题，做一简要梳理。在介绍前人研究的同时，亦想提出问题以便展望今后的研究。内容以中国为主，兼顾朝鲜、越南、日本等东亚地区的研究状况。

当然，笔者并非对相关文献已全部通览，特别是对朝鲜、越南的情况还有很多不清楚的地方，甚或有遗漏之处。需说明的是，本文毕竟只是基于笔者个人所关心的问题而进行的整理。若读者能将本文与附录的文献目录一并参照，从而对今后的研究有所助益，便是笔者的最大荣幸了。

一　儒教与中国古代仪礼

中国自古仪礼发达。关于殷周之前成立的夏王朝，近年有学者认为“具有中国文明之特征的宫廷仪礼得到完备的王朝成立于二里头三期，亦即夏朝”，而赋予夏朝文明特色的正是“礼制”。[1]尽管夏朝的存在至今尚未确定，但在这一时期的文化中，仪礼正逐步完备这一点却是确实的。而继承夏朝的殷周王朝完成了仪礼的建构，这由当时青铜器上的铭文（金文）便可窥知。[2]

西周时期“诗书礼乐”文化尤其发达。而尊崇西周文化的儒家，约从春秋时代后期至战国时期对之加以整理，使其作为儒教经典得以成立。[3] 杨宽的研究表明，在儒教经典的记述中已有可追溯至西周时代的仪礼。[4]

儒教成立于春秋后期出现的孔子（B.C.552—479）。关于仪礼，孔子强调要提防仪礼流于形式，要在确保其应有精神的前提下实践仪礼，而并没有否定仪礼本身，孔子轻视仪礼本身之迹象在《论语》中是看不到的。相反，孔子是西周文化以及仪礼的赞美者，而且意欲大力复兴仪礼。《论语·八佾篇》载：

> 子入大庙，每事问。或曰：“孰谓鄹人之子知礼乎？入大庙，每事问。”子闻之曰：“是礼也。”

---

1 冈村秀典：《夏王朝——王權誕生の考古學》（东京：讲谈社，2003 年），页 222、232。

2 小南一郎：《古代中國：天命と青銅器》（京都：京都大学学术出版会，2006 年）。

3 1993 年湖北省荆门市郭店村出土的、推算为公元前 300 年左右的竹简群中的《六德》，将诗、书、礼、乐、易、春秋六书并列。这就为此六书在战国中期已是儒家的重要文献提供了佐证。参见汤浅邦弘：《郭店楚簡〈六德〉について——全體構造と著作意圖》（《中國出土資料研究》6，2002 年）。

4 杨宽（1999）：第六编《西周时代的文化教育和礼制》。

这生动地告诉我们，孔子想要学习的正是当时西周及鲁国已经实施的仪礼。

由此，孔子后学寻求对仪礼的整理，于是便形成了所谓的“三礼”文献——以下级贵族身份为中心的仪礼手册《仪礼》、关于各种仪礼问题的笔记《礼记》以及由儒家编纂的作为理想之政典的《周礼》。

也就是说，西周以降，在与孔子无任何关联（校者按，着重号原有，下同）的情况下，由国家和贵族所积累的与仪礼相关的文献及口述，自春秋后期至战国时代，主要经孔子后学的儒家之手而得到整理、改编并流传后世。由于其他相关古文献存世不多、汉代儒教成了国家教学体系等因素，使得自此之后儒教仪礼构成了中国传统仪礼的核心。

中国仪礼的特色之一是其持续性。例如《仪礼·丧服篇》中服丧的规定，即所谓“五服”，根据亲族之间的亲疏关系，对其服丧期间应穿之丧服和装扮等有惊人的详细论述。而这种“五服”的规定自此之后经历代王朝直至清末，基本上被原封不动地继承下来。[5] 祭天、祭社稷以及《仪礼》所见之乡饮酒礼等虽有损益，但直至清末仍在实施。当然，因应时代的状况及人们的嗜好，仪礼也有所变化，而遭后世废除的古代仪礼也有不少。然而即便如此，“三礼”文献仍然是仪礼实践的规范。朱熹《家礼》虽混有当时的俗礼，但应注意的是，其基本思想在于《仪礼》，其意图是要复归古礼。

---

5 滋贺秀三：《中國家族法の原理》（东京：创文社，1967 年）第 1 章第 1 节“親族について”。

二　儒教仪礼及其意义

所谓仪礼，就是使人的感情秩序化，可定义为向他者展现的一种可视的行为方式（performance）。众所周知，“礼”（禮）字中的“示”指神，“豊”指酒（あまざけ）或者玉器，所谓“礼”，原本的意思是祭祀神灵的仪式。《说文解字》所云“礼者，履也，所以事神致福也”，传达了该词的原意。但是后来“礼”这一词语不仅指称祭祀仪式，更包含人们各种行动方式的含义。

现在，在文化人类学当中，仪礼往往指在非日常的空间及时间所举行的仪式。这可以说专指作为 ceremony 的仪式，而中国的仪礼则远比这一含义的范围广，除 ceremony 之外，还广泛地包含诸如社会制度、规范（norm）、习惯、成规、行为举止、礼节动作等方式。中国仪礼常被译作 ritual，这无疑比译为 ceremony 更为贴切，但从包含礼节动作（manner）这点来看，它其实比 ritual 所指更广。Ceremony 是狭义的仪礼，与此相对，包含 ceremony、ritual、norm、manner 在内的才是中国的仪礼。平凡社《世界大百科事典》（1988）的“仪礼”条从文化人类学的立场出发，认为“仪礼这种行为方式是在非日常的时间和空间中进行的”。这是从作为 ceremony 的仪式出发的定义，以之作为中国仪礼的说明并不恰当。

正如《礼记·曲礼篇》所述，仪礼深入日常生活中，这是儒教仪礼的一大特征。如下所述：

> 从于先生，不越路而与人言。遭先生于道，趋而进，正立

拱手。先生与之言则对，不与之言则趋而退。

（随长者行时，不与路对面的人讲话。路遇长者，要急速向前，正立拱手致敬。长者问则答，什么都不问就迅速退后。）

大夫、士出入君门，由闑右，不践阈。

（大夫和士，出入君主之门时，由门的右侧入，不踩门槛。）

凡与客入者，每门让于客。

（凡与客进入家中时，每次让客先入门。）

这些都是非常贴近生活场合的礼。《论语·颜渊篇》所云“非礼勿视，非礼勿听，非礼勿言，非礼勿动”，表明仪礼渗入人们的日常生活。《礼记·中庸篇》所云“礼仪三百，威仪三千”，也无疑说明渗透于社会生活中之大大小小的仪礼的存在。

仪礼如此深入日常生活的方方面面，这在佛教和道教中是看不到的。当然，在规范生活方面，佛教有戒律，道教有诫（戒）。但是，这些都是作为一种禁忌条目（taboo）严格束缚生活的规定，与扎根于日常生活的儒教仪礼相去甚远。破戒律或诫要入地狱，这种想法在儒教中是没有的。佛教的戒律和道教的诫是出世间的，与此相反，儒教的礼则是入世间的。

儒教仪礼的另一特征是，认为仪礼可使人文雅。《礼记·坊记篇》云“礼者，因人之情而为之节文，以为民坊者也”，《孟子·离娄篇上》“礼之实，节文斯二者（仁和义）是也”，其中所说“节文”是就节目而加以文饰之意。仪礼就是要避免野蛮粗鲁的行为，表现出文雅高尚的行为方式。《论语·雍也篇》所云“文质彬彬，然后君子”，是主张人必须兼备“质”和“文”。作为理想人格的“君子”，既要具备内在的德，又必须掌握外在的文雅之礼，这是儒教的思想。

进而，由对仪礼是文雅之形式的理解，产生了仪礼才是象征文明（civilization）的主张。明代丘浚《文公家礼仪节·序》开头有云：

> 礼之在天下，不可一日无也。中国所以异于夷狄，人类所以异于禽兽，以有其礼也。礼其可一日无乎！

这是说，由于在日常生活中履行仪礼，故使中国与夷狄、人类与禽兽得以区别。仪礼之有无成为区分文明与野蛮的标准。

仪礼象征文明这一思想，也曾远播东亚地区。现在，残存于首尔的南大门正式名称是“崇礼门”，冲绳首里城的正门则有“守礼之邦”的横匾，都象征性地说明了这一点。首尔南大门被称为“崇礼门”是基于一种五行思想，亦即将四方与仁义礼智相配，在此场合，南方刚好与礼相配。这些名称最终成为朝鲜王朝或琉球国对国内外的一种宣言，宣称它们并非野蛮之“夷狄”，而是具有“礼”即文明的先进国家。可见，在以中国为文化中心的东亚地区，儒教仪礼成了国家的文化地位的一种象征。

也有一种观点认为，仪礼明确表示了每个人的阶级及其作用，加强和巩固了统治阶级的统治，因此不过是统治的一种工具而已。但是应看到，仪礼有不为统治这一政治范畴所涵盖的重要文化意涵。

三　此前的中国儒教仪礼研究

迄今为止的中国儒教仪礼研究虽因“儒教仪礼”的范围设定方法而略有不同，但已有相当多的积累。本文无法对此一一介绍，仅就一般认为比较重要的事项进行论述。大致来讲，历来的研究可分为以下五个方面：（1）与古代宗教相关的研究，（2）经学或礼学的研究，（3）国家礼制的相关研究，（4）《书仪》和《家礼》等关于士庶阶层仪礼的研究，（5）与民俗、礼俗相关的更为下层的实地调查研究。

首先，（1）作为古代宗教的研究。池田末利的研究是围绕殷周时期的宗教礼仪来展开的，[6] 西冈弘主要就与文学的关系来考察古代丧礼。[7] 上面提到的杨宽的研究与小南一郎的研究一样，在文献分析中加入了考古学的观点，这作为一项新颖的研究很重要，[8] 陈来的研究将宗教置于儒教的渊源中加以考察。[9] 另外，林巳奈夫关于汉代文物的研究运用了文献资料和考古资料，成为研究中国古代仪礼不可或缺的参考。[10] 关于招魂仪礼的“复”，近年来，由大形彻

6　池田末利（1981）。

7　西冈弘（1970），（1986）。

8　杨宽（1965），（1999），小南一郎：《射の儀禮化をめぐって——その二つの段階》〔小南一郎（1995）所收〕，同：《飲酒禮と裸禮》〔小南一郎（2001）所收〕，同：《漢代の喪葬儀禮——その宇宙論的構造》（《アジア文化交流研究》2，大阪：关西大学亚洲文化交流研究中心，2007 年）。

9　陈来（1996）。

10　林巳奈夫（1976）。

提出了这一问题。[11]

其次，(2) 经学或礼学的研究，与其他方面相比恐怕为数最多。加藤常贤的研究虽为二战前的，但其论述关注历史与宗教，至今仍然富有启发性。[12] 藤川正数就汉代及魏晋时代的关于礼学的议论进行了细致的研究，栗原圭介论述了《礼记》的宗教思想。[13] 王锷结合近年郭店楚简的出土资料，对《礼记》的成立作了重新探讨。[14] 关于汉代礼学，池田秀三、保科季子、渡边义浩的新近研究受到关注。[15] 钱玄的研究完全运用文献资料详细考察三礼，其《三礼辞典》有助于查找礼学相关用语的典籍出处。[16] 李曰刚编《三礼研究论集》及陈其泰等著《二十世纪中国礼学研究论集》为回顾台湾及中国大陆的礼学研究提供了方便。[17] 长期从事礼学文献研究的沈文倬的论著，最近被整理成论文集。[18] 纪念沈文倬90诞辰的论文集对于了解

---

11 大形徹:《〈儀禮〉士喪禮の“復”——“復”は蘇生を願う儀式なのか》(《アジア文化交流研究》2，大阪：关西大学亚洲文化交流研究中心，2007)。

12 加藤常贤 (1943)。

13 藤川正数 (1968)，栗原圭介 (1969)。

14 王锷 (2007)。

15 池田秀三:《盧植とその〈禮記解詁〉(上)》(《京都大学文学部研究纪要》29，1990年)；同:《盧植とその〈禮記解詁〉(下)》(《京都大学文学部研究纪要》30，1991年)；同:《黄侃〈禮學略説〉譯注稿 (1)》(《中国思想史研究》28，京都：京都大学，2006年)；保科季子:《前漢後半期における儒家禮制の變容——漢的傳統との對立と皇帝觀の變貌》(历史と方法编集委员会《歷史と方法3：方法としての丸山真男》所收，东京：青木书店，1998年)；渡边义浩:《後漢における禮と故事》〔渡边义浩 (2006) 所收〕。

16 钱玄 (1996)，(1998)。

17 李曰刚 (1981)，陈其泰 (1998)。

18 沈文倬 (1999)，(2006a)，(2006b)。沈文倬 (2006a) 所收的论文被 (2006b) 全部收入。

现代中国仪礼、礼学研究的动向也有裨益。[19]

关于《仪礼》本身的研究，20 世纪 70 年代的台湾曾进行各种仪礼的复原，最近则有叶国良的研究。[20] 虽然对施设、器物及服饰等细节的复原存在困难，但应该说是重要的研究成果。

三礼的译注在中国大陆、中国台湾、日本均有出版。其中，川原寿市、池田末利及杨天宇的《仪礼译注》都是致力于从正面解决《仪礼》理解难题的辛苦之作。[21] 另外，池田末利《仪礼译注》所附《解说——经学的考察》一文广泛列举了自古代至清末的《仪礼》相关著作且有题解，乃是非常有用的检索手册。

此外，关于近世的礼学，小岛毅围绕礼的学说进行了历史学考察，张寿安阐明了清朝中期崛起的礼学及其思想影响，邓声国综述了清代《仪礼》研究的状况。[22] 关于清朝初期出现的围绕天主教教义与中国传统文化的典礼问题，最近桥本敬造所做的研究受到关注。[23]

再次，（3）关于国家仪礼，主要从历史学的立场来展开研究。渡边信一郎、甘怀真、陈戍国的研究是其代表。[24] 关于汉代皇帝的

19　浙江大学古籍整理研究所（2006）。

20　参见 C—4《〈儀禮〉の複原》中所列文献。

21　川原寿市（1973—1976），池田末利（1973—1977），杨天宇（1994）。

22　小岛毅（1996），张寿安（1994）、（2001），邓声国（2006）。

23　桥本敬造：《天學と西學：典禮問題の初期的展開》（《アジア文化交流研究》1，大阪：关西大学亚洲文化交流研究中心，2006 年）。

24　渡边信一郎（1996），甘怀真（1991）、（2003），陈戍国（1991）、（1993）、（1995）、（1998）、（2001）、（2002）。另外，也有对郊祀即天祭的考察，山内弘一：《北宋時代の郊祀》（《史學雜誌》92—1，1983 年），梅原郁：《皇帝·祭祀·國都》（中村贤二郎编《歷史のなかの都市》所收，ミネルヴァ书房，1986 年）；小岛毅：《郊祀制度の變遷》（《東洋文化研究所紀要》108，东京：东京大学，1989 年）。

丧葬仪礼，滏添庆文、渡边真弓、桐本东太均有论述。[25] 金子修一有关以唐代为中心的皇帝祭祀研究的各项研究被结成论文集。[26] 关于唐代的国家仪礼，近年石见清裕的研究受到关注。[27]

作为与国家仪礼相关的祭祀，还有祭奠孔子的释奠。对此，黄进兴的研究显示了当前的研究水平。[28] 此外，关于文庙（孔子庙）的从祀，中国与朝鲜围绕王守仁的文庙从祀问题，各自有不同应对，中纯夫对此进行了检证。[29]

最后，（4）关于《家礼》等士庶仪礼的相关研究留待后文详述，（5）关于民俗、礼俗中的儒家仪礼，主要从民俗学立场围绕祖先祭祀来展开研究。叶国良、彭利芸、何淑宜的著作就是立足这种视角的研究。[30] 以渡边欣雄为中心展开的环中国海地区（台湾、香港、韩国、冲绳等）祖先祭祀的共同研究也有重要价值。[31]

---

25 滏添庆文：《中國の喪葬儀禮——漢代の皇帝の儀禮を中心に》（井上光贞等编集《東アジア世界における日本古代史講座》第9卷所收，东京：学生社，1982年）；渡边真弓：《漢代皇帝の喪葬儀禮の變遷》（《明治聖德紀念學會紀要》复刊9，1993年）；桐本东太：《後漢王朝の死者儀禮——〈後漢書・禮儀志〉下篇譯注稿（一）》（《史學》54—4，东京：三田史学会，1985年）；同：《後漢王朝の死者儀禮——〈後漢書・禮儀志〉下篇譯注稿（二）》（《史學》58—1，东京：三田史学会，1988年）。另，渡边真弓也有中日比较研究：《日中喪葬儀禮の比較研究——日本古代及び中國唐代を中心に》（《國學院大學日本文化研究所紀要》71，1993年）。

26 金子修一（2001），（2006）。

27 石见清裕：《唐の圖書授與儀禮について》（《東洋史研究》57—2，1998年）；同：《唐代凶禮の構造——〈大唐開元禮〉官僚喪葬儀禮を中心に》（《福井文雅博士古稀紀念論集：アジア文化の思想と儀禮》所收，2005年）。

28 黄进兴（1994），（2001）。

29 中纯夫：《王守仁の文廟從祀問題をめぐって》（奥崎裕司编：《明清時代はいかなる時代であったか——思想史論集》所收，东京：汲古书院，2006年）。

30 叶国良（1997）、（2004），彭利芸（1988），何淑宜（2000）。

31 渡边欣雄（1989）。

此外，在京都大学人文科学研究所，以小南一郎为中心的中国仪礼研究仍在持续进行，在其论文集中大量收入了有关礼制、礼学的论考。[32] 另外，杨志刚的研究通过礼学及礼制对儒教仪礼的发展进行了通史性的考察，是一部为数不多的可称作“中国仪礼史”的著作。[33]

四 《家礼》的历史意义

朱熹的《家礼》是一部有关家族（宗族）的冠婚丧祭仪礼的实用书。值得注意的是，《家礼》并非以王侯、贵族为对象，而是以士人及庶人为对象的。

本来，在古代中国，一般认为仪礼是为王侯贵族所作，不适用于普通人。《礼记·曲礼篇上》云：“礼不下庶人，刑不上大夫。”《荀子·国富篇》云：“由士以上则必以礼乐节之，众庶百姓则必以法数制之。”语虽简短，却极具象征性。仪礼不适用于“众庶百姓”的思想直至后世仍然根深蒂固，即使在唐代，对于为祖先祭祀所设的家庙和神主（牌位）都有依据官品而设的严格规定，普通士人和庶民被置于极受歧视的境地。[34]

在此意义上，以士人和庶人为对象的《家礼》在中国仪礼的发展史上具有划时代的意义。关于这一点，清末皮锡瑞已把《家礼》

32 小南一郎（1995），（2001）。

33 杨志刚（2001）。

34 吾妻重二（2001）。

称为“民间通行之礼”，以与“王朝之礼”相对。[35] 杨志刚对此则有明确论述：

> 经过唐末五代的大动荡，到宋代，士族和庶族间的界限在现实和人们的观念中都基本消失。譬如，婚姻问题历来被视为“礼之本”，但宋代“婚姻不问阀阅”，士族、庶族可以通婚，故士庶通礼得以进一步发展和完善。
>
> 首先出现了司马光的《书仪》，尔后诞生了朱熹的《家礼》……《家礼》以《书仪》为基础，才将士庶通礼在形式和内容两方面臻于完善。[36]

当然，《家礼》首先考虑的对象乃是士人，[37] 但也以无位无官的“庶”为对象。例如，关于祭祀家族祖先的“祠堂”，《家礼》云：

> 古之庙制不见于经，且今士庶人之贱，亦有所不得为者，故特以祠堂名之，而其制度亦多用俗礼。（《家礼》第一《通礼·祠堂》）

说明祠堂（家庙）是为“士庶人”所作。在神主（牌位）表面写

---

35 皮锡瑞：《经学通论·四·三礼·论王朝之礼与古异者可以变通，民间通行之礼宜定画一之制》。

36 杨志刚（2001），页205—206。

37 更准确地说，在宋代，科举及第者为士大夫，举人、生员等无官职者为士人，这里将这些读书人统称为士人。参见高桥芳郎：《宋代の士人身分について》（《史林》69—3）。

上“宋故某官某公讳某字某第几神主（宋故某官、某公、讳某、字某之第几神主）”，在没有“官封”的情况下，也有仅以“生时所称”为号书写的（《家礼》第四《丧礼·题木主》）。总之，这意味着《家礼》是作为有“官封”的士人和无“官封”的庶人双方均能实行的仪礼书而被构思的。

这种作为“士庶通用”之礼的《家礼》的出现，在思想上与朱熹的人生观有关。正如“圣人可学而至”的口号所示，朱子学不是依据家庭和阶级等“出身”而是依据“学问”向人们展示发展潜能。[38] 同理，朱熹在仪礼方面也构思出能为任何人所实行的仪礼书。针对此前庶人不是仪礼之对象这种观点，《家礼》中明确指出庶人也可成为仪礼的对象。[39] 即便将这种情况称为“仪礼的开放”亦不为过。《家礼》之在东亚得以广泛普及，可说正是由于此种“任何人都可实行”的开放性特点的缘故。

五 《仪礼》《书仪》及《家礼》

《家礼》对每个家庭而言，是必要的仪礼，也就是“冠婚丧祭”仪礼的指南书。如上所述，除《仪礼》外，《家礼》还受到北宋司马光《书仪》的影响。其间的关系如下所述。

其实，隋朝王通《文中子·礼学篇》是把家族的重要仪礼归纳

---

38 参见吾妻重二:《朱子學の新研究》（东京：创文社，2004 年）第 2 部第 1 篇第 1 章“道學の聖人概念”。

39 首次在国家礼制上公认仪礼亦可适用于庶人，似应是北宋末的《政和五礼新仪》。参见杨志刚（2001），页 200。

为“冠婚丧祭”四礼的早期例子，并非自古有之。北宋程颐有云“冠昏丧祭，礼之大者，今人都不以为事”（《河南程氏遗书》卷18—232。校者按：后面的数字为条目数，下同），此语被收入《近思录》卷九，一般认为这对司马光《书仪》和朱熹《家礼》的构思均有所启发。[40]

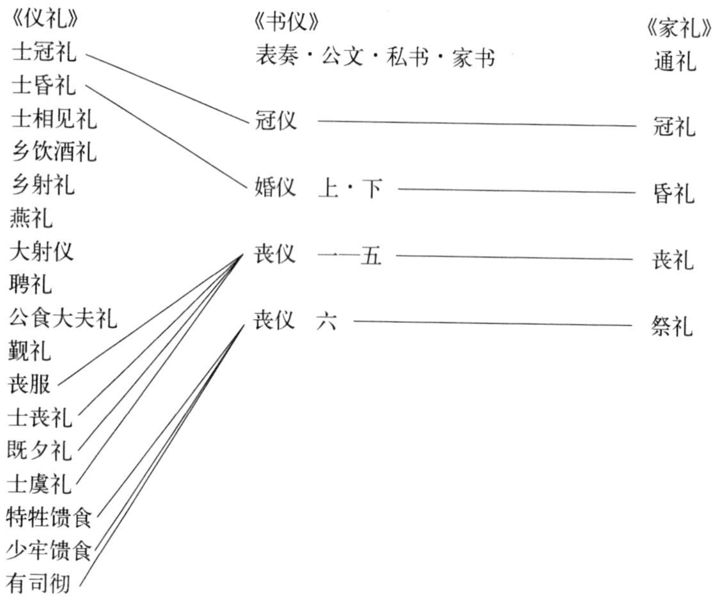

另外，在朱熹，其对包含国家仪礼在内的儒教仪礼之全体的整理，在其网罗收集三礼文献及其他记述的《仪礼经传通解》中得以

40 吾妻重二：《儒教祭祀の性格と範圍について》（《アジア文化交流研究》1，大阪：关西大学亚洲文化交流研究中心，2006年）。

体现。[41] 这部《仪礼经传通解》对仪礼的综合性研究为后来清朝考证学者所继承，并发展为徐乾学《读礼通考》、江永《礼书纲目》、秦蕙田《五礼通考》等大型著作。[42]

六 《家礼》的作者问题

《家礼》非朱熹自撰、系由他人伪作的观点曾颇有影响。由于清代王懋竑的提倡，以及《四库提要》对该观点的沿袭，伪作说一度成为定说。近年，上山春平、陈来、杨志刚及吾妻重二等人的研究证实《家礼》确系朱熹自著。[43] 只是，《家礼》并非完本，未及完稿就流布于世而被出版。

王懋竑最视为问题的是，李方子《朱子年谱》载《家礼》成书于乾道六年（1170），但之后却没有朱熹完成《家礼》的明确表述，由此，王懋竑甚至连《朱子文集》卷75所载的《家礼序》也视为伪作。[44] 然而，王懋竑的观点存在对事实的误解，伪作说已经失去根据。理由如下：

（1）正如上山春平所明确指出的，王懋竑不过否定了李方子

41 上山春平（1976），（1982）。另有《和刻本仪礼经传通解》第3辑（东京：汲古书院，1980年）卷末户川芳郎《解题》。

42 楠本正继：《宋明時代儒學思想の研究》（东京：广池学园出版部，1962年），页268—277。

43 上山春平（1982），陈来（1989），束景南（1993），杨志刚（2001），吾妻重二（2003）。

44 王懋竑：《朱子年谱考异》卷1“乾道六年庚寅”条，王懋竑：《白田草堂存稿》卷2《家礼考》及《家礼后考》。

《朱子年谱》中乾道六年《家礼》成书的记录，尚不至于证明伪作说的成立。

（2）王懋竑并未充分考虑陈淳、黄榦、方大琮等人在序跋中的说法。

（3）王懋竑甚至以《家礼序》为伪作，但宋版《纂图集注文公家礼》卷首翻刻的朱熹亲笔序，可对此构成反证。

（4）《家礼》在朱熹死后不久相继出版了五羊本、余杭本、严州本等多种版本，且参与出版的陈淳、黄榦、廖德明、杨复等直接受教于朱熹的门人都将其作为朱熹的自著，并对其抱有极大的敬意。倘若此书是他人伪作，恐怕不可能有此情况发生。王懋竑认为当时《家礼》业已盛行，故而他们不愿公开声称《家礼》非真作。此乃强词夺理。

（5）王懋竑对于《家礼》一时佚失而后被某个士人带回这一点深表怀疑。然而，某部著作在作者本人不知情的情况下被拿出去并出版，这样的事例在当时绝非少见。朱熹的《论语集注》和《周易本义》便是如此，关于此事，《朱子语类》卷 19 第 70 条，《朱子文集》卷 60《答刘君房》第 2 书中有明确记载。因此，上述怀疑不能成为伪作说的有力证据。

（6）如王懋竑《家礼后考》《家礼考误》（《白田草堂存稿》卷 2）所说，《家礼》的内容存在前后矛盾之处。但是，这应解释为由于《家礼》不是完本而是稿本之故，以此作为《家礼》伪作说的证据有失草率。

如此说来，王懋竑有将与自己心目中的朱熹形象不合的著述当成伪作或他作予以排除的倾向。这种倾向在他对朱熹的象数易学的评价中也有所表现，有必要加以注意。[45]

七　从《书仪》到《家礼》——民间的仪注

所谓“书仪”，原本是“书函写法手册”之意，后成为“私家仪注”（《四库提要》“书仪十卷”之语），亦即日常生活中的规则及各种礼仪的实用书之通称。《隋书·经籍志》《旧唐书·经籍志》《新唐书·艺文志》中著录不少南北朝时期至唐代所著的书仪，但是，作为全本传世的却只有北宋司马光的《书仪》。

然而，敦煌文书中残存大量以唐代为主的书仪，引起众人关注，并得到广泛研究。[46] 关于书仪的特色，周一良的说明很有参考价值：

> 《书仪》实际是《仪礼》的通俗形式的延续，所以唐以后书仪成为居家日用的百科全书。仅以我国自古以来人际之间的称谓与亲属之间的服丧而言，都异常复杂，而《书仪》中都有详细记述，以体现尊卑长幼上下内外的区别。如与外国比较，欧美各国固然没有这一套，即使受中国文化影响很深的日本，也不存在这些烦琐的规定。只有长期沿用中国传统王朝法律的

45　吾妻重二著，傅锡洪译：《朱子学的新研究》（北京：商务印书馆，2017 年）中篇“朱熹的象数易学及其意义”。将与自己所描绘的理想不合的思想或著述予以排除的倾向在清朝考证学者中很常见，参见吾妻重二：《中國思想史研究と對話》（《創文》471，2004 年）。

46　赵和平（1993）、（1997），周一良、赵和平（1995），姜伯勤（1996），伊藤美重子（2002），吴丽娱（2002）、（2006），永田知之（2007）。

朝鲜、越南，才有近似中国的礼制细节。[47]

敦煌发现的书仪已达百余部，司马光的《书仪》即继承这种传统而成。《书仪》于卷首以“表奏”“公文”“私书”“家书”为题，提供了书函写作的范本。另一方面，朱熹的《家礼》虽然受到《书仪》的影响，但却没有相当于书函写作方法的部分，作为仪礼书，其体裁更趋完善。

与此相关，值得注意的是，《家礼》在后世被收入日用类书，被稍加改编后收入南宋末的《事林广记》、元代的《居家必用事类全集》、明代的《万书渊海》等，[48] 此外，也出现了将《家礼》进行通俗化改编的清朝《酬世锦囊家礼集成》等日用类书。[49] 因此，从唐、五代流行的各类《书仪》到司马光的《书仪》、朱熹的《家礼》，再发展到明清时期日用类书的民间仪注，其间是如何继承及展开的，又有何种变化等问题，今后有必要对此做更深入的比较研究。

八　《家礼》与东亚——传播与展开

随着朱子学的普及，《家礼》不仅在中国广泛流传，而且远播

47　赵和平（1993）中的周一良《序言》。

48　京都大学人文科学研究所（2005）《事林广记》所收本有《家礼》的节译本。

49　何淑宜（2001），页 167。另见三浦国雄：《朱子家禮の實踐——〈酬世錦囊〉の場合》（2006 年 4 月 28 日关西大学亚洲文化交流中心举办的思想・仪礼研究班第 7 次研究例会上的发言摘要）。

至近世东亚地区。在不同国家不同时代，有关《家礼》的接受、改造之方法及其作用等情况，目前尚未得到充分的解释，这里仅以文献为中心，将其主要事项列举如下。

（一）中国

首先是中国，若要考察《家礼》的普及，尤为重要的是元代黄瑞节《朱子成书》、明洪武三年（1370）敕撰书《大明集礼》、永乐十三年（1415）敕撰书《性理大全》以及成化十年（1474）丘濬《文公家礼仪节》8卷。

黄瑞节《朱子成书》（不分卷）以朱熹的著作为主，收录宋代道学家的10种著作，并对之加注，可谓是一部朱子学丛书，《家礼》被列为第7种。另外，《家礼》卷首载有28幅家礼图，而这是黄瑞节所汇集的。

明代《性理大全》直接以《朱子成书》为蓝本而形成，[50] 在《朱子成书》的基础上加了更详尽的注释，并原封不动地转载了《朱子成书》的家礼图。和刻本《家礼》卷首所载家礼图就源于此。毋庸置疑，《性理大全》与明朝一代国家礼制规范的《大明集礼》一样具有绝对权威。《家礼》亦以这种国家威信为背景而在各个阶层得到广泛流传。

丘濬《文公家礼仪节》正是顺应上述潮流，对《家礼》进行了合乎明代社会状况的改编。丘濬因身为164卷《大学衍义补》的作

50　关于这一点，吾妻重二《性理大全の成立と朱子成書》（《名古屋大學中國哲學論集》5，2006年）已有阐明。

者而闻名，作为文渊阁大学士在当时又具有很大的影响力。他的《文公家礼仪节》和《性理大全》在朝鲜、日本都被多次翻刻并被广泛阅读。

关于《家礼》的其他各种版本，伊沛霞（Patricia Buckley Ebrey）对元代至明清的有关《家礼》的著述进行了追踪考察，可供参考。[51]

近世时期，在中国各地是怎样举行冠婚丧祭仪礼的，换言之，亦即《家礼》具体发挥了怎样的影响等问题，仍有不少探讨的余地。对此，或可通过利用各种地方志以及《中国地方民俗资料汇编》（北京：北京书目文献出版社，1989—1995）等资料，予以更清晰的阐明。

（二）朝鲜

在朝鲜，《家礼》具有足以使其文化发生巨大改变的影响力。《家礼》传入朝鲜是在元末明初，即高丽王朝末期。[52] 此后，《家礼》通过朝鲜王朝成为知识阶层即“两班”的极其重要的仪礼规范，16 世纪初期中宗以后，在民间也得以积极推行。[53] 关于这一情况，阿部吉雄指出：

> 朝鲜朱子学者的思考大多集中在礼论及四端七情、理发气发的理论上。而且其礼论无非是与《家礼》相关的，时俗也大

51　Ebrey（1991b）。

52　稻叶岩吉（1936）。

53　卢仁淑（2000），页 131。

多依从《家礼》，这是史家所公认的。因此，《家礼》的注释纂述之书可谓汗牛充栋。[54]

牧野巽则指出：

> 朱子学具有不同于汉唐训诂学的清新的精神力量，给朝鲜、安南的族制带来很大影响，并使之焕然一新。[55]

另外，近来卢仁淑也主张：

> 总之，两班制这一社会基础是《文公家礼》得以在朝鲜半岛生根、发芽、开花、结果的温床。于是，《文公家礼》由中国移植此地、得以成长，而且形成了朝鲜的新文化。[56]

正如这里所指出的，在朝鲜王朝时代，《家礼》的翻刻、注释、改编及论述数量繁多。其中有代表性的著述，按时代顺序列举如下：

曺好益《家礼考证》7卷

金长生《家礼辑览》10卷

金长生《丧礼备要》2卷

郑逑《五先生礼说》20卷

俞棨《家礼源流》14卷、续录2卷

---

54 阿部吉雄（1936a），页37。

55 牧野巽（1948），页38。

56 卢仁淑（2000），页117。

李縡《四礼便览》8卷

李瀷《家礼疾书》6卷

李宜朝《家礼增解》14卷

其中，曺好益《家礼考证》、金长生《家礼辑览》、俞棨《家礼源流》、李宜朝《家礼增解》、李瀷《家礼疾书》均是对《家礼》的详尽注释。这种对《家礼》的详细注释在其产生地中国却始终未曾出现，而成为独具朝鲜特色的发展。可见，《家礼》在朝鲜享有比在中国更高的权威。在此无法对上述著作展开详细论述，姑请参看李承妍、卢仁淑、彭林等人的研究。[57]

即使在现代韩国，《家礼》的通俗改编本仍在使用，在台湾同样的实用书也在流传。通过对这些书籍的实际观察，可以看出《家礼》在东亚地区得以广泛传播，且至今仍在人们的生活中保持着活力。[58] 此外，在韩国，以《家礼》的设计为范本的三间祠堂（家庙）在以两班为核心的阶层中被广泛建造。

（三）越南

上引牧野巽的论述指出，与朝鲜一样，安南也受到了《家礼》的影响。上面提到的周一良亦持相同观点。其实，儒教对越南之渗透始于15世纪前半期，在黎朝仁宗完善科举制度以后。圣宗时代继承前朝，向中国明朝学习，旨在建设以朱子学

57 李承妍（1996），卢仁淑（2000），彭林（2005）。

58 作为现代的实用书，在韩国有《家礼书式百科》（유한，2003年）、《家礼/书式百科》（恩光社，2005年）等，在台湾则通行王丽福《家礼大全》（大方文化事业公司）及其《家礼大成》（台中：瑞成书局，1985年）。

为理想的儒教国家。[59]《家礼》似在此时开始受到关注。山本达郎指出，圣宗时代的婚礼及服丧均依《家礼》进行。[60]

此后，在17世纪前半期，《胡尚书家礼》和《捷径家礼》得以刊行，而胡嘉宾于18世纪前半期，以汉文与喃文并用体书写的《寿梅家礼》一卷尤为重要，其内容以丧礼为中心。关于该书，嶋尾稔指出：

> 17—19世纪的越南知识阶层，有致力于将儒教仪礼普及到民间的倾向。此书即是表明此倾向的代表性事例之一。而此书初版之后，及至18世纪末沦为殖民地以后的很长时期内由多家书坊陆续出版。[61]

关于该书的内容，嶋尾稔做了开创性的研究。此外，末成道男对该书作了这样的介绍：

> （该书）是随着19世纪阮朝的儒学奖励政策，从而在乡村一级得以普及的类书中的畅销书。该书采用夹杂喃字的汉文书写，现在还出版了国语版。

与此同时，末成道男还根据其对河内潮曲村的调查，做了有关至今

59　八尾隆生：《山の民と平野の民の形成史——一五世紀の越南》（石井米雄责任编集：《岩波講座：東南アジア史》第3卷，2001年）。

60　山本达郎（1938）。

61　嶋尾稔（2006），页141。另，嶋尾稔（2007）。

仍在实施的儒葬的报告。[62]《家礼》给近世越南的社会、家族及仪礼等领域带来相当大的影响。此外，关于家族制度，主要针对阮朝，Woodside 指出：

> 越南的家族制度表现出一种倾向，即与中国早期的规范相比，更倾向于沿用宋代《朱子家礼》这样后期的规范。……其结果是，与外在的关系相比，毋宁说家族制度更强调内在的统制及家长特有的义务。[63]

然而，关于越南接受《家礼》之状况的考察才刚刚发端，需要展开包括文献调查在内的进一步研究。

（四）日本

《家礼》何时传入日本尚不明确，从记录上可以得到确认的是室町时代中期，即 15 世纪。[64] 关于《家礼》在日本的影响，牧野巽指出：

> 朱子学作为哲学以及道德思想曾给予日本以强烈的影响。然而尽管如此，《家礼》对日本的影响则几乎完全没有触及实

---

62 末成道男（1998），页 399。刘玉珺（2007）在第 242 页也指出《寿梅家礼》的重要性。

63 Woodside（1971），页 41。嶋尾稔在网页（http：//www.icl.keio.ac.jp/shimaos/shiryo.htm）上发表了《寿梅家礼》的文本。这一点得到了关西大学助教西村昌也氏的指教。

64 吾妻重二（2005b）。

际生活。[65]

津田左右吉指出：

于实践有意义的礼对日本人而言，却被理解为只是书本上的知识。[66]

对于儒教仪礼之于日本的影响表示了否定性的看法。然而，近年来的研究正逐渐表明情况未必如此。因为江户时代的知识分子对《家礼》表现出浓厚的兴趣，也提出了相当多的言论，而且根据《家礼》加以实践的事例也不少。相关的文献学考察，请参看吾妻重二的论文。[67] 近年，皆川美惠子使用赖山阳之父赖春水之妻的日记，饶有兴味地探讨了儒者家庭中《家礼》的实践情况。[68] 因此，以为儒教仪礼对日本全无影响，这个看法并不妥当。[69] 关于儒教仪礼乃至《家礼》是如何被日本所接受的问题，还须今后更进一步地累积个案研究。

此外，在琉球方面，有学者指出，18 世纪初期蔡文溥的《四本

65 牧野巽（1948）。

66 津田左右吉：《シナ思想と日本》（东京：岩波新书，1938 年），页 41。

67 吾妻重二（2007）。

68 皆川美惠子（1997）。

69 近藤敬吾（1990）、(2007)，田尻佑一郎（1983）、(1986)、(1997)，Nakai（2002），田世民（2005）、(2006)、(2007)，汤浅邦弘（2006），吾妻重二（2005b）、(2008a)、(2008b)、(2008c)。

堂家礼》中能清楚地看到《家礼》的影响。[70]

九　丧祭（葬祭）仪礼以及祖先祭祀、家族的问题等

就中国、朝鲜、越南、日本对《家礼》的接受情况来看，在“冠婚丧祭”的仪礼中，尤其是丧礼和祭礼受到更大的关注。关于这一点，徐福全、浅野春二、李丰楙、何淑宜、金斗宪、高英津、嶋尾稔、吾妻重二等人的研究均有所阐发。[71]

因此，研究《家礼》或儒教仪礼对日本的影响，应尤为重视考察丧祭（葬祭）仪礼，亦即葬仪和祖先祭祀。关于《家礼》的丧祭仪礼，近世以来日本人即有不容忽视的反应。对此，应留意以下几点：

（1）日本的儒教仪礼研究，总体来看虽不兴盛，但是及至江户后期以降，即有大量关于《家礼》葬祭仪礼的论著问世。

（2）事实上，依据《家礼》实行葬祭的事例自江户初期的林罗山、中江藤树、山崎闇斋、野中兼山、林鹅峰、德川光圀、池田光政以来，就并非罕见。

（3）一般认为，日本“佛坛”中牌位的制作原本是以《家礼》为根据的。

（4）《家礼》式牌位普及到家家户户，这说明在日本社会中祖

70　参见本章附录 G“关于琉球”中所列文献。

71　徐福全（1989），浅野春二（1994）、（2005），李丰楙（1996），何淑宜（2000），金斗宪（1936）、（1937），高英津（1991），嶋尾稔（2006），吾妻重二（2007）。

先祭祀得到强化，同时也意味着江户后期以降的祖先祭祀中存在《家礼》乃至朱子学的影响。关于《家礼》在日本的影响，不仅有必要关注仪式层面，还有必要将祖先观念的变化纳入考察的范围。虽然目前还无法阐明，但不难推测以“ご先祖様”（校者按，日语中对祖先的一种尊称）来称呼的近代日本的祖先观念是在儒教及《家礼》的影响下得以形成或得以强化的。

（5）幕府末期开始盛行的神道式葬祭即“神葬祭”中可明显地看出《家礼》的影响。[72]

另外，说到祖先祭祀，其实皇室的祖先祭祀便受到儒教的强烈影响。现在，皇宫的三殿中有供奉历代天皇灵位的“皇灵殿”，但在明治以前，历代天皇的牌位仅供奉在宫中的“お黒户”（校者按，指日本皇宫中一个用木炭涂黑的普通房间），一直没有独立的祭祀建筑。皇灵殿的设置应是效仿中国的太庙而来。由此看来，中国的太庙、朝鲜的宗庙、日本的皇灵殿作为儒教的王室祖先祭祀仪礼的一种展开是一脉相承的。

此外，还有《家礼》与宗族结合（聚族）的功能问题。正如《说文解字》所云“宗者，尊祖之庙也”，“宗”字原本是祭祀祖先的祖庙之意，由此引申为参加祖庙祭祀的家族成员集团之意。换言之，正是祭祀共同祖先的祭礼使得宗族成为宗族。祖先祭祀具有赋予宗族特征的要素。已有学者指出，《家礼》对于近世中国而言在

---

72 关于神葬祭与儒教仪礼的关系，可参考国学院大学日本文化研究所（1995）以及矢崎浩之（2006）的文献目录。又，关于以上5点的观点，参见吾妻重二（2005b）、(2007)。

凝聚宗族方面发挥了很大的作用。[73] 但是，它对朝鲜、越南及日本等东亚各地区的家族形态产生过何种影响，仍有从祖先祭祀的角度来加以探讨的余地。

《家礼》的接受状况因地域和时代而有很大差异。在东亚各地区，关于《家礼》与其他仪礼、习俗、祭祀等之间有怎样的关系、怎样的影响、又有何种变化等问题，今后应将道教、佛教、中国伊斯兰教、日本神道教以及各地的宗教、民间信仰等也纳入我们的视野来展开考察。尤为理想的是，以运用文献资料为主的思想史学、历史学与以实地调查为中心的民俗学、文化人类学能够有效利用彼此的研究成果，携手并进。这也必将关系到对近世、近代东亚的人们而言“儒教究为何物”这一历久而弥新之课题的解决。

附录:《家礼》研究文献目录（中国、朝鲜·韩国、越南、日本）

1.（　）内表示出版年；

2. 与《家礼》相关的文献列举单行本和论文，其他文献原则上只列单行本；

3. 各项中的书名均按出版年代排列；

4. —p 表示该书的总页数，p—表示该论文刊载的页数。

（校者按，日文及韩文著作保留原文书名，在括弧内译出中文，韩文由中国社会科学院哲学研究所洪军副研究员翻译。原文中个别

73　参见本章附录 C—8“《家礼》与宗族、宗法”中所列文献。

书名及排列顺序有明显错误者，译者做了订正，部分出版地亦为译者所加。）

A. 文献目录

斋木哲郎（1985）《禮學關係文獻目录》（《礼学相关文献目录》），东京：东方书店，166p

刘兆佑（2000）《周礼、仪礼、三礼论著目录》，台北：洪叶文化事业，《周礼》：121p，《仪礼》：105p，《三礼》总义：133p

许锬辉、黄俊郎（2000）《尚书、礼记论著目录》，台北：洪叶文化事业，《礼记》：269p

王　锷（2001）《三礼研究论著提要》，兰州：甘肃教育出版社，659p

黄俊郎（2003）《礼记著述考》（一），台北："国立"编译馆，903p

刘兆佑（2003）《周礼著述考》（一），台北："国立"编译馆，1037p

刘兆佑（2003）《仪礼著述考》（一），台北："国立"编译馆，884p

刘兆佑（2003）《三礼总义著述考》（一），台北："国立"编译馆，633p

B. 研究动向

1. 中国

杨志刚（2006）《略论礼学在现代中国的重构（纲要）》，收入浙江大学古籍整理研究所编《礼学与中国传统文化：庆祝沈文倬先生九十华诞国际学术研讨会论文集》，北京：中华书局，p15—19

林庆彰（2006）《近二十年台湾研究〈三礼〉成果之分析》，收入浙江大学古籍整理研究所编《礼学与中国传统文化：庆祝沈文倬先生九十华诞国际学术研讨会论文集》，北京：中华书局，p160—167

2. 朝鲜・韩国

李承妍（1996）《朝鮮禮學と〈朱子家禮〉——韓國の禮學研究の動向》（《朝鲜礼学与〈朱子家礼〉——韩国礼学研究动向》），《江户の思想》3，ぺりかん社，p147—183

吾妻重二（2006）《ソウル大學奎章閣韓國學研究院グループとの座談會》（《与首尔大学奎章阁韩国学研究院一行的座谈会》），《環流》4，大阪：关西大学亚洲文化交流研究中心，p14

C. 关于中国

1. 总论（仅列单行本）

李安宅（1931）《〈仪礼〉与〈礼记〉之社会学的研究》，上海：商务印书馆，107p。＊李安宅（2005）：上海世纪出版集团复刊，164p

西晋一郎、小糸夏次郎（1941）《禮の意義と構造》（《礼的意义与构成》），东京：畝傍书房，467p

加藤常贤（1943）《禮の起源と其發達》（《礼的起源及其发展》），东京：中文馆书店，196p

藤川正数（1960）《魏晉時代における喪服禮の研究》（《魏晋

时代丧服礼的研究》），东京：敬文社，503p

杨　宽（1965）《古史新探》，北京：中华书局，370p

藤川正数（1968）《漢代における禮學の研究》（《汉代礼学研究》），东京：风间书房，372p。＊藤川正数（1985）：修订版，东京：风间书房，509p

栗原圭介（1969）《禮記宗教思想の研究》（《礼记宗教思想研究》），自家版，219p

西冈弘（1970）《中國古代の葬禮と文學》（《中国古代的葬礼与文学》），东京：三光社出版，778p。＊西冈弘（2002）：修订版，东京：汲古书院，759p

池田末利（1981）《中国古代宗教史研究》，东京：东海大学出版会，1051p

李曰刚（1981）李曰刚编《三礼研究论集》，台北：黎明文化事业，330p

周　何（1981）周何编撰《礼记：儒家的理想国》，中国历代经典宝库，台北：时报文化出版，329p

西冈弘（1986）《中國古典の民俗と文學》（《中国古典的民俗与文学》），东京：角川书店，598p

彭利芸（1988）《宋代婚俗研究》，台北：新文丰出版公司，240p

渡边欣雄（1989）渡边欣雄编《祖先祭祀》，《環中國海の民俗と文化》第3卷，东京：凯风社，477p

甘怀真（1991）《唐代家庙礼制研究》，台北：商务印书馆，148p

陈戍国（1991）《先秦礼制研究》，长沙：湖南教育出版社，419p

邹昌林（1992）《中国古礼研究》，台北：文津出版社，271p

邱衍文（1992）《中国上古礼制考辨》，台北：文津出版社，342p

周　何（1992）《古礼今谈》，台北：万卷楼图书，227p

藤川正数（1993）《禮の話——古典の現代的意義》（《礼——古典的现代意义》），东京：明德出版社，276p

陈戍国（1993）《秦汉礼制研究》，长沙：湖南教育出版社，416p

黄进兴（1994）《优入圣域——权利、信仰与正当性》，台北：允晨文化实业股份公司，471p

张寿安（1994）《以礼代理——凌廷堪与清中叶儒学思想之转变》，台北：“中央”研究院近代史研究所，196p

周聪俊（1994）《裸礼考辨》，台北：文史哲出版社，216p

小南一郎（1995）小南一郎编《中国古代礼制研究》，京都：京都大学人文科学研究所，558p

山根三芳（1995）《宋代禮説研究》（《宋代礼说研究》），广岛：溪水社，462p

陈戍国（1995）《魏晋南北朝礼制研究》，长沙：湖南教育出版社，516p

小岛毅（1996）《中國近世における禮の言説》（《中国近世“礼”的言说》），东京：东京大学出版会，225p

渡边信一郎（1996）《天空の玉座——中國古代帝國の朝政と儀

禮》(《天空的玉座——中国古代国家的朝政与仪礼》),东京:柏书房,277p

陈　来(1996)《古代宗教与伦理——儒家思想的根源》,北京:三联书店,363p。*陈来(2005):台北:允晨文化实业股份公司再版,375p

章　群(1996)《唐代祠祭论稿》,台北:学海出版社,271p

钱　玄(1996)《三礼通论》,南京:南京师范大学出版社,665p

牛志平(1996)《唐代婚丧》,西安:西北大学出版社,198p

叶国良(1997)《古代礼制与风俗》,台北:台湾书店,263p

朱筱新(1997)《中国古代的礼仪制度》,北京:商务印书馆,198p

钱　玄(1998)《三礼辞典》,南京:江苏古籍出版社,1396p

鲁士春(1998)《先秦容礼研究》,台北:天工书局,243p

陈其泰(1998)陈其泰、郭伟川、周小川编《二十世纪中国礼学研究论集》,北京:学苑出版社,581p

陈戍国(1998)《中国礼制史》隋唐五代卷,长沙:湖南教育出版社,550p

杨　宽(1999)《西周史》,上海:上海人民出版社,870p

沈文倬(1999)《宗周礼乐文明考论》,杭州:浙江大学出版社,560p

任　爽(1999)《唐代礼制研究》,长春:东北师范大学出版社,307p

傅亚庶(1999)《中国上古祭祀文化》,长春:东北师范大学出

版社，443p

吴万居（1999）《宋代三礼学研究》，台北：“国立”编译馆，526p

何淑宜（2000）《明代士绅与通俗文化——以丧祭礼俗为例的考察》，台北：台湾师范大学历史研究所，270p

小南一郎（2001）小南一郎编《中國の禮制と禮學》（《中国的礼制与礼学》），京都大学人文科学研究所研究报告，京都：朋友书店，611p

金子修一（2001）《古代中國と皇帝祭祀》（《古代中国与皇帝祭祀》），东京：汲古书院，323p

杨志刚（2001）《中国礼仪制度研究》，上海：华东师范大学出版社，577p

黄进兴（2001）《圣贤与圣徒——历史与宗教论文集》，台北：允晨文化实业股份公司，298p

张寿安（2001）《十八世纪礼学考证的思想活力——礼教论争与礼秩重省》，台北：“中央”研究院近代史研究所，496p。＊张寿安（2005）：北京：北京大学出版社再版，简体字版，336p

刘兴均（2001）《〈周礼〉名物词研究》，成都：巴蜀书社，579p

陈戍国（2001）《中国礼制史》宋辽金夏卷，长沙：湖南教育出版社，650p

陈戍国（2002）《中国礼制史》元明清卷，长沙：湖南教育出版社，841p

林存阳（2002）《清初三礼学》，北京：社会科学文献出版社，375p

甘怀真（2003）《皇权、礼仪与经典诠释：中国古代政治史研究》，台北：财团法人喜玛拉雅研究发展基金会，565p。＊甘怀真（2004）台北：台大出版中心再版，东亚文明研究丛书 7，590p

石川英昭（2003）《中國古代禮法思想の研究》（《中国古代礼法思想研究》），东京：创文社，328p

小岛毅（2004）《東アジアの儒教と禮》（《东亚的儒教与礼》），东京：山川出版社，90p

叶国良（2004）叶国良、李隆献、彭美玲《汉族成年礼及其相关问题研究》，台北：大安出版社，306p

商　瑈（2004）《一代礼宗：凌廷堪之礼学研究》，台北：万卷楼图书，226p

姬秀珠（2005）《仪礼饮食礼器研究》，台北：里仁书局，553p

金子修一（2006）《中國古代皇帝祭祀の研究》（《中国古代皇帝祭祀研究》），东京：岩波书店，605p

邓声国（2006）《清代〈仪礼〉文献研究》，上海：上海古籍出版社，530p

沈文倬（2006a）《宗周礼乐文明考论（增补本）》，杭州：浙江大学出版社，554p

沈文倬（2006b）《菿闇文存》上・下，北京：商务印书馆，1045p

浙江大学古籍整理研究所（2006）同研究所编《礼学与中国传统文化：庆祝沈文倬先生九十华诞国际学术研讨会论文集》，北京：中华书局，607p

渡边义浩（2006）《兩漢における易と三禮》（《两汉的易与三

礼》），东京：汲古书院，487p

王　锷（2007）《〈礼记〉成书考》，北京：中华书局，349p

2. 主要译注：三礼及《大戴礼记》

Legge（1885）James Legge，The Li Ki，2 volumes，Oxford：Clarendon Press

桂湖村（1927）《礼记》上下，《汉籍国字解全书》，东京：早稻田大学出版部，上：650p，下：738p

小南一郎（1970）《仪礼》（冠礼、昏礼、士丧礼、既夕礼），收入《世界文学全集》3（五经、论语集），东京：筑摩书房

荒井健（1970）《礼记》（曲礼、檀弓），收入《世界文学全集》3（五经、论语集），东京：筑摩书房

竹内照夫（1971—79）《礼记》上中下，《新释汉文大系》，东京：明治书院，1031p

市原亨吉、今井清、铃木隆一（1976—79）《礼记》上中下，《全释汉文大系》，东京：集英社，上：569p，中：589p，下：603p

林　尹（1972）《周礼今注今译》，台北：商务印书馆，489p

王梦鸥（1972）《礼记今注今译》上下，台北：商务印书馆，841p

川原寿市（1973—76）《仪礼释考》1—13，自家版（誊写）

池田末利（1973—77）《仪礼》I—V，东京：东海大学出版会

本田二郎（1977）《周礼通释》上下，上：东京：秀英出版，839p，下：东京：汲古书院，675p

高　明（1981）《大戴礼记今注今译》，台北：商务印书馆，480p

影山诚一（1984）《丧服经传注疏补义》，学校法人　大东文化学园，673p

栗原圭介（1991）《大戴礼记》，东京：明治书院，569p

杨天宇（1994）《仪礼译注》，《中华古籍译注丛书》，上海：上海古籍出版社，825p

杨天宇（1997）《礼记译注》上下，《中华古籍译注丛书》，上海：上海古籍出版社，1112p

王文锦（2001）《礼记译解》上下，北京：中华书局，955p

杨天宇（2004）《周礼译注》，《十三经译注》，上海：上海古籍出版社，697p

黄怀信（2005）黄怀信主编，孔德立、周海生合著《大戴礼记汇校集注》上下，西安：三秦出版社，1414p

3. 索引

燕京大学引得编纂处（1932）《仪礼引得　附郑注及贾疏引书引得》，哈佛燕京学社引得 no.6，剑桥：哈佛燕京学社引得编纂处编印，174p

燕京大学引得编纂处（1937）《礼记引得》，哈佛燕京学社引得 no.27，剑桥：哈佛燕京学社引得编纂处编印，612p

燕京大学引得编纂处（1940）《仪礼引得　附注疏引书引得》，哈佛燕京学社引得 no.37，剑桥：哈佛燕京学社引得编纂处编印，84p

野间文史（1988）《仪礼索引》，北京：中国书店，680p

野间文史（1989）《周礼索引》，北京：中国书店，740p

刘殿爵（1992）《大戴礼记逐字索引》，香港：商务印书

馆，483p

刘殿爵、陈方正（1992）《礼记逐字索引》，香港：商务印书馆，1002p

刘殿爵、陈方正（1993）《周礼逐字索引》，香港：商务印书馆，499p

刘殿爵、陈方正（1994）《仪礼逐字索引》，香港：商务印书馆，471p

4.《仪礼》的复原

张光裕（1971）《仪礼士昏礼，士相见之礼仪节研究》，《仪礼复原研究丛刊》，台北：中华书局，173p

黄启方（1971）《仪礼特牲馈食礼仪节研究》，与上书为合订本，61p

郑良树（1971a）《仪礼士丧礼墓葬研究》，《仪礼复原研究丛刊》，台北：中华书局，321p

郑良树（1971b）《仪礼宫室考》，《仪礼复原研究丛刊》，台北：中华书局，65p

曾永义（1971a）《仪礼车马考》，与上书为合订本，131p

曾永义（1971b）《仪礼乐器考》，与上书为合订本，135p

陈瑞庚（1971）《士昏礼服饰考》，《仪礼复原研究丛刊》，台北：中华书局，100p

章景明（1971）《先秦丧服制度考》，与上书为合订本，305p

施隆民（1973）《乡射礼仪节简释》，《仪礼复原研究丛刊》，台北：中华书局，118p

吴宏一（1973）《乡饮酒礼仪节简释》，与上书为合订本，94p

吴达芸（1973）《仪礼特牲少牢有司彻祭品研究》，《仪礼复原研究丛刊》，台北：中华书局，62p

沈其丽（1973）《仪礼士丧礼器物研究》，与上书为合订本，84p

叶国良（2003）国科会计划报告《士冠礼研究——经学与文化人类学的综合考察（一）》，《仪礼士昏礼》彩色3D动画研发计划及完成品VCD

5. 名物、服饰

林巳奈夫（1976）《漢代の文物》（《汉代的文物》），京都：京都大学人文科学研究所，592p，图232p。＊林巳奈夫（1996）：京都：朋友书店再版

沈从文（1981）《中国古代服饰研究》，香港：商务印书馆香港分馆，479p。＊古田真一、栗城延江译（1995）：《中国古代の服饰研究》，京都：京都书院

孙 机（1993）《中国古舆服论丛》，北京：文物出版社，366p。＊孙机（2001）：修订本，北京：文物出版社，509p

周 汛、高春明（1996）《中国衣冠服饰大辞典》，上海：上海辞书出版社，829p

王宇清（2000）《国服史学钩沉》上下，台北：辅仁大学出版社，上：260p，下：478p

王宇清（2001）《周礼六冕考辨》，台北：南天书局，137p

李之檀（2001）《中国服饰文化参考文献目录》，北京：中国纺织出版社，753p

高春明（2001）《中国服饰名物考》，上海：上海文化出版社，809p

6.《家礼》

(1) 译注

Harlez (1889) C. de Harlez, Kia-Li: Livre Des Rites Domestiques Chinois de Tchou-Hi, Paris: Ernest Leroux, 167p

Ebrey (1991a) Patricia Buckley Ebrey, Chu Hsi's Family Rituals: A Twelfth-Century Chinese Manual for the Performance of Cappings, Weddings, Funerals, and Ancestral Rites. New Jersey: Princeton University Press, 234p

임민혁 (1999)《주자가례》(《朱子家礼》), 예문사원（艺文书院）, 495p

(2) 论文、专著

阿部吉雄（1936a)《文公家禮に就いて》(《关于文公家礼》), 收入《服部先生古稀祝賀紀念論文集》, 东京: 富山房, p25—40

阿部吉雄（1936b)《東方文化學院東京研究所經部禮類善本について》(《关于东方文化学院东京研究所经部礼类善本》),《東方學報》(東京) 6, p295—334

兼永芳之（1958)《朱文公家禮の一考察》(《朱文公家礼的一项考察》),《支那學研究》21, 广岛: 廣島支那學會, p22—25

上山春平（1976)《朱子の禮學——〈儀禮經傳通解〉研究序説》(《朱子的礼学——〈仪礼经传通解〉研究序说》),《人文學報》第41號, 京都: 京都大學人文科學研究所, p1—54

北村良知（1978)《毛奇齡の禮説——宋學的近世への反逆》(《毛奇龄的礼说——对近世宋学的反叛》),《待兼山論叢（哲學篇）》11, 大阪大学, p17—34

上山春平（1982）《朱熹の〈家禮〉と〈儀禮經傳通解〉》（《朱熹的〈家礼〉与〈仪礼经传通解〉》），《東方學報》（京都）54，p173—256

李晓东（1986）《中国封建家礼》，《中国风俗丛书》，台北：文津出版社，162p

樋口胜（1987）《〈文公家禮〉の成立についての一考察》（《关于〈文公家礼〉之形成的一项考察》），《東洋の思想と宗教》4，早稻田大学，p60—78

樋口胜（1987）《〈文公家禮〉に現れた死者觀念について》（《关于〈文公家礼〉中的死者观念》），收入《中国域外汉籍国际学术会议论文集》，台北：联合报文化基金会国学文献馆，p837—850

陈　来（1989）《朱子〈家礼〉真伪考议》，《北京大学学报》哲学社会科学版 1989 年第 3 期，p115—122

加地伸行（1990）《儒教とは何か》（《何谓儒教》），东京：中央公论社，中公新书，267p

Ebrey（1991b）Patricia Buckley Ebrey，Confucianism and Family Rituals in Imperial China：A Social History of Writing about Rites. New Jersey：Princeton University Press，272p

杨志刚（1993）《〈司马氏书仪〉和〈朱子家礼〉研究》，《浙江学刊》1993 年第 1 期，总第 78 期，p108—113

束景南（1993）《朱熹〈家礼〉真伪辨》，《朱子学刊》1993 年第 1 期，总第 5 辑，p112—120

小岛毅（1993）《婚禮廟見考——毛奇齢による〈家禮〉批判》

(《婚礼庙见考——毛奇龄对〈家礼〉之批判》)，收入《柳田節子先生古稀紀念：中國の傳統社會と家族》，东京：汲古书院，p311—328

Chou (1994) Kai-wing Chou, The Rise of Confucian Ritualism in Late Imperial China—Ethics, Classics, and Lineage Discourse, California: Stanford University Press, 344p

杨志刚（1994)《论〈朱子家礼〉及其影响》，《朱子学刊》1994年第1期，总第6辑，p1—16

吾妻重二（1999)《〈家禮〉の刊刻と版本——〈性理大全〉まで》(《〈家礼〉的刊刻与版本——至〈性理大全〉》),《關西大學文學論集》48—3，p53—83。＊吾妻重二（2000)：《〈家禮〉의 刊刻과 版本——〈性理大全〉까지》，이승연译，《东洋礼学》4，韩国：东洋礼学会，p43—84

张东宇（2000)《朱熹禮學에서〈朱子家禮〉의 位相과 企画 意圖》(《朱熹礼学中〈朱子家礼〉的位相与企图》),《정신문화연구》(《精神文化研究》)，23—3

崔真德（2000)《〈주자가례〉와죽음의 유학적 이해》(《〈朱子家礼〉与死亡的儒学理解》),《정신문화연구》(《精神文化研究》)，23—3

吾妻重二（2001)《宋代の家廟と祖先祭祀》(《宋代的家庙与祖先祭祀》)，收入小南一雄编《中國の禮制と禮學》，京都大学人文科学研究所研究报告，京都：朋友书店，p505—575

杨志刚（2001）森本亮介译《〈朱子家禮〉の中國近世文化史における位置》(《〈朱子家礼〉在中国近世文化史中的地位》),《關

西大學東西學術研究所紀要》34，p81—88

细谷惠志（2001）《朱文公〈家禮〉の真僞説をめぐって》（《围绕朱文公〈家礼〉的真伪说》），《文學研究》16，圣德学园短期大学，p55—63

李丰楙（2001）《朱子〈家礼〉与闽台家礼》，杨儒宾编《朱子学的开展——东亚篇》，台北：汉学研究中心，p25—53

张东宇（2002）《〈朱子家禮〉成服章의 淵源에 대한 고찰——〈開元禮〉、〈書儀〉와의 비교를 중심으로》（《对〈朱子家礼〉成服章渊源的考察——以比较〈开元礼〉、〈书仪〉为中心》），《东方学志》116

吾妻重二（2003）《朱熹〈家禮〉の版本と思想に關する實証的研究》（《关于朱熹〈家礼〉版本与思想的实证研究》），研究代表者：吾妻重二，平成12年度—14年度科学研究费补助金基础研究（C）（2）研究成果报告书，299p

吾妻重二（2005a）《木主について——朱子學まで》（《木主考——到朱子学为止》），收入《福井文雅博士古稀紀念論集：アジア文化の思想と儀禮》，东京：春秋社，p143—162

吾妻重二（2005b）《近世儒教の祭祀儀禮と木主、位牌——朱熹〈家禮〉の一展開》（《近代儒教的祭祀仪礼与木主、牌位——朱熹〈家礼〉的展开》），收入吾妻重二主编，黄俊杰副主编《國際シンポジウム：東アジア世界と儒教》，东京：东方书店，p173—208

安国楼（2005）《朱熹的礼仪观与〈朱子家礼〉》，《郑州大学学报》（哲学社会科学版）2005年第1期吕妙芬（2005）《颜元生命思想中的家礼实践与“家庭”的意涵》，高明士编《东亚传统家礼、教育与国法》（一），台北：台大出版中心，p143—196

张中秋（2005）《家礼与国法的关系和原理及其意义》，高明士编《东亚传统家礼、教育与国法》（二），台北：台大出版中心，p3—24

京都大学人文科学研究所（2005）《元代の社會と文化》（《元代的社会与文化》）研究班《〈事林广记〉学校类（二）、家礼类（一）译注》，《東方學報》（京都）77，p146—158

7.《书仪》

那波利贞（1953）《中唐晚唐に於ける接客辭儀類の著書の出現について》（《关于中唐晚唐接客辞仪类著书的出现》），《東西學術研究所論叢》9，关西大学，p1—39

赵和平（1993）《敦煌写本书仪研究》，台北：新文丰出版公司，696p

周一良、赵和平（1995）《唐五代书仪研究》，北京：中国社会科学出版社，340p

姜伯勤（1996）《敦煌艺术宗教与礼学文明》，北京：中国社会科学出版社，627p

赵和平（1997）《敦煌表状笺启书仪辑校》，南京：江苏古籍出版社，472p

伊藤美重子（2002）《敦煌の吉凶書儀にみる凶儀について》（《关于敦煌吉凶书仪中的凶仪》），《お茶の水女子大學人文科學紀要》55，p51—65

吴丽娱（2002）《唐礼摭遗——中古书仪研究》，北京：商务印

书馆，650p

吴丽娱（2006）《正礼与时俗——论民间书仪与唐朝礼制的同时互动》，《敦煌吐鲁番研究》9

永田知之（2007）《唐代喪服儀禮の一斑——書儀に見える“禫”をめぐって》（《唐代丧服仪礼之一斑——围绕书仪中的“禫”》），《敦煌寫本研究年報》创刊号，p91—118

8.《家礼》与宗族、宗法

牧野巽（1939）《宗祠とその發達（上）》（《宗祠及其发展》上），《東方學報》（東京）9，后收入《牧野巽著作集》第2卷，东京：お茶の水書房，1980

清水盛光（1942）《支那家族の構造》（《支那家族的构造》），东京：岩波书店，582p

牧野巽（1948）《東洋の族制と朱子家禮》（《东洋的族制与朱子家礼》），《中國隨筆》3，後收入《牧野巽著作集》第3卷，东京：お茶の水書房，1980

清水盛光（1949）《中國族産制度考》，东京：岩波书店，219p

牧野巽（1949）《司馬氏書儀の大家族主義と文公家禮の宗法主義》（《司马氏书仪的大家族主义与文公家礼的宗法主义》），收入牧野《近世中國宗族研究》，东京：日光书院，後收入《牧野巽著作集》第3卷，东京：お茶の水書房，1980

樋口胜（1988）《宋代禮思想における一形態——〈家禮〉に現れた朱熹の宗法制について》（《宋代礼思想的一个形态——〈家礼〉中所见朱熹的宗法制》），《東洋哲學研究所紀要》4，p189—209

徐扬杰（1995）《宋明家族制度史论》，北京：中华书局，556p

佐佐木爱（1998）《毛奇齢の〈朱子家禮〉批判——特に宗法を中心として》（《毛奇龄的〈朱子家礼〉批判——尤以宗法为中心》），《上智史學》43，p59—86

常建华（1998）《宗族志》，《中华文化通志》，上海：上海人民出版社，488p

王善军（2000）《宋代家族和宗族制度研究》，石家庄：河北教育出版社，296p

水口拓寿（2000）《“大家族主義”對“宗法主義”？牧野巽氏の中國親族組織論を承けて》（《“大家族主义”对“宗法主义”？就牧野巽氏之中国亲族组织论而谈》），《中國哲學研究》14，东京大学，p1—32

井上徹（2000）《中國の宗族と國家の禮制——宗法主義の視點からの分析》（《中国的宗族与国家的礼制——由宗法主义视角的分析》），东京：研文出版，522p

佐佐木爱（2003）《〈朱子家禮〉における家族親族の構造とその大きさについて》（《〈朱子家礼〉中家族亲族的构造及其规模》），《社會系列論集》8，岛根大学，p1—16

吾妻重二（2005c）《近世宗族研究における問題點——祠堂、始祖祭祀、大家族主義》（《近世家族研究中的问题点——祠堂、始祖祭祀、大家族主义》），收入井上徹、远藤隆俊编《宋—明宗族の研究》，东京：汲古书院，p107—131

佐佐木爱（2005）《宋代における宗法論をめぐって》（《关于宋代宗法论》），收入井上徹、远藤隆俊编《宋—明宗族の研究》，

东京：汲古书院，p133—155

9.《家礼》与民间信仰、道教

徐福全（1989）《台湾民间传统孝服制度研究》，台北：文史哲出版社，798p

浅野春二（1994）《中國宗教文化における道教的儀禮と儒教的儀禮——現代臺灣の事例から》（《中国宗教文化中道教的仪礼与儒教的仪礼——从现代台湾的事例看》），《儀禮文化》20，东京：仪礼文化学会，p100—134

李丰楙（1996）《道教斋仪与丧祭礼俗复合的魂魄观》，收入李丰楙、朱荣贵主编《庙式、庙会与社区：道教、民间信仰与民间文化》，台北："中央"研究院中国文哲研究所，p459—483

松本浩一（2001）《宋代の葬儀：黄籙齋と儒教の葬禮》（《宋代的葬仪：黄箓斋与儒教的葬礼》），《图书馆情报大学研究报告》第20卷第1号，p43—72，后收入《宋代の道教と民間信仰》（《宋代的道教与民间信仰》），东京：汲古书院，2005

浅野春二（2005）《道教儀禮と儒教的儀禮》（《道教仪礼与儒教的仪礼》），《臺灣における道教儀禮の研究》（《台湾道教仪礼研究》）第3章第1节，东京：笠间书院，p405—457

D. 关于朝鲜・韩国

1. 总论（仅列单行本）

若松实（1982）《朝鮮の冠婚葬祭》（《朝鲜的冠婚葬祭》），高丽书林，373p

张哲秀（1984）《韓國傳統社會의 冠婚葬祭》（《韩国传统社会

的冠婚葬祭》），韩国精神文化研究院

李范稷（1991）《韩国中世礼思想研究》，一潮阁

불함문화사（1993a）《韩国儒学思想论文选集》24，礼学및 礼论（1），불함문화사，450p

불함문화사（1993b）《韩国儒学思想论文选集》25，礼学및 礼论（2），불함문화사，542p

池斗焕（1994）《朝鲜前期仪礼研究》，서울대 출판부（首尔大学校出版部）

李迎春（1994）《차례와 제사》（《茶礼与祭祀》），대원사

奎章阁（1994— ）奎章阁资料丛书仪轨篇：《宗教仪轨》《昭显世子嘉礼都监仪轨》《世祖国葬都监仪轨》等

高英津（1995）《朝鲜中期礼学思想史》，한길사

黄元九（1995）《东亚史论考》，혜안，436p

丁淳祐（1997）丁淳祐、池斗焕编《朝鲜时代仪礼资料集成》1—5，韩国精神文化研究院

한형주（2002）《朝鲜初期国家祭礼研究》，일주각，267p

주자사상연구회（朱子思想研究会）（2003）《주자사상과 조선의 유자》（《朱子思想与朝鲜的儒者》），혜안，293p

한영우（2005）《조선왕조 의궤 仪轨——국가의례와 그 기록》（《朝鲜王朝的仪轨——国家仪礼及其记录》），일지사，995p

彭 林（2005）《中国礼学在古代朝鲜的播迁》，北京：北京大学出版社，305p

2. 译注

한국고전의례연구회（韩国古典仪礼研究会）（2006）《국역 사

의 士仪》(《国译 士的士仪》) 1—5, 도서출판 보고사 (图书出版宝库社)

3.《家礼》

稻叶岩吉 (1936)《麗末鮮初における家禮傳來及び其意義》(《丽末鲜初家礼传来及其意义》),《青丘學叢》23, p1—22

金斗宪 (1936)《朝鮮禮俗の研究 (一) ——冠婚喪祭を主として》(《朝鲜礼俗研究 (一) ——以冠婚丧祭为主》),《青丘學叢》24, p1—63

金斗宪 (1937)《朝鮮禮俗の研究 (二) ——冠婚喪祭を主として》(《朝鲜礼俗研究 (二) ——以冠婚丧祭为主》),《青丘學叢》27, p31—107

黄元九 (1963)《李朝礼学의 形成过程》(《李朝礼学的形成过程》),《东方学志》6

李乙浩 (1967)《礼概念의 变迁过程——특히 茶山礼论의 입장에서》(《礼概念的变迁过程——茶山礼论的立场》),《대동문화연구》(《大东文化研究》) 4, p181—197。* 불함문화사 (1993b)《韩国儒学思想论文选集》25 所收

金泰永 (1973)《朝鲜初期 祀典의 成立에 対하여——国家意识의 变迁을 中心으로》(《朝鲜初期祀典的成立——以国家意识的变迁为中心》),《历史学报》58, p105—135。* 불함문화사 (1993a)《韩国儒学思想论文选集》24 所收

张哲秀 (1974)《中国仪礼가 韩国仪礼生活에 미친 影响——〈朱子家礼〉와〈四礼便览〉의 丧礼를 中心으로》(《中国仪礼对韩国仪礼生活的影响——以〈朱子家礼〉与〈四礼便览〉的丧礼为

中心》),《文化人类学》6, p67—83

韩笙劢（1976)《朝鲜王朝初期에 있어서의 儒教理念의 实践과 信仰、宗教——祀祭问题를 中心으로》（《朝鲜王朝初期儒教理念的实践与信仰、宗教——以祀祭问题为中心》),《韩国史论》3, p147—228。＊불함문화사（1993a)《韩国儒学思想论文选集》24 所收

黄元九（1981)《朱子家礼의 形成过程》（《朱子家礼的形成过程》),《人文科学》45

신오현（1982)《朝鲜时代 两班伦理에 对한 批判的考察》(《对朝鲜时代两班伦理的批判性考察》),《정신문화연구》15, p38—49。＊불함문화사（《精神文化研究》）(1993a)《韩国儒学思想论文选集》24 所收

池斗焕（1982)《朝鲜初期 朱子家礼의 理解過程: 國喪儀禮를 중심으로》（《朝鲜初期对朱子家礼的理解过程: 以国丧仪礼为中心》),《韩国史论》8, p63—93。＊불함문화사（1993b)《韩国儒学思想论文选集》25 所收

李吉杓（1983)《家禮를 通해 본 韓國人의 意識構造研究》（《通过〈家礼〉看韩国人的意识构造》),《诚信女子师范大学研究论文集》17; 18, p225—325; p161—225

尹丝淳（1983)《朝鲜期 礼思想의 研究——性理学과의 관련을 중심으로》（《朝鲜期礼思想研究——以与性理学的关系为中心》),《东洋学》13, p219—233。＊불함문화사（1993b)《韩国儒学思想论文选集》25 所收

崔凤永（1984)《朝鲜时代선비들의 类型과 行为类型——家庙、

文庙、宗庙의 分析을 통해서》（《朝鲜时代士大夫的类型与行为类型——通过家庙、文庙、宗庙的分析》),《정신문화연》（《精神文化研究》）21，p171—188。* 불함문화사（1993a)《韩国儒学思想论文选集》24 所收

李范稷（1984)《高丽时期의 五礼——朝鲜初期 五礼 成立 배경》(《高丽时期的五礼——朝鲜初期五礼的成立背景》),《历史教育》35

卢仁淑（1986)《文公家礼研究》，《儒教思想研究》1，儒教学会

李范稷（1986)《朝鲜初期의 礼学》(《朝鲜初期的礼学》),《历史教育》40

韩宽一（1988)《朝鲜前期〈小学〉教育에 关관 研究》(《关于朝鲜前期〈小学〉教育的研究》),《教育科学研究》2，p123—141。* 불함문화사（1993a)《韩国儒学思想论文选集》24 所收

高英津（1988)《15、16 世纪 朱子家礼의 施行과 그 意义》(《15、16 世纪朱子家礼的施行及其意义》),《韩国史论》21，p73—174。* 불함문화사（1993a)《韩国儒学思想论文选集》24 所收

李范稷（1990)《朝鲜前期의 五礼와 家礼》(《朝鲜前期的〈五礼〉与〈家礼〉》),《한국사연구》（《韩国史研究》）71，p31—62。* 불함문화사（1993a)《韩国儒学思想论文选集》24 所收

朴连镐（1990)《朝鲜 中期 童蒙教育课程의 变化》(《朝鲜中期童蒙教育课程的变化》),《教育史学研究》23，p47—64

裴相贤（1991)《〈朱子家礼〉와 그 朝鲜에서의 行用过程》

（《〈朱子家礼〉及其在朝鲜的行用过程，《동방학지》（《东方学志》）70，p223—254

李迎春（1991）《实学者들의 礼学思想：星湖와 茶山을 중심으로》（《实学者的礼学思想：以星湖与茶山为中心》），《박성수교수화갑기념논총 한국독립운동사의인식》（《박성주教授花甲纪念论丛：韩国独立运动史的认识》），박성수교수화갑기념논총간행위원회（박성주教授花甲纪念论丛刊行委员会），p101—122

古田博司（1991）《朝鮮儒家の葬禮と死後觀——〈文公家禮〉による廬墓古俗の變異》（《朝鲜儒家的葬礼与死后观——〈文公家礼〉庐墓古俗的变异》），《思想》808，东京：岩波书店，p96—113

高英津（1991）《16 세기말 四礼书의 성립과 礼学의 발달》（《16 世纪末四礼书的成立与礼学的发展》），《韩国文化》12，p445—509。＊불함문화사（1993a）《韩国儒学思想论文选集》24 所收

高英津（1991）《16 세기 후반 丧祭礼书의 发展과 그 意义》（《16 世纪后期丧祭礼书的发展及其意义》），《奎章阁》14，p29—62。＊불함문화사（1993a）《韩国儒学思想论文选集》24 所收

裴相贤（1992）《尤庵 宋时烈의 礼学考》（《尤庵、宋时烈的礼学考》），《우암사상연구논총》（《尤庵思想研究论丛》），사문학회（斯文学会），p11—90

홍승재（1992）《조선시대 礼书에 나타난 건축적 도면의 해석에 관한 연구》（《朝鲜时代礼书中出现的有关建筑图的解释研究》），《건축역사연구》《建筑历史研究》2，p52—67

李承妍（1992）《조선조에 있어서『주자가례』의“절대성”과 그“변용”의 논리》（《朝鲜朝〈朱子家礼〉的“绝对性”与其“变容”的逻辑》），《韩国의 哲学》20，庆北大学校退溪研究所，p155—181

古田博司（1992）《朝鮮王朝前期葬喪禮教化政策》，《史學》62—1·2，庆应大学，p93—129

도현철（1993）《高麗後期 朱子學 受容과 朱子書 普及》（《高丽后期朱子学 的受容与朱子书的普及》），《동방학지》（《东方学志》）77、78、79 합집（合辑），연세대 국학연구원（延世大国学研究院），p189—222

裴相贤（1993）《朝鲜朝 礼学의 成立과 展开：畿湖学派와 岭南学派를 중심으로》（《朝鲜朝礼学的成立与展开：畿湖学派与岭南学派为中心》），《소헌남도영박사고희기념 역사학논총》（《素轩南道永博士古稀纪念：历史学论丛》），민족문화사（民族文化社），p499—514

卢仁淑（1993）《星湖 李瀷의〈家礼疾书〉考——礼学의 사회적 역할과 기능에 대한一考察》（《星湖李瀷的〈家礼疾书〉考——对礼学的社会作用及其机能的一项考察》），《인문학연구》（《人文学研究》）20，p3—14

赵骏河等（1993）《传统礼学의 本质과 现代的 价值에 대한 연구》（《对传统礼学的本质与现代价值的研究》），《东洋哲学研究》14，《故玄潭柳正东教授10周忌追慕特辑》，p9—150

尹丝淳（1993）《性理学과 礼》（《性理学与礼》），《韩国思想史学》4、5

李承妍（1994）《朝鲜における〈朱子家禮〉の受容および展開過程——金長生の〈家禮輯覽〉を中心に》（《朝鲜〈朱子家礼〉的受容及其展开过程——以金长生〈家礼辑览〉为中心》），《朝鮮學報》153，p75—122

김기주·김성우（1994）《16 세기를 전후한 班家의 형식변화와 가례》（《16 世纪前后班家的形式变化与家礼》），《건축역사연구》（《建筑历史研究》）4，p50—65

张哲秀（1994）《朱子〈家礼〉에 나타난 祠堂의 构造에 관한 연구》（《朱子〈家礼〉中出现的有关祠堂构造的研究》），《韩国의 社会와 文化》（《韩国的社会与文化》）22，p299—349

이승연（1996）《조선조〈朱子家礼〉연구를 위한 提言——주자 예론을 중심으로》（《对朝鲜朝〈朱子家礼〉研究的提言——以朱子礼论为中心》），《韩国哲学》24

李承妍（1998）《朝鲜における〈朱子家禮〉の受容および展開過程Ⅱ——〈南溪集〉を中心に》（《朝鲜〈朱子家礼〉的受容及其展开过程 II——以〈南溪集〉为中心》），《朝鮮學報》167，p69—108

李迎春（1998）《茶山의 禮學과 服制禮說》（《茶山的礼学与服制礼说》），《朝鲜时代史学报》5，p176—223

李范稷（1998）《圃隐과 朱子家礼》（《圃隐与朱子家礼》），《인문과학논총》（《人文科学论丛》）30，p157—177

이영춘（1998）《家礼 의 전래와 연구 및 실천》（《家礼的传入与研究及其实践》），《中韩人文科学研究》2

郑景姬（1998）《〈朱子家礼〉의 형성과〈家礼〉》（《〈朱子家

礼〉的形成与〈家礼〉》),《韩国史论》39

李迎春（1999)《星湖의 礼学과 己亥服制 礼论》(《星湖的礼学与己亥服制礼论》),《韩国史研究》105，p115—149

이승연（1999)《다시 읽혀지는〈朱子家礼〉》（《被重读的〈朱子家礼〉》),《东洋礼学》3

이승연（2000)《개个와 家가:〈주자가례 朱子家礼〉의 출현을 중심으로》（《个与家：以〈朱子家礼〉的出现为中心》),《东洋社会思想》3

卢仁淑（2000)《朱子家礼与韩国之礼学》，北京：人民文学出版社，192p

宋熹准（2000)《18 세기 永川 地域의〈家礼〉注释书에 대하여》（《关于 18 世纪永川地域的〈家礼〉注释书》),《韩国哲学》28，庆北大学校退溪研究所，p249—276

유명종（2000)《瓶窝 李衡祥의 사상》（《瓶窝李衡祥之思想》),《耽罗巡历图研究会论丛》（《耽罗巡历图研究会论丛》），p458—473

임민혁（2000)《朱子家礼를 통해서 본 朝鲜의 礼治》(《通过〈朱子家礼〉所见的朝鲜礼治》),《정신문화연구 통권》（《精神文化研究通卷》）80，p41—68

장철수（2000)《朱子의〈家礼〉에 나타난 祠堂의 机能(1）——通礼를 중심으로》（《朱子〈家礼〉出现的祠堂功能(1）——以〈通礼〉为中心》),《역사민속학》（《历史民俗学》）10，p113—146

이봉규（2000)《顺庵 安鼎福의 儒教观과 经学思想》(《顺庵安

鼎福的儒教观与经学思想》),《韩国实学研究》2, p55—90

김명자 (2001)《현대사회에서 祭礼, 무엇이 문제인가》(《现代社会的祭礼, 问题何在?》),《역사민속학》(《历史民俗学》) 12, 장철수선생추모특집호 (장철수先生追慕特辑号), p61—80

정긍식 (2001)《조선전기 朱子家礼의 수용과 祭祀承继 관념》(《朝鲜前期朱子家礼的容受与祭祀承继观念》),《역사민속학》(《历史民俗学》) 12, 장철수선생추모특집호 (장철수先生追慕特辑号), p177—198

최순권 (2001)《신주고 (神主考)》,《생활문물연구》(《生活文物研究》) 2, 국립민속박물관 (国立民俗博物馆), p62—93

Deuchler (2002) Martina Deuchler, "The Practice of Confucianism: Ritual and Order in Choson Dynasty Korea", in *Rethinking Confucianism: Past and Present in China, Japan, Korea, and Vietnam*, Edited by Benjamin A Elman et al., California: University of California Press

김기주 (2003)《조선중기 이후 가례서와 반가에서의 행례공간 비교 연구——상제례를 중심으로》(《朝鲜中期以后家礼书与班家中行礼空间的比较研究——以丧祭礼为中心》),《民俗学研究》12, p37—80

刘权钟 (2004)《近代 岭南 礼制의 事例와 그 特征——〈家礼补阙〉을 중심으로》(《近代岭南礼制的事例及其特征——以〈家礼补阙〉为中心》),《韩国思想史学》23, p379—410

전경수 (2004)《冠婚丧祭의 传统 만들기——東亚细亚 儒教文化와 周边文化論의 適实性》(《营造冠婚丧祭的传统氛围——东亚细亚儒教文化與周边文化论的适实性》),《역사민속학》(《历史民

俗学》）19，p53—78

韩基宗（2005）《从法制的观点浅谈韩国传统社会的家礼》，高明士编《东亚传统家礼、教育与国法》（一），台大出版中心，p321—330

高英津（2005）《朝鲜时代的国法与家礼》，高明士编《东亚传统家礼、教育与国法》（二），台大出版中心，p401—425

南美惠（2006）《17 世纪 士大夫 家训을 통해 본 家礼의식——草庐 李惟泰（1607—1684）의 庭训을 중심으로》（《通过 17 世纪士大夫家训看家礼意识——以草庐李惟泰（1607—1684）的庭训为中心》），高明士编《东洋古典研究》24，p223—255

이혜순（2006）《16 세기〈주자가례〉담론의 전개와 특성——가례의 문화적 수용 연구를 위한 예비적 고찰》（《16 世纪〈朱子家礼〉讨论的展开与特性——对吸收家礼文化之研究的预备性考察》），《정신문화연구》（《精神文化研究》）29—2（통권 103 호），p5—33

이숙인（2006）《〈주자가례〉와 조선 중기의 제례문화——결속과 배제의 정치학》（《〈朱子家礼〉与朝鲜中期祭礼文化——终结与排斥的政治学》），《정신문화연구》（《精神文化研究》）29—2（통권 103 호），p35—65

김남이（2006）《17 세기 사대부의〈주자가례〉에 대한 인식과 일상에서의 예 실천——우암송시열의 경우를 중심으로》（《17 世纪士大夫对〈朱子家礼〉的认识及其在日常生活中的实践——以尤庵、宋时烈为中心》），《정신문화연구》（《精神文化研究》）29—2（통권 103 호），p99—124

김경미（2006)《주자가례의 수용과 17 세기 혼례의 양상——친영례를 중심으로》(《朱子家礼的容受与17 世纪婚礼——以亲迎礼为中心》),《东洋古典研究》25，p261—292

4.《家礼》与家族

李光奎（1978)《韩国 亲族体系에 미친 中国의 影响》(《对韩国亲族体系的中国影响》),《인류학논집》（《人类学论辑》）4，p97—137

郑东镐（1979)《丽末鲜初의 家族法规范——宗法制의 继受와 관련하여》（《丽末鲜初的家族法规范——与宗法制的承继相关联》),《민족문화제》(《民族文化》）5，p43—73

金斗宪（1980)《韩国家族制度研究》，서울（首尔）大学校出版部，673p

박연호（1990)《조선전기 士大夫禮의 변화양상:〈家礼〉와 宗子法을 중심으로》(《朝鲜前期士大夫礼的变化样相：以〈家礼〉和宗子法为中心》),《청계사학》（《清溪史学》）7，p171—222。
＊불함문화사（1993a)《韩国儒学思想论文选集》24 所收

5. 李滉（退溪）与《家礼》

周　何（1978)《李退溪의 礼学》(《李退溪的礼学》),《退溪学报》19，p285—305

周　何（1984)《李退溪对文公家礼之运用》，《退溪学报》42，p23—34

鄭景嬉（2000)《16 세기 중반 士林의 禮學——李滉의 禮學을 중심으로》(《16 世纪中叶士林的礼学——以李滉的礼学为中心》),《韩国史研究》110，p119—148

6. 金长生与《家礼》

柳承国（1979）《沙溪 金长生의 礼学에 관한 研究》（《关于沙溪金长生礼学的研究》），《김규영화갑기념논집》（《김규영花甲纪念论集》），p49—59。＊불함문화사（1993b）《韩国儒学思想论文选集》25 所收

张世浩（1981）《金长生의 礼说에 대한 研究》（《对金长生礼说的研究》），《대학원논문집》（《大学院论文集》），고대（高大）

李文周（1983）《沙溪 礼说의 特质》（《沙溪礼说的特质》），《首善论集》8，성대（成大），p21—39。＊불함문화사（1993b）《韩国儒学思想论文选集》25 所收

卢仁淑（1989）《沙溪礼学考——家礼辑览과 丧礼备要를 중심으로》（《沙溪礼学考——以家礼辑览和丧礼备要为中心》），《中大论文集》32，人文科学篇，p377—391。＊불함문화사（1993b）《韩国儒学思想论文选集》25 所收

韩基范（1989）《沙溪 金长生의 生涯와 礼学思想》（《沙溪金长生的生涯与礼学思想》），《백제연구》（《百济研究》）20，p173—210。＊불함문화사（1993b）《韩国儒学思想论文选集》25 所收

鄭玉子（1990）《17 세기 전반 禮書의 성립과정：金长生을 중심으로》（《17 世纪前期礼书的成立过程：以金长生为中心》），《한국문화》（《韩国文化》）11，p407—448

李迎春（1991）《沙溪礼学과 国家典礼》（《沙溪礼学与国家典礼》），《沙溪思想研究》所收，沙溪慎独斋两先生纪念事业会编

裴相贤（1991）《沙溪 金长生의 礼学思想考》（《沙溪金长生的礼学思想考》），收入《沙溪思想研究》，沙溪慎独斋两先生纪念事

业会编。* 불함문화사（1993b)《韩国儒学思想论文选集》25 所收

郑玉子（1991)《沙溪 金长生의 礼论》（《沙溪金长生的礼论》),《朝鲜后期知性史》所收，一志社

李迎春（1998)《〈疑礼问解〉에 나타난 沙溪의 礼学 思想》(《〈疑礼问解〉所见的沙溪的礼学思想》),《朝鲜时代의 社会와 思想》(《朝鲜时代的社会与思想》）所收，p409—447

彭　林（1998)《金沙溪〈丧礼备要〉与〈朱子家礼〉的朝鲜化》,《中国文化研究》20，p127—131

张世浩（2001)《金长生 礼说의 研究》(《金长生礼说研究》)，신지서원，부산（釜山)，228p

卢仁淑（2003)《沙溪礼学과 朱子家礼》(《沙溪礼学与朱子家礼》),《儒学思想研究》19

7. 郑逑与《家礼》

徐首生（1985)《寒冈 郑逑의 礼学》（《寒冈郑逑的礼学》),《韩国의 哲学》(《韩国的哲学》）13，p169—210。* 불함문화사(1993b)《韩国儒学思想论文选集》25 所收

丁淳睦（1985)《寒冈 郑逑의 教学思想》(《寒冈郑逑的教学思想》),《韩国의 哲学》(《韩国的哲学》）13，p125—168。* 불함문화사（1993b)《韩国儒学思想论文选集》25 所收

崔丞灏（1985)《寒冈의 持敬论》(《寒冈的持敬论》),《韩国의 哲学》（《韩国的哲学》）13，p63—82。* 불함문화사（1993b)《韩国儒学思想论文选集》25 所收

琴章泰（1992)《寒冈 郑逑의 礼学思想》(《寒冈郑逑的礼学思想》),《儒教思想研究》4、5，p221—234。* 불함문화사（1993b)

《韩国儒学思想论文选集》25 所收

8. 实地调查

温阳民俗博物馆学艺研究室（1989）《安东金氏坟墓发掘调查报告书》，温阳民俗博物馆，445p

韩国精神文化研究院（1992）韩国精神文化研究院편《韩国의乡村民俗志（I）：庆尚北道篇》调查研究报告书 92—9，韩国精神文化研究院

韩国精神文化研究院（1995）韩国精神文化研究院편《韩国의乡村民俗志（II）：全罗南道篇》调查研究报告书 95—2，韩国精神文化研究院，428+187p

韩国精神文化研究院（1996）韩国精神文化研究院편《韩国의乡村民俗志（III）：仁川广域市江华郡篇——조사연구 보고서（调查研究报告书）》调查研究报告书 96—2，韩国精神文化研究院，534+91p

E. 关于越南

山本达郎（1938）《安南黎朝の婚姻法》（《安南黎朝的婚姻法》），《東方學報》（东京）第 8 册，p247—318

Woodside（1971）Vietnam and the Chinese Model，Cambridge：Harvard University Press，358p

末成道男（1998）《ベトナムの祖先祭祀——潮曲の社會》（《越南的祖先祭祀——潮曲的社会生活》），东京：风响社，446p

佐世俊久（1999）《ベトナム黎朝前期における儒教の受容について》（《越南黎朝前期儒教的受容》），《廣島東洋史學報》4，

p1—20

宫泽千寻（1999）《ベトナム北部の父系親族集團の一事例——儒教的規範と實態》（《越南北部父系亲族集团的一个事例——儒教的规范与实况》），《ベトナムの社會と生活》1（《越南的社会与生活》1），东京：风响社，p7—33

嶋尾稔（2006）《〈壽梅家禮〉に關する基礎的考察》（《关于〈寿梅家礼〉的基础性考察》），《慶應義塾大學言語文化研究所紀要》37，p141—158

嶋尾稔（2007）《〈壽梅家禮〉に關する基礎的考察（二）》（《关于〈寿梅家礼〉的基础性考察（二）》），《慶應義塾大學言語文化研究所紀要》38，p123—143

刘玉珺（2007）《越南汉喃古籍的文献学研究》，北京：中华书局，500p

F. 关于日本

1. 总论（仅列单行本）

近藤敬吾（1990）《儒葬と神葬》（《儒葬与神葬》），东京：国书刊行会，309p

皆川美惠子（1997）《赖静子の主婦生活——〈梅颸日記〉にみる儒教家庭》（《赖静子的主妇生活——〈梅飔日记〉中的儒教家庭》），东京：云母书房，277p

近藤敬吾（2007）《四禮の研究——冠婚葬祭儀式の沿革と意義》（《四礼之研究——冠婚葬祭仪式的沿革与意义》），临川书店，237p

2.《家礼》

田尻祐一郎（1983)《絅齋、強齋と〈文公家禮〉》（《絅斋、强斋与〈文公家礼〉》),《日本思想史研究》15，仙台：东北大学，p14—30

田尻祐一郎（1986)《懶齋、愓齋と〈文公家禮〉》（《懒斋、愓斋与〈文公家礼〉》),《文藝研究》113，p51—60

近藤敬吾（1992)《朱子〈家禮〉と我國の〈家禮〉》(《朱子〈家礼〉与我国的〈四礼〉》),《國學院中國學會報》38，p270—284

高桥文博（1993)《〈葬祭私説〉における〈家禮〉受容——德川儒教における佛教批判の一方向》(《〈葬祭私说〉中〈家礼〉的受容——德川儒教对佛教批判的向度》),《懷德》61，p19—31

이승연（1993)《日本의〈朱子家礼〉수용 과정에 관한 一考察》（《日本的〈朱子家礼〉之受容过程的一项考察》),《韩国哲学》21

田尻祐一郎（1997)《儒教、儒家神道と“死”——〈朱子家禮〉受容をめぐって》(《儒教、儒家神道与“死”——围绕〈朱子家礼〉的受容》),《日本思想史學》29，p24—35

齐藤正和《齐藤拙堂〈読禮筆記〉について——江户末期一儒者の葬祭儀禮觀》(《齐藤拙堂〈读礼笔记〉——江户末期一位儒者的葬祭仪礼观》),《東洋文化》复刊85，p13—23

Nakai（2002）Kate Wildman Nakai，“Chinese Ritual and Native Japanese Identity in Tokugawa Confucianism”， in Rethinking Confucianism：Past and Present in China，Japan，Korea，and Vietnam，Edited by Benjamin A. Elman et al.，California：University of

California Press

上野和男（2003）《儒教思想と日本の家族——以家族組織と祖先祭祀を中心に》（《儒教思想与日本的家族——以家族组织与祖先祭祀为中心》），《國立歷史民俗博物館研究報告》106，p137—145

细谷惠志（2003）《水户の儒葬に見る〈朱子家禮〉の受容について》（《由水户的儒葬所见〈朱子家礼〉的受容》），《文學研究》18，圣德学园短期大学，p33—42

王维先、宫云维（2003）《朱子〈家礼〉对日本近世丧葬礼俗的影响》，《浙江大学学报》（人文社会科学版）2003年第6期

大久保纪子（2004）《儒教の社會化に關する一考察——〈默齋先生家禮抄略〉を中心に》（《关于儒教的社会化的一考察——以〈默斋先生家礼抄略〉为中心》），《お茶の水女子大學人文科學紀要》57，p1—14

池田温（2005）《〈文公家礼〉管见》，高明士编《东亚传统家礼、教育与国法》（一），台北：台大出版中心，p129—141

黑田秀教（2005）《懷德堂學派葬祭説の來源——〈喪葬私説〉主面書式を手掛かりにして》（《怀德堂学派葬祭说来源——以〈丧葬私说〉主面书式为线索》），《待兼山論叢（哲學篇）》39，p33—48

田世民（2005）《近世における〈文公家禮〉に關する實踐的言説——崎門派の場合》（《关于近世〈文公家礼〉实践的言说——崎门派的场合》），《日本思想史學》37，p136—154

田世民（2006）《淺見絅齋の〈文公家禮〉實踐とその禮俗觀》（《浅见絅斋〈文公家礼〉的实践及其礼俗观》），《教育史フォーラ

ム》创刊号，p67—82

汤浅邦弘（2006）《懷德堂の祭祀空間——中國古禮の受容と展開》（《怀德堂的祭祀空间——中国古礼的受容与展开》），《大阪大學大學院文學研究科紀要》46，p1—36。＊汤浅邦弘编（2007）《懷德堂研究》所收，东京：汲古书院

田世民（2007）《水户藩の儒禮受容——〈喪祭儀略〉を中心に》（《水户藩的儒礼受容——以〈丧祭仪略〉为中心》），《京都大學大學院教育學研究科紀要》53，p137—149

吾妻重二（2007）《江户時代における儒教儀禮研究——書誌を中心に》（《江户时代儒教仪礼研究——以书志为中心》），《アジア文化交流研究》2，关西大学，p255—270

吾妻重二（2008a）《水户德川家と儒教儀禮——葬禮をめぐって》（《水户德川家与儒教仪礼——就葬礼而谈》），《東洋の思想と宗教》25，早稻田大学，p1—25

吾妻重二（2008b）《水户德川家と儒教儀禮——祭禮を中心に》（《水户德川家与儒教仪礼——以祭礼为中心》），《アジア文化交流研究》3，关西大学，p219—245

吾妻重二（2008c）《池田光政と儒教喪祭儀禮》（《池田光政与儒教丧祭仪礼》），《東アジア文化交涉研究》创刊号，关西大学，p79—104

3. 儒教神道

国学院大学日本文化研究所（1995）《神葬祭資料集成》，ぺりかん社，469p

矢崎浩之（2006）《〈儒家神道〉研究の成果と課題，そして展

望，附：儒家神道研究文獻目録稿》（《〈儒家神道〉研究成果与课题及其展望，附：儒家神道研究文献目录稿》），收入土田健次郎编《近世儒家研究の方法と課題》，东京：汲古书院

G. 关于琉球

漥德忠（1975a）《中國の習俗と〈四本堂家禮〉》（《中国的习俗与〈四本堂家礼〉》），《南島史學》7，p114—129

漥德忠（1975b）《〈四本堂家禮〉に見える天妃信仰》（《〈四本堂家礼〉中的天妃信仰》），《社會と傳承》14—4

漥德忠（1976）《〈四本堂家禮〉に見える沖繩の中國的習俗》（《从〈四本堂家礼〉看冲绳的中国习俗》），《東方學》51，p114—129

上江洲敏夫（1984）《〈四本堂家禮〉と沖繩民俗——葬禮、喪禮について》（《〈四本堂家礼〉与冲绳民俗——关于葬礼、丧礼》），《民俗學研究所紀要》8，成城大学，p34—88

邓陈灵（1999）《琉球における〈家禮〉の思想——〈四本堂家禮〉を中心として》（《琉球的〈家礼〉思想——以〈四本堂家礼〉为中心》），《名古屋大學東洋史研究報告》23，p112—132

第二章　江户时代儒教仪礼研究

——以文献学考察为中心

前　言

在考察以往东亚地域的文化现象之际，我们无法忽略儒教所起的作用。正因如此，迄今为止积累了很多关于中国、朝鲜、韩国、日本等各个地域儒教的研究成果。

然而，历来的研究都不太重视儒教的"仪礼"。所谓仪礼，姑且可这样定义：使人类的内在情感得以秩序化，通过行为展示（performance）使其向外表现出来的一定形式。仪礼是儒教之为儒教的要素之一，同时仪礼之有无也被视作区分文明与野蛮的重要文化指标。但是，将仪礼理解为形而下的行为展示（performance）而被排除在形而上/哲学的思辨范畴之外，则是很常见的情况，其结果是，虽然有大量的儒教思想研究，却无法抹去这样一种印象：对整个儒教史的全貌仍未充分阐明。

在中国古代，儒教仪礼可以分为吉、凶、宾、军、嘉五礼，包含各个方面：神格、灵魂的祭祀，死者的葬礼以及服丧礼，交际、宾客、祝贺之礼，军事游行等军礼，即位仪礼、冠礼、婚礼。从国家、官僚、社会到宗族、家庭、个人，人们生活的各个角落都会有仪礼的表现。另外，在展开儒教仪礼讨论的时候，我们不能忽视由近世朱子学之普及而得到关注的朱熹《家礼》。《家礼》是以个人层面为中心的仪礼之书籍，讲述“冠婚丧祭”之仪礼。《家礼》作为“应该如何度过人生中重大之节日”这一与每个人的生活直接相关的仪礼指导手册，至今仍然或多或少地规范着东亚地域人们的生活，并对其文化的一部分起着型构的作用。[1]

本文主要围绕近世日本的儒教仪礼的展开进行讨论。日本的近世时期，即江户时代，儒教仪礼有怎样的讨论，又是怎样实践的？关于这一问题，迄今还没有详细的探讨，今后有必要积累个别的研究成果。本文作为一项基础研究，主要通过文献，尝试对于江户时代的三礼（《仪礼》《周礼》《礼记》）以及《家礼》的接受状况之图像作一描画。

在本文写作过程中，随时参照《国书总目录（补订版）》（东京：岩波书店，1989—1991年）、《古典籍综合目录》（东京：岩波书店，1990年）、长泽规矩也《和刻本汉籍分类目录（增补补正版）》（东京：汲古书院，2008年），以及长泽规矩也监修、长泽孝三编《汉文学者总览》（东京：汲古书院，1979年）。另外，在此列举的是仅限于可以确认现存的有关仪礼的各种文献。

一　江户时代儒教仪礼研究——三礼

江户时代是儒教作为知识人的教养而得以普及的时代，以《论

1　关于儒教仪礼以及儒教祭祀意味着什么，笔者在《儒教祭祀の性格と範囲について》（《アジア文化交流研究》第1号，关西大学亚洲文化交流研究中心，2006年）一文中进行了考察。

语》《孟子》等“四书”为中心，经书被广泛阅读，也有大量的相关论著，然而特别涉及仪礼方面，则其著述相当有限。

日本关于儒教经典的研究到底有多少，战前寺田望南所撰的《大日本经解目录》可以作为一个大致的基准。寺田是明治、大正时期屈指可数的藏书家，也是援助静嘉堂收购皕宋楼藏书的人物。[2] 这部《目录》（抄本）笔者尚未有目睹的机会，但是内野台岭的论文《关于日本经解》就寺田的目录做了详细介绍，[3] 根据内野论文，以江户时代为中心，有关经学的著述数目大致如下：

周易	338 部
尚书	124 部
诗	90 部
礼（礼记）	37 部，周礼 22 部，仪礼 15 部
春秋	108 部
孝经	116 部
诸经总类	64 部
四书总类	211 部

虽然这个目录中所列数据并不都是根据原件而作，也有从汉学

2　内野台岭：《日本經解に就いて》（《近世日本の儒教》所收，东京：岩波书店，1939 年）。

3　除了注 2 内野论文外，另据井上宗雄等著：《日本古典籍书志学辞典》（东京：岩波书店，1999 年），页 407。

家们的著述目录记载或传记中照搬摘录的，但这个目录应该可以提供我们一个线索。由上面的数据可以看出，有关三礼的著述明显少于其他的经书：《礼记》有 37 部，《周礼》有 22 部，至于《仪礼》却只有 15 部。这种状况与关仪一郎编《日本名家四书注释全书》（东洋图书刊行会，1922—1926 年）所收录的为数极多的有关“四书”的著述形成了鲜明的对比。此外，战前林泰辅所做的调查也表现出类似的倾向。[4]

本来，有关三礼的书籍，在江户时代初期就已有出版。宽永十三年（1636）出版的《仪礼》和《周礼》的加点、合刻本可能是三礼文献最早的和刻本，其后，《仪礼》有宝历十三年（1763）、宽政八年（1796）以后的刊本等等，《周礼》也有宽延二年（1749）、文化六年（1809）等数次刊印。

另一方面，关于《礼记》的和刻本，庆安五年（1652）由藤原惺窝所校的《礼记集说》是最早的和刻本。《礼记集说》有元代陈澔的注解，作为所谓的“新注”之一在中国得到广泛阅读，其后该书又数次刊印。与此相对，《礼记》古注本的和刻本却相当晚，宽延二年（1749）加岛矩直的加点本是其滥觞。就《礼记》来说，到江户时代中期为止，陈澔的新注本比郑玄的古注本得到更广泛的普及。

4　据内野论文，林泰辅也调查和收集了日本人撰写的经解，写了《日本经解总目录》。根据该目录，（经解中）有《周易》395 部、《尚书》147 部、《诗经》173 部、《礼》144 部（《周礼》50 部、《仪礼》21 部、《礼记・大戴礼》45 部）、《春秋》224 部、《论语》363 部、《孟子》169 部、《大学》246 部、《中庸》168 部、《孝经》199 部、《群经总义》226 部（四书类 122 部、五经类 24 部）。此数据显示出与寺田目录相同的倾向。

《大戴礼记》的和刻本，浅见絅斋所训点的版本于元禄六年（1693）刊行后数次刊印，北宋聂崇义的《新定三礼图》（通志堂经解本），由菊地南阳加点，于宝历十一年（1761）单行刊刻，此本后来也有数次刊印。

此外，堪称古礼研究集大成之作的朱熹《仪礼经传通解》，早在宽文二年（1662）就出版了由野中兼山及山崎闇斋所加的训点本。其续编亦即黄榦所撰《仪礼经传通解续》则在天明二年（1782）出版。[5]

这样，有关三礼的基本典籍在宽文年间亦即17世纪后半期，几乎已全部出版了和刻本，研究条件已基本齐备。江户初期以来，与其他经书一样，提供了附有训点的文本，在知识人中间得到了相当程度的阅读。不过，尽管如此，由国人（校者按，指日本人）撰写的有关仪礼的著述绝不可谓多矣。

首先，就《仪礼》研究而言，整个江户时代，由国人所做的《仪礼》全文的注释似乎连一本也没有，除了后面将提及的蘐园学派及江户后期的猪饲敬所等人以外，也几乎没有值得一看的研究。即便是《周礼》，其全文注释本也要等到生活在幕末至明治初期的安井息轩所著的《周礼补疏》12卷（庆应大学斯道文库等藏，抄本）才终于出现，而有关《周礼》的个别研究，如后所述，只有蘐园学派的著作才略放异彩。

另一方面，同《仪礼》《周礼》的相关著作寥寥无几相比，有

5　户川芳郎:《仪礼经传通解·解题》（《仪礼经传通解》第3辑，东京：汲古书院，1980年）。

关《礼记》的著述则有少量存在，以下是主要的几部：

- 林鹅峰《礼记私考》11卷（抄本，内阁文库藏）
- 中村惕斋《笔记礼记集说》15卷15册（安政四年［1857］刊本，国会图书馆等藏）
- 穗积能改斋《礼记国字解》16卷（抄本，财团法人无穷会藏）
- 尾田玄古（马场信武）《礼记图解》4卷（享保元年［1717］刊本，筑波大学图书馆等藏）
- 皆川淇园《礼记绎解》5卷（自笔稿本，京都大学清家文库藏）
- 皆川淇园《礼记注解》10卷（抄本，东北大学狩野文库藏）
- 中井履轩《礼记雕题略》5卷、补遗1卷、补遗脱漏1卷（抄本，《七经雕题略》内，大阪大学怀德堂文库等藏，另有纪府聚星堂的活字版）
- 冢田大峰《礼记赘说》4册（抄本，国会图书馆等藏）
- 龟井昭阳《礼记抄说》14卷（抄本，财团法人无穷会等藏）
- 山县太华《礼记备考》5卷（自笔稿本，早稻田大学图书馆藏）

《礼记》的研究可以说比《仪礼》《周礼》多一些，但这些著作基本都是抄本，其普及程度非常有限。当然，由于《礼记》的

《大学篇》和《中庸篇》被选入“四书”而另行刊刻的缘故，其相关著作有很多，但就《礼记》整体而言，其研究还是属“不太流行”的领域，这与《仪礼》《周礼》的场合相差无几。

由此看来，历来认为日本的仪礼研究不很活跃的前人之说再次得到了确认。关于此前研究者的见解，如影山诚一指出：

> （在江户时代）仪礼的讲学寥寥无几的原因，一是因为难解，或许是由于与直接的生活少有关联的缘故。（《仪礼通义》第1册，页54，油印本，1959年）

原田种成也指出《周礼》及《仪礼》的注释迹近全无。他说：

> 江户时代以来关于五经的著作有很多，但就三礼特别是《周礼》和《仪礼》而言，即便说毫不存在亦不为过。（本田二郎《周礼通释》序，秀英出版，1977年）

关于《礼记》，战前桂湖村在《汉籍国字解全书》的《礼记》叙说中指出：

> 及至德川时代，随着朱子学的普及，一般情况是读《礼记》者必看《集说》，若有余力则看《正义》，但学者研究《礼记》则很少，仅有林鹅峰、中村惕斋、古屋昔阳、平贺晋民、市川鹤鸣、斋藤芝山、冢田大峰、永井星渚、增岛兰园等人而已。（早稻田大学出版部，1927年，页13）

这是说，人们大多参照陈澔的《礼记集说》，而《礼记》的研究者则不多。该书“解题”（作者或是牧野谦次郎）亦云：

> （《礼记》）卷帙浩瀚而又字句艰涩、典故繁杂，故上古以来，学者皆苦于解诂。因此我国学者中尚未有用日语解释《礼记》者，此诚为千古之憾事。本大学（即早稻田大学）有见于此，嘱桂教授以日语解之……

应该说，这些见解基本是正确的。不过，对于桂湖村作为《礼记》的研究者所列的“林鹅峰、中村惕斋、古屋昔阳、平贺晋民、市川鹤鸣、斋藤芝山、冢田大峰、永井星渚、增岛兰园”这份名单则有必要保留意见。因为他们关于《礼记》的著述只有一部分流传了下来，不少著述仅见于传记及著述目录中，很难确定是否实际成书。此外，《汉籍国字解全书》“解题”指出在此之前日本尚未有尝试用日语解释《礼记》的人，这一点也应该订正。因为上文提到的穗积能改斋的《礼记国字解》就是一个宝贵的尝试。穗积能改斋是伊藤东涯的门人。[6]

这样的儒教仪礼的研究状况当然与儒教在日本究竟起了什么作用的问题相关。换句话说，也就是儒教是否在日本扎根的问题。对此问题，现在大致有两种代表性的见解比较通行。第一种是津田左右吉的看法。津田认为：

---

6 理雅各（James Legge）的英译《The Li Ki》2 卷（Oxford：Clarendon Press）的出版是 1885 年。桂湖村的《礼记》日文解释本的出版是 1927 年。因此《礼记》的近代外语翻译，英译比日译更早。这也说明日本的儒教仪礼研究不很活跃。

在实践中才有意义的礼，只是作为书本上的知识为日本人所知。（《シナ思想と日本》，岩波文库，1938 年，页 41）

津田还指出：

儒教只是作为书本上的知识、作为思想，而被学习和讲习的，因为从一开始就没有进入、也不会进入人们的实际生活中……儒教中对人们的生活给予具体规范的是礼，但日本人决不学习儒教的礼，也不把礼运用到生活中去，这是最好的证明。（同上书，页 161）

在津田看来，儒教仪礼与日本人的日常生活毫无关系，所以儒教思想本身在日本也没有得以渗透。中国的章炳麟指出，由于在日本没有研治仪礼的人，所以日本的儒教只不过是散漫驳杂的东西而已。[7] 可以说，这也与津田的见解是一致的。

第二种是尾藤正英的见解。尾藤认为：

不仅限于（中江）藤树，一般来说，在近世日本，儒学的接受不在礼法上，而只在精神方面上。也就是说，只是作

7 章太炎认为："东方诸散儒，自物茂卿以下，亦率末学肤受，取证杂书，大好言易，而不道礼宪，日本人治汉土学术者，多本宋明，不知隋唐以上。然宋人治礼者亦尚多，日本人则无其人。盖浮夸傅会，是其素性，言礼则无所用此也。其学固已疏矣。"（《与罗振玉书》，《太炎文录初编》文录卷 2，《章太炎全集・四》所收，上海：上海人民出版社，1985 年）

> 为心的教导而被接受，正因如此，儒学变成了谁都可以学的……对于礼法的重视，不论在中国还是在朝鲜都是非常严格的。在日本的场合，去掉礼法而只学习其精神，这一点乃是日本普及儒学的特色。（《日本文化の歷史》，岩波新书，2000 年，页 169）

这是说，在日本，儒教的“仪礼”没有扎根，而儒教“思想”却得以扎根和普及。从最近的研究状况来看，在以上两种说法当中，尾藤的见解应是较为稳妥的。儒教在日本究竟起了怎样的作用，这一问题另当别论，可是两者的看法在儒教仪礼最终未被日本所接受这一点上则是相同的。这一理解从上面看到的日本仪礼研究文献并不太多这一情况来看也确有一定道理，但仍然留有疑问。

第一、就儒教的本质在于“思想”与“仪礼”的结合这一观点来说，将仪礼完全去除，则儒教之接受成为可能吗？“去掉礼法而只学习其精神”，这在日本儒教的场合，究竟何以成为可能呢？

第二、关于日本的儒教仪礼的研究和实践，至今尚有许多不明确的地方。与思想方面的研究相比，儒教仪礼的研究在整体上确实是很贫乏的，但是这并不意味着日本的儒教仪礼不存在或者可以对此采取无视的态度。在日本，特别是在江户时代，儒教仪礼到底是被如何论述的呢？上面所举的有关《礼记》的著述给我们展示了其中的一部分，但除此之外，是否还有其他应该注意的事项？

二　江户时代儒教仪礼研究——蘐园学派、猪饲敬所等

(一) 蘐园学派

在日本的儒教仪礼研究中大放异彩的是由荻生徂徕（1666—1728）开创的“蘐园学派”。

众所周知，将“礼学刑政”视作儒教之本质的徂徕致力于阐明中国古礼，他留下了《葬礼略》《祠堂式及通礼微考》等相关著作（详见后述），继承并发展了徂徕礼学的则是他的门人，特别是以服部南郭（1683—1759）为中心的三礼文献的“会读”值得注目。所谓“会读”就是由许多参加者开展的共同研究，南郭的弟子汤浅常山在《文会杂记》中对其情况有如下转述（校者按，下列文字原文均为日语）：

(1)《仪礼》，应作木偶而使之进退便可了解，此为南郭之说。此与鄙见符同。又，在紫芝园开《周礼》之会时，初有三十人参加，而后仅君修（即松崎观山）与一二人，读完全部《周礼》。(《文会杂记》卷1上)

(2)《仪礼》古人亦觉难读。因需有专门之技，故难矣。若在阶等上面置少许木形，将壶等视为樽等礼器，象棋之棋子当作人形而使其揖让、下拜时，将象棋棋子伏下，如此即能解读仪礼。不很好了解三礼，即不能说是学问。(同上书，卷1上)

(3)《仪礼》会读之时发现，朱子《经传通解》纠正《注疏》之误甚多。朱子学问甚为可靠。南郭曾云：即使不甚有用

之礼，朱子都加以阐明，及至细节。（同上书，卷2上）

（4）南郭之处有《仪礼》之会。据传连《注疏》都详加吟味。此是别处绝无之事，听说近来此会已开……某以为解读《仪礼》诚是屠龙之技，然若有好古之癖，持之以恒，则可通读三礼。又，贾公彦疏等错谬甚多，可用朱子《经传通解》解读之。朱子学问坚实无比，非后世理学家所能企及。（同上书，卷2下）

（5）先生云："《仪礼》《周礼》，会读结束。今又会读《礼记》一半。吾从某诸侯借来朝鲜本《仪礼图解》而会读之，以为进退周旋甚难的韩退之亦嫌恶之《仪礼》，也已大致了解。《仪礼图解》甚好。又，朱子《经传通解》亦觉甚佳。"（同上书，卷2下）

由这些记载可见，南郭门下对《仪礼》《周礼》及《礼记》等经书持续地进行"会读"〔（1）（3）（4）（5）〕；他们用"木偶""木形"向人展示，并摆弄器物，然后实际地再现仪礼的"进退周旋"〔（1）（2）〕；郑玄注、贾公彦疏自不用说，他们还有效地利用朱熹《仪礼经传通解》、朝鲜本《仪礼图解》来解读仪礼文献〔（3）（4）（5）〕。南郭等人从"不很好了解三礼，即不能说是学问"的立场出发，"咀嚼""解读"《仪礼》，共同进行严密的探讨。

关于最后一条所说的朝鲜版《仪礼图解》，南郭的弟子村松芦溪令其子村松之安撰写的《新定仪礼图》自序中有一段有趣的记载：[8]

8　据静嘉堂文库所藏《新定仪礼图》。

吾公（村松芦溪）好学，尤尚三礼，每曰：礼为政之本，不可不读。尝讲仪礼，尊俎、豆笾之陈，揖让、进退之节，其处有所不明，令臣安撰图解。因忆昔先人从服叟（即服部南郭）于赤羽之日，叟语曰："有《仪礼图》者，宇子迪尝携来，嘉靖重刊之朝鲜国本也。"

这里提到的"宇子迪"即徂徕门人宇佐见灊水（1701—1776），他作为王弼注《老子》的校订者而闻名。将上述文字合起来看，可知灊水从某大名处借来了嘉靖年间朝鲜版的《仪礼图解》提供给了"会读"。此书从时期来看，是指南宋杨复的《仪礼图》17卷，其朝鲜本应是指嘉靖十五年（1536）吕柟序的版本。[9] 不仅如此，南郭还亲自抄写了杨复的《仪礼图》，该抄本现由早稻田大学的服部文库收藏。[10]

除此之外，服部文库还保存有南郭用纸作的"深衣"模型，做工极为精巧细致。[11] 不用说，深衣是中国古代士人正式的日常服装，见于《礼记·深衣篇》等记载，《家礼》的《深衣制度篇》也有所论述。

由上可见，以徂徕、南郭为中心而展开的有关儒教仪礼的严密

9 即《韩国所藏中国汉籍总目》1（经部，学古房，韩国首尔，2005年）页225—226所载的版本。

10 《服部文库目录》（早稻田大学图书馆，1984年）"服部家历代著述类"中记载"仪礼抄图17卷，服部元乔编，抄本，4册，和大"。此本笔者未见，但从其卷数来看，此本无疑是南郭手抄杨复《仪礼图》17卷。

11 即《服部文库目录》"服部家旧藏一般书"礼记类中的"朱文公深衣制，9点，写，享保十九年，1帙"。

研究是值得我们记住的。而且，从蘐园学派中还出现了一些值得注意的成果。例如：

> 村松之安《新定仪礼图》2卷（天明八年［1788］序刊，筑波大学藏）

此书在上面已经提到。村松之安的父亲芦溪（1715—1787）是越后人，师事服部南郭，后成为高田藩儒。由“礼为政之本，不可不读”这一立场出发而重视三礼之学的芦溪，为了阐明《仪礼》的“尊俎、豆笾之陈，揖让、进退之节”，而令之安撰述图解。之安曾从芦溪那里听说过朝鲜本《仪礼图解》亦即杨复《仪礼图》的存在，他虽多方寻找，而最终未果，于是便自己撰述此书。关于此事，在该书的自序中，紧接前面的引文有下面这段话：

> 愿一观之（即杨复《仪礼图》），虽搜防甚勤，卒不能得。乃不自量，稍稍图之。公（即芦溪）曰：“镌而藏之。”于是重为删定，以授剞劂氏。

关于该书，池田末利曾给予很高的评价，他认为该书虽然比不上清代张惠言的《仪礼图》，但在当时除了郑注、贾疏之外没有其他文献可供参照的情况下，实在是辛劳之作。[12]

---

12 池田末利：《仪礼解说》（池田译注《仪礼》V，东京：东海大学出版社，1977年），页614。

另外，上野海门、井口兰雪、大竹麻谷、川合春川等人也撰有以下的相关著作：

上野海门，井口兰雪补《考工记管钥》2卷2册，图1卷1册（宝历二年［1752］刊，关西大学长泽文库等藏）

井口兰雪《考工记管钥续编》1册，图汇1册（明和四年［1767］刊，关西大学长泽文库藏）

大竹麻谷《仪礼大射仪国字解》2卷2册（文化元年［1804］刊，关西大学长泽文库等藏）

川合春川《仪礼释宫图解》1册（文化十二年［1815］刊，关西大学长泽文库等藏）

川合春川《考工记图解》4卷4册（宽政八年［1796］刊，关西大学长泽文库等藏）

上野海门（1686—1744）是纪伊人，受教于徂徕的门人菅谷甘谷。《考工记管钥》2卷图1卷对《周礼·考工记》加以详细的日文注释。继承这项工作的是海门的门人井口兰雪（1719—1771），他的《考工记管钥续编》1册图汇1册也是以同样的体裁用日语进行了解释。大竹麻谷（1723—1798）是江户人，他的老师大内兰室也是徂徕门人，其《仪礼大射仪国字解》是用日语解释《仪礼·大射仪篇》的著作。

川合春川（1750—1824）是美浓人，他是龙草庐的门人，为纪伊藩儒。龙草庐的老师是徂徕门人宇野明霞。其《仪礼释宫图解》对南宋李如圭的《仪礼释宫》进行了图解，同时加以训点和注解；

其《考工记图解》则是对《周礼·考工记》的注解，主要参照郑注，并旁引疏及明清诸儒之说而加以考证，实是劳苦之作。

村松之安、上野海门、井口兰雪、大竹麻谷、川合春川等人的名字现在几乎不被人所知。但是，他们的著作在当时三礼研究非常少见的情况下，作为个案研究，应该说是十分重要的工作。

（二）猪饲敬所、朝川善庵

江户时代重要的儒教仪礼研究者，除了蘐园学派系统的人以外，还可以列举猪饲敬所和朝川善庵。不用说，他们与狩谷掖斋、松崎慊堂并列，是江户时代后期重要考证学家的代表。[13]

猪饲敬所（1761—1845）是近江人，津藩的儒者。他以坚实精确的学风而闻名，主要在文化、文政时代撰写了许多著作。以下列举的是儒教仪礼方面的重要著作。

《读礼肆考》4卷2册（弘化二年［1845］序，刊本，内阁文库、关西大学长泽文库等藏）

此书是模仿武英殿袖珍版的木活字版，由津藩有造馆出版的所谓“藩版”。该书由《深衣考》《凶服考》《寝庙堂室考》《周量考》

13 中山久四郎：《考证学概说》（《近世日本的儒学》所收，东京：岩波书店，1939年）介绍江户后期兴起的考证学，非常有用。在该论文中，他说：“继掖斋与慊堂之后，喜欢清儒风格的考证学研究的儒者有：猪饲敬所、朝川善庵、东条一堂。此三儒成为考证学流行的文化（1804—1817）、文政（1818—1829）时代的儒林之殿，并且成为天保（1830—1843）之后第四期考证学风的先驱。”（校者按，文化、文政、天保的年代为校者所加）

四个部分组成，并配有图解。《深衣考》和《凶服考》对深衣及丧服的尺寸、制作法进行了考证；《寝庙堂室考》对于中国古代房屋的构造及房屋内各部分的名称，即堂、室、房、户、奥、屋漏、中溜、荣、坫等进行了扎实的论证；《周量考》论述了由周至汉的计量单位。关于该书的特色，斋藤正谦（拙堂）指出：

> 六经之末疏汗牛充栋，独《仪礼》为朴学，人不甚喜读。是以汉唐以降，至于宋元，除郑注、贾疏，仅有朱文公通解（即《仪礼经传通解》）、敖继公集说（即《仪礼集说》）等数部而已。至于本邦，寥寥无闻。敬所猪饲先生，经术精深，壮岁研覃礼经，辨注疏之谬，又取其中四项事为之图说。一曰深衣，二曰凶服，三曰寝庙堂室、四曰周量。各一卷，合而名之曰《读礼肆考》。且其精确乃西人（即中国人）之所罕见，况本邦人乎！（《读礼肆考》序）

的确，该书所展开的考证之精密即使在今日也有充分的参考价值，可以说，江户时代的儒教仪礼研究由此达到了一个高峰。[14]

此外，敬所还有以下相关著作现存于世：

> 《仪礼义疏评》2 册（抄本，财团法人无穷会藏）

14　另按，民国时期以经学家而名的吴承仕（1884—1939）也对敬所的《读礼肆考》感兴趣。据《仓石武四郎留学记》（荣新江、朱玉麒辑注，北京：中华书局，2002 年）昭和五年（1930）1 月 31 日条所载："吴检斋先生来，托买猪饲彦博《读礼肆考》并《令义解》。"这条逸事记录是关西大学非常勤讲师城山阳宣君指出的。

《仪礼礼节改正图》1册（抄本，财团法人无穷会藏）

《仪礼郑注补正》1册（抄本，京都大学图书馆藏）

《仪礼标记抄录》2卷（抄本，静嘉堂文库藏）

关于《家礼》，如后所述，敬所还撰有《家礼仪节正误》这部论证严密的论著。

另外，敬所的朋友津阪孝绰有《祠堂考》一书，其中附有敬所的评语。

津阪孝绰《祠堂考》1册（猪饲敬所评，文化九年［1812］序，抄本，京都大学图书馆等藏）

津阪孝绰（1756—1825）是与猪饲敬所同时代的津藩儒者，在该书栏外写有敬所的评语。此书内容包括在《祠堂制度祭礼仪节私考》中对祠堂亦即庙及其祭礼进行的考证，旧文七篇作为附录，收录了《祭祀说》《祠堂说》《周尺当今七寸一部弱考》及三封有关书信。

朝川善庵（1781—1849）著有：

《神主式考证》1册（抄本，国会图书馆等藏）

善庵是提倡“折衷学”的片山兼山之子，著述很多，因其学问而受到各地大名的礼遇。该书博采文献，揭示了“神主”亦即祭祀时魂所附的牌位及其变迁过程，是一部劳作。依笔者管见，在历来的仪礼研究中，该书似乎被完全忽视，然而如此详尽的神主研究在中国亦未见，是一部出色的考证性著作。

三　江户时代《家礼》研究——关于研究文献

以上，我们概观了有关三礼文献的研究情况，但在日本，与三礼相比，朱熹《家礼》的研究更为盛行。

其实，记录日本接受《家礼》的最早书志文献是足利学校的书目。根据该目录，《家礼》至迟在室町时代中期就已传到日本。[15]

其后，《家礼》是如何被阅读的详细情况尚未明确，但到江户时代初期，与三礼文献一样，也开始出现了《家礼》的和刻本。最早的和刻本是明丘濬的《家礼仪节》8卷，于庆安元年（1648）京都的风月宗知刊刻了训点本。接着，《性理大全》和刻本于承应二年（1653）由小出永庵施以训点，作为《新刻性理大全》70卷出版，该书第18卷至第21卷收录《家礼》。另一方面，《家礼》单行本的出版稍晚，浅见絅斋点校的《家礼》5卷于元禄十年（1697）才得以刊行。无论如何，与三礼相关文献一样，在江户时代初期已经具备了《家礼》的研究条件。

随着这种出版状况，有关《家礼》的著述陆续出现。其主要文献如下：

山崎闇斎（1618—1682）

《文会笔录》一之二、一之三（《（增订）山崎闇斋全集》

15　笔者在本书第六章中指出了这一点。

第 1 卷所收，ぺりかん社影印，1978 年）
浅见絅斋（1652—1711）

《家礼师说》1 册（抄本，宝永二年［1705］开讲，财团法人无穷会等藏）

《通祭丧葬小记》1 册（抄本，又称《丧葬小记》，元禄四年［1691］，早稻田大学等藏）

《丧祭略记》1 册（平田笃胤写，抄本，财团法人无穷会藏）

《家礼纪闻》（抄本，浅见絅斋先生杂记 11，筑波大学图书馆藏）

三宅尚斋（1662—1741）

《家礼笔记》7 卷 2 册（抄本，享保十一年［1726］，财团法人无穷会等藏）

《用新主说》《大宗小宗图考》《神主题名考》（抄本，享保八年［1723］，财团法人无穷会藏）

若林强斋（1679—1723）

《家礼训蒙疏》4 卷 3 册（刊本，享保十三年［1728］跋，关西大学等藏）

《家礼冠昏师说》（抄本，小滨市立图书馆藏，近藤启吾《四礼の研究》收录翻刻，东京：临川书店，2003 年）

林鹅峰（1619—1680）

《泣血余滴》2 卷（明历二年［1656］，《鹅峰林学士文集》所收，ぺりかん社影印，1997 年。另有万治二年［1659］刊本）

《后丧日录》1 册（抄本，明历三年［1657］，内阁文库藏）

朱舜水（1600—1682）

《朱氏谈绮》3卷（宝永四年［1707］序，宝永五年［1798］刊本）

《泣血余滴》批评（对林鹅峰《泣血余滴》所加的批语。抄本，彰考馆水府明德会藏）

德川光圀（1628—1700）

《藤妇人病中葬礼事略》（正室泰姬的葬仪记录，万治元年［1658］，《水户义公全集》上卷，《常山文集拾遗》，东京：吉川弘文馆，1978年）

《慎终日录·威公》（小宅处斋记，父赖房的葬仪记录，抄本，宽文元年［1661］，茨城县立历史馆藏）

《慎终日录·义公·恭伯世子》（石河明善记，光圀及纲条之子吉孚的葬仪记录，抄本，元禄十三年［1700］，茨城县立历史馆藏）

熊泽蕃山（1619—1691）

《葬祭辩论》（宽文七年［1667］，《（增订）蕃山全集》第5卷所收，名著出版，1978年）

藤井懒斋（1626—1706）

《二礼童览》2卷2册（元禄元年［1688］刊本，国会图书馆等藏）

中村惕斋（1629—1702）

《慎终疏节》4卷2册（元禄三年［1690］刊本，京都大学图书馆等藏）

《追远疏节》1册（抄本，享保二年［1717］，内阁文库

等藏）

伊藤仁斋（1627—1705）

《读家礼》（《古学先生文集》卷6，《古学先生诗文集》，ぺりかん社，1985年）

伊藤东涯（1670—1736）

明版《文公家礼仪节》手泽本（曾于贞享四年［1687］、元禄二年［1689］两次阅读该书，美国国会图书馆藏）

和刻本《文公家礼仪节》手泽本（于宝永元年［1704］阅读该书，天理大学古义堂文库藏）

天木时中（1696—1736）

《二礼要略》1册（抄本，宝永五年［1708］，财团法人无穷会藏）

室鸠巢（1658—1734）

《文公家礼通考》1卷（甘雨亭丛书第1集所收，刊本）

荻生徂徕（1666—1728）

《葬礼略》1册（又称《葬礼考》。刊本，《荻生徂徕全集》13所收，みすず书房，1987年）

《祠堂式及通礼微考》1册（《荻生徂徕全集》13所收）

《答松子锦问神主制度书》（《徂徕集》卷28所收，ぺりかん社，1985年）

新井白石（1657—1725）

《家礼仪节考》8卷（抄本，早稻田大学等藏）

安积澹泊（1650—1737）

《葬祭仪略》附记（享保十六年［1731］，财团法人无穷会藏）

加藤九皋（1664—1728）

《丧礼略私注》1册（抄本，享保十年［1725］，财团法人无穷会藏）

三轮执斋（1669—1744）

《丧祭说》（抄本，东北大学狩野文库藏）

稻叶迂斋（1684—1760）

《家礼笔记》1册（抄本，财团法人无穷会藏）

稻叶默斋（1732—1799）

《家礼抄略》1册（文久二年［1862］刊本，财团法人无穷会藏）

《默斋先生家礼抄略》2册（抄本，财团法人无穷会藏）

蟹养斋（1705—1778）

《儒法棺椁式》1册（抄本，宽延二年［1749］，影印日本随笔集成12所收，东京：汲古书院，1979年）

中井甃庵（1693—1758）、中井履轩（1731—1817）

《丧祭私说　附幽人先生服忌图》（自笔稿本，享保六年［1721］，宝历八年［1758］，大阪大学怀德堂文库藏）

中井履轩（1732—1817）

《深衣图解》1册（抄本，明和二年［1765］，内阁文库等藏）

纸制深衣（大阪大学怀德堂文库藏）

中村习斋（1719—1799）

《家礼讲义》5册（抄本，天明五年［1785］，财团法人无穷会藏）

《家礼新图》1册（抄本，财团法人无穷会藏）

大藏永绥、村士玉水（1729—1776）

《祭仪略》1 卷、同《丧仪略》1 卷（统称为“二礼仪略”，天明八年［1788］，蜀山人编《三十幅》卷 1 所收，东京：大东出版社，1939 年）

大藏龙河（1757—1844）

《葬祭仪略》（《日本教育文库·宗教篇》所收，东京：同文馆，1911 年）

猪饲敬所（1761—1845）

《家礼仪节正误》1 册（抄本，文政十一年［1828］，花园大学禅文化研究所等藏）

松崎慊堂（1771—1844）

《敬作所偶得》（关于神主制的考证，《松崎慊堂全集》卷 26 所收，东京：冬至书房，1988 年）

佐久间象山（1811—1864）

《丧礼私说》（文久元年［1861］，《象山全集》上卷所收，东京：尚文馆，1913 年）

以上所列仅限笔者管见所及。就此书目亦可看出，有关《家礼》的著作比三礼方面的文献丰富得多。[16] 现在虽然无法对这些文献逐一做详细的论述，但以下几点是可以指出的：

第一、关于《家礼》的展开史。首先，17 世纪后半期是《家

16 此外，琉球的蔡文溥（1671—1745）撰有改订《家礼》的《四本堂家礼》（《那霸市史》资料篇第 1 卷 10 所收翻刻本，那霸市役所，1989 年）。但当时的琉球儒教与日本儒教有着不同的展开，故从这里的讨论对象除去。

礼》的正式接受期，朱子学系和阳明学系的学者是其核心人物。以山崎闇斋、林鹅峰为首，朱舜水、德川光圀、藤井懒斋、中村惕斋等人留下了有关《家礼》的著作，或按照《家礼》实行了葬礼、祭礼，阳明学者熊泽蕃山也对《家礼》表示出极大的兴趣。另外，幕府的林罗山以及土佐藩的野中兼山虽然没有撰写有关《家礼》的著述，但也依据《家礼》实行了葬礼仪式，冈山藩主池田光政根据《家礼》实行祭礼，而他自己被以儒葬方式埋葬也是在这一时期。[17]可以说，17世纪后半期兴起了一股《家礼》风潮。

随后，18世纪初期即元禄时代以降，应是《家礼》的展开期。自此以后，不限于朱子学派与阳明学派，各学派的思想家也都对《家礼》展开了研究。属于朱子学系统的人物有浅见絅斋、若林强斋、天木时中、室鸠巢、新井白石、安积澹泊、加藤九皋、稻叶迂斋、稻叶默斋、蟹养斋、中井甃庵、中井履轩、中村习斋、村士玉水等，属于阳明学系统的有三轮执斋，属于古学系统的有伊藤仁斋、伊藤东涯、荻生徂徕等，属于考证学系统的有猪饲敬所、松崎慊堂。此外，幕末的佐久间象山既属于朱子学系，也与"洋学"有很密切的关系。总之，18世纪以后到幕末，知识人对《家礼》普遍产生了兴趣。可以说，在这个时期对《家礼》的探讨超越了各个学派，累积了许多学说。[18]

第二、在《家礼》"冠婚丧祭"四礼中，有关丧礼（葬礼）、祭礼二礼的论述占了一大半。其原因是，丧祭仪礼在《家礼》中所

---

17 关于江户时代根据《家礼》所进行的儒葬及儒祭的实践问题，将另文探讨。

18 关于这一点，我们可以指出自江户时代中期以降，《家礼》式的神主在民间得以普及，直至今日。参看注15所列的拙稿。

占的篇幅本来就很多，此外，还与日本很早就有祖先崇拜，而在江户时代此一习俗又得到强化相关。[19] 这一点，与《家礼》冠婚丧祭的各种仪礼得到广泛普及的中国和朝鲜相比，可以说是日本儒教仪礼的特色。

结　语

本文主要通过文献学研究，对江户时代的儒教仪礼进行了考察。在江户时代，有关三礼文献的研究确实不太活跃，与其他经书相比，特别是《仪礼》的研究很贫乏。仅以《仪礼》“难解”为由，显然不能充分说明这种情况发生的原因。或许《仪礼》确是一部难读的书籍，但与《周易》《尚书》《诗经》等比较起来，也不能算特别难读。这种情况的发生应该还是与“仪礼”的性质有关。因为，仪礼是一种“固定的形式”。在某种意义上，“思想”是谁都可以应用的、抽象的东西，与此相比，《仪礼》在场所、器具、服装等方面都有很强的固定性，对每个细节的要求都非常具体。儒教仪礼未必与日本古来的风俗以及“有职故实”（校者按，意指古代日本的公家及武家的仪礼、官职、制度、服饰、法令、军阵等相关先例及典故）相吻合。

于是，在日本，儒教仪礼研究便产生了这样一种偏向：它成了只是喜欢儒教的一部分人的兴趣爱好，而成为纸上空谈。在上引服

19 关于日本祖先崇拜的历史，竹田听洲：《祖先崇拜——民族と歴史》（京都：平乐寺书店，1957 年）一书便于参考。

部南郭的门人汤浅常山《文会杂记》中，其第2条“不很好了解三礼，即不能说是学问”之后，接着就有一段用朱笔写下的文字（校者按，原文是日文）：

> 为要准确了解揖让拜起之事，如此摆上象棋，连壶盘等都准备好，以便把握仪礼。然而即便如此，究竟是无益之消遣，所谓儿戏而已。(《文会杂记》卷1上)

这不是汤浅常山本人的意见，而是由第三者后来添写上去的。在这里，儒教仪礼的研究被看作是“无益之消遣”。

此外，猪饲敬所在其《深衣考序》中写道：

> 古服之取骇于世俗也，西土（即中国）之人尚且服之者寡，况我邦乎。人必笑余之屑屑于无用。呜呼，先王之法言，因后儒误解而大失正义者不可胜数矣。余深慨焉，此亦反正之一端也。余之志在彼而不在此，有识之士，其或察之。

在这里，他在承认日本儒教仪礼的研究会被看作“无用”的情况下，仍然意图探明其原意。

这些事例说明，儒教仪礼与日本人的日常生活存在着相当程度的乖离现象。但是尽管如此，儒教仪礼还是成了研究的对象，服部南郭门下的三礼文献的会读、与蘐园学派有关的学人以及猪饲敬所、朝川善庵等人的考证性著作便是这一动向的典型。

另一方面，与这种研究层面相对，在实践层面，朱熹《家礼》

起了相当重要的作用。大家都知道《家礼》在近世中国及朝鲜都非常普及，而在日本，尽管人们的关注点偏向于丧礼（葬礼）与祭礼，但还是可以看出与此相类似的情况。关于《家礼》的儒教仪礼尤其是其丧祭仪礼在日本近世如何得到实践的问题，还有待于今后的详密考察，但至少可以说，儒教仪礼在日本完全没有得到普及这一“旧说”是不妥当的。

江户时代有关《家礼》的文献，现在大部分是作为抄本流传下来的，由于对仪礼缺乏关注，因而这些文献处在未被整理的搁置状态。对于这些文献，今后也有必要进行调查。

第二编　礼 文 备 具

第三章 《家礼》版本考

——到《性理大全》为止

前 言

众所周知，朱熹的《家礼》记述了士大夫阶级宗族内的礼的规范，它作为冠、婚、丧、祭等人生各重要时期的礼仪行为的一种实践手册，得到了广泛的认同。朱熹《家礼》的问世，可谓是中国近世思想史上的一件大事，其影响力之大，并不亚于他的《四书集注》。

以往，清代王懋竑提倡《家礼》为后人假托朱熹之名而成的“伪作说”，《四库提要》等也蹈袭此说，以至于“伪作说”竟一度成为定论。然而，根据近年来的研究，“伪作说”基本上已被完全推翻。[1] 除了卷首的附图另当别论以外，归结而言，《家礼》乃是朱熹的一部尚未定稿的作品，作为稿本而在世上流传，久而久之它就被

1 主要的研究成果有：上山春平：《朱熹の〈家禮〉と〈儀禮經傳通解〉》（《東方學報》京都，第54册，1982年）；陈来：《朱子〈家礼〉真伪考》（《北京大学学报》哲学社会科学版，1989年第3期）；束景南：《朱熹〈家礼〉真伪考辨》（载《朱熹佚文辑考》，南京：江苏古籍出版社，1991年）；束景南：《朱熹〈家礼〉真伪辨》（《朱子学刊》，1993年第1辑）。

认定为定稿，这应当是最为稳妥的看法。朱熹的高足陈淳评定此书为“未成之缺典”（出自《代陈宪跋家礼》），这个说法最终是正确的。

在《家礼》的作者问题已经得到澄清的今天，我们应该解决的另一课题就是对《家礼》在中国近世社会如何得以普及而又产生影响等问题展开历史研究。探究《家礼》各种版本的出版经过，理清与其相关的各种史料的关系，将有助于揭示这种历史过程。

迄今为止，关于《家礼》的版本研究，阿部吉雄氏于二战之前的论考几乎是唯一的成果，然而笔者曾于1998年5月、2000年8月以及2001年8月前往北京图书馆善本室和上海图书馆，对阿部氏当年无缘目睹的《家礼》初期版本展开调查，获得了十分重要的资讯。[2] 近年来，伊沛霞的《家礼译注》虽是一种出色的研究，但就版本研究而言，还是有所欠缺。[3] 至于《家礼》中附图的完成过程，至今完全没有被纳入人们的考察范围。笔者在吸纳前人的这些研究成果的基础上，尽可能彻底地对既有的研究进行修正和补充，与此同时，我想可以重新提供一些有关《家礼》作者问题的史料，故就此作者问题，也将附带讨论。

本文暂且将考察的时代范围设定在朱熹以后至明初《性理大全》之前。这是因为《性理大全》所收的《家礼》作为一种普及性

---

2 阿部吉雄:《文公家禮に就いて》(《服部先生古稀祝賀記念論文集》所收，东京：富山房，1936年）和《東方文化學院東方研究所經部禮類善本に就いて》（《東方學報》，京都，第6册，1936年）。

3 Patricia Buckley Ebrey, Chu Hi's Family Rituals: A Twelfth-Century Chinese Manual for the Performance of Cappings, Weddings, Funerals, and Ancestral Rites. New Jersey: Princeton University Press, 1991.

的决定版，在家礼史上具有重要的里程碑意义。

一　早期的刊刻与版本

1.《家礼》早期刊刻的过程（校者按，此节标题为编者所加，下同）

我们首先按照时间的先后，尽可能详细地探究一下《家礼》早期刊刻的相关情况。

在《家礼》相关的稿本中，自朱熹生前便开始流传于世的是《冠礼》《婚礼》《丧礼》及《祭礼》各篇中的“祭礼”部分。陈淳《代陈宪跋家礼》（《北溪大全集》卷一四）是陈淳代陈宪（即广东路提点刑狱的陈光祖）而撰写的一篇跋文，其中提供了与此事相关的宝贵信息。

根据陈淳的说法，关于祭礼，由两部分组成，除了（1）朱熹弟子王遇（字子合，一字子正）所传、陈淳所得的三卷本《祭仪》以外，还有（2）朱熹季子朱在所传，并置于朱家时常“按用”的《时祭仪》一篇。（1）三卷本《祭仪》内容分为上卷“程子祭说及主式”、中卷“家庙时祭以至墓祭凡九篇”以及下卷“诸祝词”，因陈淳家住临漳（漳州，在今福建省）而被称为“临漳传本”。[4] 其中“程子祭说及主式”，概指《程氏文集》卷一〇所载程颐《作主式》的解说及图。另一方面，（2）《时祭仪》一篇，其内容似乎只

4　吕祖谦《家范》卷四（《吕太史别集》卷四，《续金华丛书》所收）中所引数条的《朱氏祭仪》应该就是这部临漳传本。

相当于现存《家礼》“祭礼篇”中的“四时祭”部分，将作为“正文大书”的“纲”与作为此下“小注”的“目”予以分别记述，由此来看，该文拥有与现今《家礼》相近的体裁。临漳传本《祭仪》却并未区分“纲”与“目”，可见它与《时祭仪》分别来自朱熹的不同稿本。

在朱熹逝世之后的“嘉定辛未”即嘉定四年（1211），陈淳通过朱在，看到了曾经散失的朱熹《家礼》5 篇的抄本，据说是在为朱熹举行葬礼的当天由某士人带来的。这应该是第 3 种稿本的出现，其内容与现在的《家礼》基本相同。不久之后，由朱熹弟子廖德明（字子晦）在广州（广东省）将其刊刻。对此，陈淳有如下描述：

> 为篇有五，通礼居一，而冠婚丧祭四礼次之。于篇之内，各随事分章，于章之中，又各分纲目。未几，亦有传入广者。廖子晦意其为成书定本，遽刊诸帅府，即今此编是也。

由此可见，陈淳代撰的这篇跋文原来是为廖德明刊本而作。这部廖德明刊本正是《家礼》的首次刊本，并取广州之雅号而称作“五羊本”（陈淳《家礼跋》，稍后详述）。[5] 至于五羊本的刊刻时间，应该就是陈淳得到《家礼》5 篇抄本的那一年即嘉定四年（1211）。之所以如此推定，一是据方大琮（稍后将会介绍）在其《家礼附注后序》中将廖德明刊刻《家礼》的时间认定为朱熹逝后

5　阿部吉雄在注 2 所揭的论文中认为“余杭本”（后面将会提及）是最早的版本，这里有必要对此加以订正。

10 年（朱熹逝于 1200 年）；二是根据《南宋制抚年表》卷下的记载，廖德明知广州的在任时期是嘉定四年至嘉定五年。[6]

由此可知，原先仅以稿本形式传世的《家礼》，在朱熹逝后不久即被刊刻而流传于世（以下，有关《家礼》的版本系谱，请随时参看〈表 1〉）。

〈表 1〉《家礼》版本系统

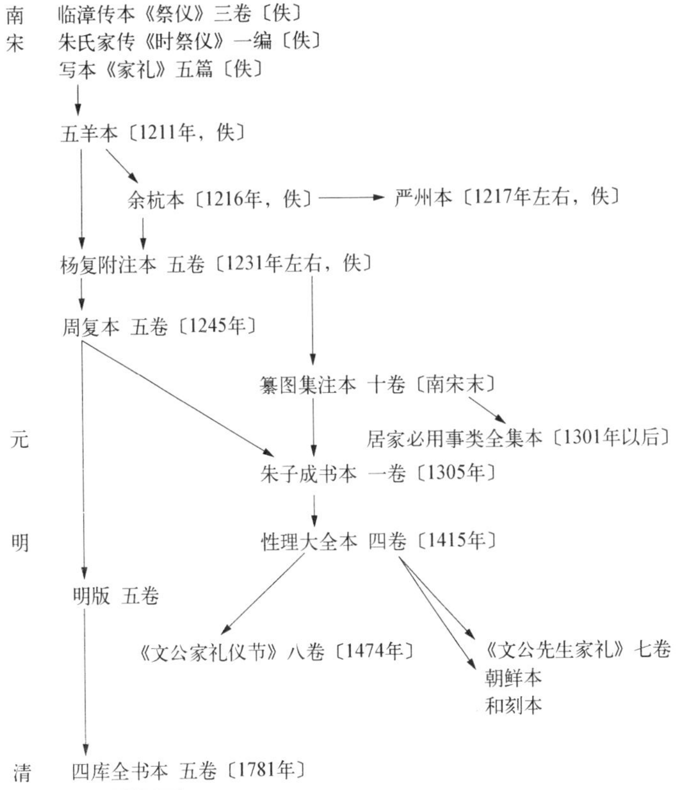

6　另外，据《宋史》卷四三七《廖德明传》载："在南粤时，立师悟堂，刻朱熹家礼及程氏诸书。"

但是，即便不论五羊本由于源自朱熹未定稿，因而在内容上不免发生龃龉，就其版本来看，似乎也留有一些疑问。对此，陈淳曾有相关的记述。例如在“时祭”（四时祭）一章中，“降神”一词位于“参神”之前，而在临漳传本中，“降神”一词却被置于“参神”之后，便是一例。这一点在后来的余杭本中得到了校正。

以上，是根据陈淳《代陈宪跋家礼》所作的考察。而在5年之后的嘉定九年（1216），对五羊本进行校订的余杭本得以出版。朱熹高足黄榦为其撰序《书晦庵先生家礼》（《勉斋先生黄文肃公文集》卷二〇）。据该文可知，刊刻者为黄榦门人赵师恕，时任浙江余杭令。

关于余杭本的校订情况，陈淳《家礼跋》（《北溪大全集》卷一四）可供参考。他在跋中写道：“五羊本先出，最多讹舛。某尝以语曲江陈宪而识诸编末矣。余杭本再就五羊本为之考订。”这里所谓“语曲江陈宪”云云，不用说，就是指前面在《代陈宪跋家礼》中提到的五羊本使人疑惑的某些地方。接着，陈淳又对文本的校订情况作了介绍，根据他的说法，当时主要对以下两处进行了校订：

（1）将祭礼和时祭章中的“参神”一词移至“降神”之前。[7]

（2）同样，在“时祭”章中，删除了“冬至、立春祭祖”这一内容。[8] 关于这一点，《程氏文集》卷一〇所收程颐《祭

7 周复本附录和《性理大全》本《四时祭》中“参神”的杨复注，也引用了1这项校订。

8 陈淳的意见是：“向尝亲闻先生语，以为似禘祫而不举。今本先生意，删去。”关于这一点，《朱子语类》卷八七中载：“某家旧时常祭，立春、冬至、季秋祭祢三祭。后以立春、冬至二祭近禘祫之祭，觉得不安，遂去之。”（祭仪，2。译者按，2为条目数，下同）此外还可参见《朱子语类》卷九〇的第89条和第116条。

礼》载“冬至祭始祖，立春祭先祖”，看来五羊本采纳了这一说法。

就现行通行本《家礼》来看，无论是周复本（稍后详述）还是性理大全本，确实都做过像（1）那样的修改。然而，无论是周复本还是性理大全本，其在“初祖”章各载“冬至祭始祖”，在“先祖”章各载“立春祭先祖”，并不像陈淳所指出的那样做过类似于（2）的修改。若此，则可以说：现行的《家礼》文本除了一部分内容源自余杭本之外，大体上蹈袭了五羊本。

然而，陈淳的这篇《家礼跋》，其实是为余杭本在严州（浙江省）的重刻而写的。重刻者是郑之悌，为郑的重刻，陈淳同时撰写了《代郑寺丞跋家礼》这篇跋文（《北溪大全集》卷一四）。关于这次严州重刻的时间，据《淳熙严州图经》卷一所载，郑之悌于嘉定十年二月至嘉定十二年二月权知严州府，而陈淳于嘉定十年的八月至九月间到访过严州。[9] 由此可见，《家礼跋》及《代郑寺丞跋家礼》应该写于嘉定十年（1217），该书的出版亦应距此不远。王国维《两浙古刊本考》（《王观堂先生全集》所收）中提到严州府刊本《朱文公家礼》，便是指这部严州本。

在这一时期的著述文献中，值得一提的还有朱熹门人潘时举所写的识语，关于这一点有必要略作考察。这篇识语出现于《家礼》卷首的家礼图中，附有“嘉定癸酉”的日期，当是嘉定六年

9 关于陈淳的严州之行，请参佐藤仁：《朱子學の基本用語——北溪字義譯解》（东京：研文出版，1996 年）“解题”。

(1213）之作。[10] 问题在于，这篇识语是就哪一幅图而言的。这同时还涉及《家礼》的各种附图是如何形成的这一问题。根据识语的说法，程颐所作的木主（神主、牌位）非常精密，但不知“尺之长短”，因而也就一直无法掌握木主的大小尺寸。但是，后来得到了居住在会稽的司马光的子孙所传的“尺图”，其云：“今不敢自隐，因图主式及二尺长短，而著伊川之说于其旁。”[11] 由此说来，潘时举所记载的只是木主图及两种尺图，并附加了程颐《作主式》之语。

然而，如〈表2〉所示，性理大全本的附图，是按照“神主式”“椟韬藉式”“椟式”以及“尺式”的顺序排列的，而且在“尺式”的图中，又记载了“古尺”“周尺”和“三司布帛尺”三种类型的尺图。也就是说，这部分内容显然有后人加工的痕迹。从这个意义上说，稍后将有详细介绍的北京图书馆藏本（编号852）很耐人寻味，与潘时举所整理的原形如出一辙。之所以这样说，这是因为在其卷首，以“木主全式”为题，与木主图同时刊载的尺图只有“周尺”和“三司布帛尺”，接着引用了程颐之语，潘时举的识语被安排在最后。为便于读者理解，笔者在〈图1〉提供了该书的书影。要之，在《家礼》卷首所刊载的各图中，最早刊载的只有木主（神主）图和两种尺图。当然，如果要追本溯源的话，木主图的原型可以追溯到三卷本《祭仪》中的木主图。

10　潘时举的这篇识语原本就是根据朱熹的提议所作。可参朱熹《答潘子善》第10书（《文集》卷六〇）。

11　据《玉海》卷八皇佑十五等“古尺”条载：“近岁，司马备刻周尺、汉刘歆尺、晋前尺。盖文正公光旧物也。”这条记载应该与此处所谓司马光的尺图有关。关于这一点，狩谷棭斋《本朝度量权衡考》也有论述。参见狩谷棭斋著，富谷至校注：《本朝度量权衡考》（东京：平凡社，东洋文库本，1991年），页191—192。

〈表 2〉 家礼图系谱

性理大全本	1 家庙之图	2 祠堂之图	3 深衣图(三图)	4 裁衣法	5 深衣冠履之图	6 行冠礼图	7 昏礼亲迎之图	8 衿鞶箧笥椑椸图	9 小敛图	10 袭含哭位之图	11 大敛图	12 丧服图式	13 冠绖绞带图式	14 斩衰杖履图	15 齐衰杖履图	16 丧祭器具之图	17 丧舆之图	18 本宗五服之图	19 三父八母服制之图	20 妻为夫党服图	21 外族母党妻党服图	22 神主式	23 椟韬藉式	24 椟式	25 尺式	26 大宗小宗图	27 正寝时祭图	28 每位设馔之图
聂崇义《三礼图》								△	△		△		△	△	△										△	△		
陈祥道《礼书》					△			△														△						
程颐作主式																						○						
朱熹深衣制度			○	○	○																							
临漳传本《祭仪》																						○						
潘时举主式尺式																						○			△			
黄榦《仪礼经传通解续》												△	△					○		○	△							
杨复《仪礼图》						△	△					○	○					○		○	△							
周复五卷本												○										○			△			
纂图集注本		○	○	○	△	○			○	○	○	○	○					○		○	○	○			○	○	○	○
黄瑞节朱子成书本	○	○	○	○	○	○	○	○	○	○	○	○	○	○	○	○	○	○	○	○	○	○	○	○	○	○	○	○

有○符号者表示有与性理大全本相类似或相同的图、有△符号者表示有与性理大全本不相同的图

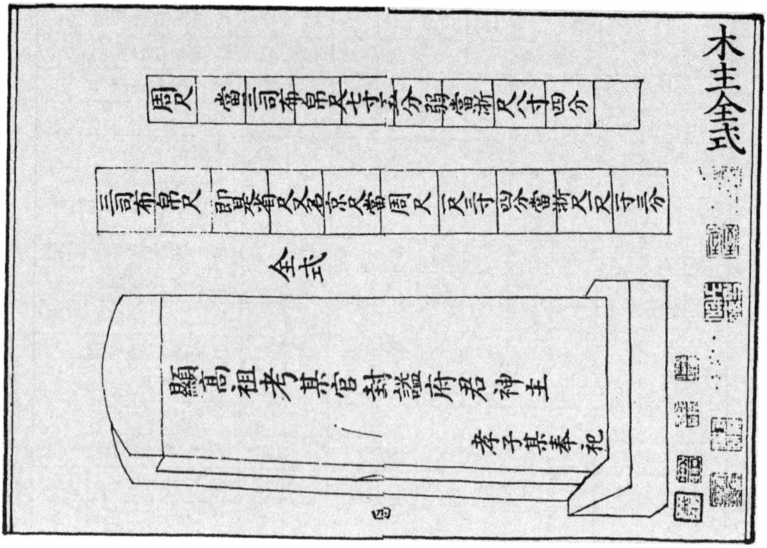

〈图 1〉宋版周复本的木主式与尺式（补写部分）

正当《家礼》在各地被刊刻并被校订增补之际，黄榦《仪礼经传通解续》29 卷及杨复《仪礼图》17 卷也分别于嘉定十六年（1223）和绍定元年（1228）刊行出版。[12] 毋庸置疑，它们都是对朱熹礼制研究的继承和发展，尤其前者，乃是朱熹《仪礼经传通解》的续编。然而重要的是，两者所刊载的各种图与性理大全本完全一致，见〈表 2〉所示。实际上，这些图也是家礼图的基本素材之一。

除此之外，根据《性理大全》卷二一《祭礼・四时祭》“亚献”中杨复的注释，潮州（广东省）还有一种刊本，只是不知其详。

12　可参和刻本《仪礼经传通解》（东京：汲古书院，第 3 辑，1980 年）所附户川芳郎的解说以及杨复《仪礼图》的序言。

2. 关于《家礼》注本

如上所述，朱熹门人对《家礼》进行了宣扬，其结果便导致了《家礼》注释的出现。

《仪礼图》的作者杨复（？—1236）所做的附注就是其中之一。杨复的这部附注本到了淳祐二年（1242），又由方大琮（字德润，1183—1247）重新刊刻。方大琮是一位朱子学者，他是真德秀的弟子，也是刘克庄的讲学友。

关于杨复附注本，杨复有一篇序文，现被收录在《文献通考》卷一八八，其中一部分在性理大全本卷首的小注中也被引用过，然而它们都没有记载该附注本的出版时间，而要知道该本的出版时间，则须有赖于方大琮《家礼附注后序》。笔者目睹过北京图书馆善本室所藏《文公先生家礼》七卷（编号6700，稍后详述）中记载的这篇《后序》。这篇《后序》未见方大琮文集的明版《宋忠惠铁庵方公文集》（《北京图书馆古籍珍本丛刊》所收）及四库全书本《铁庵集》，故至今几乎未引起过人们的关注。由于该文含有十分重要的内容，故将其全文抄录如下，并适当分段，附以日语训读（校者按，以下仅列中文原文，对其标点略加改动）：

家礼附注后序

文公先生《家礼》，今士大夫家有之。初乾道己丑成于寒泉精舍，虽门人未之见，越三十有二年，唐石会葬，乃有持出者。又十年，廖槎溪守广刊之学，视诸本为最早。又二十年，杨信斋《附注》出，而当时损益折衷之意始见。日用常行无非理，讲则明，差则俚。司马、程、张、高氏皆有功于冠昏丧祭者，合其善而为家，先生其大成也。非一家之书，天下之家也。既成矣，逸之久而后出，既出矣，辅以注而益详，况有文而近乎古，去俚而沿乎情。先生尝有“省径，何苦不行”之语，则知此书传于世之艰，用于世之易，何幸有所据依。遵而行之，当自大夫士始。其首载司马氏《居家杂仪》，以崇爱敬为实，必体之身，行之家，以仪其乡而化其俗，则先生纲维世教之本意云。后槎溪三十年，广人以旧板既漫告，遂出《附注》本刊而授之。淳祐壬寅仲春朔日，后学莆田方大琮德润父敬书于郡之广平堂。

其中提供的值得注意的信息如下：首先是廖德明的所谓五羊本的刊刻时间因此而被明确化；其次是“又二十年，杨信斋《附注》出”一句，明确地说明杨复附注本比五羊本晚出 20 年。五羊本的出版时间被推定为 1211 年，因而杨复附注本约于 1231 年前后被刊刻出版。

此外，还有必要增加几项说明。文中“乾道己丑成于寒泉精舍”一句的依据，应该是朱熹弟子李方子所编的《朱子年谱》。然而，根据年谱中所记载的内容，将乾道五年（1169）视为《家礼》的完成之年，这种理解实际上并不正确，只不过是指《家礼》稿本的一部分写于这一年而已。所谓“唐石会葬”，就是指朱熹的葬礼，《家礼》5 篇的稿本此时被发现。[13] 有关“廖槎溪”等等文字，说的是廖德明刊刻的所谓五羊本之事，槎溪是廖德明的号。接下来所谓

13　关于这个问题，可参注 1 所揭上山春平的论文页 216。另，李方子《朱子年谱》的记载，亦被周复本附录所引用。

“司马、程、张、高氏”，则是指北宋的司马光、程颐、张载以及撰写《送终礼》一卷的南宋高闶。朱熹在构思《家礼》的时候，正是参考了这些前辈的著作。尤其对高闶《送终礼》，朱熹《答胡伯量》第1函（《朱子文集》卷六三）以及《朱子语类》卷八五第9条都有明确记载。下面接着引用的“省径，何苦不行”之语，见《朱子语类》卷八九“昏”，原文为“古礼也省径，人也何苦不行”。至于“司马氏《居家杂仪》”等，则指《家礼》“通礼”部分所载司马光《书仪》中的一篇《居家杂仪》。

继杨复附注本之后，上饶（江西省）周复的刊本问世。其跋文撰于淳祐五年（1245）。关于周复，我们只知道他曾于淳熙十六年（1189）至翌年绍熙元年担任常熟县令，庆元二年（1196）又在高邮军任军学教授。[14] 尽管如此，由于之前所列举的几种《家礼》刊本都已失传，因而这部周复本就成为现存最古老的版本。该本现有如下两种（以下，关于现存刊本，附以数字表示顺序）：

（1）家礼五卷　附录一卷　宋刻本（卷一至三配清影宋抄本）三册　每半叶七行，每行十六字，注文双行十五字，白口，黑鱼尾，左右双边，有刻工名（北京图书馆善本室所藏，编号852）

（2）家礼五卷　附录一卷　书扉“宋本家礼”清光绪六年公善堂校刊　一册　每半叶七行，每行十六字，注文双行十五

14　参见《重修琴川志》卷三和《姑苏志》卷四。另外，《吴都文粹续集》卷九收录了周复的唯一一篇遗文《县尉司题名记》。

字，白口，黑鱼尾，左右双边，有刻工名

首先，（1）北京图书馆藏本，杨绍和《楹书隅录》卷一著录为“《宋本家礼》五卷　附录一卷　三册一函”，书中有“东郡杨氏宋存书室珍藏”和“杨绍和审定”之印，原属杨氏海源阁的藏书。由于《楹书隅录》有避讳及缺笔等现象，因而该本《家礼》为上饶原刻本，这个推断应该是妥当的。笔者还对刻工名进行了调查，确与宋代的记载相符。[15] 此本也许是天下孤本。但是，卷一至卷三，亦即第 1 册的开始至中间部分乃是由抄本而补足的。在其卷首，刊载了上述的黄榦《书晦庵先生家礼》，随后抄录了黄榦的序文（《书晦庵先生家礼》）、木主图、两种尺图、程颐语及潘时举识语。[16] 如前所述，这里所体现的便是家礼图的早期形式。[17] 在图例之后，有朱熹的《家礼叙》。

其次，关于（2）公善堂本，除了卷首没有上述黄榦的《书晦庵先生家礼》之外，从其版式以及刻工名来看，都与（1）北图藏本完全相同，是非常忠实的宋版的翻刻本。〈图 2〉并列了北京图书

15　可以从中找到宋刊本频繁出现的刻工名：沈宗、何彬、张元彧、贾端仁、蔡仁、徐珙、顾祺。参见长泽规矩也：《宋刊本刻工名表初稿》（《长泽规矩也著作集》第 3 卷，东京：汲古书院，1983 年）以及王肇文：《古籍宋元刊工姓名索引》（上海：上海古籍出版社，1990 年）。另外，傅增湘：《藏园群书经眼录》（北京：中华书局，1983 年）页 62 和黄丕烈：《百宋一廛书录》也记录了本版本，不过后者将本书视为赵师恕的余杭本则是错误的。

16　《文公家礼仪节》卷一《神主尺式》的小注载：“郑霖所刻《家礼》今本在南监者，横画尺式，最为得体。”关于郑霖本，不得而知，但是北京图书馆藏本的抄补部分中却载有与其相似的尺图。

17　《孝慈堂书目》亦著录《宋板朱文公家礼》，但不知与此处的宋版《家礼》是否属于同一版本。

馆藏本和公善堂本的书影，供读者参考（不过，公善堂本的卷首没有附图）。笔者手头有普林斯顿大学葛斯德东方图书馆藏本的复印件，原书为三册本。京都大学人文科学研究所也藏有一部公善堂本，为一册本，看上去像是原装本。

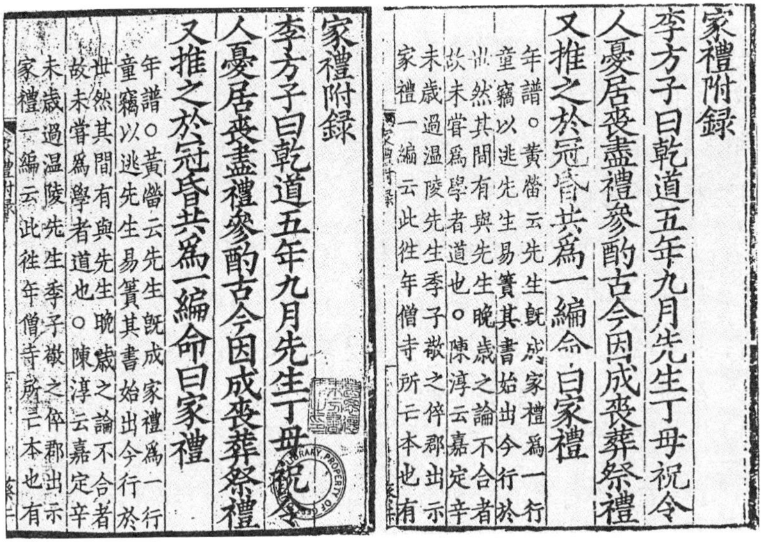

家禮附録
李方子曰乾道五年九月先生丁母祝令
人憂居喪盡禮參酌古今因成喪葬祭禮
又推之於冠昏共爲一編命曰家禮
年譜○黄榦云先生旣成家禮爲一行
童竊以逃先生易簀其書始出今行於
世然其間有與先生晚歲之論不合者
故未嘗爲學者道也○陳淳云嘉定辛
未歲過温陵先生季子敬之倅郡出示
家禮一編云此往年僧寺所亡本也有

家禮附録
李方子曰乾道五年九月先生丁母祝令
人憂居喪盡禮參酌古今因成喪葬祭禮
又推之於冠昏共爲一編命曰家禮
年譜○黄榦云先生旣成家禮爲一行
童竊以逃先生易簀其書始出今行於
世然其間有與先生晚歲之論不合者
故未嘗爲學者道也○陳淳云嘉定辛
未歲過温陵先生季子敬之倅郡出示
家禮一編云此往年僧寺所亡本也有

〈图 2〉周复本（左为影宋公善堂本，右为宋版）

这部周复本似与所谓的“南监本”属于同一系统。目前虽无法详细说明，但是根据明末曾任国子监助教的梅鷟《南廱志书籍考》及王国维《两浙古刊本考》的说法，南监本《家礼》原是南宋国子监开雕而后传至明代南京国子监的刻本。[18] 之所以说周复本与南监本为同一系统，这是因为丘浚在其《文公家礼仪节》序文的小注中

18　参见《南廱志书籍考》（观古堂书目丛刻所收）下篇“文公家礼四卷”的小注以及《两浙古刊本考・壬・西湖书院书板考》“文公家礼”条。

所列举的作为“南监本”来加以说明的特征，与周复本一致。[19]

顺便指出，四库全书所收的《家礼》亦属于周复本系统。两者的不同之处仅有一点，即周复本在其附录中刊载了丧服六图（丧服图式），相对于此，四库全书本则将这些图全部删除。

然而，周复本的一大特征是，其将分散在正文各条之下的杨复注，都集中放在卷末的附录中。根据周复跋文的说法，之所以这样做，是因为担心在正文中插入各注会“间断文公本书”，于是希望回归《家礼》原来的体裁。照此说来，周复本就成为最为接近《家礼》原貌的版本。

上面我们说周复本将杨复注集中放在卷末附录之中，但是实际上，周复本并没有完全做到这一点，正如周复跋文所言“杨氏之说，有不得而尽录”，可见，在收录之际，周复是有取舍的。

然而，一字不落地引用杨复注的则有下列的纂图集注本：

（3）纂图集注文公家礼十卷　杨复附注　刘垓孙增注（存卷三、四）三册　每半叶七行，每行十四字，[20] 注文双行二十一字，白口，黑鱼尾，左右双边（东京大学东洋文化研究所藏）

（4）纂图集注文公家礼十卷　杨复附注　刘垓孙增注（存卷六、七）二册（北京图书馆善本室藏，编号 10408）

19　《仪节》序的小注载：“近观南监本，上饶周氏以杨氏附注间断家礼本文，别出之于本书卷帙之后，以为附录。”然而，其卷首似乎并没有附图。

20　注 2 所引阿部吉雄第 2 篇论文将本书的版式说成是“每行十七字”，这是“每行十四字”的笔误。

(5) 纂图集注文公家礼十卷　杨复附注　刘垓孙增注　四册　卷九末起有补抄（北京图书馆善本室藏，编号6699）

其中（3）东文研藏本，便是阿部吉雄氏所介绍的著名刊本。此本原为明末清初著名藏书家毛晋汲古阁的旧藏本，亦即《汲古阁珍藏秘本书目》所载的“宋板文公家礼四本一套”的零本。另外，关于（4）和（5），根据笔者在北京图书馆的调查，与（3）东文研藏本均属同一版本。尤其是（4），在其每册的首页和尾页上都有“毛晋之印”“毛晋”或“汲古主人”等藏书印，由此可以断定其为东文研藏本的散本。然而，上海图书馆还藏有下列一部纂图集注本：

(6) 纂图集注文公家礼十卷　杨复附注　刘垓孙增注（存卷五）一册〔上海图书馆善本室藏，编号758557。《上海图书馆善本书目》（1957年）记作“文公家礼十卷”〕

经实际调查，发现该本与上述各本亦属同一版式，卷首有“毛晋之印”和“子晋”之印，仅存卷五，因而可以明确其为（3）和（4）的零本。据长泽规矩也所言，东文研藏本是在中国南方得到上册，在东京得到下册。[21] 也就是说，汲古阁旧藏的该书，在历经曲折之后，最终被分别收藏于东京、北京和上海三地。

这部纂图集注本，阿部氏以及《续修四库全书提要》（稿本）

21　参见注2所引阿部吉雄第1篇论文中的注9。

将其定为宋版，然而近年来，《北京图书馆善本书目》（北京：中华书局，1959 年）、傅增湘《藏园群书经眼录》（北京：中华书局，1983 年）以及《上海图书馆善本书目》等，却都认为它是元版。这一问题与我们完全不知增注的作者刘垓孙的个人情况有关。[22] 不过从内容来看，断定其为宋版，应当是正确的。这是因为在其卷六《刻志石》的一节中刻有"有宋某官某公之墓""有宋某官姓名某封某氏之墓"的字样。如果它是元代的刊刻，就不可能刻上"有宋"二字。另外，在其卷七《题主》的一节中也刻有"宋"字，如"宋故某官某公讳某字某第几神主"和"宋故某封某氏讳某字某第几神主"等。就这一点而言，宋版周复本的做法也与此完全相同。然而在明代《性理大全》本中，"有宋"及"宋"的字样全被删除。此外，如后所述，元初出版的《朱子成书》所收《家礼》引用了刘垓孙注也应一并考虑。长泽规矩也曾断定纂图集注本就是南宋末期的建安刊本，[23] 现在看来这个观点仍是正确的。

其实，在南宋时期，被冠以"纂图"的出版物很多。关于其中的状况，可参叶德辉《书林清话》卷六《宋刻纂图互注经子》中的详细阐述，例如四部丛刊本《纂图互注礼记》20 卷以及静嘉堂文库所藏《纂图互注周礼》12 卷、《周礼经图》1 卷等，便是宋刊本的此类事例。[24] 纂图集注本《家礼》同样也属于此一系统

22 笔者查阅了宋元时期的各种传记索引，都未能见到刘垓孙这个人物名字。在工具书如此发达的当今时代，仍然无法查到他的名字，只能将他想象成一个高深的隐君子。

23 参见长泽规矩也《关于现存宋元版书目》（前引《长泽规矩也著作集》第 3 卷所收），页 234。另外，《结一庐书目》卷一以及《文禄堂访书记》卷一则分别将其定为"宋季麻沙坊间刊本""宋建刻本"。

24 这两部刊本在《静嘉堂文库宋元版图录》（东京：汲古书院，1992 年）中都有书影。

的出版物。

再说（5）北京图书馆藏本，这是本版式中唯一的完本，瞿镛《铁琴铜剑楼藏书目录》卷四也有著录。由于书中有“得树楼藏书”“海宁查慎行字夏重又曰悔余”等藏书印，所以它原本是查慎行的旧藏，后又归于常熟瞿氏。《铁琴铜剑楼书影・宋本书影・经部二十五》所载，正是本版的书影。现以此为据，对这部纂图集注本《家礼》的特征略作介绍。

就内容而言，卷一是通礼，卷二是冠礼，卷三是昏礼，卷四至卷八是丧礼，卷九至卷十是祭礼。目录首行题有“纂图集注文公家礼目录”，下面分两行题署“门人秦溪　杨复　附注/后学复轩　刘垓孙　增注”。有趣的是，卷首刊载了根据朱熹亲笔翻刻的朱熹序文。《铁琴铜剑楼藏书目录》据此指出：王懋竑之所以认为《家礼序》是后人伪作，原因在于他没有看到朱熹亲笔撰写的序文。这一批评是正确的。在这篇序文之后，有被认为是查慎行所为的批注，指出了该序与《朱子文集》卷七五所收《家礼序》在文字上的若干异同之处。[25] 更能显示本版特征的是，正如〈表 2〉所示，正文中附有诸如“祠堂图”“深衣图”“冠礼图”等各种插图，清楚地揭示了家礼图形成过程中的状况。这些附图恐怕是出自刘垓孙之手。〈图 3〉是本书的书影，可供参考。

由此可见，周复本和纂图集注本都是由杨复附注本分离而来。虽然现在无法确认两者之间是否存在相互影响的关系，但是就刊刻

25　《东湖丛记》卷四“文公家礼”条全文引用了查慎行跋，此处的批注就是该跋末尾的数行内容。

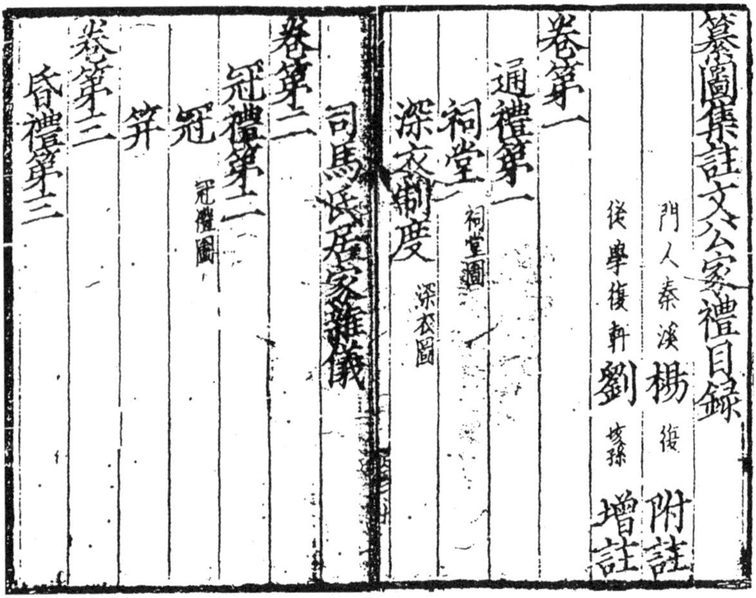
纂圖集註文公家禮目錄
門人秦溪楊復附註
後學復軒劉垓孫增註
卷第一
通禮第一
祠堂 祠堂圖
深衣制度 深衣圖
司馬氏居家雜儀
卷第二
冠禮第二
冠 冠禮圖
笄
卷第三
昏禮第三

〈图 3〉 纂图集注本

时间而言，周复本在先，而纂图集注本在后。一是因为周复的跋文中未提及刘垓孙注，二是因为纂图集注本中的附图大大多于周复本。阿部氏认定纂图集注本为相当早期的刊本，现在看来有必要予以更正。

3. 宋代书目中的相关记载

在此，关于宋代书目的相关记录亦略作考察。首先值得一提的是赵希弁的《郡斋读书志·附志》的以下记录：

家礼五卷

右朱文公所定，而赵崇思刻之萍乡者。潘时举、李道传、黄榦、廖德明、陈光祖序跋附焉。

家礼附注五卷

右，陈雷刻于温州学官者，凡九十九条。

先说前者“家礼五卷”，潘时举、李道传、黄榦、廖德明、陈光祖等序跋已如上述，而陈光祖跋文其实是陈淳代作的，这一点业已提及。然而，其中李道传的序跋至今不详。李道传在彰显朱子学方面可谓是有功之人，他是黄榦的好友，因此，当余杭本刊刻之际，他也许为其撰写了序跋。如此说来，这里所著录的应该是余杭本。如果是严州本，当然就会提到郑之悌的跋文。另据《淳熙三山志》卷三一的记载，在萍乡（江西省）刊刻本书的赵崇思为宋朝皇室一族，嘉定七年（1214）承祖荫而入仕。

其次，关于后者“家礼附注五卷”，所记“凡九十九条”，应是指附注的条目数。因为在前者“家礼五卷”的名目下，没有记录任何有关这方面的内容。这里应引起注意的是上述纂图集注本。作为其完本的（5）北京图书馆藏本，在通礼、冠礼、昏礼、丧礼以及祭礼等各篇末尾处，都记录了附注的条目数。曰“右通礼附注凡十一条”“右冠礼附注凡九条”“右昏礼附注凡十三条”“右丧礼附注凡四十九条”“右祭礼附注凡十六条”，共计 98 条，少了 1 条。这或许是由于《郡斋读书志·附志》的误刻，或许是由于计算错误。不管怎样，首先有一点是可以确定的，此处的“家礼附注五卷”乃是杨复附注本。《郡斋读书志·附志》成于淳祐九年（1249），后于 1231 年左右刊刻的杨复附注本，在时间上，是说得通的，也就是说赵希弁将不久前刊行的杨复附注本记录在了自己的书目中。[26] 至于刊刻本书的陈雷，《嘉靖大平县志》卷六及《万历黄岩县志》卷五有相关记载，据此可知，他是宝庆二年（1226）进士。

此外，在《直斋书录解题》卷六及《宋史·艺文志》中，著录有一卷本的《家礼》。既然被称作“一卷本”，应是没有杨复附注的仅有正文的一种文本。

二　元、明的刊刻——迄至《性理大全》

1. 元明《家礼》刊本

在元代，首先有姚枢的《家礼》刻本。据其神道碑《中书左丞姚文献公神道碑》（姚燧《牧庵集》卷一五）的记载，元太宗窝阔台在位的第7年（1235），元军攻克德安（湖北省）之际，江汉先生赵复被随军的姚枢救出，于是就向姚枢“尽出程朱二子性理之书”。这就是标志朱子学开始在中国北方得以传播的著名故事。在赵复献给姚枢的这些书籍中，《家礼》似乎也包括其中，因为此后退居辉州苏门山（河南省）的姚枢，在自行刊刻的许多道学方面的书籍中，就有《小学书》《论孟或问》《家礼》。根据神道碑的说法，这些书刊刻于辛丑至庚戌之间，即1241年至1250年之间，而这正是南宋周复本刻印出版的时期，是相当早的。而且从时间上看，姚枢本《家礼》应是五羊本或余杭本，抑或是杨复附注本。无论如

26　关于《郡斋读书志·附志》的成立时间，可参孙猛：《郡斋读书志考证》（上海：上海古籍出版社，1990年）附录3，页1348。

何，应当记住的是：自朱子学北传之初，《家礼》便是其中的一项重要内容。

在元代以及明初的刊本中，现存的有黄瑞节的朱子成书本、刘璋补注本和宋版周复本的复刻本。

首先，关于《朱子成书》的完本，现在台湾故宫博物院藏有：

（7）朱子成书　不分卷　黄瑞节编　三册　每半叶十一行，每行二十一字，黑口，黑鱼尾，四周双边　至正元年日新书堂刊本

《朱子成书》收录了除四书以外的朱子学方面的10种书籍及其既存的相关传注，而且附有黄瑞节自己撰写的注解，《家礼》占有其中一卷的篇幅。[27] 黄瑞节曾任泰和州学（安徽省）学正。在《朱子成书》卷首，载有刘垓孙撰于大德乙巳的序，由此可知本书编纂于大德九年（1305）。然而，正如卷首刊记（木记）所载，本书的刊刻时间是至正元年（1341）。在正文第8叶上，以“刘氏曰”的方式引用了刘垓孙的注，尽管只有一处。

这里值得注意的首先是家礼图的存在。继《家礼》正文之后，载有篇幅长达19叶之多的附图。[28] 与《性理大全》本相比，图的内

27　《朱子成书》10卷的内容包括：（1）太极图、（2）通书、（3）西铭、（4）正蒙、（5）易学启蒙、（6）家礼、（7）律吕新书、（8）皇极经世书、（9）周易参同契、（10）阴符经。关于这部台湾故宫博物院藏本，阿部隆一：《增订中国访书志》（东京：汲古书院，1983年）也有介绍。

28　在注3所引伊沛霞的论著中，附载了朱子成书本《家礼》的书影，遗憾的是省略了附图。

容完全相同，而且附有全部的 28 幅图。图中所附的小注也基本一致。不同的是，在《大宗小宗图》后附小注的开头，性理大全本写作“刘氏垓孙曰”，而本书则写作“增注”。由此可以确认的是，性理大全本的家礼图来自朱子成书本的家礼图。[29]

如此一来，我们就有理由断定：家礼图之所以能够成为现在的形式，完全是黄瑞节整理的结果。关于这一点，我们必须加以探讨的是“神主式”图中所附的下列小注：

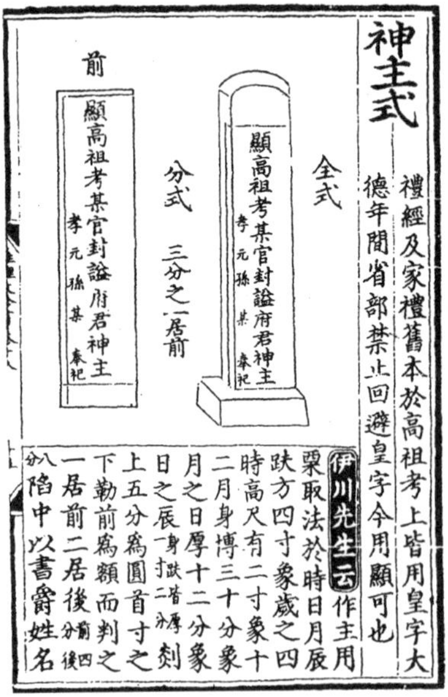

〈图 4〉 性理大全本的神主式

《礼经》及《家礼》旧本，于高祖考上皆用皇字。大德年间，省部禁止回避皇字，今用显可也。

正如〈图 4〉所示，这是说在神主的“高祖考”之上不冠以“皇”字而应当用“显”字，盖因元大德年间朝廷下过这样的命令。虽然这属于避讳的一种形式，但无论是陈垣《史讳举例》（台湾：文史哲出版社，1974 年），还是张惟骧《讳字谱》

29 这种情况不仅限于家礼图，实际上《性理大全》本身就蹈袭了《朱子成书》。由二者的内容结构十分相似这一点也可如此推断。由于此前学界不太关注《性理大全》的编纂经过，故在此顺便一提。

（小双寂庵丛书所收），都没有举出任何具体例子。近年来，王建《史讳辞典》（东京：汲古书院，1997 年）以及王彦坤《历代避讳汇典》（郑州：中州古籍出版社，1997 年），也未见相关实例。其实，在《元史·刑法志四》中倒是有“诸民间祖宗神主称皇字者禁之”的记载，其间的详情又见诸《元典章》三〇《礼部》卷三“祖先牌座事理”条。据称，大德四年（1300），江西萍乡人朱惠孙因在其母苏氏的牌位上冠以“皇妣”二字而惹上官司；在同一时期，江西有一潘姓人士也因在其祖父的牌位上刻上了“皇考”二字而被起诉；最后，经过刑部、礼部以及翰林院等机构的裁定，将他们的牌位烧毁了事。虽然“皇”字并不是元朝的避讳字，但是它却触犯了皇帝的尊严。然而，通过以上记载可知，《家礼》卷首的 28 幅图例，作于发生这些事件的大德四年之后。不仅如此，从时间上来看，它们与《朱子成书》的序文撰于大德九年这一事实也不矛盾。关于《朱子成书》本的性质，另外还有一些问题存在，但是以下的推论是毋庸置疑的：《家礼》28 幅图是在利用既有的相关图例的基础上，最终由黄瑞节整理定型的。[30] 由下列“丧舆之图”的说明文字，充分显示出《家礼》之后制作图例的状况：

> 柳车之制具见《三家礼图》及《书仪》。……今《家礼》从俗为舆，且为竹格。已有其制，用以作图，云易柳车。

---

30 因为在《神主式》小注中有“大德年间”的字样，所以小注本身被看作是大德年间以后的作品。笔者认为，实际上它是在本书刊刻时即至正元年（1341）添加上去的。另外，朱子成书本附图的开头题署“纂图集注文公家礼”，这只是借用了上述纂图集注本的书名而已。

然而，明代《性理大全》本的附图却依然冠以“显”字而未恢复“皇”字，这一点令人不解。这难道仅仅是承袭朱子成书本的结果吗？不仅如此，成书于元大德五年（1301）的《居家必用事类全集》在其乙集大略引用的《家礼》中亦作“皇”字，这难道就可避免朝廷的禁忌吗？

关于《朱子成书》本，还有一个问题。在《通礼·祠堂》的“神主”条所附小注的末尾处，虽然写有“主式见丧礼及前图”，但令人不可思议的是，这些图例未被附在前面即卷首，而是被置于后面即卷末。此外，在《丧礼》部分根本不存在图。我们只能这样解释：这是因为《朱子成书》本在采用其中含有小注的《家礼》正文之际，直接沿用了那种主式刊载于卷首的文本。也就是说，黄瑞节在编纂本书之际，选用的正文文本来自周复本系统的某一刻本，至于图例，则是根据另外的文本而加以编纂并附在卷末的。

刘璋补注本现在已知的有以下3种：

（8）文公先生家礼七卷（家礼五卷　图一卷　深衣考一卷）杨复附注　刘垓孙增注　刘璋补注　五册　每半叶十二行，每行二十三字，黑口，黑鱼尾，四周双边（北京图书馆善本室藏，编号6700）

（9）纂图集证文公家礼十卷　杨复附注　刘垓孙增注　刘璋补注（周中孚《郑堂读书记》卷六所录）

（10）纂图集注文公家礼十卷　杨复附注　刘垓孙增注　刘璋补注（上海图书馆藏）

这些刻本不仅有杨复的附注和刘垓孙的增注，而且都增加了刘璋的补注。关于刘璋本人的情况现已不得其详，但是从朱子成书本未曾引用他撰写的补注这一现象来看，他可能生活在元代后期。[31] 在以上 3 种藏本中，笔者对（8）七卷本进行过细致的查阅。在此本中，首先刻载的是朱熹的序文和杨复的序文，接着题署“门人杨复附注/刘垓孙增注/刘璋补注”，卷首有附图 1 卷，卷末有《深衣考》1 卷。书中有“铁琴铜剑楼”的藏书印，证明这是常熟瞿氏的旧藏。《铁琴铜剑楼藏书目录》将其著录为元刊本，而在《铁琴铜剑楼书影》中也将其作为元版刊载了书影。另外，如前所述，本书载有方大琮的跋文。

然而确切地说，本书并不是元版而是明版。说到这个问题，首先应注意的是《深衣考》（第 6 叶内侧）中出现的“朱氏右曰”。朱右是元末明初人，生卒年为 1314—1374。据《明史》本传，他著有《深衣考误》，故本书的《深衣考》当来源于此。不仅如此，本书中《家礼》的本体部分实际上也与《性理大全》本极为相似。除了在卷首刊载 28 幅内容相同的附图之外，《家礼》的内容本身包括注释在内，都与《性理大全》本丝毫不差。当然，杨复、刘垓孙、刘璋乃至于黄瑞节等人的注解也完全一致。假设本书是元版刻本，那就如同找到了《性理大全》本的“盗版原本”。然而，尽管《性理大全》的编集被公认为庞杂粗略，却很难将它想象成其他一种书籍的全本盗版。事实正相反，本书是依

31 从南宋至明初，有几位同名刘璋的人物出现，但无法确定这一补注的作者究竟是其中的哪一位。

照《性理大全》本刊刻的。据傅增湘的观点，本书应是明版刻本，或者更精确地说，是明成化、弘治年间（1465—1505）的刊本，笔者以为此说是可信的。[32]

关于上述（9）《纂图集证文公家礼》，《郑堂读书记》卷六将其著录为元版刻本。饶有兴味的是，根据《郑堂读书记》的说法，在其卷首载有28幅家礼图。果真如此，除去《深衣考》的因素，那么（8）和（9）这两种刻本就具有几乎一致的内容。关于（10）《纂图集注文公家礼》，据《上海图书馆善本书目》，乃是明版，但笔者未见，或许与（9）属于同一刊本。

此外，明代刊本还有如下一种：

（11）家礼五卷　三册　每半叶七行，每行十六字，注文双行十五字，白口，白鱼尾，左右双边（上海图书馆藏，编号5862351378）

这是宋版周复本的翻刻。书中未载黄榦《书晦庵先生家礼》，开篇就是朱熹的《家礼叙》，接着是祠堂内部的配置图。除了没有刻工名之外，本书与宋版周复本基本相同。《铁琴铜剑楼藏书目录》卷

32　傅增湘《藏园订补郘亭传本书目》（北京：中华书局，1993年）卷二“文公先生家礼七卷”条载：“是成、弘间刊本，有方大琮后序，杨复跋语，号为元刊。”另据《铁琴铜剑楼藏书目录》的说法，本书《深衣考》一篇另外出自纂图集注本《深衣制度》，将插入各篇中的诸图汇成一卷。这种说法是有问题的。因为通过实际比较可以看出，《深衣制度》和《深衣考》完全是两篇不同的文章，而且各图内容也互不相同。对于书籍的形式虽有关注，而对于书籍的内容却缺乏应有的关注，这一点可以说是书志学界（校者按，日语中的书志学，大致相当于我国所说的文献学，内含目录学、版本学等）的通病之一。

四所收的明刊本《家礼》五卷附录一卷，完全反映了本版本的情况。另在上海图书馆善本室还藏有卢文弨旧藏的明版刻本，但版本与此完全相同。

2.《家礼》相关文献

从元朝至明初的《家礼》相关文献虽然不属于《家礼》刊刻本身，但是亦有必要加以关注，以下就其相关事例略作介绍。

首先，元朝初年的吴霞举（1257—1306）著有《文公丧礼考异》一书，这由《新安文献志》卷一九所收曹泾的序文可以得知。此书似是对《家礼》中丧礼部分所做的文字校订。元朝中期的龚端礼著有《五服图解》（《宛委别藏》所收），该书有作于“至治壬戌”即至治二年（1322）的序文，在有关丧服仪礼的部分，将《家礼》与图并列引用，是该书的一个重要特点。另外，据丘浚《文公家礼仪节》序文中的小注以及卷一《神主尺式》的小注记载，元朝至正年间（1341—1367），“武林应氏”编有附载尺式图的《家礼》。这位撰有《家礼辨》，而且最初提出《家礼》伪托说的“武林应氏”究为何人，历来不详，也许是钱塘的应本。所谓“武林”，是位于钱塘县（浙江省）内的某座山名。据黄溍《黄学士文集》卷三四《应中甫墓志铭》记载，应本家居钱塘，著有《三家礼范辨》一书。《三家礼范》原是朱熹友人张栻收集整理程颐、张载及司马光三人有关礼说的一部论著。正如朱熹《跋三家礼范》（《朱子文集》卷八三）所言，它与朱熹的《家礼》构想密切相关。不仅如此，根据丘浚的引述，可知应氏的立论是以《跋三家礼范》中的记事为依据的。应本的卒年是至正九年（1349），与《文公家礼仪节》所说内容在时间上完全一致，这也可以增强我在上面的推测。也许所谓

《家礼辨》就是《三家礼范辨》。

与此同时，由累世同居而被表彰为“义门”的婺州浦江（浙江省）的郑氏一族编撰了一部仿照《家礼》的《郑氏家仪》，现被收在《续金华丛书》中。该书是由元末明初的郑泳整理而成的，无论是内容还是附图，大多取材于《家礼》。另外，根据戴良《九灵山房集》卷二一《深衣图考序》的记载，汪汝懋（1308—1369）也曾以《家礼》为基础，撰有《深衣图考》一书。由这些事例可知，《家礼》在元代士人中间深受欢迎并被广泛阅读。

值得注意的是，《家礼》不仅在民间引起了关注，而且在元朝国家一级的礼制中也占有一席之地。例如，根据《元典章》三〇《礼部》卷三婚姻礼制章的相关记载，朝廷于至元八年（1264）颁布敕令，明确规定婚礼必须以《朱文公家礼》为准。[33] 不仅如此，在这部《元典章》中，稍后还刊载了若干有关丧礼的家礼图。

进入明代之后，对于《家礼》的这种关注持续扩展。洪武三年（1370）敕令编撰的《大明集礼》50卷成了明王朝国家礼制的典范，在其卷六“品官家庙”章以及卷三八“丧服”部分分别引述了《家礼》及其附图，在卷二四“士庶冠礼”章则明言：“今以《文公家礼》为准。”下诏编纂这部《大明集礼》的洪武帝本人也于洪武七年（1374）编著了《御制孝慈录》一书，并援用《家礼》来规定子女对父母的服丧期限。

33 《元婚礼贡举考》（杭州：浙江古籍出版社，1992年）“至元婚礼”条也有与此相同的记载。

正是在这一发展趋势之下，永乐十三年（1415）胡广等人奉旨编纂的《性理大全》70 卷，将《家礼》收录其中，这意味着《家礼》作为官方认定的文本正式登场。《性理大全》所收的《家礼》共占有自第 18 卷至第 21 卷的四卷篇幅。

结　语

本文仅就《家礼》的刊刻状况及其相关事宜进行了考察。亦即通过《家礼》的出版史，试就该书在朱熹以后产生了怎样的影响等问题进行了探讨。至于《家礼》的作者问题，并没有专门讨论，但是作为本文的考察结论，仍然可以得出若干看法，在此重新整理，作为补充，略述如下：

（1）正如本文开头所说，《家礼》是朱熹本人的作品。尽管王懋竑《家礼考》(《白田草堂存稿》卷二以及《朱子年谱考异》卷一）倡导“伪作说”，然而实际上王懋竑只是否定了年谱中所载的《家礼》成书于乾道五年（1169）及其次年这一说法而已。这一点上山春平的研究业已指出。

（2）王懋竑没有对本文所列举的陈淳、黄榦、方大琮等人的序跋予以关注。例如，陈淳《代陈宪跋家礼》记述了朱熹弟子王遇所传的《祭仪》以及朱熹之子朱在所传并为朱熹家族日常使用的《时祭仪》。而陈淳并未指出这两部书的内容与《家礼》之间有矛盾之处，可见它们的记述基本上是一致的。由此可以推定，《家礼》与《祭仪》《时祭仪》一样，都是朱熹的稿本。

（3）王懋竑甚至认为《家礼》的序文也是伪作，然而可以构成其反证的却是宋版《纂图集注文公家礼》卷首所载的朱熹亲笔序的翻刻本。

（4）朱熹逝后不久，相继出现了五羊本、余杭本以及严州本等数种不同版本的《家礼》。而且与这些刊本密切相关的陈淳、黄榦、廖德明以及杨复等人都是直接师从朱熹的门人，他们无一例外地将《家礼》视为朱熹的著作，最大程度地表现出对它的敬意。如果它真是一部出自别人的伪作，那是绝不可能出现上述这种情况的。

（5）王懋竑对于《家礼》曾一度散失，后由某一士人献出这一点深表怀疑。然而，某部著作在作者本人不知情的情况下被传抄甚至出版的事例是屡见不鲜的。例如朱熹的《论语集注》《周易本义》就属于这种情况，关于这一点，可由《朱子语类》卷一九第 70 条和《朱文公文集》卷六〇《答刘君房第 2 书》得以证实。另外，北宋王安石《易义》也属于这种情况（《答韩求仁书》，《临川集》卷七二）。可见，这种事情不能成为“伪作说”的有力证据。

（6）正如王懋竑《家礼考误》（《白田草堂存稿》卷二）所指出的那样，《家礼》的记述内容存在着前后矛盾的现象。然而，这是因为《家礼》流传于世的时候并非完本而是未完的稿本，因而不能以前后矛盾作为判定《家礼》为伪作的证据。

由以上 6 点可确知《家礼》“伪作说”是难以成立的。正如本文开头所说，我们应当将《家礼》视作朱熹尚未定稿的稿本。黄榦在《朱子行状》中写道：“（朱熹）所辑《家礼》，世多用之，然其后亦多损益，未暇更定。”这是完全符合实际情况的。

最后作为总结，再就《性理大全》本《家礼》的影响问题略述几句。如上所述，朱熹的《家礼》从南宋至元代在士人中间逐渐被接纳吸取，及至被明代的敕撰书《性理大全》所收录，从而迎来了新的展开阶段。自此以往，借助《性理大全》本身所具有的权威，《家礼》开始以强势的姿态在中国社会渗透。

据《明史·礼志》记载，《家礼》于明初永乐年间正式向全国颁行，被颁行的恐怕是新撰的性理大全本《家礼》。于是，出现于朱熹学团体这一民间学派的《家礼》，最终引起了国家的重视，自此开始反过来由国家向民间进行推广。而且，以《性理大全》的普及为契机，冯善《家礼集说》、汤铎《家礼会通》等一大批相关著述出现了。其中值得一提的是，成书于成化十年（1474）的作为《家礼》补订改编版的丘濬《文公家礼仪节》8 卷，开始发挥新的影响力，这已是众所周知的事实。

上述事例，其实并不仅仅局限于中国国内，在李氏朝鲜，《家礼》得以吸收容纳，这也是人所共知的事实。然而，朝鲜出版的大多数关于《家礼》的注释书，基本上都以《性理大全》本《家礼》为底本，这一点应引起注意。曺好益《家礼考证》7 卷和金长生《家礼辑览》10 卷，可谓其中的显著事例。在这些著作中，作者不仅对《性理大全》本《家礼》的正文，而且对正文所附的注也做了详细的解释。至于日本，由浅见絅斋校点并一再重版的和刻本，其蓝本也是《性理大全》本。由此可说，《性理大全》本《家礼》堪称是《家礼》的“普及决定版”。

与本文所要处理的问题之性质有关，笔者就一些细节问题展开了深入考证，所预期的目标也算是实现了。最后，为了对各事项作一整理，附上“《家礼》版本体系”和“家礼图系谱”两表。在后表中，包括礼图之滥觞的北宋聂崇义《三礼图》以及陈祥道《礼书》在内，也包括《朱子文集》卷六八所收的《深衣制度》。这部《深衣制度》中的图，是朱熹本人留下的现存唯一与《家礼》有关的图。

第四章　宋代家庙考

——祖先祭祀的设施

前　言

宋代礼制的特征之一是，由引领时代的位居上层的士大夫来探讨并制定自己家族或宗族内的礼的规范。所谓家族（宗族）内的礼，借用朱熹《家礼》的语言，即指“冠婚丧祭”的仪礼。岛田虔次曾经指出：“儒教的世界（天下）拥有所谓国家和家族（个人）两个中心”（《朱子学と阳明学》，东京：岩波书店，1967年，页28），而士大夫的行为便是以国家和家族这一双重原理为依据的。的确，士大夫们一方面作为行政官员参与国家政治，另一方面，又不得不关注如何使自身出生的血缘集团保持秩序，用《大学》一句著名的话来说，亦即“齐家”。由宗族内的这种“冠婚丧祭”之礼与“冠婚葬祭”（译者按，“葬”为日语中的通常说法。着重号原有，下同）这一用语非常相似可以推知，经江户时代朱子学的普及，这种仪礼对于现代日本仍然留有影响的痕迹。不过，对于有强烈血缘意识的当时中国人来说，冠婚丧祭之礼具有强烈的社会与宗教意味，这是超乎我们想象的。

然而，宋代士人在重构冠婚丧祭之礼时，作为样本的乃是《仪礼》《礼记》等古礼中所记录的有关“士”身份的礼的记述。但是，先秦时代的士与宋代士人在性格上并不相同，而当时的丧礼和祭礼中又融入了佛教及道教的仪礼——即所谓俗礼，这就为他们重构家礼带来了困难。例如北宋吕大临对乃师张载依据古代儒教而行丧礼和祭礼之际的状态做了如下描述：

> 近世丧祭无法，丧惟致隆三年，自期以下，未始有衰麻之变。祭先之礼，一用流俗节序，燕亵不严。先生继遭期功之丧，始治丧服，轻重如礼。家祭始行四时之荐，曲尽诚洁。闻者始或疑笑，终乃信而从之，一变从古者甚众。（吕大临《横渠先生行状》）

据此，张载在行丧礼之际，遵守三年、期、功（大功和小功）这一古礼的丧服期及相应作法，而在行祭礼之际，又排除俗礼，仔细地实行了祭祀祖先的四时之礼。然而在当时，周围的人却对这种礼的行为表示怀疑而且加以嘲笑。

这样的事例在宋代屡见不鲜，据朱熹门人黄榦的记载，针对唐尧章在为其父举行葬仪之际采用“浮屠”亦即佛教的仪式，“乡人皆异之”（《处士唐君焕文行状》，《勉斋先生黄文肃公文集》卷三三）。又如南宋俞文豹在介绍陆九渊一系的学者黄荦及其子黄塄的情况时，这样说道：

> 自佛入中国以来，世俗相承，修设道场。今吾欲矫俗行志，施之妻子可也，施之父母，人不谓我以礼送终，而谓我薄于其

亲也。……江西尚理学，临川黄少卿苹卒，其子堮欲不用僧道，亲族内外群起而排之，遂从半今半古说。(《吹剑录外集》)

这是说，依从儒教之礼而行葬仪却反而招致不孝之谤，废弃佛教式的葬礼却反而招来亲族的一致反对，于是不得不依从半俗半礼来举行葬礼。虽然宋王朝自开国以来，在表面上禁止佛教以及道教式的丧葬仪式（《宋史》礼志二八），但是，当时异教之丧礼却已非常普遍而有习俗化的态势。

在宋代士大夫的家礼构想中可以看出：第一，他们的愿望是复归古礼之原则；第二，与此相关，他们的立场是尽量排除当时的俗礼特别是佛教的仪礼。而最为明锐地提出这一构想的乃是所谓的道学，上面提到的张载等人的礼之实践便是典型案例，此外，程颢以地方官的身份禁止火葬（程颐《明道先生行状》，《程氏文集》卷一一），程颐说“某家治丧，不用浮图。在洛亦有一二人家化之，自不用释氏”（《程氏遗书》卷一〇一，24。译者按：“24”为条目数，下同），朱熹在《家礼·丧礼》说“不作佛事”，都充分表明了他们的这一意向。据传，吕大临与其兄吕大防“相切磋论道考礼，冠昏丧祭，一本于古”（《宋史》卷三四〇《吕大防传》）。经常被人指出的道学家们所具有的强烈的反佛意识，其实也深深扎根于日常的切实的礼实践之中。

如此看来，通过科举而以儒教知识作为自己存在之依据的一部分新兴士人，正意图确立与儒教知识分子之立场相符合的规范，并在自己的血缘集团中建立这种规范。道学思想是否足以代表宋代士人的思想，这一点暂置勿论，至少可以说，道学对于当时士人的问题意识是有预见性的，而这种预见又具有道学式的个性。事实上，朱熹《家礼》淘汰了此前的各种家礼构想，成为对后世士人之宗族的礼行为的强制规范。

本文将要探讨的是宗族之礼当中的特别关涉祭祀祖先的家庙问题。家庙是冠婚丧祭四礼之中主要包含祭礼部分的一种设施，而祭礼与葬礼一样，是当时士人的关注点，这由上述简单的介绍已可获得了解，从朱熹“如冠、婚礼，岂不可行？但丧、祭有烦杂耳”（《语类》卷一〇八，21。译者按，《语类》指《朱子语类》，“21”为条目数，下同）的表述中亦可窥其一斑。关于宋代的礼说，已有若干先行研究，[1] 另外以考察近世宗族而附带论及礼之问题的研究也有不少，[2] 不过尚有许多不明之处有待探讨，家庙与祖先祭祀的问题便是其中之一。本文在前半部分将探讨围绕家庙问题的各种议论以及构想，在后半部分则围绕朱熹思想及其相关事项展开考察。

另需说明的是，这里所说的家庙乃是一种总称，有时也被称为影堂、祭堂或祠堂，都是祭祀一族之祖先灵魂的设施，因此影堂、祭堂及祠堂也将纳入家庙施设一并考察。

1　上山春平：《朱熹の〈家禮〉と〈儀禮經傳通解〉》（《東方學報》京都，第 54 册，1982 年）；山根三芳：《宋代礼说研究》（广岛：溪水社，1996 年）；小岛毅：《中國近世における禮の言説》（东京：东京大学出版会，1996 年）；Patricia Buckley Ebrey, *Confucianism and Family Rituals in Imperial China: A Social History of Writing about Rites*. New Jersey: Princeton University Press, 1991.

2　牧野巽：《牧野巽著作集》第 1 卷、第 2 卷及第 3 卷（东京：御茶の水書房，1979 年，1980 年）；小林义广：《北宋中期における宗族の再認識について》（《東海大學紀要·文學部》第 68 辑，1997 年）；徐扬杰：《宋明家族制度论》（北京：中华书局，1995 年）；冯尔康：《中国古代的宗族与祠堂》（北京：商务印书馆国际有限公司，1996 年）；常建华：《宗族志》（上海：上海人民出版社，1998 年）等。

一 宋代的家庙制度

(一) 从文彦博到《政和五礼新仪》

1. 从《文潞公家庙碑》说起（译者按，此级标题为译者所加，下同）

众所周知，宋初没有完备的家庙制度，因此，几乎没有家庙的设置。元丰三年（1080），司马光为友人文彦博而撰写的《文潞公家庙碑》（《温国文正公文集》卷七九）对此状况有很好的说明。这块碑文虽然非常著名，然而尚未有人对它作仔细的检讨，故先以之为据，来概观一下北宋中期为止的家庙制究竟是一种怎样的状态。

据司马光，在古代先王的制度当中，从天子到官师，都设有祭祖的庙，这一点可从《礼记·曲礼下》的记载中获知："君子将营室，宗庙为先，居室为后。"然而，秦代荡灭典礼，仅有天子营造宗庙，至汉代虽有一些变化，公卿贵人却流行在墓所设立"祠堂"，而像古礼那样在居宅设立家庙者则非常少见。不过自魏晋时代以降，庙制逐渐得到整理，结果到了唐代，竟有门下省侍中的王珪由于没有建立私庙反而遭到弹劾的事例，于是几乎所有的贵臣都建立了家庙。可是，其后在五代乱世中，礼教重又荒废，家庙制也就一直中断至今。

在以上司马光的阐述中，《礼记·曲礼篇》所说是否是历史事实，这一点姑且另当别论，但在大体上，他的说法是正确的。由前汉后期至后汉末，非常盛行在墓前营造祭祀墓主（埋葬者）的祠堂，这一点已无须赘言，现在在山东省残存的后汉时期的孝堂山祠堂以及早就受到注目的武氏祠等等，便是当时豪族所建立的具有代表性的祠堂。[3]

关于魏晋时代以降庙制得以完备，我们还可从北齐的河清令窥看到这一点。河清三年（564）大致采用魏晋法制而成的河清令有如下的规定：

> 王及五等开国、执事官、散官从二品已上，[4] 皆祀五世。五等散官及执事官、散官正三品已下、从五品已上，祭三世。三品已上牲用一太牢，三品已下少牢。[5] 执事官正六品已下，从七品已上，祭二世，用特牲。正八品已下，达于庶人，祭于寝，牲用特肫，或亦祭祖祢。诸庙悉依其宅堂之制，其间数各依庙多少为限。（《隋书》礼仪志二）

这是根据官品对祖先祭祀的范围以及其他事项作了规定。一品和二品的场合，祭五世；三品至五品的场合，祭三世；六品和七品的场合，祭二世。另外，八品以下及至庶人则可祭祖和祢（祖父和父）二世，不设庙，而在寝亦即居宅正面的一室进行祭祀。显然这是将《礼记》的《王制篇》及《祭法篇》所说的诸侯五庙、大夫三庙、适士二庙、官师一庙、庶士庶人无庙的记述，根据当时的官品来加

3　关于汉代的墓前祠堂，杨宽：《中国古代陵寝制度研究》（上海：上海古籍出版社，1985年）第3章的解说很得要领。最近研究则有佐原康夫：《汉代祠堂画像考》（《东方学报》京都，第63册，1991年），其第1章为我们提供了确切的知识。

4　原文为"从三品已上"，但若不是"从二品已上"，则文义不通。《通典》卷四八《诸侯大夫士宗庙》亦载北齐的制度为"从二品以上"。

5　原文为"三品已上，牲用太牢，五品已下，少牢"，但是"五品已下"显然有误。《通典》卷四八《诸侯大夫士宗庙》载"三品以上，牲用太牢，以下，少牢"，据此，改"五品"为"三品"。

以搭配。所谓“其间数各依庙多少为限”，则是对庙的规模所作的规定。“间”是指正面开间的柱子间数，而不是说按祖先个别设庙，意谓在一个庙堂中分割成复数的庙室，将祖先合并祭祀的“同堂异室”。[6] 以祭五世的一品及二品的场合来看，在庙堂内部为祭五祖而分割成五个庙室，因此庙堂的间数亦以五为准[7]（参见〈表 1〉）。

〈表 1〉北齐、唐、宋的家庙制度

	五世〔五庙室〕	四世〔四庙室〕	三世〔三庙室〕	二世〔二庙室〕	二世〔寝〕
北齐河清令	二品以上		三品　四品 五品	六品 七品	八品以下 庶人
唐　开元令	二品以上 有始封者	二品以上	三品 四品、五品的兼爵者 六品以下 庶人		
宋　皇佑二年的规定		正一品平章事以上	枢密使、知枢密院事、参知政事、枢密副使、同知枢密院事、签书院事、宣徽使、尚书、节度使、东宫少保以上	左记以外的官〔寝〕	
宋　政和五礼新仪	文官：正二品以上 武官：从二品以上		文官：从二品以下、五品以上 武官：正三品以下、五品以上	六品以下 庶人〔庙或寝〕	

6　同堂异室制成为后汉明帝时代以来历代王朝的宗庙形式。参见万斯同：《庙制图考》（《四明丛书》），金子修一：《中國——郊祀と宗廟と明堂及び封禪》（井上光贞等编：《東アジアにおける儀禮と國家》，东京：学生社，1982 年）。

7　关于唐代的居宅制度，参见中国建筑史编集委员会编，田中淡编译：《中國建築の歷史》（东京：平凡社，1981 年）页 90。关于“间”的问题，参见同上书第 118 页注 2 的说法：“正面柱间之数，除大殿堂以外，在住宅及实用建筑的场合，大多与室数相等。”也就是说，所谓“某间”，大致与屋内分割成某室的意味相同。由于一室各祭一祖，因此结论是：间数 = 室数 = 祖先数。

关于唐代的家庙制度，在开元二十年（732）制定的唐代礼制的决定版《开元礼》中可以看到最为完备的规定。[8] 其载：

> 凡文武官，二品已上祠四庙，五品已上祠三庙〔三品已上不须兼爵，四庙外有始封者，通祠五庙。**译者按：方括弧内为原双行注**〕，牲皆用少牢。六品已下达于庶人，祭祖祢于正寝，用特牲。（《开元礼》卷三《序例下·杂制》）

据此，三品以上者可以无条件地建庙，四品和五品的场合，则限于有爵者始可建庙。此外，六品以下者以及庶人的场合则不建庙，而于正寝祭祖和祢。关于庙的规模及其设计，《新唐书·礼乐志》有详细的规定，根据其中的各种规定，到了唐代，凡五品以上的公卿大夫都一起建立了家庙。关于王珪被弹劾一事，《通典》卷四八“诸侯大夫宗庙”条以及《唐会要》卷一九“百官家庙”条都有记载，根据这些记载，门下省侍中亦即正三品的王珪尽管有设立家庙的资格，却依然祭祖先于寝，于是在贞观六年（632）受到了法司的弹劾。其后，受到太宗的宽大，王珪于永乐坊建立了家庙。

以上是就《文潞公家庙碑》的前言部分所作的解说，司马光接着叙述了文彦博营建家庙的过程。在宋代初期，处在“群臣贵极公相，而祖祢食于寝，侪于庶人”的状态，无有建家庙者，虑及于此的仁宗于庆历元年（1041）发出诏令，文武官可根据“旧式”营建

8　参见甘怀真：《唐代家庙礼制研究》（台北：商务印书馆，1991 年）。关于唐代之前的家庙制度，笔者由此书获益匪浅。

家庙。所谓“旧式”，概指唐代的规定。然而，相关部门以及士人们却未作积极响应，于是皇佑二年（1050），同中书门下平章事宋庠疏请制定家庙制度，结果规定了“自平章事以上立四庙，东宫少保以上三庙”，关于具体的器服仪范则重新审议。[9] 这里司马光虽然没有言及，但事实上，士人要求营建家庙的申请在宋庠以前就已发生，天圣七年（1029）左右，王曙就已疏请恢复唐代旧制，庆历元年仁宗下诏也是为了回应张方平的上奏。[10]

司马光接着说道，但是家庙制度依然没有得到明确，只有平章事大公文彦博提出申请在河南府洛阳营建家庙，翌年皇佑三年（1051）得到了认可，[11] 而一旦付诸实际制作，却仍然陷于“筑构之式”亦即建筑设计不明的状态。不过后来他在至和年初，有机会在长安探访唐代旧迹，见到了“杜岐公旧迹”亦即杜佑的家庙遗迹，在那里遗留了“一堂四室”和“旁两翼”的残存建构，于是以此为模型，在嘉佑元年（1056）开始了家庙的营造，嘉佑四年秋竣工。而在元丰三年（1080）秋，以西京留守司回到洛阳的文彦博终于在家庙举行了祭祖仪式。

至于当时的家庙制作，除了庙堂本体以外，设置了东西两庑和中门，东庑收藏祭器，西庑收藏家谱。另在中门之西设斋祊，在中

---

9 《宋会要辑稿》礼一二载宋庠上疏时在至和二年（1055），然从前后记事的时间来看，皇佑二年是正确的。另参《续资治通鉴长编》卷一六九“皇佑二年十二月甲申”条。

10 关于王曙的申请，见《宋史》卷二八六本传“又请三品以上立家庙，复唐旧制”。据其前后记事的时期来看，时在天圣七年。关于张方平的上奏，注 2 所揭小林论文已经指出了这一点。

11 《宋会要辑稿》礼一二及《文献通考》卷一〇四《诸侯宗庙》，系文彦博申请设置家庙于嘉佑三年（1058），由以上经过来看，当是皇佑三年之误。

门之东设省牲、展馔、视涤濯之所，而庖厨则设在其东南，更有外门的设置，构造可谓极其壮观。另外，关于庙堂，根据皇佑二年的规定，内部分割成四个房间，从西面开始，依次祭四世：高祖泽州府君文沼、曾祖燕国公文崇远、祖父周国公文锐、父魏国公文洎，[12] 各配祀其夫人。此外，由于庙制尚未完全确立，所以未设神主，而是依据晋朝荀勖的设计，制作了"神板"（牌位），[13] 另外还仿照古代诸侯的主车制式，制作了载有神板的车，以便作为地方官赴任之际使用。

该《碑文》的记述内容大致如上，但有必要补充若干说明。首先，关于文彦博的官职问题，他在庆历八年（1048）成为同中书门下平章事，[14] 已经得到了皇佑二年家庙规定的官品，因而申请设置家庙。其次，关于皇佑二年的规定，《宋会要辑稿·礼一二》以及《宋史·礼志一二》较诸司马光的记述更为详备，正一品平章事以上者立四庙，枢密使、知枢密院事、参知政事、枢密副使、同知枢密院事、签书院事以上的现任者和前任者以及拥有宣徽使、尚书、节度使、东宫少保以上的官位者立三庙，除此之外有官位者则祭于寝。文彦博依据这一规定，得以建造四庙亦即祭四世的同堂异室之庙。

12　原文仅记"泽州府君""燕公""周公""魏公"。关于他们的行世及名讳，除文彦博《赠尚书祠部员外郎文府君墓志铭》（《潞公文集》卷一二）以外，另见王安礼《文彦博曾祖崇远赠太师中书令兼尚书令齐国公可燕国公制》（《王魏公集》卷二）以下六篇制文。

13　《通典》卷四八《吉礼》七"卿士大夫神主及题板"，引用了荀勖的"祠制"，就神板作了说明。

14　参见梁天锡：《宋宰相表新编》（台湾："国立"编译馆，1996年）"平章参政表"。

文彦博找到的所谓“杜岐公旧迹”即杜佑的家庙遗迹在长安的曲江地区，清代徐松《唐两京城坊考》卷三载，曲江有“太保致仕、岐国公杜佑之家庙”。在文彦博建庙之后不久，对长安遗迹进行调查的张礼在元佑元年（1086）所著的《游城南记》中，更有如下具体的记述：

东南至慈恩寺。……出寺涉黄渠，上杏园望芙蓉园。西行过杜祁公家庙。张（张礼）注曰……杜祁公家庙，咸通八年（867）建，石室尚存。

这里所说的“石室”，正如该书作于金末元初的注释所说“石室，奉安神主之室也”（译者按，此句原为该段文字下的“续注”，作者判定该“续注”为金末元初所作），一般是指收纳神主的埳室，[15] 这与司马光的记述略异，但不管怎么说，北宋时代，杜佑家庙的遗迹尚存，这一点根据其他文献亦可得到确认。[16] 顺便指出，张礼在这里不是说“杜岐公”（杜佑）而是说“杜祁公”家庙，这并没有错误。杜祁公即北宋名臣杜衍（978—1057），杜衍为杜佑九世孙（欧阳修《太子太师致仕杜祁公墓志铭》，《欧阳文忠公集》卷三一），而张礼是在祭祀杜衍祖先之庙的意义上这样称呼的。

文彦博的家庙设置在宋代家庙的历史上，成为一个里程碑。然而，根据皇佑二年的规定，营建家庙只是极少数高级官僚的特权，

15　注 8 所引甘怀真论著第 58 页亦作如是解释。

16　例如杨鸿年：《隋唐两京坊里谱》（上海：上海古籍出版社，1999 年）第 116、132 页所指出的那样，杜氏家庙似在延福坊，但这里认为在曲江。

绝大多数的士人依然没有家庙而只能祭祖于寝，这种形式化的规定对于非常重视名誉的新兴士人来说，自然不能满足他们的需要。王安石在给友人的信中说道“家庙以今法准之，恐足下未得立也”（《答钱公辅学士书》，《临川先生文集》卷七四），这反映出在当时的规定下，士人们想要建立家庙的心情。

2.《政和五礼新仪》的成立

在文彦博的时代，家庙制度尚未完善。有关的策划再次成为议论，则是在北宋末年以后，最终，在成于政和元年（1111）的礼典《政和五礼新仪》中，得到了明确的规定。关于此事的经过，以下主要根据《宋会要辑稿·礼一二》的记录来进行考察。

徽宗大观二年（1108），议礼局欲就“所有士庶祭礼”之问题，斟酌古今而予以条文化的上奏成为此事的发端。[17] 二年后的大观四年（1110），议礼局对于当时品官与庶人同样祭三世而无“尊统上下之差，流泽广狭之别”表示遗憾，具体提案道：执政官（参知政事和枢密使、副使）以上祭高祖以下四世，除此之外者祭三世。对此，当局下发了如下一道手诏：

> 天子七世、诸侯五世、大夫三世、士二世，不易之道也。今以执政官方古诸侯而止祭四世，古无祭四世之文。又侍从官以至士庶，通祭三世，无等差多寡之别，岂礼意乎？古者，天子七世，今太庙已增为九室，则执政视古诸侯以事五世，不为

17 议礼局是在前年的大观元年设立，置于尚书省，《政和五礼新仪》完成后被废。参见《宋会要》职官五“礼制局”。以下有关宋代的官制，参考了龚延明的著作《宋代官制辞典》（北京：中华书局，1997 年）的记述。

过矣。……可文臣执政官、武臣节度使以上祭五世，文武升朝官祭三世，余祭二世。

当时，对于议礼局的再次进言，又下了一道手诏：

可应有私第者，立庙于门内之左。如狭隘，听于私地之侧，力所不及，仍许随宜。

接着又有一道手诏说：

可今后立庙，其间数视所祭世数，寝间数不得逾庙。事二世者，寝用三间者听。

首先关于第一道手诏，这是说执政官相当于古代诸侯，经书没有祭四世之说，而在宋王室的宗庙里，超过了《礼记·王制篇》《祭法篇》所说的七世范围，达到了祭九世，据此，[18] 执政官祭五世亦不妨。由此，在文官的场合，执政官即正二品以上，在武官的场合，节度使即从二品以上，可祭五世；文武升朝官即从五品以上者可祭三世，在此之下者可祭二世，规定得以成立。值得注意的是，官品低下者祭于寝这一历来的严格规定不见了，只说“余祭二世”。要之，可以理解为从五品未满的一般士人也可在家庙祭二世。也就

18　关于王室宗庙建成自僖祖以下至哲宗为止的九庙，据《宋史·徽宗本纪》，是在崇宁三年（1104）十月。小岛毅：《郊祀制度の变迁》（《东京大学东洋文化研究所纪要》第108册，1989年）第170页有宋朝庙室变迁的一览表。

是说，一般士人也被允许建立家庙。

第二道手诏是说，可以建庙于门内之东，其建筑方式则可根据居宅的广狭加以灵活处理。接着的第三道手诏所说“其间数视所祭世数”，是指北齐河清令所见的“同堂异室”之制，意谓正面开间的柱子间数当以祭祖的世代数为据。因此，祭五世的场合，庙堂间数是五间，祭三世的场合，其间数则是三间。另外根据《礼记·王制篇》“寝不逾庙”之说，规定“寝间数不得逾庙”，故居宅规模不得大于家庙。但是，在祭二世的场合，居宅规模则可达到三间。

然而，第一道手诏所说的“五世”是否意谓所有的祖先？关于这一点，后来议礼局又有上奏。根据上奏，《礼记·王制篇》的“诸侯五庙”是说包含二昭二穆和太祖在内的五庙，所谓太祖，原指“始封之祖”，亦即最初被封的祖先，然而今天已非封建之世，故与群臣之实情不符。所以，是否可将高祖以上一祖视为太祖，称之为“五世祖”？这一点也得到了认可。也就是说，在此场合可以追溯至高祖以上的任何一代祖先一人，加上高祖以下的四代（高祖、曾祖、祖、父)，合起来共同祭祀五祖。

至此，宋代的家庙制度终于有了具体的方针。翌年政和元年(1111)，《政和五礼新仪》由郑居中等人编纂而成。遗憾的是，现行《政和五礼新仪》（《四库全书》本）并非完本，卷一三五所记载的非常关键的“品官时享家庙仪”的本文部分遗失了，只能根据目录来推测其内容，不过在现行本的卷首，全部记载了上述所见的几道手诏以及议礼局的议论，据此看来，《政和五礼新仪》的家庙规定沿袭了这场讨论，是不容置疑的。关于这一点，我们可以从该书卷一七八“品官昏仪”的纳采章得到确认，在纳采时，使者赴女方家之际，规定“主人受庙”，这无疑是以拥有官品的一般士人已有家庙为前提的记述。[19]

3. 从《政和五礼新仪》到家庙制度

根据以上的探讨，北宋时代家庙制度的变迁可以作如下归纳：第一阶段是皇佑二年的规定，家庙制度的基础得以基本确立；第二阶段承接这一制度，文彦博请设家庙，至嘉佑四年得以实施；第三阶段便是政和元年《政和五礼新仪》的制定，这对宋代家庙制度而言，具有重要意义。这使得宋代的家庙制度在礼典中首次得以明文化，与此同时，虽然祭祀只限于二世（祖父和父），但一般士人也被允许可以建立家庙。冠有徽宗御制《序》的这部《政和五礼新仪》于政和三年（1113）颁布（《宋史·徽宗本纪》），对于当时的整个礼制而言，具有相当的权威，关于这一点，由朱熹以下之言亦可得以明确：“盖今上下所共承用者，政和五礼也。”（《民臣礼议》,《朱子文集》卷六九）

尽管如此，但家庙制度的策划确定却需要花费那么长的时间，这又是为什么呢？原因之一是在唐宋之间存在着文化上的巨大断裂。文彦博在建家庙之际，已不知道相关的设计方案，便充分说明了这一点。在唐代如此盛行的家庙建设，经五代混乱而遭到破坏，渐渐地从人们的记忆中淡化。此外，更为根本的原因则是源自将自己的

---

19 此外，《政和五礼新仪》关于士人丧礼，在“品官丧仪”下（卷二一七）的祔章中，说“设祖考之座于庙”，又在其夹注中，说“无庙者，于正寝”。又，关于庶人无庙而祭于寝（正寝、厅事），在“庶人昏仪”（卷一七九）的纳采问名章中，说“其日，媒氏至女子门。掌事者设祢位于厅事，南面”，在“庶人嫡子冠仪”（卷一八五）的告祢章中，说“将冠，主人诹日择宾，告于祢。为位于厅事，南面”。

地位传至子子孙孙变得愈发困难的宋代政治状况。北宋宋敏求（1019—1079）的以下之言，便反映了这一状况：

> 皇佑中，宗衮请置家庙，下两制、礼官议，以为“庙室当灵长。若身没而子孙官微，即庙随毁。请以其子孙袭三品阶勋及爵，庶常待奉祀”。不报。（《春明退朝录》卷中）

这里的“宗衮”，是同族先辈之意，盖指上面提到的宋庠。据此可见，即便高官营造家庙，若其子孙一旦没落，便会失去持有家庙的资格。因此要求让子孙世袭，来维持家庙的地位，但结果遭到无视。这与尽管子孙官位很低，也能在一定程度上维持家庙的唐代有着显著的差异，[20] 可以说在地位沉浮异常显著的宋代，要制定贵族的家庙制度已变得极其困难，这毋宁是非常自然的事情。在身份急剧流动变化的近世社会与家庙这一中世制度之间，如何得以折衷安排，这就需要相当长的时间。

就此而制定的《政和五礼新仪》也许是由于在短期内编纂而成的缘故，似乎并不能满足当时士人的要求。朱熹在认同此书意义之同时，也吐露了不满，便反映了这一点。他说：“政和之制，则虽稽于古者，或得其数，而失其意则多矣。”（《答汪尚书论家庙》，《朱子文集》卷三〇）此后，他撰述《家礼》的理由之一便在于，他看

---

20 参见注 8 所揭甘怀真论著第 88 页。不过，甘氏以为在子孙官位与家庙维持的关系问题上，宋代的规定是以唐代《开元礼》为依据的，这是误解。因为《宋史》礼志一二有关家庙“袭爵之制”，有这样的记载：“朝廷又难尽推袭爵之恩，事竟不行。”

到《政和五礼新仪》的规定有诸多粗略和矛盾之处。[21]

（二）家庙和祭器的赏赐

然而在《政和五礼新仪》制定以后，赐予高官以家庙或祭器的事例随之发生，接着我们就来看一下这方面的情况。

据《宋会要辑稿・礼一二》的记载，政和六年（1116），决定减少王室宗庙中祭器的数量而下赐给宰执。不久，正一品和正二品的家庙祭器的种类及其数量就被确定，并新设礼制局进行制造，以便给予赏赐。[22] 这时得到祭器赏赐的是，太师蔡京、太宰郑居中、知枢密院事邓洵武、门下侍郎余深、中书侍郎侯蒙、尚书左郎薛昂、尚书右丞白时中、权领枢密院事童贯，总共 8 人。太师和太宰为正一品，知枢密院事至尚书右丞皆为正二品，末尾的权领枢密院事是于政和七年（1117）三月为童贯而设的官职，官品虽然不详，但与以上的高等官职相同则是不会错的，这是根据上述的赏赐宰执以祭器的规定而采取的措施。[23] 在此场合，只是赏赐祭器，家庙则要他们自己营造。[24]

及至南宋时代，不仅是祭器，而且家庙也获得赏赐的高官出现了。创造这一先例的便是位极人臣的秦桧。据《宋会要辑稿》载，绍兴十六年（1146）二月，赐秦桧以家庙，于临安（杭州）营造。

---

21 《朱子语类》云："及政和间修五礼，一时奸邪以私智损益，疏略抵牾，更没理会。"（卷八四，9）当时对《政和五礼新仪》有着普遍不满，亦见陆游《家世旧闻》卷下第 6 条。

22 按，礼制局于政和三年（1113）七月设置，于宣和二年（1120）七月关闭。

23 以上 8 人的官品，据注 17 所引龚延明氏的辞典。

24 《宋史・秦桧传》载将相得赐祭器始于秦桧，这是错误的，最初的事例应在政和年间。

其设计如下：

> 其盖造制度欲参用古典及文彦博旧规，于私第中门之左，盖一堂五室，其中间一室置五世祖位，东二室二昭位，西二室二穆位，夫人并祔。其屋九架，饰以黝垩，并厦两间共七间，及门庑、庖厨等。神位按杜佑《通典》晋安昌公荀氏祠制神版，长一尺一寸，博四寸五分，厚五寸八分，大书“某祖考某封之神坐”“夫人某氏之神坐”。……又按《五礼精义》，五品以上庙室各有神幄。又按《五礼仪鉴》，位贮版以帛囊，藏以漆函，祭则出施于位。今欲准此制以合古义。（《宋会要辑稿》礼一二）

很显然，此秦桧家庙基本上是以文彦博的家庙以及《政和五礼新仪》的规定为基准的。其中描述了这样一些事例：在居宅中门之东，造一堂五室之庙，而在中央一室祭“五世祖”，东西各二室，祭高祖以下四世，附设门庑及庖厨，神版则根据晋荀勖的设计（但是，高祖以下祭祀昭穆的顺序与文彦博的场合不同。在文彦博的家庙，神位是自西依次排列，而没有配置昭穆）。此外，依据《五礼精义》和《五礼仪鉴》，安装了覆盖在神位前的幄以及包裹神版的帛囊，还有收纳幄及帛囊的漆函等等。《五礼精义》一书是唐德宗时代太常博士韦彤的撰著，[25] 而《五礼仪鉴》则是以下将要提到的

---

25 《新唐书·艺文志》经部礼类及《宋史·艺文志》经部礼类著录：“韦彤，《五礼精义》十卷。”关于这部《五礼精义》，《玉海》卷六九引《兴馆阁书目》，称：“凡二百九十二条，每条设问对，先援古礼，参以唐制，辨据为详。”

五代后唐陈致雍所撰的《五礼仪镜》。[26] 而且当时更以政和六年之先例为准，获得了由礼器局制造的祭器的赏赐。

在秦桧之后，得到家庙及祭器之赏赐的还有韦渊、[27] 吴益、杨存中、吴璘、虞允文、史浩及其子史弥远、韩世忠、韩侂胄、张俊、刘光世、贾似道，共11例。[28] 韦渊和吴益是以王室外戚而舞弄权势之辈，其他的都是作为名将或高官而有显赫功绩的人物。在他们的场合，大致上是一并获得赏赐家庙和祭器的。关于祭器，自韩世忠的时代开始，情况有所变化，这一点须加注意。淳熙七年(1180)，禀受赏赐祭器之事例，将此前赏赐铜制祭器代之以仅赏赐精制的一爵一勺，这一孝宗的意向是汉唐以来所没有的。另外又下了一道命令：颁发礼官描绘的祭器图册，可按照其中的图样，在各家制作竹木祭器。自此以后，大致上依此而行。这样一来，所谓赏赐祭器，也就变得有名无实了。如下一章将要详述的那样，在南宋，民间开始普及建立家庙，所以赏赐家庙及祭器也就没有多大的意义了。

另外，关于南宋时代赏赐家庙之事，南宋吴自牧《梦粱录》卷一〇“家庙”条也介绍了张俊、韩世忠、刘光世、杨存中、贾似道

---

26 《宋史·艺文志》史部仪注类及《玉海》卷六九所引《中兴馆阁书目》著录：“陈致雍，《五礼仪镜》六卷。”

27 《宋会要辑稿》为王韦渊所作，盖误。参见《宋史·礼志一二》及《建炎以来朝野杂记》甲集卷三“君臣家庙”条。

28 按，罗大经《鹤林玉露》(北京：中华书局，1983年)乙编卷五“大臣赐家庙”条载，宋代获赐家庙者自文彦博以下至史弥远，共约14人，即便将罗大经以后获赐家庙的贾似道除外，这个说法也是不正确的。若自文彦博开始计算，在两宋时代，总共有20例，这是正确的数字。又，罗大经在这里列举的吴璹，应是吴璘之误。

的家庙所在地和祭祀的情况。关于贾似道的家庙，该书卷一一“岭”条以及卷一二“西湖”条亦各有言及。

二 祖先祭祀的设施

（一）墓祠的场合——祠堂和坟寺

1. 墓祠、祠堂、坟寺、坟庵

至此我们所看到的，是国家礼制层面上的家庙问题，即所谓的表面上的情况。尽管家庙的赏赐被取消了，但并不等于说当时士人的家庙就没有相当的祭祀设施了。国家制定的礼制对人们生活多少会有影响，但是人们也并不会完全受其制约。在那个时代，一般士人的祭祖设施到底是怎么样的呢?

首先与此有关的设施是设置在坟墓侧的墓祠。如上所述，这是祭祀埋葬者即墓主的，故称为“祠堂”。当时，也有将坟墓的管理委托佛寺（菩提寺）的情况，在此场合，一般又称之为坟寺或者坟庵，其中也有设立祠堂的情况。这些设施都与汉代祠堂有渊源关系，都可纳入墓祠的范畴之内。[29] 墓祠是为了举行墓祭而设的，因此它与居宅内的家庙不同，然而在祭祖这一点上则有共通之处，故以下就其相关事例作一整理。

不用说，为表彰个人功绩而设的“专祠”，自古以来为数众多，与祭祀生者的“生祠”一起，也被称为祠堂，由于这不是祭祖的设

---

29 “墓祠”一词不经常使用，我们取意于祭祀墓主之设施，暂且将相关设施以“墓祠”来总称。又，关于祠堂之语义的变迁，参见赵翼:《陔余丛考》卷三二“祠堂”条。

施，所以这里一概省略。[30] 所谓祠堂，概指“祭祀之堂”，亦即祭祀之建筑的泛称，常被称作家庙或祠堂，故祠堂一语以何为祭祀对象，是需要注意的。

作为墓祠的祠堂，程颐（1033—1107）曾说：

> 嘉礼不野合，野合则秕稗也。故生不野合，则死不墓祭。盖燕飨祭祀，乃宫室中事。……后世，在上者未能制礼，则随俗未免墓祭。既有墓祭，则祠堂之类亦且为之可也。（《程氏遗书》卷一，24）

据此，向祖先行燕飨祭祀本来应在“宫室”亦即居宅内进行的，因此墓祭是不符合这个礼的，但由于礼制未备，故士大夫们依俗礼而行墓祭。如果举行墓祭，那么也就不得不认可“祠堂”。这里所说的祠堂显然意指墓祠，这表明墓前的祠堂在当时是被广泛营造的。

关于墓前的祠堂，若就具体的事例而言，例如与程颐同时的沈括（1029—1093）就苏州钱僧孺在双亲墓前营建的“奉祠堂”有这样的记载：

> 将谋葬其亲，而筑馆于其侧。岁时率其群子弟族人祭拜其间，凡家有冠婚大事，则即而谋焉。（《苏州清流山钱氏奉祠堂

30 当然，正如范仲淹的祠堂那样，从结果上看，也有事例表明专祠起到了宗族祠堂的作用。参见远藤隆俊：《宋代蘇州の范文正公祠について》（《柳田節子先生古稀記念・中國の傳統社會と家族》所收，东京：汲古书院，1993 年）。关于生祠，参见顾炎武：《日知录》卷二二“生祠”条；赵翼：《陔余丛考》卷三二“生祠”条。

记》，《长兴集》卷一〇）

这是作为墓祠的祠堂，而且它起到了联结一族的作用。此外，北宋末年的吴方庆依照父亲的遗言，作祠堂于“墓侧，以致岁时之思”，这是见诸邓肃（1091—1132）的记载（《仪郑堂》，《栟榈集》卷一六），另有南宋卫炳在墓前作祠堂的同时，置墓守之庵，据称是“架堂其前，又于其左为屋六楹以居守者”（刘宰《存庵记》，《漫塘集》卷二〇）。作为元初的事例，吴澄（1249—1333）在《灵杰祠堂记》一文中，转述了这样的案例：“构堂墓侧，为岁时展墓奉祠之所。”（《吴文正集》卷四六）

此外虽非祠堂本身，作为在墓前的一种设施，也有建亭的事例。苏洵（1009—1066）与欧阳修一道，是近世时代族谱的创作者，他们的族谱成为后世修谱的楷模，这是周知的事实。[31] 苏洵在故乡眉州祖先的墓园里造亭，并刻其族谱于石，却不太为人所注意。彼在《苏氏族谱亭记》中说道：

今吾族人犹有服者不过百人。而岁时蜡社不能相与尽其欢欣爱洽，稍远者至不相往来，是无以示吾乡党邻里也。乃作《苏氏族谱》，立亭于高祖墓茔之西南而刻石焉。既而告之曰：“凡在此者，死必赴，冠娶妻必告。少而孤则老者字之，贫而无归则富者收之。而不然者，族人之所共诮让也。”（《嘉佑集》

31 关于苏洵和欧阳修修谱之事，多贺秋五郎：《中國宗譜の研究》上卷（日本学术振兴会，1981 年）第 2 章以及近年竺沙雅章的《北宋中期の家譜》（竺沙：《宋元佛教文化史研究》第 9 章，东京：汲古书院，2000 年）有充实的记述。

卷一四）

据此，置有族谱石刻的墓前之亭，是向祖灵宣告族人冠婚丧祭的一种设施，同时也是加强一族之精神纽带的场所。在这个场合，亭具有与墓祠同样的功能。

接下来，我们来看一看坟寺。关于坟寺，已有竺沙雅章及黄敏枝两位的研究，[32] 揭示了宋代士人在坟墓之侧建寺院以委托管理坟墓，为守墓僧而建坟庵的情况，但是并没有指出在这里作为祭祖的设施，坟寺、坟庵得以并设的事例。

由梅尧臣撰于至和二年（1055）的《双羊山会庆堂记》(《宛陵集拾遗》）可见，梅氏在双羊山祖茔附近建造会庆堂这一祠堂而安置父亲和叔父的画像，同时在堂前安置佛像，并委托庵僧管理。这是“报恩和奉佛”亦即祖先祭祀和佛教信仰得以兼顾的一种措施。另在上述苏洵的场合，在苏洵卒后的元佑六年（1091），其子苏辙建坟寺旌膳广福禅院于其墓侧，同时置“荐先福”之僧（译者按，原文为“以故事得于坟侧建刹，度僧以荐先福”）（《坟院记》,《栾城三集》卷一〇），据此，苏氏墓地兼具族谱亭与坟寺。

在北宋末年，尚有上面提到的邓肃之案例。据宣和二年（1120）李纲所撰《邓氏新坟庵堂名序》（《梁溪集》卷一三五），邓肃在安葬其父之后不久，“即新阡建堂以奉祭祝之事，结庵以修香火之缘”，名祠堂为“思远堂”，名庵为“显亲庵”。此外，李纲于

---

32 竺沙雅章：《宋代坟寺考》（《东洋学报》第 61 卷第 1、2 号，1979 年），黄敏枝：《宋代的功德坟寺》（《宋史研究集》第 20 辑，台北：“国立”编译馆，1990 年）。

同年撰写的《邓公新坟庵堂名序》（同上）就邓南公的坟墓，说道："有堂，直墓下，以奉荐享。有庵，居墓傍，以修佛事。"而邓南公的祠堂取名为"永慕堂"，其庵则取名为"报德庵"。更有南宋方滋（1102—1172）的以下事例：

> 方务德侍郎受知于张全真参政，后每经毗陵，必至报恩院张之祠堂祭奠。修门生之敬，祝文具在。（《清波杂志》卷五）

张全真即绍兴年间成为参知政事的张守的字，据此，在常州毗陵的报德院内附设有张守的祠堂。张守乃是常州人，故报德院或许就在其坟墓之侧。所谓"院"，当然是指附属于佛寺的别舍。[33] 另外，如上所述，南宋中期的卫炳也在墓前设有坟庵和祠堂。

由以上诸例可知，当时在墓前并设祠堂和坟庵并不是稀罕事。相对于祠堂是儒教的祖先祭祀的一种设施，坟庵则是让管理坟墓的佛僧居住的一种场所，两者之间可以作出一定的区别，但实际上，如邓肃之例所见，佛僧在祠堂举行祖先祭祀的事例似亦不少。[34] 我国的无著道忠在其《禅林象器笺》卷一《殿堂上》"祠堂"条中所说"居家本设祠堂，而祭祖宗亲族矣。今祭在家亡灵于佛寺者为祠堂"，不得不说讲得很确切。

在这样的场合，僧人担负着辅助该族的祖先祭祀的重要作用。

---

33 关于院的意思，参见竺沙雅章：《宋元佛教における庵堂》（《东洋史研究》第46卷第1号，1987年）页3以下。

34 关于坟庵的僧人与祖先祭祀的关系，可参考宫泽则之：《宋元時代における墳庵と祖先祭祀》（《佛教史学研究》第35卷第2号，1992年）。

司马光于熙宁七年（1074）撰写的《陈氏四令祠堂记》（《温国文正司马文集》卷六六）说道，在宋初专门祭祀相继成为高官的陈省华及其三位儿子陈尧叟、陈尧佐、陈尧咨的“祠堂”，修建在与四人有缘的孟州济源县的延庆佛舍，在那里“构堂于佛舍之侧，画四公之像而祠之”，这是将祠堂内的祖先祭祀委托给了佛寺。或如南宋徐元杰《洪庆庵记》所记，该文是为卒于绍定元年（1228）的俞氏某而写的：[35]

> 故居之侧筑屋，而庵名曰“洪庆”。有永平乡田六百束以赡庵守，有周安乡田二百七十秤以奉祭享每岁寒食。主祭者率子弟各执事，自始祖而下合祀焉。奉先孝，于是可观矣。……顾焚修有庵，赡茔有田，由来已久，诚不可以无纪也。（《梅野集》卷一〇）

这是说，在故人居宅之侧造一佛庵，虽不是墓祠本身，但是“奉祭享每岁寒食”，“主祭者率子弟各执事，自始祖而下合祀”。这个事例非常明显地表明佛庵起到了与家庙同样的祭祖功能。将土地的收获分给庵守，由此亦可见在祭祀当中佛僧之作用的重要性。

顺便指出，在那个时代，还可看到道教宫观作为坟墓看守的事例。已有研究指出了这一点，[36] 在此场合，同样在道观内建有某些

35　原文载俞氏某卒于“咸淳戊子”，然咸淳年间（1265—1274）并无戊子年，作《洪庆庵记》的徐元杰卒于咸淳以前的1245年。咸淳或是绍定之误。若是绍定的戊子年（绍定元年，1228），则年份相合。

36　参见注32所引竺沙论文。

祭祀墓主的设施。例如，据南宋末马廷鸾（1222—1289）《书张氏祠记后》（《碧梧玩芳集》卷一三），将祭祀父亲的祠堂建在乡里的通元观，另有一个元代的事例，据王礼（1314—1386）《曾氏祠堂记》（《麟原文集》卷六），将祭祀父亲的祠堂建在郡里的玄妙观内。可见，在道观内建造祭祖的祠堂也很普遍。

2. 司马光与石介的墓祠

至此，我们以墓祠为中心，专门考察了与祭祀祖先相关的设施，同时看到佛教和道教与祭祀有着紧密的关系。那么，相对说来，家庙方面的情况又如何呢？在进入对此问题的探讨之前，我们有必要先就司马光和石介的情况作一介绍。这是因为他们都有相当于家庙的设施，同时还有墓祠，亦即他们同时建有双重的祭祀设施。

首先来看司马光，他在故乡的祖茔里建有坟寺。司马光死后，成为夏县县令的马永年关于司马光的祖茔曾说："司马温公祖茔在陕府夏县之西二十四里，地名鸣条山。有坟寺，曰余庆。"（《懒真子录》卷四）又说：

> 温公之任崇福，春夏多在洛。秋冬在夏县，每日与本县从学者十许人讲书。……温公先垄在鸣条山，坟所有余庆寺。公一日省坟，止寺中。(同上书卷一)

可见，司马光的祖茔在陕州夏县鸣条山，由余庆寺来管理。这里所说的司马光"任崇福"，是指熙宁六年（1072）至元丰八年（1085）之间，司马光作为祠禄官而提举西京嵩山崇福宫。在王安石实施新法时期，为了排斥反新法派的人物，让他们担任只是名义上而无实际上赴任之必要的管理道观的职位。这是很著名的事件，司马光亦不例外。而就在担任此一闲职期间，司马光春夏待在洛阳的家里，秋冬则在故乡夏县度过，在参拜祖先坟墓时，顺便也到坟寺。尽管司马光自命为儒教信徒，但他的家法则强调佛教的追善供养的必要性，关于这一点，俞文豹《吹剑录》记载道：

> 温公不好佛，谓其微言不出儒书。而家法则云："十月就寺，斋僧诵经，追荐祖先。"

对此，我们只有以上述坟寺之存在为前提，才能了解。司马光一族累世聚居夏县（详见后述），他为居住在坟寺附近的族人留下了这样的有佛教意味的"家法"。司马光自身对佛教是以批判性的眼光来审视的，这一点可由《书仪》的记述得以明确，[37]《书仪》是本着复兴儒教古礼的精神来撰述的，但实际上，为迎合现实之状况，司马光又不得不采取这种双重的行为模式。

接着是石介（1005—1045）的情况，他建有墓祠"拜扫堂"和相当于家庙的"祭堂"。关于前者，据其《拜扫堂记》（《徂徕石先生文集》卷一九）所载，石介于康定二年（1041），在故乡兖州奉符的祖茔进行扫墓之际，将石氏一族的系谱刻于石以为墓表，至庆

37 司马光的佛教批判最为明显地表现在《书仪》卷五丧仪一"魂帛"章。苏轼《司马温公行状》（《苏轼文集》卷一六）亦传："晚节尤好礼，为冠婚丧祭法，适古今之宜。不喜释老，曰：'其微言不能出吾书，其诞吾不信。'"

历二年（1042），造拜扫堂。石介这样说道：

> 风雨燥湿，石久必泐，字必缺，不可无蔽覆。且岁时必上冢，出必告于墓，反拜于墓，则皆有祭，不可以无次设。乃直茔前十四步为堂三楹，一以覆石，一以陈祭，总谓之“拜扫堂”云。

根据这里的说法，石介造有三间（三室）之堂，以一室覆盖墓表，以一室为墓祭之所。据传至今天的该《墓表》的说法，石氏于唐末移居兖州，当时形成了有16支房的一大宗族。在康定二年的墓祭之际，附祭始祖、高祖和曾祖，岁时合16支房举行合祭（《石氏墓表》，《徂徕石先生文集》附录一），可见其规模之大。

另一方面，石介在建立拜扫堂的前年，造了相当于家庙的祭堂。据其《祭堂记》（《徂徕石先生文集》卷一九）所述，不论是依照《礼记·王制篇》所传的古代规定，还是依照唐代的规定，石介自身的官品并没有建庙的资格。但是，祖先灵魂不能没有安抚，因此他自己想方设法在居宅之侧造“堂三楹”，作为祭祀乃父及其夫人之所。而在四时祭之际，则将“皇考妣”和“王考妣”即曾祖父母和祖父母举行合祭。[38] 与墓祠“拜扫堂”相比，在居宅内“祭堂”的祭祀则规模要小得多。

---

38 另据注2所引小林义广的论文，石介的祭堂设计意识到允许文武官设家庙的庆历元年的诏敕，这个说法不正确。据《宋会要辑稿》礼一二所载，庆历元年的诏敕出自十一月二十日，而据《祭堂记》，石介制作祭堂则是先于诏敕的同年十一月十七日。

3. 由墓祠转向家庙

以上，我们看到了许多事例，通过检讨我们可以说，当时的祭祖场所在墓祠与家庙之间摇摆不定。毋宁说，正如钱僧孺及石介的事例所显示的那样，非常典型地表明祭祀的比重在于墓祠。特别是考虑到《政和五礼新仪》制定以前，家庙的设置只有高官才被允许，那么这也就是当然的趋势吧。据南宋《淳熙三山志》载，墓祭之时集合一族之人，多者数百人，少者也有数十人的事例，[39] 这非常生动地表明，墓祠在祖先祭祀之际具有重要的意义。元初吴澄所说“近代所谓祭者，乃或隆墓而略于家”（《致悫亭说》，《吴文正集》卷四）的状况在宋代亦照样存在。

对此，包括道学家在内的儒教思想家们则意图按照古礼将祭祀的重点由墓地转向居宅，亦即由墓祠转向家庙。程颐指出：

> 葬只是藏体魄，而神则必归于庙。既葬则设木主，既除几筵则木主安于庙。故古人惟专精于庙。（《程氏遗书》卷一八，234）

这无非是明确主张重视家庙的观点。

接下来我们就来探讨一下家庙亦即居宅内的祭祀设施。

（二）影堂与家庙

1. 家庙的替代设施——影堂

正如司马光《文潞公家庙碑》所载“君臣贵极公相，而祖祢食

---

39 参见《淳熙三山志》卷四〇《土俗类》二“墓祭章”。

于寝，侪于庶人”，北宋时代的士人在礼制上一般与庶人相同，在“寝”亦即居宅正面的广间举行祭祖。[40] 但是，关于祭祀专用的设施，当时的士人也并不是没有去设想。石介的“祭堂”便是其中之一，此外我们还可看到类似的事例。

作于天圣六年（1028）的穆修《任氏家祠堂记》（《河南穆公集》卷三）载，[41] 任中师不满于在寝祭祖，而在居宅旁造了祭祀其父任载及其夫人和乃兄任中正等人的“家祠堂”。[42] 其云：

> 治其第之侧隅起作新堂者，敞三室斗五位，前后左右皆有宇。

据载，在堂内还挂有他们的“画像”。这里所说的三室、五位，中室祭任载，东室祭任载夫人，西室祭任中正及其夫人（以上即三室、三位），进而在“二侧位”分祭任中孚、任中行、任中立三

---

40 据《仪礼·士丧礼》“死于适室”的胡培翚《正义》所述，寝本来有燕寝和正寝，这里所说的“寝”是指正寝。与供休息用的居间的燕寝相对而言，正寝在家屋正面，叫作广间，或者叫作正厅或厅事。参见朱熹《家礼》卷一《通礼·祠堂章》载“正寝谓前堂也”，程颐关于正寝则说：“今之正厅正堂也。”（《程氏遗书》卷一八，232）“庶人祭于寝，今之正厅是也。”（同上书卷二二上，47）

41 《任氏家祠堂记》的撰述年没有记录，但文中有穆修于“六年春”访任中师的记载。据王瑞来《宋宰辅编年录校补》（北京：中华书局，1986 年），任中正于乾兴元年即 1022 年罢免参知政事，不久而卒。另一方面，穆修的卒年是 1032 年。任中师祭任中正等人当在这一期间，故可知这里所说“六年”当是天圣六年即 1028 年。

42 《任氏家祠堂记》（四部丛刊本《河南穆公集》卷三）有“康懿公（任中正）……将终，顾其子都官员外郎中师曰”云云，记任中师为任中正之子，然而“其子”当作“其弟”。如《宋史》卷二八八《任中正传》所载，任中师乃任中正之弟。这由两人均使用“中”这一表示辈分的字以及该《祠堂记》中列举任载之子有中正、中孚、中行、中师、中立五子便可明了。由于与祭祀对象范围有关，故予以订正。

人（以上即五位）。也就是说，任中师在这里祭祀的是自己的双亲以及兄弟，作为祭祖，结果只是祭一世。虽说是三室，但并不是唐代的那种每一室祭一世。可以说，这是一种变通的做法，而不得不采取这种做法的原因在于当时家庙制尚未成立。实际上，穆修所谓“制礼不独伸，则家庙之名既罔得”云云，正记录了任中师无家庙而不得不取名为“家祠堂”的情况。说到天圣六年，时在允许建家庙的庆历元年之前的十几年，当时还未形成能堂堂正正建立家庙的状况。

众所周知，司马光在居宅内设有悬挂祖先遗影的影堂。挂遗影，与任中师的场合相同，另与任中师相同的是，影堂设置无非是当时考虑庙制的一种结果。关于这一点，司马光在有关冠婚丧祭的私人著述《书仪》中说到：

> 仁宗时，尝有诏听太子少保以上皆立家庙，而有司终不为之定制度，惟文潞公立庙于西京，他人皆莫之立。故今但以影堂言之。（卷一〇《祭章》夹注）

可见，影堂是作为家庙的替代设施而建造的。《书仪》撰述于元丰四年（1081）左右，司马光不过是正三品的端明殿学士，[43] 还没有皇佑二年（1050）的规定所说的建立家庙的资格。设立祭祖遗影之堂的做法自古就有，后汉刘熙《释名·释宫室》曰：“庙，貌也。先祖形貌所在也。”晋崔豹《古今注》曰：“庙者，貌也。

43　参《司马光年谱》（北京：中华书局，1990年）元丰四年条。

所以仿佛先人之灵貌也。”据此，至少在汉代以降，影堂就已出现。司马光正是考虑到这一传统的祭祀方式而在《书仪》中作以上表述的。本来，在当时，挂祖先遗影是极为寻常的一种习惯，程颐亦在家里挂有高祖程羽的“影帖”（《家世旧事》，《程氏文集》卷一二）。

〈图 1〉　影堂（司马光《书仪》卷二）

司马光的影堂设计如〈图 1〉所示。[44] 据《书仪》载，在图下及北侧室内置有匣，夫妇祠版（所谓牌位）一对安置在匣内。匣的顺序以西为上手，依此按照祖先的顺序排列。祭祀时从匣中取出祠版，在正面的倚卓处，南向安放。[45] 这里应引起注意的是，它并没有采用那种“同堂异室”制而将堂内分割成复数的室。不用说，图中的中央之堂乃是举行祭祀仪礼的场所，用左右的阼阶和西阶以使族人上下。另外，门设在南边，这显示影堂是独立于住宅的建筑物，以上的这种制作方式，如后所述，朱熹在思考祠堂（家庙）之际也对此做了参考。而司马光在图的夹注中又说，如果不能建影堂，则用幕加以区隔，以此作为堂及室亦可。

44　据同治七年江苏书局仿宋本《书仪》（京都大学图书馆藏）。

45　《书仪》卷七《祠版章》夹注云：“府君夫人只为一匣。”另，卷一〇《祭章》云：“设倚卓，考妣并位，皆南向西上。”卷一〇《影堂杂仪》：“主人主妇，亲出祖考，置于位，焚香。……纳祠版，出。”

司马光实际上建造了这样的影堂，这由其《先公遗文记》(《温国文正公文集》卷六六）的如下记录可知："今集先公遗文手书及碑志行状共为一椟，置诸影堂。"我推测，影堂是熙宁六年（1073）他在洛阳的独乐园中兴建的。

其实，祭祖应当到哪一代祖先为止，关于这个问题，朱熹和司马光的看法是不同的。《书仪》主张只能祭曾祖父以下三世，对此，朱熹《家礼》则主张祭高祖以下四世。关于司马光的主张，可由《书仪》的记载得到明确，例如附死者祠版于影堂之际，"卒克日，祔曾祖考"（卷八《祔章》)，在祭礼上献酒之际，自曾祖考妣开始（卷一〇《祭章》)。这一点值得注意，详细的探讨留待后章再说，这里须指出的是，就《书仪》来看，祭祖范围较诸朱熹要狭小，因此，并不像人们经常所说的《书仪》是以大家族主义为前提而制作的。

然而，构成司马光的祖先祭祀的另一思想特征是，司马光极其重视在影堂祭拜祖灵。《书仪》的如下说法，便充分表现出这一点：

> 影堂门无事常闭。每旦，子孙诣影堂前唱喏，出外归亦然。出外再宿以上，归则入影堂，每位各再拜。……遇水火盗贼，则先救先公遗文，次祠板，次影（遗影），然后救家财。（卷一〇《影堂杂仪》)

这段记述为人熟知。如此鲜明地表现出重视祖灵的思想之事例，在此之前并不多见。这段记述亦被朱熹原封不动地吸纳（《家礼》卷一《祠堂章》)。

较司马光略早的范仲淹也建有影堂。范仲淹在给居住在故乡苏州的兄长范仲温的第 4 封书信中说道：

> 影堂，在此已买好木事，造只三小间，但贵坚久也。彼中有屋卖时，请商量。(《与中舍》第 4 书，《范文正公尺牍》卷上《家书》)

据此，范仲淹似乎在家乡建造了开间三间的影堂。由他给范仲温的第 9 封书信中也可看出，他对于在故乡建造影堂一事非常在意。范仲淹的卒年是皇佑四年（1052），因此他的影堂设置要早于司马光。

范仲淹也曾提到家庙。他在为扶养救济住在家乡的一族而设置之际，说道：

> 若独享富贵而不恤宗族，异日何以见祖宗于地下，亦何以入家庙乎？(《范文正公年谱》前言)

这里所说的并不是上述基于国家庙制的家庙，而是指祭祖的一般设施（在此场合，似是指影堂）。另据范仲淹《尚书度支郎中充天章阁待制知陕州军府事王公墓志铭》(《范文正公集》卷一三)，王质（1001—1045）在提出希望出任地方官之际，说道："坚请外补，愿留兄京师，以奉家庙。"显而易见，这里所说的王质的官品并没有达到可以设立家庙的当时标准，因此在他的场合，所谓家庙也不是国家庙制所说的家庙，而是居宅内的祭祀设施的泛称。

2. 道学家的家庙设想

在北宋时代，围绕家庙问题而穷思探索的是张载、程颐等道学家。就其特征而言，若以一言而蔽之，则可说他们提出了不为国家庙制所拘限的构想，主张不论官品大小，士人之家都应设庙。他们在礼学上的立场，借用张载之语来说，即在于“参酌古今，顺人情而为之”（《经学理窟·祭祀》），也就是说，斟酌古今礼制，重新制定适应时代的礼之规定。程颐亦说“凡礼，以义起之可也”（详见后述），采取的是根据道理来制礼这一积极肯定的立场。他们的思想并不能说是单纯的复古主义。

首先，张载（1020—1077）关于庙有如下阐述：

> 今为士者而其庙设三世几筵，士当一庙而设三世，似是只于祢庙而设祖与曾祖位也。……伯祖则自当与祖为列，从父则自当与父为列。……故拜朔之礼施于三世，伯祖之祭止可施于享尝，平日藏其位版于椟（椟）中，至祭时则取而祫之。其位则自如尊卑，只欲尊祖，岂有逆祀之礼！若使伯祖设于他所，则似不得祫祭，皆人情所不安。便使庶人，亦须祭及三代。（《经学理窟·祭祀》）

据此，在士人的场合，按古来的规定可设一庙（祢庙），祭祀对象为三世，因此在祢庙中可以合设祖父与曾祖的位版（牌位）。此外，在伯祖（祖父之兄）与从父（伯祖之子、父亲的兄弟）的场合，也可根据其辈分，与祖父或父亲并设位版。只是在拜朔等通常的仪礼之场合，仅以曾祖、祖父、父亲三世为祭祀对象，而伯祖与从父只是在享尝等四时祭之时得以祫祭（合祭）。又，位版通常收纳在椟中，行祭之时方可取出排列。而且即便是庶人，也应与士人一样祭三世。[46]

这里应引起注意的是庙的制作。的确，士设一庙，这是自古以来的规定，但在这一庙当中，可以祭祀曾祖父以下三世。如上所述，在汉代以来的传统庙制中，由于各庙祭一世，故祖先的世代数与庙数是一致的（这在文彦博及秦桧的场合亦同）。如此，则为了祭三世而有必要设三庙，另外还须有相符的高级官品。但是，在张载那里，一方面遵从士设一庙这一庙数规定，一方面实际上祭祀的却是复数的祖先——三世。这样的构想本身与司马光的场合并没有多大的差异，但是相对于司马光借用影堂之名的做法而言，张载称其为“庙”，虽说这里只有很小的差别，但我认为却不能忽略。因为如同下面将要讨论的程颐那样，这意味着士人的一种新形式的“家庙”构想。

张载称呼居宅内的祭祀施设为“庙”，这一点可从他以下的说法当中得以窥见，“凡忌日（命日）必告庙”（《经学理窟·自道》）、“人在外姻，于其妇氏之庙，朔望当拜（这是说，对女系亲族而言，在女方的庙里，应在朔望之际祭拜）”（同上），此外，张

46　张载又说：“庶人当祭五世。以恩须当及也。然其祫也，止可谓之合食。”（《经学理窟·祭祀》）这里所说的五世与五服同义，是指高祖以下的祖先，这与上引应祭及三世之语似有矛盾，但这也许正如程颐在祭祀始祖与先祖时所做的那样，说的是不做高祖位版，只在祫祭之时设坐祭之（合食）。

载自己还制造了“家庙”，这一点可从他所撰的《始定时荐告庙文》[47] 一文当中获得了解。[48]

程颐（1033—1107）的家庙亦在一庙中祭祀复数世代的祖先，在这一点上与张载相同。不过，程颐说：

> 士大夫必建家庙，庙必东向，其位取地洁不喧处。……每祭讫，则藏主（木主）于北壁夹室。……庙门，非祭则严扃之，童孩奴妾皆不可使亵而近也。（《程氏外书》卷一，18）

由此可见，程颐的构想又有超越张载之处。本来，“士大夫必建家庙”之说在当时是何等崭新的观点，这一点依然毋庸赘言。事实上，程颐在其一族当中首先建立了家庙，而且在临近死去之时，立下了一道须立主持祭祀之宗子的遗嘱（《程氏外书》卷七，43）。

程颐还有如下一段问答：

> 问：“今人不祭高祖，如何？”曰：“高祖自有服，不祭甚非。某家却祭高祖。”又问：“天子七庙，诸侯五，大夫三，士二，如何？”曰：“此亦只是礼家如此说。”又问：“今士庶家不可立庙，当如何也？”“庶人祭于寝，今之正厅是也。凡礼，以

47 《张载集》（北京：中华书局，1978 年）“文集佚存”所收。

48 张载说：“祭堂后作一室，都藏位板，如朔望荐新只设于堂，惟分至之祭设于堂。位板，正世与配位宜有差。”（《经学理窟 · 自道》）这是说，在祭祀空间的“堂”的后面，另造放置祖先位版的“室”，由此可知张载的家庙设计。

义起之可也。如富家及士，置一影堂亦可，但祭时不可用影。”又问：“用主如何？”曰：“白屋之家不可用，只用牌子可矣。如某家主式，是杀诸侯之制也。大凡影不可用祭，若用影祭，须无一毫差方可。若多一茎须，便是别人。”（《程氏遗书》卷二二上，47）

在这里，程颐把天子七庙、诸侯五庙、大夫三庙、士二庙这一自古以来的家庙规定，说成不过是经学家的一种解释而已，表现出不屑一顾的态度，不得不说这是极其过激的言论。

正如这些资料所示，在家庙设施的细节上，程颐有着独特的主张。此即：第一、东向设庙，依昭穆之序配置神位；第二、扩大祭祀范围，在家庙常祭高祖以下四世；第三、允许设立影堂，但须采取慎重的态度；第四、设计“木主”，以取代司马光所说的祠版以及张载所说的位版。

首先关于这里的第一点，除了上引“庙必东向”的说法以外，程颐还说：

冠昏丧祭礼之大者，今人都不以为事。……家必有庙〔古者庶人祭于寝，士大夫祭于庙。庶人无庙，可立影堂〕。庙中异位〔祖居中，左右以昭穆次序。皆夫妇自相配为位，舅妇不同坐〕。庙必有主。（《程氏遗书》卷一八，232）

这是说，庙以东向，故远祖之木主亦以东向，在其左右并列后代祖先之木主。这原是基于后汉何休的说法，[49] 其配置与以西为上手的司马光及朱熹的场合有异。[50]

顺便指出，二程的墓亦取昭穆形式，可以将其与家庙构想一同牢记。现在河南省伊川县郊外残存的程氏墓，正面是二程父程珦墓，左侧是程颐墓，右侧是程颢墓。[51] 这个形式正是程颐所设计的，这一点我们可以从程颐的《葬说》得到了解，其云："葬之穴，尊者居中，左昭右穆而次。"（《程氏文集》卷一〇）《程氏外书》云："程氏自先生兄弟，所葬以昭穆定穴。"（卷一一，62）

第二、常祭高祖以下这一主张原是以《仪礼・丧服》的五服制度为依据的。《仪礼・丧服》规定应服丧的亲族在五世范围内（包含自己的世代在内），此即五服，故高祖父、曾祖父、祖父、父应在服丧的范围内。由于所服丧的对象关系亲密，所以对他们进行祭祀乃是理所当然的，这是程颐的理论。他说："自天子至于庶人，五服未尝有异，皆至高祖。服既如是，祭祀亦须如是。"（《程氏遗书》卷一五，170）这个说法明确地显示了程颐的上述

---

49 《春秋公羊传》文公三年八月条的何休注云："大祖东乡，昭南乡，穆北乡。其余孙从王父。父曰昭，子曰穆。昭取其乡明，穆取其北面尚敬。"

50 不过，这里有一点难解。若根据"以太祖面东，左昭右穆"（《程氏外书》卷一，18）的说法，太祖木主为东向，则其左侧高祖和祖父为昭之列，右侧曾祖和父为穆之列。然而程颐在另一方面又不承认始祖及太祖之木主，认为只宜在高祖以下设置木主（《程氏遗书》卷一八，232），在这样的场合，高祖木主首先为东向，其左侧并列曾祖和父之木主，右侧则只有祖父之木主，成了一种缺乏平衡的配置。朱熹认为，这个东向说或是记录之误，或是程颐未定之说（《与吴晦叔一》，《朱子文集》卷四二），也许正是如此。另，朱熹的昭穆说在《中庸或问》第18、19章有集中的阐述。

51 参见吾妻重二：《二程の墓》（《阡陵》第45号，大阪：关西大学博物馆，2002年）。二程墓的昭穆形式的墓制基于《周礼・春官・冢人》"先王之葬居中，以昭穆为左右"之说。

理论。这是对一般士人的祭祖范围做了此前未曾有的扩大，对此朱熹指出：

> 古者只祭考妣，温公祭自曾祖而下。伊川以高祖有服，所当祭，今见于《遗书》者甚详。此古礼所无，创自伊川。（《语类》卷九〇，114）

朱熹继承了祭高祖以下四世这一思想。

第三、关于影堂，程颐并未否定，其云“庶人无庙，可立影堂”，士人亦可置影堂，这是很显然的。在堂内悬挂遗影，以便怀念故人，这在当时是非常普遍的行为，程颐对此也是认可的。但是，在举行祭祀仪礼之际，必须根据古礼，将木主或牌位作为祖先灵魂的依托，而不能用遗影。我们时常可看到一种理解，以为程颐对影堂本身持否定态度，这是不正确的，在此我想提请注意。

第四、关于木主（神主），在其形态以及设计等方面，有不少有趣的问题，在这里我只想指出一点：从历史上看，在一般士人的家庙里放置“主”，这一点具有划时代的意味。为何这么说呢？因为在唐代礼制中，“主”的安放是三品以上官员才被允许的，在此以下的士人是不被允许的。[52] 其实，在庙中安置“主”这一做法本身，是只有天子诸侯以及高官才被允许的特权，这是自汉代以来的通说。如上所述，在宋代，即便像文彦博、秦桧这样的大官亦不敢制作

52　参见注 8 所引甘怀真论著第 70 页。

“主”而是放置神板，司马光及张载用的也是祠版及位版。但是，程颐却大胆主张应在士人的家庙里放置“诸侯之制”简略版的木主。对此，清代《仪礼》学家胡培翚指出：

> 《礼经释例》云“古礼大夫士无主”。……故司马氏《书仪》亦不云大夫士有主，但为祠版之制而已。朱氏《家礼》始有主。(《仪礼正义》卷三二《士虞礼》一)

这里所说的“古礼大夫士无主”见于清代凌廷堪《礼经释例》祭例下篇“凡卒哭明日祔庙之祭谓之祔”条。这里，胡培翚以为首次提倡士人有主说的是《家礼》，这当然是不正确的，《家礼》是蹈袭了程颐说。由此可见，程颐的主张相比此前的祭祀说而言有了巨大的变化。

以上，我们以北宋时代为中心，对包括家庙在内的居宅内的祖先祭祀设施的问题进行了考察。大致在北宋中期之前，士人的家庙继承了唐代的礼制，不久就成了居宅内的祭祀施设的泛称，由于道学家们的主张，得以转变为只在一个家庙里祭祀复数世代的祖先之木主这一新形式的祭祀设施。实际上，道学家们制作了这样的家庙，特别是程颐提出的新的家庙构想，值得引起充分的注意。北宋末年的《政和五礼新仪》允许一般士人建立家庙，这一点已如上述，程颐等人的主张对于此书也许并没有直接的影响关系，但其所形成的风气，对此书的形成产生了某种影响吧。

此外，当时设立家庙在士人中逐渐得到普及，亦可从其他的事例得到确认。例如，范雍（979—1045）、富弼（1004—1082）、王存（1023—1101）、刘挚（1030—1097）等人，都建有“家庙”。[53] 在记录了开封市民生活的孟元老《东京梦华录》当中，有新郎新妇在婚礼之际“皆相向至家庙前”（卷五“娶妇”）的记录，这似是泛称的家庙。虽然这些家庙是怎样的一种设计并不清楚，但是吕大临及刘子翚（1101—1147）这些道学系的士人所设计的家庙，[54] 肯定是继承了张载及程颐的构想。[55]

三　朱熹《家礼》及其周边

（一）《古今家祭礼》

1. 朱熹《家礼》的准备工作

南宋朱熹（1130—1200）的《家礼》制作在家庙史上具有重大的意义。此前，关于《家礼》，清王懋竑提出了伪书说，[56] 并为《四库提要》所沿袭，自此该说似成定说，然而根据最近的研究，

53　关于范雍，如有“狄武襄青受范忠献之知，每至范氏，必拜于家庙”（《清波杂志》卷五“修敬祠堂”）之记录，关于富弼，如有“公清心学道，独居还政堂，每早作，放中门钥，入瞻礼家庙”之记录。关于王存，相传“存，尝悼近世学士贵为公卿，而祭祀其先，但循庶人之制。及归老筑居，首营家庙”（《宋史》卷三四一本传）。又，刘挚于元佑六年（1091）撰有《家庙记》（《忠肃集》卷九所收）。

54　关于吕大临制作的家庙，朱熹曾说“吕与叔亦曾立庙，用古器”（《朱子语类》卷八九，5）。关于刘子翚，相传“始得疾，即入诣家庙”（《屏山先生刘公墓表》，《朱子文集》卷九〇）。

55　因此，小林义广氏在注2所引论文中所说的“至于家庙，无论是宋代以前还是其后的时代，都是得到朝廷认可的功臣所设立的特别的祖先祭祀的设施，与民间可以随便设置的像祠堂那样的设施是不同的”，这个说法有必要订正。

56　见王懋竑《白田草堂存稿》卷二《家礼考》《家礼后考》以及《家礼考误》。其中《家礼考》又被附于其著《朱子年谱考异》卷一“乾道六年条”。

该书为朱熹亲撰，这一点几乎已得到了确证。关于这一点，前面已有指出，[57] 若对当时未能提到的一点作一补充的话，那就是朱熹在给友人张栻（1133—1180）《三家礼范》所写的跋文中有这样一段话：

> 熹尝欲因司马氏之书，参考诸家之说，裁订增损，举纲张目以附其后，使览之者得提其要以及其详，而不惮其难。……顾以病衰，不能及已。（《跋三家礼范》，《朱子文集》卷八三）

此跋是绍熙五年（1194）朱熹65岁时所作，故其所言当指《家礼》无疑。他说要以司马光的《书仪》为基础来编纂礼书，但引人注目的是“举纲张目以附其后”这个说法。正如朱熹《资治通鉴纲目》所示，“纲”是指大书的本文，“目”是指用小字记录的夹注（参《资治通鉴纲目序》，《朱子文集》卷七五），根据“纲”后附“目”这一体裁，朱熹希望读者由“纲”掌握要点，由“目”了解细节。现行的《家礼》正是采取了这种纲目形式，这一毋庸置疑的证据表明《家礼》的制作融入了朱熹的用意。

然而，尽管朱熹有热切的愿望，但他的撰述正如“顾以病衰，不能及已”所坦白的那样，结果未能完成。要之，正如朱熹自身所回顾的以及他的弟子们所指出的那样，《家礼》是一部

57　关于《家礼》的刊刻情况，参见本书第三章。

未完成的作品，[58] 所以有王懋竑所指出的内容上的缺陷。但是，并不能否定本书是朱熹的自撰。

朱熹在构成《家礼》冠婚丧祭的四礼当中，尤其对祭礼有着特别的关注。而朱熹搜集整理有关家族（宗族）“祭礼”的古今文献，编纂《古今家祭礼》，便是由于这个原因。此书成于淳熙元年（1174）（《跋古今家祭礼》，《朱子文集》卷八一）。不过，不久朱熹又对此进行了改定，将原来的16篇改为19篇，更增补至20篇，收录了20家的礼书。[59] 此书是朱熹制作《家礼》之际为“参考诸家之说”（见上引）而作，亦即是为准备制作《家礼》而编纂的，现在已经佚失，不过据马端临《文献通考》经部仪注类及陈振孙《直斋书录解题》礼注类的记载，可以推测其内容。以下，根据这些记载，对当时有哪些家祭礼书得以流布略作考察。

2. 集古代家礼之大成

有关《古今家祭礼》之内容的推定，订正了王懋竑《朱子年谱考异》之说的吴其昌的考证最可信赖。[60] 根据其考证，本书含有如下内容（其中现已散佚的书籍，用括弧加注“佚”）：

58　黄榦《朱子行状》载“《家礼》，世多用之。然其后亦多损益，未暇更定”。陈淳指出《家礼》有阙文及误字，是“未成之缺典”（《代陈宪跋家礼》，《北溪大全集》卷一四）。

59　关于《古今家祭礼》由16篇增补至19篇，见《朱子文集》卷八《答郑景望》第4书。另据《宋史・艺文志》史部仪注类载“朱熹二十家古今祭礼二卷”，说明该书更增加到了20篇。又，朱熹年轻时对于家祭礼书的收集就有所关注，曾在举行父亲的祭祀之际收集礼书，他说：“及某十七八，方考订得诸家礼，礼文稍备。”（《语类》卷九〇，109）

60　吴其昌：《朱子著述考（佚书考）》（《国学论丛》第1卷第2号，1927年）。

（1）［晋］荀勖《祠制》（隋《江都集礼》所引，佚）

（2）［唐］《开元礼》祭礼部分

（3）［北宋］《开宝通礼》祭礼部分（佚）

（4）［唐］郑正则《祠享礼》一卷（佚）

（5）［唐］范传式《寝堂时飨礼》一卷（佚）

（6）［唐］贾顼《家祭礼》一卷（佚）

（7）［唐］孟诜《家祭礼》一卷（佚）

（8）［唐］徐润《家祭礼》一卷（佚）

（9）［北宋］陈致雍《新定寝祀礼》一卷（佚）

（10）［北宋］胡瑗《吉凶书仪》二卷（佚）

（11）［北宋］《政和五礼新仪》祭礼部分

（12）［北宋］孙日用《祭飨礼》一卷（佚）

（13）［北宋］杜衍《四时祭享礼》一卷（佚）

（14）［北宋］韩琦《古今家祭式》一卷（佚）

（15）［北宋］司马光《涑水祭仪》一卷（佚）

（16）［北宋］张载《祭礼》一卷（佚）

（17）［北宋］程颐《祭礼》一卷（佚）

（18）［北宋］吕大防、吕大临《家祭礼》一卷（佚）

（19）［北宋］范祖禹《家祭礼》一卷（佚）

（20）［南宋］高闶《送终礼》一卷（佚）

根据这份书单，可以了解在宋代有关家祭礼的著述大量存在。这充分表明祖先祭祀的礼对于当时的士大夫来说，是何等重要的大事。以下我们对这些文献做些说明。

首先（1）荀勖《祠制》收于隋《江都集礼》，《江都集礼》是晋王时代的炀帝在任扬州总管之时召集诸儒下令编纂的共达 120 卷的一部礼书。现在《江都集礼》已经失传，但荀勖的《祠制》在《通典》卷四八有引用。[61]（2）《开元礼》共 150 卷，乃是构成唐代国家礼制的基本礼典，对此已无必要另作说明了。（3）《开宝通礼》是宋朝成立后不久的开宝四年（971）由刘温叟、李昉等人编成的敕撰书，共 200 卷。现有根据《开元礼》而加以损益、于治平二年（1065）成书的《太常因革礼》在“通礼”名下对该书有部分引用。另外，吕大防曾向神宗上奏要求确定《开宝通礼》的婚丧祭之礼的要点并将此颁布天下。[62]（4）郑正则的情况不明，据《直斋书录解题》，曾任唐侍御史。（5）关于范传式，据《直斋书录解题》，为唐代曾任泾县尉的人物，参与了《寝堂时飨礼》一书的修定。《旧唐书》卷一八五下以及《新唐书》卷一七二当中有范传正传。（6）关于贾顼，据《直斋书录解题》，为唐代曾任武功县尉的人物。（7）关于孟诜（621—713），在《旧唐书·方技传》以及《新唐书·隐逸传》中有传。据《直斋书录解题》，孟诜的《家祭礼》分正祭、节祠、荐新、义例四篇。（8）关于徐润，《直斋书录解题》

61 《江都集礼》在《隋书·经籍志》经部有著录。又，吴其昌没有注意到在《朱子语类》中有“据隋炀帝所编礼书有一篇《荀勖礼》”（卷九〇，81）一句，因此《江都集礼》所收的也许并不是《祠制》而是《荀勖礼》。关于荀勖的祠制问题，注 13 已有涉及。

62 关于《开宝通礼》，参见山内弘一：《北宋時代の郊祀》（《史學雜誌》第 92 编第 1 号，1983 年）注 4。又，《开宝通礼》自开宝六年以降，曾经取代《开元礼》而成为通礼科（科举的一种途径）的教科书（《宋史》选举志一）。《直斋书录解题》题此书为《开元通礼》，盖误。又，吕大防的上奏文《上神宗请定婚丧祭礼》收在赵汝愚编的《宋朝诸臣奏议》中，但未被陈俊民《蓝田吕氏遗著辑校》（北京：中华书局，1993 年）所收。

说其在唐代曾任左金吾卫仓曹参军。此外，以上从郑正则到徐润为止的有关唐代人物，在《新唐书·艺文志》史部仪注类中亦有著录。

以上都是宋代以前的人物，宋代撰述的文献自（9）陈致雍《新定寝祀礼》以下。关于陈致雍，据《十国春秋》卷九七以及《直斋书录解题》，原为南唐秘书监，亦曾仕宋朝，留有《五礼仪鉴》（《五礼仪镜》）等著述。南宋秦桧的家庙营造曾使用《五礼仪鉴》，这一点已如上述。（10）胡瑗由范仲淹的推荐而宰太学，培育了许多学生，非常著名。二程也曾在太学时代受到过胡瑗的教育。据《郡斋读书志》，他的《吉凶书仪》基本上以古礼为依据，附加了当时施行的礼之规定。（11）关于《政和五礼新仪》，已有说明。（12）关于孙日用，据《直斋书录解题》，他是五代后周显德年间的博士，后来出仕宋朝。他的《祭飨礼》是开宝年间的作品。而在《直斋书录解题》中，此书又作为《仲享仪》而被著录。（13）杜衍正如上一章已有涉及的那样，是杜佑的子孙，历任枢密使及同中书门下平章事，获赐祁国公，是一位名臣。（14）韩琦也是北宋时代的名臣，与范仲淹一起被任命为枢密副使，其后历任同中书门下平章事、右仆射，获赐魏国公。（15）司马光《涑水祭仪》未见诸《直斋书录解题》，《宋史·艺文志》史部仪注类有著录。在现行本《书仪》“丧仪”六中，有关于祭礼的记述，这或许就是作为《涑水祭仪》一卷而别刊的部分。[63]（16）张载《祭礼》和（17）程颐《祭

63　王懋竑《朱子年谱考异》认为《书仪》现行本没有祭礼部分，吴其昌亦从之，盖误。他们漏看了包含在“丧仪”中的有关祭礼的记述。

礼》是将他们有关祭礼的著述以及语录等集为一卷的著作。[64] 相传张载曾有《墓祭礼》之作，程颐也曾准备有关六礼的著述，这些内容也许被包含在张、程的《祭礼》当中亦未可知。[65]（18）关于吕大防、吕大临兄弟也已有介绍。他们将基于古礼的仪礼付诸实践，这一点在本文的开头部分已有涉及，其践礼形式被集为一书。现在收入《吕氏乡约》的“乡仪”吉礼四的祭礼部分便是其一部分。（19）范祖禹非常著名，他担当了司马光《资治通鉴》的唐代部分的写作，作为其副产物，著有《唐鉴》一书。最后（20）高闶则是二程高弟杨时的门人。

当今，这些文献大多已经散佚，特别是私撰的礼书，几乎不能看到，这是非常遗憾的事情。不过，其中有些内容还是可以推测到的，以下通过对这些内容的探讨，来试图揭示当时家祭礼书的撰述倾向。

宋敏求《春明退朝录》曾提到过藏于朝廷秘府的孟诜《家祭礼》及孙日用《祭飨礼》（《仲享仪》）等书，根据他的说法，北宋初期的家祭礼之仪式，显得非常古朴简素。[66] 这在杜衍的场合亦

---

64 朱熹《答李晦叔》第3书（《朱子文集》卷六二）载：“程氏《祭仪》谓‘凡配止以正妻一人’。”此《祭仪》之语原封不动地见诸《程氏遗书》（卷一八，232）。程颐的《祭礼》又被称为《祭仪》，这由《宋史》史部仪注类所载“伊川程氏《祭仪》一卷”可知。

65 关于张载的《墓祭礼》，朱熹曾说：“横渠说‘墓祭非古’，又自撰《墓祭礼》，即是《周礼》上自有了。”（《语类》卷九〇，86）关于程颐的礼书撰述，《程氏遗书》云：“某旧曾修六礼，冠、昏、丧、祭、乡、相见。将就，后被召遂罢，今更一二年可成。”（卷一八，232）

66 《春明退朝录》卷中载：“秘府有唐孟诜《家祭礼》、孙氏《仲飨仪》数种，大抵以士人家用台卓享祀，类几筵，乃是凶祭。其四仲吉祭，当用平面毡条屏风而已。”另外，与此相同的记录又见《宋朝事实类苑》卷三二“家祭用台卓”条。

与此相同，南宋初徐度就杜衍的家祭说道：

> 近世士大夫家祭祀多苟且不经，惟杜正献公（杜衍）家用其远祖叔廉《书仪》，四时之享以分至日，不设倚卓，唯用平面席褥，不焚纸币，以子弟执事，不杂以婢仆，先事致斋之类，颇为近古。（《却扫编》卷中）

欧阳修也说，唐代以降，旧礼失传，一切苟简轻率，相对于此，惟有杜衍家代代遵守家法以至于今（《杜祁公墓志铭》，《欧阳文忠公集》卷三一）。杜衍的《四时祭享礼》必定是传承了唐代杜佑以来的古礼。

对此一倾向略加扭转的是韩琦（1008—1075）。关于他的《古今家祭式》，徐度在上引那段文字的后面接着说道：

> 韩忠献公（韩琦）尝集唐御史郑正则等七家《祭仪》，参酌而用之，名曰《韩氏参用古今家祭式》。其法与杜氏大略相似，而参以时宜。如分至之外，元日、端午、重九、七月十五日之祭皆不废，以为虽出于世俗，然孝子之心不忍违众而忘亲也。其说多近人情，最为可行。

据此可知，韩琦《古今家祭式》参酌时宜人情，为更便于实行而作了调整，力图求得祖先崇拜之实。例如韩琦还有这样一些颇有自身风格的做法：找出祖先的墓而进行改葬，遍搜祖先遗留下来的遗文、墓志铭以及行状一类的文献而编成60卷的韩氏家集，以尽其对祖先的尊崇。[67]《古今家祭式》现有序文《韩氏参用古今家祭式序》(《安阳集》卷二二)保留了下来，据此，该书成于熙宁三年(1070)，共有13篇。韩琦所参酌的七家是：郑正则《祠享礼》、孟诜《家祭礼》、范传正(范传式)《寝堂时飨礼》、周元阳《祭录》、贾顼《家祭礼》、徐润《家祭礼》以及孙日用《祭飨礼》。其中的周元阳《祭录》，在上述书单中没有记录(译者按，此书单即指上述《古今家祭礼》所含的20部书)，周元阳为唐代的人物，余不详，其《祭录》著录于《新唐书》及《宋史·艺文志》史部仪注类。文彦博曾依此举行过季节祭。[68]

关于韩琦参酌时宜这一点，其《韩氏参用古今家祭式序》曾明确说道："采前说之可行，酌今俗之难废者，以人情断之。"韩琦是以前代诸家的家祭礼书为基础，参酌时宜而编成该书的，这是在尊重古礼的同时，又考虑如何适合现状，如此来编订家礼的态度亦为朱熹所继承。例如，上面所引的所谓元日、端午、重九以及七月十五日(中元)的祭祀都是当时的一种习俗，而朱熹《家礼·通礼·祠堂章》亦将这些作为"俗节"，照样采用。所谓"俗节"，《语类》中有如下问答：

> 叔器问："行正礼，则俗节之祭如何？"曰："韩魏公处得好，谓之节祠，杀于正祭。某家依而行之。但七月十五素馔用

67 参见韩琦《重修五代祖茔域记》(《安阳集》卷四六)以及《韩氏家集序》(同上书卷二二)。

68 上面提到的司马光《文潞公家庙碑》中，云："采唐周元阳议祠，以元日、寒食、秋分、冬夏至，致斋一日。"

浮屠，某不用耳。”（《语类》卷九〇，132）

有趣的是，韩琦的《古今家祭式》乃是朱熹的《古今家祭礼》的先驱之作。不论是韩琦还是朱熹，他们都致力于追寻符合当时士人的礼的实践方针，进而收集古礼文献，《古今家祭礼》这部书的名称显然是意识到了韩琦的《古今家祭式》，由此我们就能了解朱熹为何在诸家礼书当中，将韩琦该书与司马光《书仪》并列，做了很高之评价的缘由了。[69] 韩琦先于司马光及张载、二程，试图重新构建士人家礼的努力，值得引起我们充分的注意。

然而韩琦虽然由其功绩获得配享王朝宗庙，但他自己最终没有建造家庙。及至南宋，他的曾孙韩侂胄请求设立家庙，得到了允许，这一点上面已有涉及。[70]

关于南宋初高闶（1097—1153）所著《送终礼》，朱熹门人刘清之所编《戒子通录》卷六录有佚文，据其小注，《送终礼》共有32篇。这部分佚文只收录了戒子部分，其云：

> 吾家他日如营居室，必先家庙。其余堂寝之制，仅可以叙族合宗。吾百岁之后，惟嫡子孙相继居之，众子别营居焉。盖嫡庶之礼明，而人自知分矣。

---

69 朱熹指出：“诸家之礼，唯韩魏公、司马温公之法适中易行。”（《答叶仁父》二，《朱子文集》卷六三）又，在南宋初期，韩琦之书曾被人在家祭中采用，这一点可由廖行之《题韩公祭式后》（《省斋集》卷九）得到明确。

70 据《宋史》礼志一二载，韩侂胄曾上奏：“曾祖琦，效忠先朝，奕世侑食，家庙犹阙。请下礼官考其制建之。”关于韩琦的宗庙配享，《宋史》礼志一二“功臣配享”项有记录。

又说，在家产继承之际，众子由“探筹”（抽签）来决定居宅的主人，这种现行法律的做法将使庙之定主丧失，万一女子抽中，就将陷入“家庙遂无主祀”的状态。在这里表明了这样的意图：须明确嫡子与庶子的区别，以维持家庙之祭祀的嫡子（宗子）为核心，加强宗族全体的团结。这一思考方式显然是基于主张恢复古代宗法的张载及程颐的思想，[71] 家庙作为宗族团结的场所而被认识，这一点亦应引起注意。朱熹关于《送终礼》曾说：“高氏《送终礼》，胜得温公礼。”（《语类》卷八五，9）这也许是因为朱熹对于以家庙为核心的团结宗族的方式有所关注而这样说的。[72]

由上可见，在北宋时代，反映当时士人的问题关怀，私人撰述的家祭礼书大量出现。朱熹将这些礼书集成《古今家祭礼》，以便为撰述《家礼》奠定资料上的基础。换种说法，朱熹的《家礼》乃是为了对上述这些北宋以来的家礼作出最终的抉择而撰述的。

也许是受到了朱熹撰述《古今家祭礼》的刺激，朱熹友人张栻和吕祖谦也在其后撰述了同类的书。一方面，张栻于淳熙三年(1176)，编纂刊刻了集司马光、张载、程颐三人的有关婚、丧、祭之言论的《三家昏丧祭礼》五卷（《跋三家昏丧祭礼》，《南轩集》

71 尤其是程颐主张：“宗子法坏，则人不自知来处，以至流转四方，往往亲未绝，不相识。今且试以一二巨公之家行之，其术要得拘守得须是。且如唐时立庙院，仍不得分割了祖业，使一人主之。”（《程氏遗书》卷一五，57）这是说，不可分割家产，而应由宗子一人继承家庙。

72 另外关于郑正则、范传式、周元阳、贾顼、孟诜、杜衍、韩琦、范祖禹的礼书，吕祖谦《东莱吕太史别集》（《续金华丛书》）卷四《家范四 · 祭礼章》对其佚文有少量引用，《性理大全》本《家礼 · 丧礼章》及《祭礼章》亦在夹注中，对于高闶、孟诜、韩琦等人的礼书有片断引用。又，司马光《书仪》卷一〇有个别地方将孟诜的书作为《家祭仪》加以引用。

卷三三)，进而创作了上面提到的《三家礼范》。另一方面，吕祖谦在其人生末年撰述了《祭仪》一篇，如后所述，这部书提出了与朱熹略异的家庙构想。《祭仪》现在《东莱吕太史别集》(《续金华丛书》本)“家范”中，与“宗法”“昏礼”“葬仪”并列，被收录在“祭礼”的题目下，卷末附有吕祖谦死去的翌年即淳熙九年(1182)朱熹所写的跋文。

(二)家庙(祠堂)的设置

这里，我们就朱熹有关家庙的设置以及祭祖范围等问题略作探讨。

先来看有关家庙的设置问题。在《家礼》，居宅内的祭祀设施称为“祠堂”，而在朱熹《文集》及《语类》中，很多场合则用“家庙”一语。这样的用语上的差异，也许是由于《家礼》乃是朱熹未定之书的缘故而发生的，以下引文出现的祠堂或者家庙，都是指同样的设施，这一点请先予以理解。[73]

根据《家礼》，祠堂(家庙)的制作大致如下(括弧内的引文为纲目中的目，亦即夹注)：

祠堂

〔……古之庙制不见于经，且今士庶人之贱，亦有所不得

73 关于《家礼》不说家庙而说祠堂的原因，刘垓孙指出：“今文公先生乃曰‘祠堂’者，盖以伊川先生谓祭时不可用影，故改‘影堂’曰‘祠堂’云。”(《性理大全》本《家礼·祠堂章》注)元吴澄说：“新安朱子损益司马氏《书仪》，撰《家祭礼》，以家庙非有赐不得立，乃名之曰‘祠堂’。”(《豫章甘氏祠堂后记》，《吴文正集》卷四六)

为者。故特以祠堂名之，而其制度亦多用俗礼云。〕

君子将营宫室，先立祠堂于正寝之东

〔祠堂之制三间。外为中门，中门之外为两阶，皆三级。东曰阼阶，西曰西阶，阶下随地广狭以屋覆之，令可容家众叙立。又为遗书、衣物、祭器库及神厨于其东。缭以周垣，别为外门，常加扃闭。若家贫地狭，则止为一间，不立厨库，而东西壁下置立两柜，西藏遗书、衣物，东藏祭器亦可。正寝，谓前堂也。地狭则于听事之东亦可。凡祠堂所在之宅，宗子世守之，不得分析。〕

为四龛以奉先世之神主

〔祠堂之内，以近北一架为四龛。每龛内置一卓。大宗及继高祖之小宗，则高祖居西，曾祖次之，祖次之，父次之。……神主皆藏于椟中，置于卓上，南向。龛外各垂小帘。〕（《家礼》卷一《通礼》）

在此，在造居宅之际，首先将祠堂建在正寝（居室）的东面，这是基于《礼记・曲礼篇下》《礼记・祭义篇》《周礼・小宗伯》等文献中所看到的古礼，除此之外，正如“古之庙制不见于经”所示，包含了许多朱熹独特的构想。根据朱熹的想法，祠堂为开间三间，进深约有五架（详见后述），在其外面设中门，中门的东西两边造阼阶和西阶。还有收纳祖先之遗书、衣物及祭器的仓库，以及神厨亦即制作供物的料理场，各设在祠堂的东侧。然后，在这些整体设施的四周造有围墙并设外门，平常扃闭（上闩）。关于这种祠堂的模型，与《性理大全》本《家礼》卷首所揭示的后世作

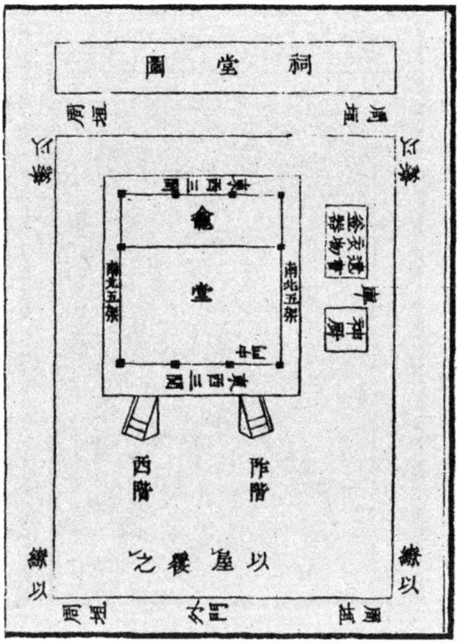

〈图 2〉 祠堂图（室鸠巢《文公家礼通考》）

成的家庙图相比较，室鸠巢《文公家礼通考》（《甘雨亭丛书》本）复原得更好，故以〈图 2〉列示。

其次，祠堂内设有四龛，在宗子的场合，由西依次放置高祖、曾祖、祖、父的神主。亦即每龛设一卓，其上置有椟，其中放上神主。另外在上述引文中虽没有提到，其实在椟的当中，夫和妇的神主是并列放置的（参见《家礼》卷四《丧礼·治葬章》“作主”夹注）。关于这种祠堂内的模样，除了《家礼》所载的图以外，李氏朝鲜的李长生所著《家礼辑览》卷首《图说》所载的图，以及我国中川忠英《清俗纪闻》“家庙祭祀之图”较为形象，故将这些图作为〈图 3〉〈图 4〉及〈图 5〉列示。但是在〈图 4〉中，神主没有收在椟中，夫妇的神主没有并列，这与朱熹所说有异，需要引起注意。又，所谓“龛”原是佛教语，当时意指小室而通用。[74]

在堂内分割成龛即小室，这样的想法在司马光及张载那里是没有的，说起来，还是接近于“同堂异室”制。说到同堂异室制，宋王朝的宗庙不用说，在文彦博及秦桧的家庙里亦被采用，关于这一点已如上述。朱熹以一庙室祭祀复数世代之祖先这一北宋道学的想

74 朝鲜直好益《家礼考证》卷一指出了这一点。

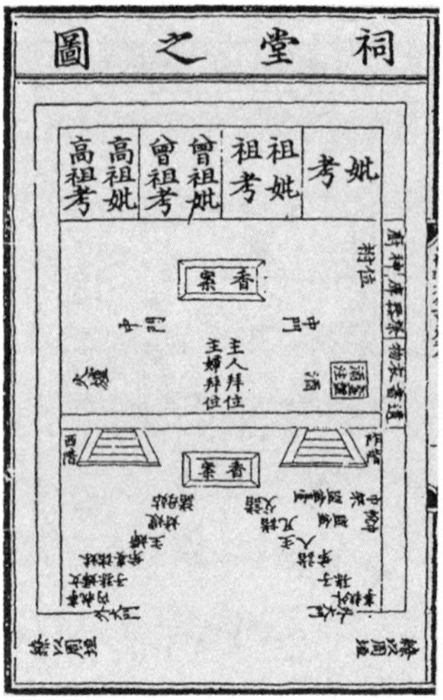

〈图 3〉 祠堂内之图（性理大全本《家礼》）

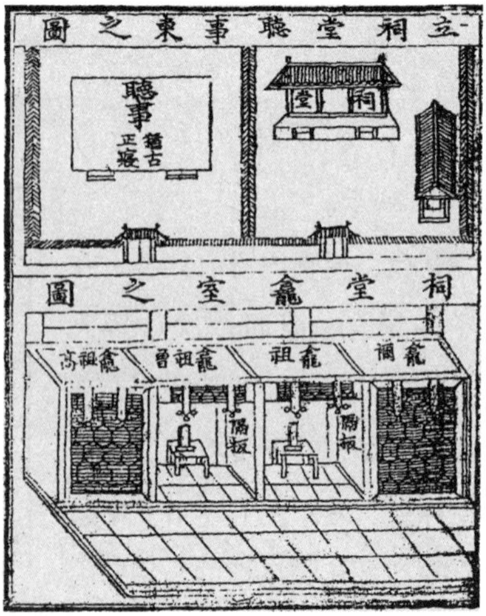

〈图 4〉 祠堂和龛室之图（李长生《家礼辑览》图说）

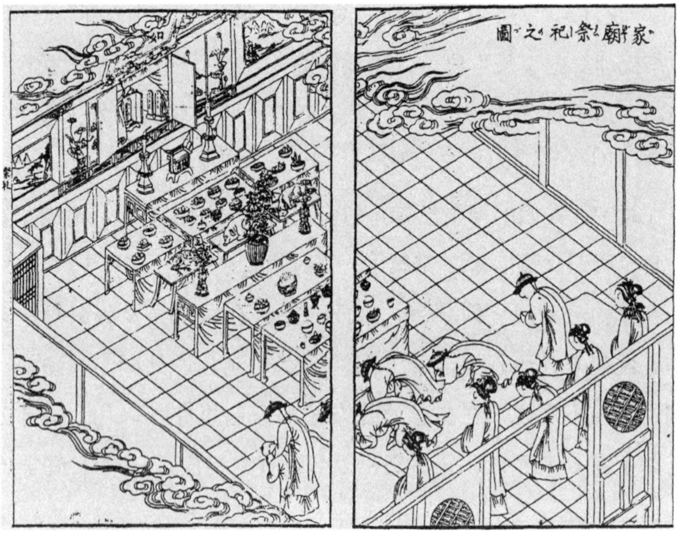

〈图 5〉 家庙祭礼之图（中川忠英《清俗纪闻》卷十二）

法为基础，进而将“同堂异室”的“室”代之以“龛”。这就将国家礼制上的同堂异室制巧妙地运用到一般士人的家庙制作当中。[75]

朱熹实际上制作了家庙。《语类》有如下问答：

> 问：“先生家庙，只在厅事之侧。”曰：“便是力不能办。古之家庙甚阔，所谓寝不逾庙，是也。”（《语类》卷九〇，49）

据此，朱熹所制造的家庙，附设在厅堂（家屋正面的大厅）的东侧，似乎并不宽阔。这就是上引《家礼》所说的“地狭则于厅事之东亦可”这一意义上的临时性的家庙，不过，朱熹抱有建立正式家庙的意图，关于这一点，可由以下《语类》的记载得到了解：

> 先生云：“欲立一家庙，小五架屋。以后架作一长龛堂，以板隔截作四龛堂。堂置位牌，堂外用帘子。小小祭祀时，亦可只就其处。大祭祀则请出，或堂或厅上皆可。”（《语类》卷九〇，50）

所谓“架”，如〈图 6〉[76] 所示，是指连接柱子和屋梁之间的桁架（译者按，又称横梁）。上引《家礼》所说的“近北一架”，这里则说“后架”，要之，是指在最里面的二架之间的空间设龛。所谓五架的规模，也许是基于《仪礼·少牢》的贾公彦疏“士大夫之庙皆两下五架”（“主人献祝，设席南面”疏）之说。

---

75 关于同堂异室制与士人家庙的关系，参见《朱子文集》卷六三《答郭子从》第 1 书、卷六九《禘祫议》。

76 据注 7 所引《中國建築の歷史》页 117。

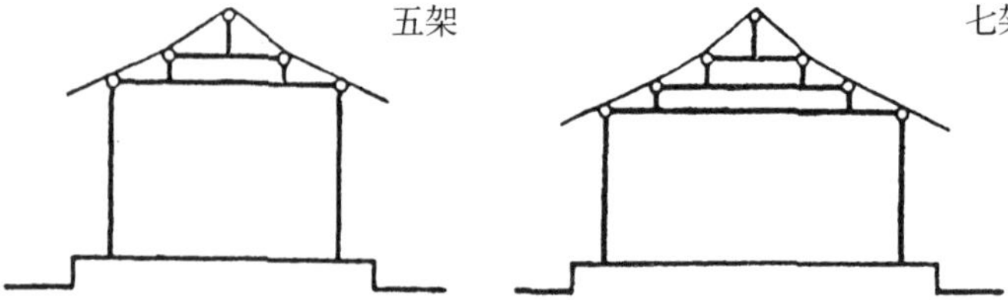

〈图 6〉中国木造建筑的“架”

当然，朱熹很重视在家庙的祭祀。黄榦《朱子行状》所云“其闲居也，未明而起，深衣、幅巾、方履，拜于家庙以及先圣”，传达了其在家庙祭祀的情况。拜家庙后，又拜先圣，是因为朱熹设有祭孔子像的堂，[77] 这些都表明家庙与朱熹的平常生活密切相关，具有十分重要的意义。而《朱子文集》卷八六《第三男受官告家庙文》《迁居告家庙文》《致仕告家庙文》等文章显示朱熹每有大事便向家庙的祖先灵魂进行报告，由此亦可看出家庙对于朱熹来说意义十分重大。另外，朱熹有时又称家庙为影堂，这是由于在家庙内挂有祖先遗影的缘故。[78]

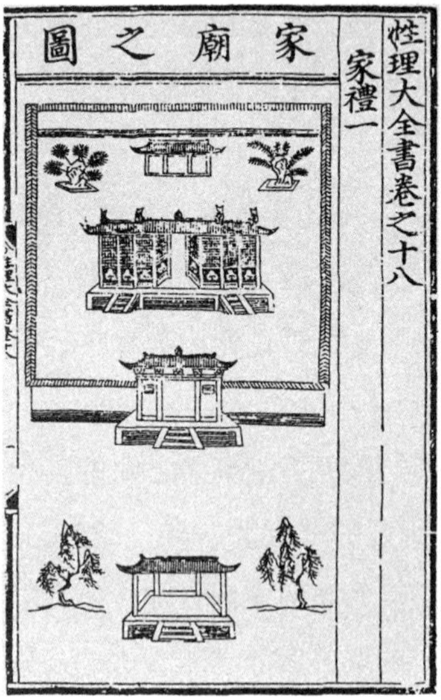

〈图 7〉家庙图（性理全书本《家礼》）

然而，《性理大全》本《家礼》卷首所载的家庙图为什么会是〈图 7〉那样呢？该图与上引

77　关于朱熹设有祭孔子像的堂，参见《朱子语类》卷一〇七，54。

78　《朱子文集》卷五八《答叶味道》第 3 书录有朱熹的一个提问：“昔侍先生，见早晨入影堂焚香展拜，而昏暮无复再入，未知尊意如何？”

《家礼》的记述并不一致，特别是中央门内有大小二个建筑物，哪个是家庙（祠堂）本身，难以判断。此图或许是根据《语类》的以下说法而描绘的：

> 古命士得立家庙。家庙之制，内立寝庙，中立正庙，外立门，四面墙围之。（《语类》卷九〇，45）

又有以下的说法：

> 如适士二庙，各有门、堂、寝，各三间，是十八间屋。（《语类》卷九〇，44）

这些说法是朱熹对古代家庙制作的一种推断，与他自己所构想的家庙有异，但与家礼图的内容却非常吻合。亦即在图的最里面有一小型建筑物是寝（庙内的寝殿），中央的大建筑物则是正庙（堂），围墙正面所开的似是外门（最前面的建筑物则不太清楚是什么）。另外，在图上没有清楚地显示正庙的间数，但寝与外门都被描绘成三间。《家礼》卷首诸图是后世添加进该书的，结果是，图的作者将朱熹推断的古代家庙的制作，轻率地绘制成了家庙图。[79]

（三）关于祭祀的范围

1. 究竟应祭几代祖先

接下来我们考察一下祭祀祖先的范围问题。北宋中期以降，尽

---

79 关于《家礼》所载各图的成立过程，本书第 3 章已有考察。

管已有国家礼制的规定，但不论士人还是庶民，都祭三世（曾祖、祖、父）。关于这一点，可由上述大观四年议礼局的一段话得到明确。《语类》中则有以下一段问答：

文蔚曰："今虽士庶人家亦祭三代，如此却是违礼。"曰："虽祭三代，却无庙，亦不可谓之僭。"（《语类》卷九〇，113）

此外，司马光及张载也主张祭三世，还有吕祖谦《祭仪》（《东莱吕太史别集》卷四《祭礼》）亦说"杜祁公、韩魏公、司马温公、横渠张先生《祭仪》，祀曾祖、祖、考"，据此，则连杜衍及韩琦也主张祭祀范围为三世，而吕祖谦自己也曾祭三世。由此可见，祭三世乃是宋代的一般状况。然而，程颐以及朱熹则认为士人应当常祭高祖以下四世，将祭祖范围扩大化了。在国家礼制当中，根据皇佑二年的规定，祭高祖以下四世必须是正一品的官员，根据《政和五礼新仪》，文官的场合必须是正二品以上，而武官的场合必须是从二品以上，由此看来，程颐和朱熹的主张非常突出。

而且，程颐还主张不仅应祭高祖，还应祭始祖和先祖。程颐指出（一部分已见上引）：

每月朔必荐新〔如仲春荐含桃之类。译者按，括弧内文字原为行注，下同〕，四时祭用仲月。时祭之外，更有三祭。冬至祭始祖〔厥初生民之祖〕，立春祭先祖，季秋祭祢。他则不祭。……

祭始祖，无主用祝，以妣配于庙中，正位享之〔祭只一位

> 者，夫妇同享也〕。祭先祖，亦无主。先祖者，自始祖而下，自高祖而上，非一人也，故设二位（**译者按，作者原引脱“故设二位”四字**）〔祖妣，异坐。一云二位。异所者，舅、妇不同享也〕。常祭止于高祖而下〔自父而推，至于三而止者，缘人情也〕。……
>
> 家必有庙。庙中异位〔祖居中，左右以昭穆次序。皆夫妇自相配为位，舅、妇不同坐也〕。庙必有主〔既祧，当埋于所葬处。如奉祀人之高祖而上，即当祧也〕。其大略如此。（《程氏遗书》卷一八，232）

依程颐，在家庙安置高祖以下四世的木主，每月朔，备上季节开初之物祭之，此外，四时祭则在仲月即二月、五月、八月、十一月举行。而且，冬至祭始祖，立春祭先祖。由于始祖和先祖的木主从家庙祧迁至墓所而埋，因此祭祀他们之际，就设“位”亦即灵魂的牌位（神位）。在此场合，始祖只设一个牌位并配以夫人，先祖则设“祖妣”即男女双方之祖先的二个牌位。所谓先祖，是指始祖以下高祖以上的复数祖先，男女双方各设一个牌位以为合祭。[80]

对于始祖和先祖的这种祭祀，被《家礼》所继承，这一点值得注意。《家礼》卷五《祭礼·初祖章》《先祖章》便继承了这一点，冬至祭初祖和立春祭先祖是如何在家庙内举行的，并没有详细的记述。朱熹与其弟子曾有这样的问答：

---

80 关于祭祀先祖，朱熹有这样的解说：“伊川时祭止于高祖，高祖而上则于立春设二位统祭之而不用主。”（《语类》卷九〇，121）此外《家礼·祭礼》的《先祖章》说“设祖考神位于堂中之西，祖妣神位于堂中之东”，敷衍了程颐的说法。

问:“冬至祭始祖，是何祖?”曰:“或谓受姓之祖，如蔡氏，则蔡叔之类。或谓厥初生民之祖，如盘古之类。”曰:“立春祭先祖，则何祖?”曰:“自始祖下之第二世及己身以上第六世之祖。”曰:“何以只设二位?”曰:“此只是以意享之而已。”(《语类》卷九〇，118)

朱熹在这里列举了有关始祖的两种说法。以最初受姓之祖为祖先之说以及以“厥初生民之祖”亦即人类祖先为祖先之说。后者之说，如上所引，为程颐之说，而朱熹似乎倾向于前者的以最初受姓之祖为始祖之说，关于这一点，可由其给蔡元定的书信中得以窥知。[81]

关于将始祖和祖先的木主埋于墓所这一程颐的说法，《家礼》蹈袭了这个说法（卷一《通礼·祠堂章》夹注）。在《语类》当中，关于不在庙中常祭而迁移他处的远祖的木主亦即祧主，有如下问答：

问祧礼。曰:“天子诸侯有太庙夹室、则祧主藏于其中。今士人家无此，祧主无可置处。礼注说藏于两阶间，今不得已，只埋于墓所。”(《语类》卷九〇，53)

又说：

祔新主而迁旧主，亦合告祭旧主，古书无所载，兼不说迁

81 《朱子文集》卷四四《答蔡季通》第7书:“古人所谓始祖，亦但谓始爵及别子耳。非如程氏所祭之远。”

于何所。……古人埋桑主于两阶间。盖古者阶间人不甚行，今则混杂，亦难埋于此，看来只得埋于墓所。（《语类》卷八九，58）

这里所说将桑主埋于庙的两阶（阼阶与西阶）之间，是后汉何休之说。[82] 桑主是埋葬之后为了立即安抚灵魂而举行虞祭之时所作，故又称虞主。此虞主在一年后的小祥之祭亦即练祭之时埋入地中，取而代之而制作的栗主（又称练主）作为木主安置于庙内。因此，桑主（虞主）与目前要探讨的祧主是另一个问题，[83] 朱熹考虑到程颐之说及当时的状况，结果赞同将祧主埋于墓所。[84]

不管怎么说，《家礼》与程颐一样，主张在家庙内祭祀始祖和先祖，但是朱熹在后来亲自否定了这个做法。关于这一点，由朱熹

82 《春秋公羊传》文公二年二月“虞主用桑，练主用栗”条何休注：“谓期年练祭也。埋虞主于两阶之间，易用栗也。”

83 不过，自汉代至魏晋，将祧主埋入地中或庙的两阶之间的事例并非没有。参见《通典》卷四八“诸藏神主及题板制”。又，关于神主（祠版）的制作，《家礼》与《书仪》不同。在埋葬后的虞祭之际，制作桑制之主，在一年后的练祭之时另外制作栗制之主而安置于庙内，这是古礼的做法，《书仪》依此而分别制作桑木之祠版和栗木之祠版。但是，《家礼》却说“按，古者虞主用桑，将练而后易之以栗。今于此便作栗主以从简便”（卷四《丧礼·治葬章》“作主”夹注），以为只须一次制作栗木之神主即可。故此神主可以照样安置在家庙内。《书仪》的说法见卷七《祠版章》，此外又见卷八《虞祭章》、卷九《小祥章》。

84 朱熹好像最初赞同将祧主埋于庙的两阶之间，后来改变了想法。朱熹说：“古者始祖之庙有夹室，凡祧主皆藏之于夹室，自天子至于士庶皆然。今士庶之家不敢僭立始祖之庙，故祧主无安顿处。只得如伊川说，埋于两阶之间而已。某家庙中亦如此。两阶之间，人迹不到，取其洁尔。今人家庙亦安有所谓两阶。但择净处埋之可也。思之，不若埋始祖墓边。缘无个始祖庙，所以难处，只得如此。”（《语类》卷九〇，54）又，虽然朱熹以为程颐主张将祧主埋于两阶之间，但现存的程颐著作及语录中未见此说。或是在上述的程颐《祭礼》中含有此说，或是记录者的失误，两者必居其一。

晚年所作的《答叶仁父》第2书可以明了，其云：

> 始祖、先祖之祭，伊川方有此说。固足以尽孝子慈孙之心。然尝疑其礼近于禘祫，非臣民所得用，遂不敢行。(《文集》卷六三)[85]

而且，在《语类》中也有朱熹晚年与其弟子的一段问答：

> 尧卿问始祖之祭。曰："古无此，伊川以义起。某当初也祭，后来觉得僭，遂不敢祭。"(《语类》卷九〇，116)

据此，朱熹在制作《家礼》之后改变了想法，将始祖和先祖从家庙的祭祀对象中除去。[86] 其理由在于祭祀始祖及先祖是一种僭越。其实，关于祭祀始祖，如《仪礼·丧服传》所云"诸侯及其大祖，天子及其始祖之所自出"，属于天子诸侯之礼，另外关于合祭复数的祖先这一祭祀方法，亦如朱熹所云，的确有与禘祫相似之处。所谓禘祫，本来是指天子诸侯合祭各种祖先的大祭，因此朱熹感到是一种僭越，也并非没有道理。那么，朱熹是否完全不顾对于始祖及

85 《答叶仁父》第1书有"方有诡伪之禁"之语，此即始于庆元元年（1195）的所谓伪学之禁。故其第2书当在此后不久所作。

86 《朱子文集》卷四四《答蔡季通》第6书亦说："程氏冬至、立春二祭，昔尝为之。或者颇以僭上为疑，亦不为无理。"对祭祀初祖和先祖表示了怀疑。按，此书约作于淳熙十三年（1186）（参见陈来：《朱熹书信编年考证》，上海：上海人民出版社，1989年，页242）。若从此书"昔尝祭初祖及先祖"这一写法来看，《家礼》稿本的撰述当远在淳熙十三年以前。

先祖的祭祀呢，事实绝非如此，只是在墓祭举行祭祀，这是朱熹晚年的想法。[87]

由上可见，在朱熹，关于家庙应祭祀的祖先对象，《家礼》与其晚年之说有所不同。在历来的研究当中，无视这一差异，常能看到这样一种单纯的见解，以为朱熹排斥对始祖及先祖的祭祀。这有必要加以订正。[88]

87 上引朱熹与李尧卿的问答后，有如下的记录："又问：'今士庶亦有始基之祖，莫亦只得四代，但四代以上则可不祭否?'曰：'如今祭四代已为僭，古者官师亦只得祭二代，若是始基之祖，莫亦只存得墓祭。'"（《语类》卷九〇，116）。又，将始祖之神主埋入墓所举行墓祭，这在《家礼》也有阐述（《家礼》卷一《祠堂章》夹注）。

88 牧野巽：《宗祠と其の发达（上）》（《东方学报》东京第9册，1939年。现收入《牧野巽著作集》第二卷）指出："由对近祖的祭祀亦即有强烈的个别家族之色彩的祭祀，推向包含远祖祭祀在内的具有强烈的宗族全体之色彩的祭祀这一程伊川的祭礼，到了朱子《家礼》那里，已有若干倒退之倾向。"（《牧野巽著作集》第二卷，页252）这个说法只采取了朱熹晚年反对在家庙祭祀始祖、先祖之说。另外牧野巽在《司馬氏書儀の大家族主義と文公家禮の宗法主義》（《近世中國宗族研究》，东京：日光书院，1949年。现收入《牧野巽著作集》第三卷）中也表示了同样的理解。清水盛光《中国族产制度考》（东京：岩波书店，1949年）亦云："程伊川所提倡的祭始祖说被原封不动地传至后世，或者略为改变形态，作为祭始迁祖而得到广泛普及。可是，程伊川的祭始祖说在宋代属一种特例，即便如朱子，他也认为此说僭上而只认可到高祖为止的祭祀（《文公家礼》卷一《通礼第一・祠堂》）。如此一来，朱子的那种祭祀就只能到高祖为止。"（《中国族产制度考》，页56）。两位学者或许都没有看《家礼》的祭礼部分。关于这一问题，井上徹《祖先祭祀と家廟——明朝の對應》（《弘前大學人文學部文經論叢》第30卷第3号，人文科学篇XV，1995年）从别的角度略有探讨。

又，明代嘉靖十五年（1536）夏言在上奏中说："臣按，宋儒程颐尝修六礼大略，家必有庙，庶人立影堂，庙必有主，月朔必荐新，时祭用仲月，冬至祭始祖，立春祭先祖。至朱熹纂修《家礼》，则以为始祖之祭近于逼上，乃删去。自是士庶家无复有祭始祖者。"（王圻：《续文献通考》卷一一五《宗庙考・大臣家庙》）但是，对《家礼》而言，无论是最成功地恢复了原型的周复本，还是以周复本为依据的《四库全书》本，或者是明初敕撰书《性理大全》所收而且流传最广的性理大全本，都在其卷五记载了有关始祖及先祖的祭祀仪礼。认为朱熹《家礼》删除了祭祀始祖的部分这一夏言之说不是事实，这只不过是对《语类》之说法的夸大解释。

2. 大家族主义抑或宗法主义

在此，有一个有趣的问题，有必要略加探讨。那就是牧野巽氏曾经阐发的司马光《书仪》是以大家族主义为前提的，与此相对，朱熹《家礼》则是以宗法主义为前提的这一解释。在此场合，所谓大家族主义，是指长期以来过着累世聚居之生活的大规模血缘集团的存在方式，所谓宗法主义，则是专指基于小宗的、亦即自高祖分离出来的血缘集团以其直系尊属（宗子）为中心而组织起来的一种存在方式。《家礼》强烈主张宗法主义，这一点确如牧野氏所考察的那样，但是关于《书仪》的这一解释是否妥当呢？牧野氏关于《书仪》主张大家族主义的理由，这样说道："现检此书，在两重的意义上明显地表现出了大家族主义。此两重之意义是指：一方面，尽管在古礼中没有记载，但《书仪》却明确记载了时当冠礼、婚礼之际，其青年之祖父及父如果已不存在，就以家长为主人；另一方面，又记载了在古礼中属于族长之宗子之权限的祭祀祖先的主人也承担家长的任务。"[89]

这里的问题是"家长"究为何意。所谓家长，正如滋贺秀三氏所揭示的那样，通常只是意指"家里的最长者"。在近世母子同居的家里，家长便意味着母亲，这为以上的说法提供了依据。[90] 因此，关于冠礼之主宰者的主人，如《书仪》所云"主人谓冠者之祖父、父及诸父诸兄，凡男子之为家长者皆可也"（《书仪》卷二《冠仪》），这段亦为牧野氏所引用的资料中的所谓家长，意指家族中的任意一位最年长者，所谓"凡男子之为家长者皆可也"这一表述方式就充分说明了

89　参见前注所引牧野巽：《司馬氏書儀の大家族主義と文公家禮の宗法主義》。

90　参见滋贺秀三：《中國家族法の原理》（东京：创文社，1967年），页289、299。

这一点。这里是说“男子的家长”，为何特意说“男子”呢，这是因为在家长中也包含女性的缘故。另外关于主持婚礼的主人，《书仪》“谓婿之祖父若父也。若无，则以即日男家长为之”（卷三《婚仪》），说的也是同样的意思，其意是说如果没有祖父或父亲，就以当场的男性最年长者为主人。牧野氏似乎是以大家族的统帅者这一印象来理解家长。如果家长一语具有上述的意味，那么上述这些事例也完全可以适用于小规模的家族，而不必一定要以大家族为前提。

关于这一点，可由牧野氏亦有引用的《书仪》中的如下一段话得到明确。就主持祖先祭祀的主人问题，《书仪》有一条注：

> 即日在此男家长也。(《礼记》)《曲礼》“支子不祭”，《曾子问》“宗子为士，庶子为大夫，以上牲祭于宗子之家”。古者，诸侯卿大夫之宗族聚于一国，故可以如是。今兄弟仕宦散之四方，虽支子亦四时念亲，安得不祭也。(《书仪》卷一〇《丧仪六·祭》)

这是说，在古代，宗族同居，故须在宗子家祭祖，然而现在兄弟四散，所以只要由当时在的“男家长”祭祖即可。这一点亦如《书仪》所说，男家长意指即便不是“宗子”而是“支子”也是可以的。也就是说，在这个场合所谓家长也只是指一族中的长者，而与家族的大小没有关系。“今兄弟散之四方”云云，显然是意识到与所谓累世聚居的大家族不同的宗族的存在方式。

更成问题的是，牧野氏对于《书仪》中有关祭祖的记述完全未加考虑。如上所述，在《书仪》，应当常祭的祖先限于曾祖以下三世。如果《书仪》是以大家族主义为前提的话，那么祭祀范围理应扩大到更远的祖先。但是在《书仪》的场合，其祭祖范围较诸主张常祭高祖以下四世的朱熹《家礼》更小。牧野氏关于《家礼》指出："此书在祭礼方面，打破了见诸司马氏《书仪》的大家族主义而向宗法主义推移。"这样的解释与《书仪》以及《家礼》的祭礼记述不符。《书仪》祭礼为前提的血缘集团与《仪礼》《礼记》等古礼相比，的确要大得多，但比《家礼》却反而要小。

归结而言，将《书仪》说成是大家族主义的理解并不正确，我们可以说，就结果看，《书仪》没有像《家礼》那样重视宗子的作用，因此，在加强宗族团结方面以及祭祀的范围方面，《书仪》都不及《家礼》。

司马光一族在乡里过着累世聚居的生活，这是事实，这一点在《书仪》卷四"居家杂仪"中得到了显示。但是，"居家杂仪"归根结底只是《书仪》的附录，在那里所看到的累世聚居的方式并不能直接反映在构成《书仪》本体部分的冠婚丧祭之礼当中。在宋代，大家族生活的事例并不少见，我们可以想到的是，拥有16支房的石介以及抚养"内外亲族八十余口"的程颐（见朱熹《伊川先生年谱》所引尹焞语），或者如后所述陆九渊的场合等等都能看到这种事例，但是这并不等于说他们在宗族的礼式上提倡"大家族主义"。牧野氏的解释至今仍有影响，故在此想提请重新探讨。[91]

91　近年，水口拓寿《"大家族主義"對"宗法主義"？——牧野巽氏の中國親族組織論を承けて》（《中國哲學研究》第14号，2000年）指出，将"大家族主义"与"宗法主义"对立起来的看法有必要重新检讨，但是却依然蹈袭了《书仪》之立场为大家族主义这一牧野说。

四　朱熹以后

从南宋中叶开始，建设家庙的士人呈现出增强的趋向。这是由于受到《政和五礼新仪》以及司马光、程颐和朱熹的思想影响的缘故。以下，我们就列举相关事例来进行探讨。

首先，吕祖谦在其《祭仪》中这样说道：

> 伊川先生《祭说》“家有庙，庙中异位，庙必有主”。庙制载在经史者，祏埳户牖碑爨之属，品节甚众（**译者按，作者原引脱“品节甚众”四字**），今皆未能具。谨仿王制士一庙之义，于所居之左，盖祠堂一间两厦，以为藏主时祀之地。存家庙之名以名祠堂，使子孙不忘古焉。（《东莱吕太史别集》卷四《祭礼·庙制》）

可见，吕祖谦基于程颐之说，在居宅之左侧（东）建立了祭祀祖先神主的祭堂。与《家礼》不同的是，其制作很小，只有一间，但须注意的是，他自觉地将祭祀祠堂取名为家庙。吕祖谦建家庙是在其晚年，淳熙七年（1180）朱熹在给吕祖谦的信中说道：

> 塾书说，近建家庙，立宗法。此正所欲讨论者，便中得以见行条目，子细见教为幸。（《答吕伯恭》第34书，《朱子文集》卷三四）

据此，在吕祖谦那里学习的朱熹长子朱塾有信提到吕祖谦的设立家庙之事，对此，朱熹寄予了强烈的关心，请求就其细节见教。显然，吕祖谦非常重视在家庙的祭祀，他说“晨先诣家庙烧香，然后于尊长处问安”（《祭礼》卷一《宗法·祭祀》），还立有“晨兴，长幼诣家庙瞻敬”（同上书卷一《宗法·中庭小牌约束》）的标识以便让一族上下知晓，由此可见一斑。

朱熹的论敌陆九渊也拥有家庙设施的祠堂。罗大经《鹤林玉露》就累世义居抚州金溪的陆九渊一族说道：“每晨兴，家长率众子弟，致恭于祖祢祠堂，聚揖于厅，妇女道万福于堂。暮安置亦如之。”（丙编卷五《陆氏义门》）记录了陆氏一族在祠堂祭祀时的模样。不过，在陆九渊的家里，如下所述，似是专门依据司马光《书仪》而从事仪礼的：

> 欲去其不经鄙俗之甚者而略近于古，则有先文正公《书仪》在，何必他求！（《与吴子嗣》一，《象山先生全集》卷一一）

陆九渊的门人杨简（1141—1226）也设有家庙，在其文集中收有《封赠告家庙》《受诰告庙》两篇文章（《慈湖遗书》续集卷一）。在这两篇祭文中，他自称“曾孙”，可见，杨简的家庙祭曾祖以下三世。

此外，作为南宋初年的宰相而于道学有深刻理解的赵鼎（1085—1147）也仿照司马光而制作影堂，[92] 朱熹的高弟黄榦以及与

92 赵鼎《家训笔录》第4项载：“子孙所为不肖，败坏家风。仰主家者集诸位子弟，堂前训饬，俾其改过。甚者影堂前庭训，再犯再庭训。”

朱子学有关联的王柏（1197—1274）也建有家庙。[93] 这样的一种风气在世人之间逐渐蔓延，与朱熹同时的赵彦卫在其著《云麓漫钞》中，主张士人不应拘泥于爵位而应积极地建立家庙，便充分反映了这一点。[94]

就这样随着南宋时代道学影响的逐渐扩大，家庙建设开始走向普及。当然，也并不是完全按照道学的主张发生变化。第一、在家庙之外建造墓祠，这一现象仍然存在；第二、也有超越程颐及朱熹所说的祭祖范围，从事祭祀更远之祖先的事例发生。

关于第一点，可以列举洪适及方大琮的事例。关于洪适（1117—1172）设立家庙一事，可由其《家庙祭考妣文》《家庙祭祖考文》《家庙告高曾祭文》（《盘洲文集》卷七三）等祭文得以了解。这些文章是乾道二年（1166）被罢免宰相尚书右仆射而回归乡里营建家庙的洪适在其落成之前向祖先祭告的文字。[95] 由其"告高曾"可见，他的家庙是祭高祖以下四世。这一点似是受到道学的影响，但是在宰相之任的洪适已经达到了执政官以上可祭五世（先祖

---

93 《勉斋先生黄文肃公文集》卷三六有《晦庵朱先生行状成告家庙》一文，此是黄榦完成了《朱子行状》之后，向自己的家庙进行报告的一篇文字。关于王柏，据《宋史》卷四三八本传载："夙兴见庙，治家严饬。"

94 《云麓漫钞》卷五载："若必待袭爵而后立庙，祖考之得祀者盖鲜矣。况《政和五礼新仪》已有定制。……自唐中叶，藩镇跋扈，朝廷羁縻之术，故赐第京师，立家庙，命词臣为碑，或赐铁券。讵可自处于此而为例耶？"

95 在祭文中，他说："某罢政还乡，始获卜筑以遂先志，误恩遽及怀，会稽之章，就道有日，不克俟落成而去。"又说："前岁归里，始获肯堂（译者按，作者原引脱此"始获肯堂"四字），斤斧未休，往镇禹会。"这些是指洪适于乾道二年三月被罢免右仆射而家居，不久又以绍兴府浙东按抚使赴任之事。参见注41所引王瑞来：《宋宰辅编年录校补》乾道二年条；《盘洲文集》附录《盘洲行状》。

一人和高祖以下四世）这一《政和五礼新仪》的规定，或许他据此规定以建家庙亦未可知。

然而，就洪适而言，除此祭文之外，他还撰有《祖庙焚黄祭文》《祢庙焚黄祭文》（《盘洲文集》卷七三）。这里所说的“祖庙”“祢庙”，盖指不是在家庙而是在墓前建立的祠堂即墓祠。为什么呢？因为在这两篇祭文中，都有“弟某上冢以告”一语，这是说当时身在朝廷的洪适，令其弟至祖父及父的各自墓祠前以祭告祖灵。

方大琮（1183—1247）的场合更为复杂。方大琮一族是福建莆田县的名门，[96] 他也建有家庙。此事可由其子方演孙任官之际向祖先报告的文章所说的“孙具位，兹以子被受将仕郎诰命，敢昭告于家庙”（《演受将仕郎告庙》，《铁庵集》卷三三）得以了解。方大琮平时对于朱熹的学问有共鸣，淳祐二年（1242）他帮助再刊了《家礼》杨复附注本，并撰写了此书的后序。[97]

不过在另一方面，方大琮又在祖茔建立了祭祀设施。在高祖方佑的墓侧再建了坟庵和祠堂，又在中兴之祖方慎从的墓前制作了为墓祭而用的亭。[98] 进而其子方演孙于咸淳五年（1269）为继

---

96 关于方大琮一族，注 1 所引小岛论文第 3 章“南宋後半の福建南部”以及小林义广：《宋代福建莆田の方氏一族について》（载《中國中世史研究》续编，京都大学学术出版会，1995 年）有所考察。后者载有“方氏世系图”，为了解方氏一族的情况提供了方便。

97 此后序不见方大琮文集，仅附载于明版的七卷本《文公先生家礼》。参见注 57 所引拙文。

98 参见《种德新庵拜福平长者祠》（《铁庵集》卷三三）以及《告都官祖享亭成》（同上）。关于后者，注 96 所引小林论文的注 19 指出，这是如后所述的祠堂完成后的报告，但是文中有“宰木参天”之语，这是有关墓前之设施而说的话。“宰木”意指墓前之树。

承乃父遗志而在方氏始迁祖（最先迁移其地而定居的先祖）唐末方廷范墓前建立了墓祠。在距县城三十里左右山里的方廷范墓旁造室三间，中央之室为祭祀之祠堂，西室为墓守的庵僧居所，东室为参拜者的客房。此墓祠还有祭祀用的墓田，可以说是非常完整的设施。[99]

不仅如此，方氏还在莆田县城近的广化寺内建有名为荐福院的坟寺，其中设有祠堂。与方氏有姻戚关系的刘克庄在《荐福院方氏祠堂》一文中，就其祭祀的情况有以下记录：

> 旧祠长史（方琡）、中丞（方殷符）、长官（方廷范）三世及六房始祖于法堂，遇中丞祖妣、长官祖二妣。忌则追严，中元盂兰供则合祭。六房之后，各来瞻敬，集者几千人，自创院逾三百年，香火如一日。（《荐福院方氏祠堂》，《后村先生大全集》卷九三）

可见，在荐福院除了方琡—方殷符—方廷范连续三代以外，方廷范6位儿子亦作为各支房之始祖而得以祭祀，更以方殷符和方廷范的夫人作为配祀。而且，在他们的命日严肃地举行祭祀，在七月十五日的中元盂兰节合祭之时有一族数千人集合。刘克庄接着说，荐福院后来一时荒废，由方大琮等人加以复兴，最终由方演孙以二年时间改建，从而使其焕然一新。其中似乎挂有诸祖的遗影，同时还置

99 林希逸：《莆田方氏灵隐本庵记》（《竹溪鬳斋十一稿续集》卷一一）引方演孙之语，云："遂于坟侧为室三间，中则祠堂饮胙之厅，西居庵僧，东住坟客，买田四十二斛以食之。"

有各自的神主。[100] 可以说，这是非常盛大的祭祖行为，很明显，远远超过了程颐及朱熹《家礼》所说的祭祀范围。程颐或《家礼》都说，可以祭祀始祖和先祖，但这毕竟是临时设置牌位而举行的祭祀，而不是常时祭祀神主的那种方式。方氏的这种祭祀设施与后世盛行的祭祀始祖或始迁祖以下的多数族祖的“宗祠”非常接近。

由方氏此例可见的第二个特征，亦即常时祭祀以始祖（始迁祖）为首的诸远祖，自南宋末至元初，已开始出现了流行的迹象。例如，根据写于宝佑元年（1253）的姚勉《丰城王氏家庙记》（《雪坡集》卷三六）的记载，王氏家庙将唐末五代的军阀王处直之子王威作为始迁祖而祭祀，庙内刻有族谱图，以使族人了解王氏一族的来源。在这里，家庙亦常祭始迁祖以下祖先。

莆田县人、宋遗民黄仲元（1231—1312）的场合则更有趣。据其《族祠思敬堂记》（《四如集》卷一）载，黄仲元等人将族伯黄时的旧宅改建为一族的祠堂，而且根据昭穆形式来祭祀始祖御史公黄滔[101]以下十三世代的各祖。他说：

> 祠吾族祖所自出御史公讳滔以下若而人，评事公讳陟以下大宗、小宗、继别、继祢若而人。上治、旁治、下治，序以昭穆，凡十三代〔上治、旁治、下治，祖祢尊尊也。下治，子孙

100　关于方氏祠堂内的遗影，方大琮《方氏族谱序》（《铁庵集》卷三一）载“今绘像于广化寺之荐福，所谓灵隐长官六房是也”。又，据《记后塘福平长者八祖遗事》（同上书卷三二）所载，方大琮在调查其祖先遗事之际，由于有人出示了高祖方佑之妻郑氏的“神主之旧题”而判明了郑氏的生年，可以确认其神主是存在的。

101　御史公黄滔似指五代朱全忠时代为监察御史里行的黄滔。参见《十国春秋》卷九五《闽六 · 黄滔传》。

亲亲也。旁治，昆弟合族以食。序以昭穆，别之以礼义，人道竭矣。〕（译者按，括弧内原为双行注）

在其文末，更附有一诗：

猗欤吾族，余四百禩。人世趋新，宗法不坠。

也就是说，在黄氏祠堂内，竟有十三世代共四百禩（禩，与祀同）即四百祖先的牌位并排罗列。正如黄仲元所说，这是包括自始祖以来分流而下的所有族人的“大宗”为出发点而设置的，黄氏祠堂与明代中期以降盛行的巨大的宗祠已完全没有任何不同。[102] 在程颐及朱熹的场合，士人能在家庙常祭的仅限于“小宗”范围的祖先，但到了宋末元初，终于出现了祭祀范围被如此扩大的祭祀案例。

结 语

宋代家庙制度的步伐很慢，至北宋末期《政和五礼新仪》才有了具体的规定。其实，家庙制度的特征在于，以《礼记》等中国古代的礼文献为依据，根据身份、官品来确定能否建立家庙，而家庙的设立乃是高级官僚的特权。但是，在这种制度之下，子孙一旦失去祖先所拥有的，便有可能失去建设家庙的资格。因此，唐代以前

---

102 关于明中期以降发达的宗祠问题，注 88 列举的牧野巽:《宗祠と其の發達》（上）有所考察。也可参考远藤隆俊:《清代蘇州の歳寒堂——宗祠の一事例》（《集刊東洋學》第 69 号，1993 年）。

的曾发挥过有效功能的家庙制度随着门阀贵族制的崩坏，到了官品只限于一代的宋代，便成了不合时宜的徒具形式的东西了。文彦博的家庙建设作为一种特例而受到关注，反过来说，这无非意味着家庙制度已经不能充分地发挥其功能了。北宋末的《政和五礼新仪》虽然规定祭祀只限于二世（祖父和父），但它还是容许所有士人都可设置家庙，这是为了应对当时士人对于徒具形式的家庙制度的不满，尽管这种应对还很有限。

在这一国家礼制的建设进程非常缓慢的状况以外，我们却可看到，在民间的士人们正围绕家庙设施以及祭祀祖先的方式不断地进行着独自的探索。北宋的韩琦、司马光或张载、程颐、吕大防、吕大临等道学家们的所作所为便是典型的案例，这一时期私人撰述的家祭礼书大量出现也是士人对礼制进行独自探索的反映。在这当中特别引人注目的是，程颐的主张具有划时代的意义。其意义表现为，第一、所有士人都应拥有家庙；第二、所有士人都可以使用此前只有高官才被允许使用的神主；第三、援用《仪礼》的丧服规定，将在家庙常祭的对象规定在高祖以下四代即小宗的范围之内。应当说，这些都是极其大胆的主张，朱熹《家礼》的祭祖部分就是继承了程颐的这一构想而制定的。

另外，在家庙的制作方面，重要的是，朱熹设想出一种做法，将传统的“同堂异室”制夺胎换骨，使其变为“同堂异龛”制。这与士仅一庙这一古代规定不发生矛盾，而又能祭祀复数世代的祖先，的确是非常巧妙的方案。

这样一来，家庙终于从贵族的独享物转变为士人的日常设施。而根据《家礼》，祭祖的场所由墓祠移至家庙，同时也给予了人们将祭祀仪礼的方式由佛教或道教的形式扭转为儒教形式的契机。《家礼》在祭祀祖先这一在中国具有悠久传统的观念中，播下了新的巨大的种子。

而随着朱子学的普及及其官学化，元代成了在《家礼》的基础上大量制造家庙（祠堂）的时代。在本文结束之际，关于这一点略作简单的介绍。

元初的朱子学者吴澄所记录的江西豫章甘氏的祠堂便是家庙之一，吴澄说道：

> 古之卿大夫士，祭不设主。庶士之庙一，适士之庙二，卿大夫亦止一昭一穆与太祖而三。今也下达于庶人通享四代，又有神主。斯二者与古诸侯无异。其礼不为不隆，既简且便，而流俗犹莫之行也。（《豫章甘氏祠堂后记》，《吴文正集》卷四六）

在这里吴澄指出，祭四代祖先而且置其神主，这在古代是只有诸侯才被容许的特权，而在今天却已成为庶人的常态。要之，吴澄所说的这些祭祀做法都是《家礼》所阐述的。虽然吴澄感叹按照简便的《家礼》来实行祭礼的人很少，但是《家礼》的说法正在这个时代社会得以切实的推广。

当时，模仿《家礼》而制作家庙（祠堂）的，还有文天祥的侄子文隆子，具体情况见刘垓孙《文氏祠堂记》（《养吾斋集》卷一六）。这位刘垓孙是大德九年（1305）为黄瑞节《朱子成书》（其中收有《家礼》）撰写序文的人物。同样的例子还有安徽婺源的许汻

(1285—1339)、浙江鄞县的戴良(1317—1383)、泰定四年(1327)左右建立的陕西鄠县的贺仁杰的祠堂，或者以累世同居之义门而闻名的浙江浦江的郑氏祠堂等等。[103] 至元元年(1335)，朱熹的家庙在其故乡安徽婺源的朱氏一族的旧宅地上被首次建立,[104] 这也是沿袭《家礼》而制作的。

另一方面，有研究表明广泛祭祀始祖以下诸祖的宗祠在宋末已经出现，到了元代后期，这种大规模的设施开始增多。至元六年(1340)设置的福建长乐的林氏祠堂、安徽婺源的汪同(1326—1362)制作的祠堂，其规模都超过了《家礼》所说的规定。[105] 尤其是汪同的祠堂“知本堂”，拥有开间五间，其里面更附设了三间的室以祭祀始祖、始迁祖以下十数世，同时在知本堂的南侧建庙，收纳受过封爵的祖先之像，并祭祀其子孙当中有显著功绩的四人，其规模极为壮大。更令人惊讶的是，除此之外，他还建造了为祭祀高祖以下四世而设的“永思堂”这一祠堂。无疑地，这是兼大宗与小宗而有之的祭祖方式。

由这些事例所见的大规模祭祀方式，当然与《家礼》所说有差异。但是《家礼》也主张冬至及墓祭之时祭祀始祖，所以那不过是

---

103 参见刘岳申:《许氏祠堂记》(《申斋集》卷五);戴良:《戴氏祠堂记》(《九灵山房集》卷二〇);同恕:《奉元王贺公家庙记》(《榘庵集》卷三)。关于浦江郑氏祠堂，参见郑泳:《郑氏家仪》。又，《郑氏家仪》所载《祠堂记》指出：郑氏祠堂的设置年代为“至正戊寅”，但至正年间无戊寅年，这也许是“至元戊寅”即至元四年(1338)之误。

104 据王祎:《重建徽国文公朱先生家庙记》(《王忠文公集》卷六)。

105 参见贡师泰:《林氏祠堂记》(《玩斋集》卷七);赵汸:《知本堂记》(《东山存稿》卷四)。又，两者都将教育一族子弟的建筑物附设在祠堂内，这无非意味着祠堂所具有的团结宗族之功能的扩大。

将《家礼》思想以极端方式加以发展的结果，故亦可将此看作宋代道学思想的一种展开。程颐及朱熹的主张有一种倾向，亦即将祭祀范围向更远的祖先扩展。在这个意义上，可以说他们的主张已经含有与大规模的祖先祭祀相结合的因素。

第五章　木主形状考

——到朱子学为止

前　言

在中国的祖先祭祀，木主作为祖先灵魂所依附之对象而受到重视。木主又单称为主或神主，相当于我国所说的“位牌”（译者按，即中文“牌位”）这一祭器。

木主具有什么含义呢？例如由以下记录便可窥其大概，后汉班固记录的《白虎通》载：

> 祭所以有主者何？言神无所依据，孝子以主系心焉。（陈立《白虎通疏证》卷一二《阙文》）

又，许慎《五经异义》载：

> 主者神象也。孝子既葬，心无所依。所以虞而立主以事之。（《通典》卷四八《天子皇后及诸侯神主》引）

也就是说，木主象征着死去的祖先之魂的所在。此外，这里所说的

“事”木主也须注意，这意味着如同事生者一样，祭祀木主。如《论语·八佾篇》所说“祭如在”，要求祭祀者面对亡灵就如同祖先在那里实际地存在一般。换言之，木主就是祖先亡灵本身，进而言之，对于子孙而言，那也就是死去的祖先之本人。

然而，在中国，关于木主的地位问题，宋代的程颐和朱熹留下了令人注目的言论，亦即两点：第一、他们大胆主张，唐代之前只允许皇族及高官才能设置的木主也应该适用于一般士人；第二、他们要求重新设计新的木主形式。关于其中的第一点，笔者已有考察，[1] 在这里专就其第二点木主形状的问题进行探讨。虽说朱熹《家礼》所载的木主，后来得到了广泛普及，然而中国古代直到朱子学之前，木主究竟被看作是什么样的形状呢？本文通过整理相关资料来对此问题进行考察，以揭示儒教仪礼的一个面相。[2]

一　第一型——正方体

（一）木主的设置

在先秦时代，木主是什么样的形状呢？这并不清楚。理由之一是，在儒教仪礼的根本经典《仪礼》当中，完全没有关于木主的记

1　参见本书第四章。

2　此前关于中国木主问题的主要研究如下所示：内野台岭：《“主”考》（《内野台嶺先生追悼論文集》所收，内野台岭先生追悼论文集刊行会，1954 年）；西冈弘：《“重”から“主”へ——中國古代葬制の一考察》（《國學院雜誌》第 55 号第 4 号，1955 年）；同：《中國古代の喪禮と文學》（改订版，东京：汲古书院，2002 年），页 175 以下；栗原朋信：《木主考（試論）》（《上代日本對外關係の研究》所收，东京：吉川弘文馆，1978 年）；加地伸行：《中國思想からみた日本思想史研究》（东京：吉川弘文馆，1985 年），页 14 以下。

述，所以，许慎及郑玄提出了木主仅为天子、诸侯所有而大夫及士则没有的所谓“大夫士无主说”。及至后世，出现了对这一“大夫士无主说”的反驳，并展开为礼学上的争议，这并非是目前所要探讨的课题，故此不涉及。[3]

另一方面，在《春秋公羊传》及《穀梁传》中可看到有关诸侯之木主的记录。例如，关于文公二年“僖公作主”，《公羊传》载：“主者曷用？虞主用桑，练主用栗。”《穀梁传》载：“丧主于虞，吉主于练。”据两《传》的注及《仪礼·士虞礼篇》等古代文献，埋葬完而回家后，直接安抚死者灵魂乃是虞之祭，死后一年，在第十三个月的小祥（用日本的说法，叫做“一周忌”）之际举行的则是练之祭。虞祭和练祭时，各制作木主，分别用桑木及栗木。而后者的练主被放在庙等祭祀设施内，成为永远的祭祀对象。对以上所述稍作整理，即如下所示：

虞主（丧主）：桑主，虞祭时作——埋葬之后立刻制作
练主（吉主）：栗主，小祥练祭时作——死后第十三个月

由此，正确地说，木主有虞主（桑主）和练主（栗主）两种。

---

3 许慎和郑玄均认为，只有天子、诸侯被允许设“主”，而大夫及士则无“主”。参见孔广林：《通德遗书所见录》卷五四。这一“大夫士无主说”影响很大，唐贾公彦（《仪礼》士虞礼记“明日以其班祔”疏）及清凌廷堪《礼经释例》卷一〇、胡培翚《仪礼正义》卷三二《士虞礼一》等等支持此说；另一方面，主张大夫及士亦有“主”之观点的学者也有不少，代表人物有：杜佑：《通典》卷四八《卿大夫士神主及题板》；万斯同：《群书疑辨》卷四《神主》《神帛》；秦蕙田：《五礼通考》卷一〇九《辨注疏诸家大夫士庙无主》；竹添光鸿：《左氏会笺》哀公十六年六月条。

另外，如《公羊传》文公二年何休注引《士虞礼记》“桑主不文，吉主皆刻而谥之”所说，可以说两者的区别在于，相对于虞主不加任何文饰而言，练主则刻有谥号。此后将要探讨的木主多为练主，不过两者也常常不作区分。要之，以上是我们在考察木主之际，需要预先记住的基本事项。

（二）汉代

木主的形状在某种程度上得以了解是在汉代以后。证诸资料，中国古代的木主有三种型。第一是正方体，第二是前方后圆型，第三是长方体。

首先关于第一种正方体的木主，许慎《五经异义》载：

> 主之制四方，穿中央达四方。天子长尺二寸，诸侯一尺，皆刻谥于背。（《通典》卷四八引，又见《礼记·曲礼篇下》“措之庙立之主曰帝”疏引）

后汉末何休也说：

> 主状正方，穿中央达四方。天子长尺三寸，诸侯长一尺。（《公羊传》文公二年“作僖公主”注）

更有东晋范宁亦说：

> 主盖神之所冯依。其状正方，穿中央达四方。天子长尺二

寸，诸侯长一尺。（《穀梁传》文公二年“作僖公主”注）

这些说法几乎完全相同，故何休所说的天子之主长“尺三寸”恐怕是“尺二寸”之误。据《公羊传》文公二年的徐彦疏，此木主的制作乃是《孝经说》之文。此外，《太平御览》卷五三一引《礼记外传》一书，亦云：

天子庙主长尺二寸，诸侯一尺。四向孔穴，午达相通。漆书谥号曰神主。

由上可见，此型的木主为正方体，从四面的中央分别向内侧穿“孔”亦即小洞，此孔在内部交叉。穿孔是为了以便祖先灵魂由此孔出入。而这里所说的尺如果是汉尺，那么，由于一尺等于23.1厘米，[4] 故天子的木主呈27.7厘米的四方形，诸侯的木主呈23.1厘米的四方形。现据此，于〈图1〉揭示天子的木主形状。南宋初陈祥道《礼书》卷七〇就“虞主”“吉主”所载的图也是这一形状的木主。

另外，《后汉书·礼仪志下》关于皇帝的丧礼，载：“桑木主尺二寸，不书谥。”由“尺二寸”这一尺寸来看，可以认为正是我们在探讨的正方体型的木主。又，《后汉书·光武帝纪》有这样一段记录：在赤眉之乱当中，保护了在长安祭祀的十一帝的木主。唐李

4　关于汉尺，据丘光明等：《中国科学技术史·度量衡卷》（北京：科学出版社，2001年），参见页201、211。

贤注谓，所谓十一帝是指高祖至平帝，并与上述看法一样，附加说明天子之主长尺二寸、诸侯之主长一尺。当然，李贤并没有实际看到过汉代的木主，但是汉代宗庙的木主为正方体形状，这一点首先可以说是确定的。

此型的木主在后世曾被制作。杜佑《通典》载：

> 晋武帝太康中制。太庙神主尺二寸，后主一尺与尺二寸中间，木以栗。（《通典》卷四八《天子皇后及诸侯神主》）

由天子木主尺二寸这一点来看，西晋太庙（宗庙）的神主与汉代的正方体型似为同样的形状。

二　第二型——前方后圆型

第二种前方后圆型的木主见后汉初期卫宏《汉旧仪》，即《通典》所引：

> 《汉仪》云："帝之主九寸，前方后圆，围一尺。后主七寸，围九寸。木用栗。"（《通典》卷四八《天子皇后及诸侯神主》）

《礼记·祭法篇》疏云：

> 其主之制，案《汉仪》"高帝庙主九寸，前方后圆，围一

尺，后主七寸。”（“王立七庙”疏引）

而且，《后汉书·礼仪志下》刘昭注亦云：

《汉旧仪》曰：“高帝崩三日，小敛室中牖下，作栗木主。长八寸，前方后圆，围一尺。……皇后主长七寸，围九寸，在皇帝主右旁。高皇帝主长九寸。”（“桑木主尺二寸”注）

根据这些记述，天子木主长（高）九寸，前为方形而后为圆形，周围一尺，因此与上述第一型相比，大小形状皆异。无四面穿孔。又，最后所引刘昭注的文章好像有点乱，开始说高帝（即高祖刘邦）的木主长八寸，后来又说“高皇帝主长九寸”。前者“八寸”恐怕是“九寸”之误。

关于这里的前方后圆型的木主，加地伸行氏曾示例复原，[5] 现以此为据，以一尺等于23.1厘米，绘天子木主而成〈图2〉。加地氏指出“其形状正像是将长形面包的切口一面作为底面而立，并将四角形的一面作为正面而放置”，这个形容确实很妙。

不过，第一型所说的“尺二寸”是指周尺，与此相对，现在第二型所说的“九寸”则是汉尺，清代陈立试图将两者沟通起来。也就是说，周尺一尺二寸相当于汉尺九寸六分，所以《汉旧仪》所说的只是作为大致数字的“九寸”，实际上“尺二寸”与“九寸”是

5　注2所引加地的论考，页15。

一样的长度。[6] 这是根据周尺相当于汉尺的十分之八这一传承而来的，不得不说这是牵强附会之说。将九尺六寸略记为九尺，首先就有点不自然，另据最近的研究，以周尺为汉尺的十分之八的说法被否定了。[7] 因此，将第一型与第二型看作不同的形状，仍是妥当的。[8]

正方体与前方后圆型究竟何者更为古老，这一点不太清楚。清代黄以周以为《汉旧仪》所说为汉制，正方体型为古制，但他没有特别揭示此说的根据。[9] 只是如从正方体的形状质朴这一点来看，或许可以作盖然性的推断，正方体型更为古老。

此外，上一节提到的《后汉书·光武帝纪》的李贤注似将高祖刘邦的木主记作尺二寸的正方体，然而上引的《礼记·祭法篇》疏及《后汉书·礼仪志》的刘昭注则将高祖（高帝）的木主记作前方后圆。若信之不疑，则高祖的木主有二种，何以有这样的记录，不太清楚。或是由于时期的不同而制作了不同形状的木主，或是记录的说法存在某种混乱，原因为其中之一。

三　第三型——长方体

（一）汉代

在上一节我们引用了卫宏之说，其实卫宏还有一说，他将木主

6　陈立：《白虎通疏证》卷一二《阙文》。

7　参见注 4 所引丘光明等的论考，页 69 以下。

8　在《礼记·祭法篇》疏当中，接着上引一文的后面，又引上一节所看到的何休的木主说，故其看法似乎以为前方后圆型与正方体型为同物，但还是应该认为两者是不一样的。

9　黄以周：《礼书通故》卷一六《宗庙礼通故二》。

记作长方体。关于这一点，见《穀梁传》文公二年疏：

> 卫次仲云，宗庙主皆用栗。右主八寸，左主七寸，广厚三寸。……右主谓父也，左主谓母也。何休、徐邈并与范注同，云天子尺二寸，诸侯一尺，状正方，穿中央达四方，是与卫氏异也。（《穀梁传》文公二年“作僖公主”疏引）

《左传》昭公十八年疏：

> 卫次仲云，右主八寸，左主七寸，广厚三寸，穿中央达四方也。（《左传》昭公十八年“使祝史徙主祏于周庙”疏引）

据此，宗庙内父母木主在左右并列。而父之木主高八寸，母之木主高七寸，宽与厚各为三寸，又从四方中央穿孔。这一长方体的形状正如《穀梁传》疏所说，确与何休等所说的第一型的正方体型不同，也与第二型的前方后圆型有异。此长方体型当中的父之木主，我们同以前一样，根据汉尺作〈图 3〉列示。

由上可见，根据卫宏的说法，有前方后圆型与长方体型二种，对此应如何解释难以确定，但是在此且不管原因如何，我们只要确认一个事实，亦即在汉代确曾考虑过形状不同的木主。

此外，作为相关的记录，《山海经·中山经》载：“桑封者桑主也，方其下而锐其上，而中穿之加金。”这是说，以下部为方形而锐其上部，故亦为长方体型之一种，而且在中央部位穿孔，并饰之以金。众所周知，《山海经》的记述可以上溯至上古时代，清代毕沅认为，这一部分有周秦人的注释混入本文之中。[10]

（二）唐代

以上我们以汉代为中心考察了木主的形状，而唐代的木主则可明确地复原，这是因为在《开元礼》三品以上的虞祭条中，有以下记录。这条记录非常重要，故示以训读以外，另将原文揭示如下（译者按，这里仅列中文原文）：

> 预造虞主，以乌漆椟椟之，盛于箱。乌漆趺一，皆置于别所。虞主用桑主。皆长尺，方四寸。上顶圆，径一寸八分，四厢各刻一寸一分。又上下四方通孔，径九分。其椟底盖俱方，底自下而上，盖从上而下，底齐。其趺方一尺，厚三寸。将祭，出神主置于座。其椟置于神主之后。（《开元礼》卷一三九《三品以上丧之二》虞祭）

《通典》卷四八《天子皇后及诸侯神主》条亦有与此相同的文字，在那里木主长非一尺而是“尺二寸”。此处暂以《开元礼》的记述为据。《通典》卷一三九《开元礼纂类》三四“虞祭”条亦作长“一尺”。在《通典》卷四八，更有“皆用古尺古寸，以光漆题谥号于其背”之说。另在《开元礼》小祥祭的记录中，有“主人有司，制栗主并趺椟等，如丧主之礼”（《开元礼》卷一四〇《三品以上丧之三》），据此，我们可以了解练主（栗主）与虞主（丧主）为同

10　此据袁珂：《山海经校释》（上海：上海古籍出版社，1980 年），页 121。

样的形状。

由上所述，木主被收于涂以黑漆的椟（即箱子）中，椟还被置入更大的箱中。木主有涂以黑漆的趺，即台。木主形状高一尺，为四寸四方。又所谓“上顶圆，径一寸八分”，是说最上的顶部呈直径一寸八分的圆状，所谓“四厢各刻一寸一分”，是说顶部角的四边各削去一寸一分。要之，大致是说将角边削去而使上面中央部位略为尖突，这由后面将要看到的韩国宗庙的木主制作亦可作如此推测。而且，从上下四方打穿直径九分的孔。据此前的木主例子，孔是仅从四方打穿的，而这里则说上下也要打穿，这是此型的特征之一。在其背面的谥号则使用有光泽的漆。另外，放置木主的趺为一尺四方，厚为三寸。

据《通典》，其尺制为古尺。所谓古尺，即周尺，据最近的研究，约 23.1 厘米，与汉尺几乎没有差别。[11] 故此木主即成〈图 4〉。侧面的孔暂且置于面的中央。

此外，为收纳木主还制作四角形的椟。椟由底部和盖子组成，底部沿着周围部分由下往上伸，盖子则由上往下罩，与底部完全衔接，因此用底与盖正好完全覆盖住木主。又说，在祭祀时，将木主从椟中取出。

唐代所思考设计的这个长方体木主，给予后世以巨大影响。宋代宗庙的木主据《明集礼》卷四“神主”条“宋承唐制”，可见是

11　在《家礼》卷首所载的尺式，谓宋代的省尺相当于周尺的一尺三寸四分。由于宋代的省尺约为 31 厘米，故周尺即古尺约为 23.1 厘米。参见注 4 所引丘光明等的论考，页 363 以下。另可参见杨宽：《中国历代尺度考——重版后记》（河南省计量局主编：《中国古代度量衡论文集》所收，郑州：中州古籍出版社，1990 年），页 72 以下。

蹈袭了唐代的木主，另据《金史·礼志》“宗庙”条“主用栗，依唐制。皇统三年所定”，可见金代也使用与唐代同型的木主。

在元代的宗庙，最初放置的似乎是另一种形状的神主，但是到了至元三年（1266），刘秉忠设计了唐代风格的木主。据《元史·祭祀志》，情况如下：

> 神主。至元三年，始命太保刘秉忠考古制为之。高一尺二寸，上顶圆，径二寸八分，四厢合剡一寸一分。上下四方穿中央通孔，径九分。以光漆题尊谥于背上。匮、趺、底、盖俱方。底自下而上，盖从上而下，底齐。趺方一尺，厚三寸。……主及匮、趺皆用栗木，匮、趺并用玄漆，设祏室以安奉。（《元史·祭祀志》三《宗庙上》）

这一记述与上引《开元礼》所说作一比较即可知，除去上顶圆径的尺寸有若干差异外，几乎与唐代木主完全同型。

更值得注目的是，唐代木主不仅在中国，而且在韩国及日本也有影响。首先在韩国，在至今仍存留于首尔的李朝时代的宗庙内，保存着历代王的木主。关于这一点，成书于成宗五年（1474）的李朝礼典《国朝五礼仪》序例有以下说明：

> 虞主（练主制亦同，唯用栗）
>
> 虞主用桑木为之。长一尺，方五寸。上顶，径一寸八分，四厢各剡一寸一分，四隅各剡一寸。上下四方通孔，径九分。……○内匮顶虚，四面高一尺一寸八分，广各一尺九分。

> 底长广各一尺三寸，厚四分。〇外匮，盖平，四面直下。长各一尺四寸五分，广各一尺二寸，厚四分。〇台长广各一尺三寸，厚三寸。用柏子板。（《国朝五礼仪》序例卷五《凶礼·神主图说》）

正如以上已经明确的那样，可见这里所说的也是模仿唐代的长方体形状的木主。不同的是，相对于唐代木主为四寸四方，这里略大，为五寸四方；四隅亦即四边角的部分纵向削除；详细记录了椟（箱子，即“匮”）的尺寸。除此之外，其他方面几乎没有差异。〈图5〉所示即为《国朝五礼仪》所载的木主。这个木主现在每年五月的第一个星期日举行的宗庙大祭上仍可实际看到。

在日本，荻生徂徕之兄荻生北溪的木主也是这个形状。〈图6〉所揭的照片便是这个木主，现被奉祀在千叶县长生郡白子町的荻生家中。[12] 叔达是北溪字。应该说，这个木主看上去与批判朱子学而欲复返古制的北溪风格很相像。在江户时代，也许另外还有制作与此相同的木主之事例。

四 第四型——神版

（一）荀勖的神版

此外，虽非木主，但同样作为祖先灵魂所依附的祭器的还有神

12 据大庭修编著：《享保時代の日中關係資料三：荻生北溪集》（关西大学出版部，1995年）卷首照片。

版（神板）。相对于木主为天子、诸侯一级的祭器而言，神版则被专门作为卿、大夫、士的祭器。神版又被称为神主牌或者祠版。

关于神版，《通典》“卿大夫士神主及题板”条的以下记载非常重要：

> 晋刘氏问蔡谟云：“时人祠有板。板为用当主，为是神坐之榜题?”谟答：“今代有祠板木，乃始礼之奉庙主也。主亦有题，今板书名号，亦是题主之意。”安昌公荀氏祠制：“神板皆正长尺一寸，博四寸五分，厚五寸八分。大书‘某祖考某封之神座’‘夫人某氏之神座’，以下皆然。书讫，蜡油炙，令入理，刮拭之。”（《通典》卷四八）

据此，首先可以明确的是，晋代有用神版以作为木主的替代物。其次，引用了安昌公荀氏亦即西晋荀勖的“祠制”，其云神版长一尺一寸，宽四寸五分，厚五寸八分，并大书“某祖考某封之神座”或者“夫人某氏之神座”等祖先的名字及称号。而且，用蜡油烫之，使其文字固定，然后用油刮拭。

但是，在《通典》的这个记录中存有问题。若是这个形状的话，厚的尺寸要比宽的尺寸还要长，这与“板”不相称。不是板，而是成了接近于长方体的形状。关于这个问题，朱熹有以下的说法，值得注意：

> 主式祠版
>
> 《江都集礼》晋安昌公荀氏祠制云“祭板皆正侧长一尺二

> 分，博四寸五分，厚五分，八分大书”云云。今按它所引或作“厚五寸八分”。《通典》《开元礼》皆然。详此“八分”字，连下大书为文。故徐润云：“又按，不必八分，楷书亦可。”必是荀氏全书本有此文，其作“五寸”者，明是后人误故也。若博四寸五分而厚五寸八分，则侧面阔于正面矣。决无此理。当以《集礼》为正。（《朱文公文集》卷六三《答郭子从》一）

另在《朱子语类》中亦有如下说法：

> 直卿问：“神主牌，先生夜来说《荀勖礼》未终。”曰：“温公所制牌，阔四寸，厚五寸八分，错了。据隋炀帝所编礼书有一篇《荀勖礼》，乃是云：‘阔四寸，厚五寸，八分大书“某人神座”。’不然，只小楷书亦得。后人相承误了，却作‘五寸八分’为一句。”（《语类》卷九〇—81。译者按，81为条目数，下同）

据此，朱熹所见的隋《江都集礼》引荀勖“祠制”，载“祭板皆正侧长一尺二分，博四寸五分，厚五分，八分大书某人神座”。然而，《通典》及《开元礼》的引用则将“厚五分，八分大书某人神座”一句误作“厚五寸八分，大书某人神座”。这里所说的“八分”，是隶书字体的一种，将横画的末端作八字样的一捺，这种书法又叫所谓的八分书。[13] 虽然现在所传的《开元礼》（光绪十二年，洪氏唐石

13　参见神田喜一郎：《中国书道史》（东京：岩波书店，1985年），页35及49以下。又，关于八分书，得到了爱知大学木岛史雄氏的指教。

经馆丛书本）看不到有关祠版的记述，但不管怎么说，这里朱熹所述的字句订正则必须说是正确的。这是由于西晋徐润所说的正可作为证据，亦即“又按，不必八分，楷书亦可”的“八分”不是指尺寸而是指书体。

又，朱熹说祠版高一尺二分，而《通典》所引则是一尺一寸，这里暂从朱熹所说。[14] 如此一来，最终，荀勖“祠制”中的神版本来是长一尺二分，宽四寸五分，厚五分，正符合“板”这一平面形状，而在此板上，用大的八分书或小的楷书写上祖先的名字。

现在，我们用〈图 7〉来表示荀勖本来的神版形状，用〈图 8〉来表示《通典》引用中所见的长方体型的荀勖神版。尺制且用周尺。之所以用〈图 8〉来揭示被认为或有误解的神版，这是因为正如后述，这一形状的神版在后世被实际地制作。

（二）后世的神版

如上所述，《通典》引用的神版记述与本来的形状有误。但是，令人颇感兴味的是，后世根据《通典》来制作长方体型的有厚度的祠版案例实有不少，例如宋代的文彦博、司马光、秦桧等等，故以下略作介绍。

（1）文彦博

文彦博因其在宋代首先公开设立家庙而闻名。其家庙于北宋嘉

14　关于上引《答郭子从》书函所云“一尺二分”，清贺瑞麟认为应改为“一尺二寸”（郭齐、尹波点校《朱熹集》，成都：四川教育出版社，1996 年）。但是，《朱子语类》又有“晋人制，长一尺二分，博四寸五分，亦太大”（卷九〇—80），因此可以认为朱熹所见的荀勖“祠制”作“一尺二分”。

佑四年（1059）建造于洛阳，规模可谓宏伟壮观，但是其中所收的不是木主，而是神版。[15] 司马光《文潞公家庙碑》载：

> 公以庙制未备，不敢作主，用晋荀安昌公祠制作神板。（《温国文正司马公文集》卷七九）

另外，《宋会要辑稿》关于北宋末大观四年（1110）决议的家庙设立与神位的问题，有以下记录：

> 神位按杜佑《通典》，晋安昌公荀氏祠制神版长一尺一寸，博四寸五分，厚五寸八分，大书“某祖考某封之神坐”“夫人某氏之神坐”。书讫，蜡油炙，令入理，刮拭之。文彦博家庙神版亦用此制。（《宋会要辑稿》礼一二之四）

也就是说，在文彦博的时代，家庙制度还未确定，所以不敢作木主，而是放置了依据荀勖设计的神版，此神版形状厚为“五寸八分”。[16]

（2）司马光

至于司马光，其《书仪》有云：

> 以桑木为祠版。……安昌公荀氏祠制神版皆正长尺一寸，博四寸五分，厚五寸八分。……今士大夫家亦有用祠版者，而

15　关于文彦博设立家庙的过程，参见本书第四章。

16　叶梦得《石林燕语》卷一关于文彦博神版亦载：“用晋荀安昌公故事，坐神版而不为主。”

长及博厚不能尽如荀氏之制。(《书仪》卷七《祠版》)

据此看来，司马光似乎也以制作荀勖型的神版（祠版）来替代木主，其形状仍然是厚“五寸八分”的长方体型。

关于司马光的这个神版，朱熹当然是持批评态度的，《朱子语类》有如下一段问答：

问:“温公所作主牌甚大，阔四寸，厚五寸八分，不知大小当以何者为是?”曰:“便是温公错了，他却本《荀勖礼》。”(《语类》卷八四“论后世书”—5)

另据上引《书仪》自注，可知在北宋时代，在民间所采用的是不同于有厚度的祠版的小型神版。

（3）秦桧

在南宋时代，采取了赐予功臣以家庙的措施。其最早的事例即是绍兴十六年（1146）下赐给秦桧的家庙，如上所述，根据大观四年（1110）的决定，家庙得以设立，厚五寸八分的神版也得以制作。《宋史·礼志》关于此事有如下记述：

绍兴十六年二月癸丑诏，太师、左仆射魏国公秦桧合建家庙，命临安守臣营之。太常请建于其私第中门之左。一堂五室，五世祖居中，东二昭，西二穆。……神板长一尺，博四寸五分，厚五寸八分，大书“某官某大夫之神坐”，贮以帛囊，藏以漆函。(《宋史·礼志》十二《群臣家庙》)

这个措施之原意是要做到“合古义”（《宋会要辑稿》礼一二之四），然而实际上，不是向古礼的复归，而是根据《通典》的引用而发生的误解，这一点已如上述。秦桧以后，下赐家庙的案例，据《宋会要辑稿》及《宋史·礼志》所载，有以下11例：韦渊、吴益、杨存中、吴璘、虞允文、史浩及其子史弥远、韩世忠、韩侂胄、张俊、刘光世、贾似道，可以推测他们都制作了同样的神版。也就是说，在南宋，长方体型的神版是作为国家礼制的一环而被制作的。

此外在宋代，也能看到制作“位版”及“祠版”的案例，顺便举例介绍。张载说，士大夫应置木主，[17] 但他实际上制作的乃是“位板”，此事可由《经学理窟》的自述得知：

> 祭堂后作一室，都藏位板。……位板，正位与配位宜有差。（《经学理窟·自道篇》）

所谓“都藏位板”，是说按祖先而各制位板以收纳之。另外，南宋吕祖谦在家庙中，也同样不置木主而置“祠版”（《东莱吕太史别集》卷三《葬仪·题虞主》及《祔》）。虽然我们不知道这些“位版”及“祠版”的具体形状，但至少可以确定它们是平面板状形的。

---

17 《经学理窟·丧纪篇》：“重，主道也。士大夫得其重，应当有主。既埋重，不可一日无主。”这里所说的“重”，当是指在虞祭之际制作虞主之前的一种灵魂附体的祭器。译者按，“重”典出《礼记·檀弓下》第四：“重，主道也。”郑注：“始死未作主，以重主其神也。重，既虞而埋之，乃后作主。”孔疏：“言始死作重，犹若吉祭木主之道。主者，吉祭所以依神；在丧，重亦所以依神，故云‘重，主道也’。”（郑玄注，孔颖达疏：《礼记正义》卷第十二，上海：上海古籍出版社，2008年，页362、366）

结 语

本文对于中国宋代及之前的木主，主要就其形状进行了考察。其中，在汉代的场合，究竟是记录了实际的形状，还是记录了认为应当是如此形状的礼学家的学说，对此有难以区别的情况，另外由于文献的限制，也留有并不明确的地方。不过，尽可能根据文献资料进行了实证性的检讨并尝试复原。根据以上的考察，我们至少已经了解到中国的木主有三种形状：（1）正方体，（2）前方后圆型，（3）长方体；再加上（4）作为木主的替代物而被使用的两种神版。

然而，程颐所思考的并被朱熹所继承的木主形状与上述类型都不同，构成了可谓是方圆平板型的形状。这一方圆平板型的木主，在南宋后期似已相当普及，有开禧二年（1206）序的南宋赵彦卫《云麓漫钞》载：

> 大观议礼，神版长尺一寸，博四寸五分，厚五寸八分，大书“某祖考某封之神座”。……今人有用伊川主制。一木判其半，中书字，复以所判之半入于中。或误入，及迎送迁徙而脱落，则为不敬。不若用版为当。（《云麓漫钞》卷二）

开头所说的大观议礼，盖指我们在讨论文彦博及秦桧之处所说的北宋末的决议。程颐（伊川）思考设计的木主是这样的：从板的侧面切开，将其分为前后部分，内侧书写称号及名字，然后将前半部分与后半在此合在一起。在这里，赵彦卫认为，由于前半部分容易脱落，所以不若用神版——在此指长方体型——为妥。此说暂置不论，由这一记录我们可以得知，与大观年间策划制定的国家礼制的规定不同，在朱熹生前（朱熹逝于1200年），根据程颐及《家礼》而制作的新型木主即已开始普及。

关于程颐、朱熹所说的木主之特征及其对后世的影响，在此之前几乎未被讨论。然而，可以预想的是，朱子学不仅在哲学思想层面，而且在仪礼层面也留下了巨大的影响，特别是《家礼》的冠婚丧祭仪礼的影响力，超越中国而波及韩国与日本。本文只是对朱子学以前的木主进行了探讨，朱子学及其以后的木主已无余暇展开讨论，这应当是今后与揭示东亚儒教仪礼之实际状况有关的课题之一。

附录：木主、神版图

（注：在已知范围内尽量复原其形状、尺寸，小数点第2位四舍五入）

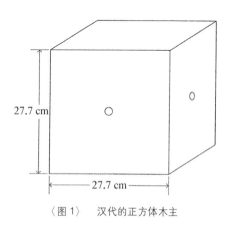

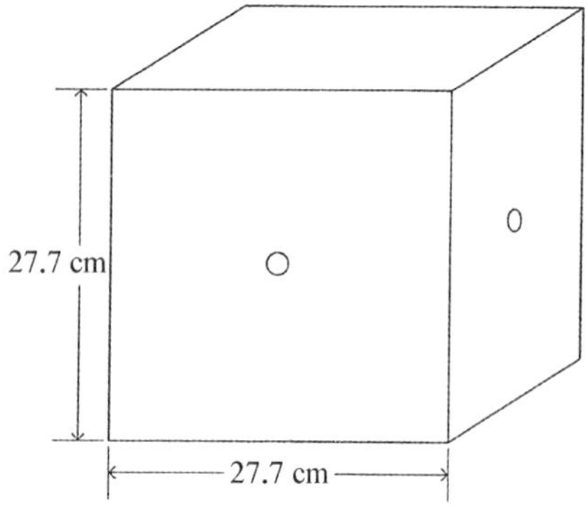

〈图1〉 汉代的正方体木主

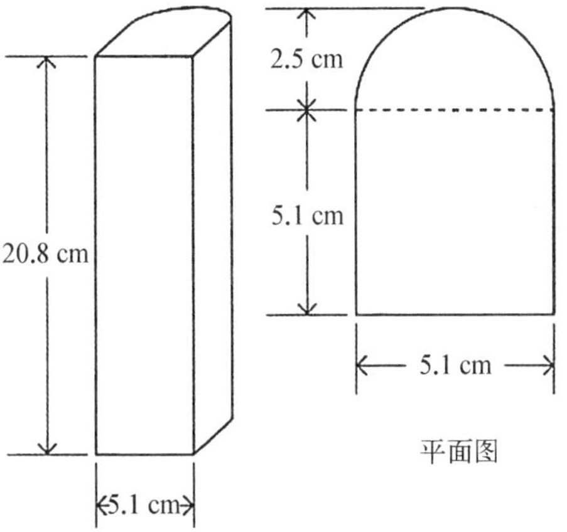

〈图 2〉 汉代的前方后圆形木主

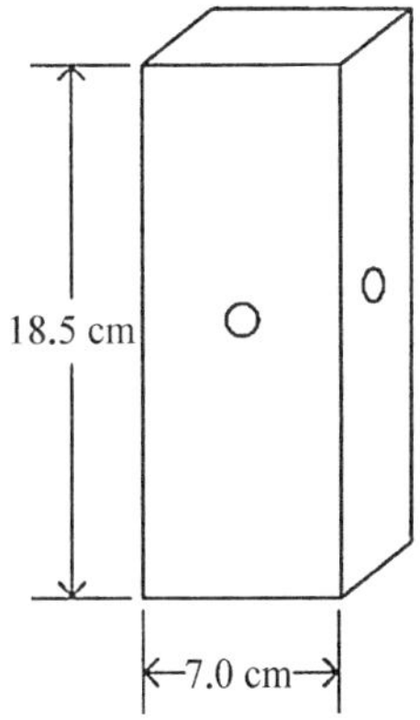

〈图 3〉 汉代的长方体木主

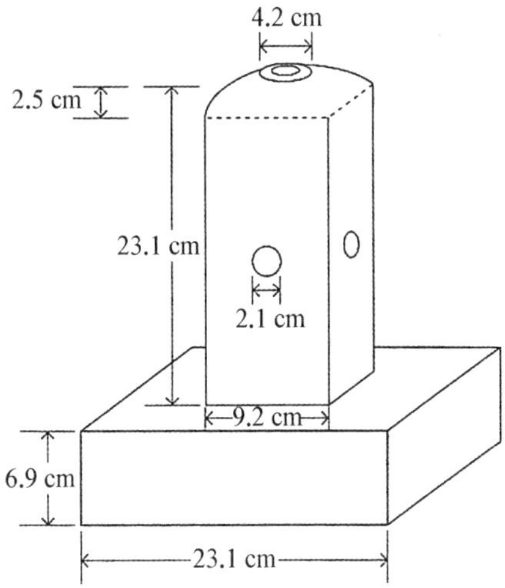

〈图 4〉 唐代的长方体木主

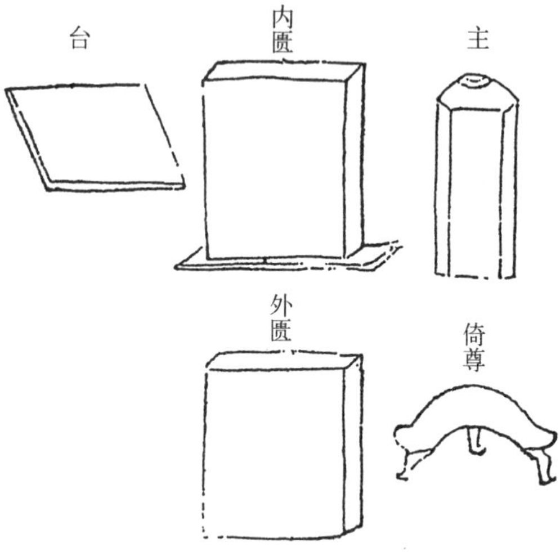

〈图 5〉　韩国李朝的木主（右上）

〈图 6〉　荻生北溪的木主

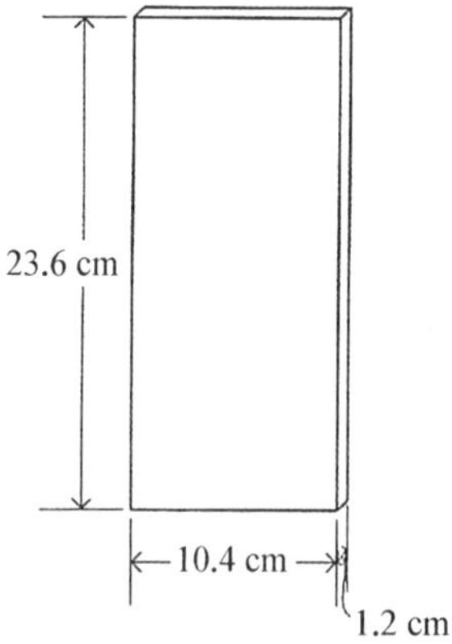

〈图 7〉　荀勖的神版（1）

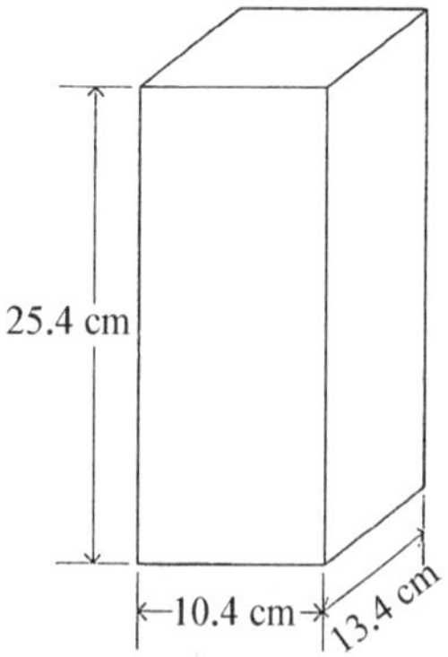

〈图 8〉　荀勖的神版（2）

第六章 木主影响考

——朱熹《家礼》的一个侧面

前 言

所谓木主，就是祭祀祖先过程中寄托着逝者亡灵的象征物，也被称为“神主”或单称作“主”。笔者曾在《木主形状考——到朱子学为止》[1] 一文中，对中国古代至朱子学形成以前的木主（在日本被称作“位牌”。校者按，即中文“牌位”）形状问题进行了考察。本文将尝试探讨朱子学形成之后的木主尤其是《家礼》所记载的木主对后世的影响。

一般认为，朱子学的影响遍及东亚广大地区，并不仅仅限于中国本土。然而，在迄今为止的研究中，学者的兴趣主要集中在哲学思想方面，对礼学的关注则相对缺乏。毋庸置疑，哲学思想引导着人们的价值观和世界观的基本方向，进而规范着社会与国家的基本面貌，固然不能忽视对哲学思想的研究。与此同时，对扩大朱子学的影响而言，仪礼的相关方面所发挥的作用同样不容忽视。具体言之，对朱子学的考察必须要从哲学思想的主观层面以及仪礼的客观

---

1 即本书第五章。

层面这两个方面展开，因而对其所产生的影响也必须要从这两方面进行评价。

笔者始终认为，《家礼》对中国以及东亚世界的影响绝不亚于《四书集注》，只是有关这种影响的具体状况至今尚有诸多不明之处。本文所要讨论的木主，就是与祭祀祖先这一仪礼有关的一种祭器。通过对木主的探讨，将有助于我们深化理解朱子学中仪礼思想的特色及其在东亚世界中所发挥过的历史作用。

一 礼、理与朱子学

（一）礼与理

首先，在朱熹看来，所谓“礼”究竟为何物？一言以蔽之，“礼”就是通过眼睛所能看得见的方式而将“理”具体化。朱熹在《论语集注》中曾对“礼”做过如下著名的定义：

> 礼者，天理之节文、人事之仪则也。（《学而篇》“礼之用，和为贵”章）

所谓“天理之节文”，意指抽象的天理以具有“节目”之“文”的形态显形于世；所谓“人事之仪则”，即指人类应当遵守的准则。

不仅如此，朱熹进而指出“礼”就是“理”本身：

> 礼即理也，但仅谓之理，则疑若未有形迹之可言；制而为

> 礼，则有品节文章之可见矣。人事如五者（引者按，或即五伦），固皆可见其大概之所宜，然到礼上方见其威仪法则之详也。（《文集》卷六〇《答曾择之》一。校者按，《文集》指《朱子文集》，下同）

也就是说，仅仅强调“理”这一概念，确实容易陷入毫无“形迹”的抽象理念之中；一旦以“礼”的形式将其具体化，人们即可通过目所能及的方式获得人类行为的正确准则。“礼即理”这一论断十分明确地表明了这样一个事实：在朱熹看来，礼与理是紧密结合、不可分割的，因而作为“人事之仪则”的礼是无比重要的。

除此之外，朱熹还将“礼”与体用概念相对应，并将其归为“体”的范畴。譬如，《语类》中载有下列问答：

> 问：“先生昔曰‘礼是体’，今乃曰‘礼者，天理之节文，人事之仪则’，似非体而是用。”曰：“公江西有般乡谈，才见分段子，便说是用，不是体。”……杨至之问体。曰：“合当底是体。”（《语类》卷六—23。校者按，《语类》指《朱子语类》，后者数字为条目数，下同）

文中所批评的是以江西为中心的陆九渊之学。在此条引文之前，《语类》中还有一句：“江西人说个虚空底体。”（《语类》卷六—22）由此可见，在朱熹看来，陆学所说的“体”仅仅只是一种虚空的观念。相比之下，朱熹在此所说的“体”才是“合当底”，亦即意味着这是人类行为的确切原则。[2]

关于“体”的概念，朱熹进一步解释道：

> 人只是合当做底便是体，人做处便是用。譬如此扇子，有骨、有柄、用纸糊，此则体也；人摇之，则用也。如尺与秤相似，上有分寸星铢，则体也；将去秤量物事，则用也。（《语类》卷六—24）

又说：

> “论学便要明理，论治便须识体。”这体字，只事理合当做处。凡事皆有个体，皆有个当然处。（《语类》卷九五—135）

这些说法有必要合而观之。由朱熹的这些言论可以看出，在朱熹，所谓“礼”就是指人类理应遵循的行为准则（校者按，着重号原有，下同），也是“理”之所系的本质所在。朱熹之所以撰述《家礼》以规范冠婚丧祭，而且晚年又全身心地投入可谓是有关中国古代礼制的综合性研究典籍《仪礼经传通解》的编纂，这都绝不是偶然的，而是关涉到朱子学之根本的工作。

（二）朱子学与原则主义

由上所见，“礼”是将“理”具体化的各种原则，然而同时亦

---

2 关于《语类》此条的解释，可参三浦国雄《朱子集》（东京：朝日新闻社，1976 年）第 329 页以下。

须注意，“礼”未必是固定不变的东西。关于《论语·为政篇》所言“殷因于夏礼，所损益可知也。周因于殷礼，所损益可知也”，朱熹的解释是：

> 所因之礼，是天做底，万世不可易。所损益之礼，是人做底，故随时更变。（《语类》卷二四“子张问十世可知章”—2）

又说：

> 所因，谓大体。所损益，谓文为制度。（《语类》卷二四“子张问十世可知章”—3）

另据《论语集注·为政第二》，“所因”的天赋之礼就是三纲（君臣、父子、夫妇）与五常（仁义礼智信），对此，“文为制度”等现实之礼则会随着时代而有所损益、有所变化。换言之，是这样一种思想：必须在认定“大体”即根本原则的基础上，根据时代状况对现实中礼的规定进行调整。

朱熹非常理解“礼”的这种可变性。在有关编纂《仪礼经传通解》的对话中，朱熹明确地表达了这一看法：

> 问：“所编礼，今可一一遵行否？”曰：“人不可不知此源流，岂能一一尽行。后世有圣人出，亦须着变。”（《语类》卷八四“论修礼书”—1）

他还指出：

> “礼，时为大。”使圣贤用礼，必不一切从古之礼。疑只是以古礼减杀，从今世俗之礼，令稍有防范节文，不至太简而已。（《语类》卷八四“论修礼书”—2）

由此可见，古代的礼制不可能被原封不动地应用于当今时代，这是朱熹的基本认识。[3] 因此，当今之世只能是“以古礼减杀，从今世俗之礼”。实际上，《家礼》也就是在这种思想的指导下编撰出来的，该书序云：

> 因其大体之不可变者，而少加损益于其间，以为一家之书。（《文集》卷七五《家礼序》）

这句话完全符合朱熹的上述思想，即在遵守“大体”这一根本原则的基础上，根据时代的需要对个别礼制进行“损益”。

其实，朱熹关于“礼”的这种富有弹性而非僵硬的姿态，来源于程颐。因为程颐曾说过：

> 礼之本，出于民之情，圣人因而道之耳。礼之器，出于民之俗，圣人因而节文之耳。圣人复出，必因今之衣服器用而为之节

3　朱熹还有以下之说：“某尝说，使有圣王复兴，为今日礼，怕必不能悉如古制。今且要得大纲是，若其小处亦难尽用。”（《语类》卷八四“论修礼书”—3）

文。(《程氏遗书》卷二五—106。校者按，数字为条目数，下同)

此处所谓“即使圣人重新出现，也必定会根据当今时代的衣服器用而进行相应的调整”这一观点即为朱熹所继承。程颐还意味深长地指出：

今行冠礼，若制古服而冠，冠了又不常着，却是伪也，必须用时之服。(《程氏遗书》卷一七—56)

也就是说，现代人即使制作了一套古代的冠礼装束，那也只不过是与日常生活无关的一种伪装，因此人们还是必须穿着当今的服装。

由此可知，程颐和朱熹既不是单纯的复古主义者，也不是一味地标榜固有观念的原理主义者。当然，他们也有非常严肃的一面，譬如对“天理”和“人欲”进行了毋庸置疑的区分，然而，仅仅着眼于这一点并不能准确地把握道学乃至于朱子学的特质，这也是不争的事实。在他们身上体现出来的这种严肃主义（rigorism）与通融性的结合，究极而言，也许就取决于程颐与朱熹的“原则主义”的立场。在坚守“大体”这一根本原则的前提下，再根据各种具体情况加以“损益”，这是以上我们所看到的朱熹的一个想法。对此，我们可以这样理解，正是在坚守基本原则的基础上，才能够应对各种具体情况。

与此相关，程颐指出：“凡礼，以义起之可也。”(《程氏遗书》卷二二上—47)这是说，“礼可以根据道理而重新制定”。如后所述，这个观点与程颐思考新型木主是有关联的。程颐的这个想法来源于他关于“权”的思想，即根据具体情况找出相应的对策。[4] 不管怎么说，需要注意的是，在程颐与朱熹的思想中存在着一种显而易见的倾向，亦即必须制定出能适应时代变化需要的新型之“礼”。需要重申的是，程朱既不是常被人们所误解的那种单纯的复古主义者，也不是狭隘的原理主义者。

二　木主与牌子

（一）程颐与《家礼》式木主

以上所述稍嫌冗长，接下来我们就来考察程颐以及《家礼》中的木主问题。

程颐主张士大夫都应该拥有家庙，并供奉木主。这一点，可由以下所述得知：

> 冠昏丧祭，礼之大者，今人都不以为事。……家必有庙。古者，庶人祭于寝，士大夫祭于庙。庶人无庙，可立影堂。庙中异位。祖居中，左右以昭穆次序，皆夫妇自相配为位，舅妇不同坐也。庙必有主。（《程氏遗书》卷一八—232）

又说：“士大夫必建家庙。”（《程氏遗书》卷一—18）这在中国礼制史上可谓是划时代的事件。这是因为迄今为止供奉木主一直就是天

4　楠木正继关于程颐“权”的思想研究值得一提，参其著：《宋明時代儒學思想の研究》（静冈：广池学园出版部，1962 年），页 122。

子、诸侯以及高官显贵才被允许拥有的特权，即便就唐代的礼制来看，也只有皇帝以及三品以上的高官才可以设立木主。[5] 关于这一点，清代胡培翚曾指出：

> 《礼经释例》云古礼大夫士无主。……故司马氏《书仪》亦不云大夫士有主，但为祠版之制而已。朱氏《家礼》始有主。(《仪礼正义》卷三二《士虞礼》一)

此处所谓“古礼大夫士无主”之说，见凌廷堪《礼经释例·祭礼下篇》“凡卒哭明日祔庙之祭谓祔”条。胡培翚在此将“士大夫有主”的首倡之功归于《家礼》，当然是不正确的，因为《家礼》只是蹈袭了程颐说而已。

更应注意的是，程颐为士大夫设计了新型的木主样式。

自古以来，中国的木主有（1）正方体、（2）前方后圆型和(3）长方体这三种样式，外加（4）作为木主替代物的两种神牌（见〈图 1〉至〈图 8〉)。[6] 程颐设计的木主样式与这些均不同，而是呈圆顶平板型。《程氏文集》中的《作主式》对此做了说明，因资料重要，故附以训读并揭示原文如下（校者按，这里仅列中文原文）：

> 作主式用古尺
>
> 作主用栗，取法于时月日辰。趺方四寸，象岁之四时。高尺

5 参见甘怀真：《唐代家庙礼制研究》（台北：台湾商务印书馆，1991 年），页 70。关于程颐这一主张的划时代性问题，参看本书第四章。

6 参见本书第五章，文中对〈图 1〉至〈图 8〉列举的木主样式进行了考证。

有二寸，象十二月。身博三十分，象月之日。厚十二分，象日之辰。身趺皆厚一寸二分。剡上五分为圆首，寸之下勒前为颔而判之。一居前，二居后。前四分，后八分。陷中以书爵姓名行。曰故某官某公讳某字某第几神主。陷中长六寸，阔一寸。一本云长一尺。合之植于趺。身出趺上一尺八分，并趺高一尺二寸。窍其旁以通中，如身厚三之一，谓圆径四分。居二分之上。谓在七寸二分之上。粉涂其前，以书属称，属谓高曾祖考，称谓官或号行，如处士秀才几郎几翁。旁题主祀之名。曰孝子某奉祀。加赠易世，则笔涤而更之。水以洒庙墙。外改中不改。(《程氏文集》卷一〇)

据此可知，程颐设计的木主包括以下诸要素：

(1) 木主用栗木制成，其尺寸数据分别象征着“时月日辰”，即四时（四季）、十二月、三十日、十二时辰（十二时）。
(2) 木主的底座为四寸见方，象征四时。
(3) 木主的整体高度为一尺二寸，象征十二月。
(4) 木主的宽度为三十分（三寸），象征一个月的三十日；木主的厚度为十二分（一寸二分），象征一日的十二时辰。另外，底座的厚度（也可谓高度）也是十二分。
(5) 木主的上半部分为五分（半寸），呈圆顶型。
(6) 从圆顶向下一寸之处，为刻写主名之处，刻写的深度为四分，从而将木主纵向分为前后两片。由于木主的厚度为一寸二分，前片占去四分，因而后片还有八分。至于刻写方式，由刻写之处被称为“颔”（即下颚）可见，刻写面有一个自下而上的斜坡度。

关于这一点，若林强斋《家礼训蒙疏》对此有如下说明，很有参考价值：

> 刻写于横向少斜上方，其刻写之尽处下分为二判，前四分，后八分。取前四分之一片，置头像于上一寸处，刻写处为颔之像也。勒定云刻。可知以勒之字颔之字非横向直刻，而于少斜上方刻写。（《家礼训蒙疏》卷三。**译者按，原文为日文**）

（7）后片的正中央也是刻写区，该刻写区高六寸、宽一寸。[7]此处被称作“陷中”，用于刻写“爵姓名行”，即爵位、姓氏、名讳和排行。具体格式如下：“故某官某公讳某字某第几神主。”

（8）将分开的前后两部分合并起来嵌入底座并固定好。木主自顶部至底座平面高一尺八分，底座的高度为一寸二分，因而木主整体的总高度为一尺二寸。

（9）从后片的左右两侧各钻一个直径为四寸的圆孔，圆孔高度距底座平面七寸二分。

（10）用铅粉等色粉将木主表面涂成白色，然后题写属称。所谓“属”，即为高祖、曾祖、祖、考等等；所谓“称”，即为

7　朱熹高足陈淳指出：“若其式，古无传，不可考矣。……至程子，始创为定式，有所法象，已极精确，然陷中亦不言定寸，至高氏仪始言阔一寸长六寸，朱文公又云当深四分。”（《北溪大全集》卷三五《答庄行之问服制主式》）据此可知，程颐《作主式》原先似乎并没有规定陷中的尺寸。此处所谓“高氏仪”，即指杨时门徒高闶所著《送终礼》一卷。由此看来，现行本《作主式》中的小注所云“陷中长六寸，阔一寸。一本云长一尺”，应该是后人加上去的，这里笔者不拘泥于这些细节问题。

官、号以及排行，如处士或秀才、几郎或几翁等等。另外，在属称的旁边写上奉祀者的名字，如“孝子某奉祀”等等。如果日后死者获得追封，或者奉祀者的辈分有所变化，即可将粉面洗掉，然后重新题写相关内容。洗除原有粉面时所使用的水，必须倒在家庙的墙角处。这样一来，木主表面的文字内容虽然被改写，但是陷中的文字仍然保持原样，不做任何更改。

以上所述，便是程颐所设计的木主样式。如后所述，这是程颐对诸侯木主进行简化的结果，然而其真正由来并不明确，可以说是完全不同于传统模式的新型木主样式。另外，关于尺寸，小注中标有“用古尺”的字样。问题是此处所谓“古尺”究竟是指何种“尺”？此后，朱熹与其门人之间也曾展开过争论。笔者以为，不妨将其理解为周尺，即一尺 23.1 厘米。[8] 另外，《家礼》卷首图《尺

8　关于朱熹与其门人之间围绕“尺”的争论，可参《朱子文集》卷六〇《答潘子善》一〇，卷六三《答胡伯量》一、二，《答叶仁父》二，以及家礼图所附的潘时举识语。

根据这些史料可知，程颐的《作主式》中原有一条小注，其中写道：“周尺（古尺）当今之省尺五寸五分弱。”同样的记录又见诸司马光《书仪》卷二《深衣制度》的自注：“周尺一尺，当今之省尺五寸五分弱。”然而，此处“五寸五分弱”应是“七寸五分弱”之误。因此，23.1 cm（周尺）除以 0.75 等于 30.8 cm（省尺）。所谓省尺，基本上相当于当时的三司布帛尺，具体可参丘光明等：《中国科学技术史 · 度量衡卷》（北京：科学出版社，2001 年）第 362 页以及第 365 页以下；杨宽：《中国历代尺度考——重版后记》（河南省计量局主编《中国古代度量衡论文集》所收，郑州：中州古籍出版社，1990 年）第 72 页以下。

另外，在《家礼》图的“尺式”部分，刊载了会稽“司马侍郎”家传的尺图。据潘时举识语的说法，该图系由潘时举于朱熹去世之后的嘉定癸酉即嘉定六年（1213）制成。又，所谓“司马侍郎”，即指司马光的从曾孙司马伋，这一点可从周必大《文忠集》卷一〇八《赐朝议大夫权尚书吏部侍郎司马伋辞免除吏部侍郎恩命不允诏》以及真德秀《真西山文集》卷四七《司农卿湖广总领詹公行状》得知。

式》中亦载“神主用周尺”。由此可见，包括底座在内的木主整体高度为27.7厘米，宽度为6.9厘米（参见〈图9〉）。

程颐这种独特的木主后来为朱熹所继承，并作为《神主式》而被刊载在《家礼》卷首。朱熹对其极为称赞：

> 伊川木主制度，其剡刻开窍处，皆有阴阳之数。信乎其有制礼作乐之具也。(《语类》卷九〇—77)

显然，尽管朱门后学对家礼图的《神主式》做过某些修改，[9] 但还是符合朱熹之意向的。

随着朱子学得以稳固，《家礼》所提倡的木主在士大夫中间迅速地普及开来。序于开禧二年（1206）的赵彦卫《云麓漫钞》卷二中有一条记载可作为佐证：“今人有用伊川主制。”进入明代以后，有附图的《家礼》被收入永乐十三年（1415）的奉敕书《性理大全》之中。在成书于万历十五年（1587）的《重修大明会典》（即《万历会典》）卷九五《品官家庙章》中，原封不动地收录了家礼图中所载的木主图。这些事实表明：到了明代，《家礼》式木主已经被公认为国家礼制的内容之一。换言之，这一时期的士大夫们大致根据《家礼》建造各自的祠堂（家庙），并在祠堂中供奉这种类型的木主。

这种状况在清代依然得以延续。清代朱彝尊对木主有这样的描述：

9　家礼图利用了此前已有的图式，最后经元代黄瑞节之手完成。参阅本书第三章。

> 涑水司马氏、伊川程氏定为主式，作主以栗。趺四寸以象四时，高尺二寸以象十二月，身博三十分象月之日，厚十二分象日之辰。今之法式大率准此。（《曝书亭集》卷三三《与佟太守书》）

接着，朱彝尊针对当时社会上存在的一些不符合这一规范的做法，譬如有些富贵人家制作木主时不用栗木而用乔木，将木主的高度设定为三至五尺有余，用金泥涂抹木主外表等等事例进行了批评。尽管如此，既然朱彝尊将程颐的木主评定为“今之法式大率准此”的标准，这就说明《家礼》木主已经成为当时一般士大夫的最为规范的木主样式。

然而，清代毛奇龄在其《家礼辩说》中提出了反对意见。他认为“今主”虽然是《家礼》式木主，但是它却属于“杜撰无据”；尤其是一尺二寸的高度，这与天子木主的尺寸相同，因而简直就是“冒昧僭越”之举。当然，这只是反朱子学者毛奇龄的个人意见，相反，我们却可从中看出两个事实：一是《家礼》式木主在清代已被广泛采用，二是程颐及朱熹的木主样式乃是不拘泥于古代礼制的大胆设计。[10]

〈图10〉与〈图11〉所揭示的便是《家礼》式木主的实例。前者的制作时间已不得而知，但从外形看，它应该是依据《家礼》而

---

10 毛奇龄《家礼辩说》卷四所收的论文《作主说》云：“今主判两为一，有面，有陷，高一尺二寸，阔三寸，厚一寸二分。不惟与古制乖反，杜撰无据，而即以高尺有二寸言之，明明天子之礼，冒昧僭越，岂可为训。”

制成的，[11] 后者则是清末著名书法家张裕钊的木主。[12]

除此之外，清朝历代皇帝的木主也都属于《家礼》式样。在位于北京故宫东侧的太庙里，现在收藏着清朝历代皇帝的木主，笔者曾于2000年8月在西配殿的展览室内参观过这些木主原物。〈图12〉所揭示的就是乾隆皇帝的木主。[13] 该木主以桑木为材料，表面涂金，总体高度约为45厘米，宽度约为10厘米，厚度约为2厘米，底座的高度约为8厘米，堪称超大型木主。正面右侧用汉语写着庙号（“高宗”）和谥号（“法天隆运”），左侧则用满语书写庙号和谥号。它虽然未被分割成前后两片，但是它的形状本身也是呈圆顶平板型，显然是以《家礼》所载的木主为依据的。[14]

由上可见，随着朱子学的权威得以确立，《家礼》所倡导的木主样式也逐渐在近世中国社会中得到了稳固。这说明，在儒教仪礼的展开过程中，《家礼》发挥了非常重要的作用。

（二）牌子

如上所述，自南宋以后，《家礼》式木主作为一种祭器，在皇帝以下的官僚士大夫中间得以广泛普及。那么，没有官僚身份的一

---

11 〈图10〉据潘鲁生主编：《中国民间美术全集》第2卷《祭祀编·供品卷》（济南：山东教育出版社，1993年），页228。

12 〈图11〉据《书论》第19号（1981年）卷首照片。

13 〈图12〉据劳动人民文化宫（太庙）发行的宣传册《太庙祭祖文化展》（2000年）。

14 如此在皇帝的木主表面涂金，似可追溯到元代皇帝的“木质金表牌子”，可参《元史·祭祀志三·宗庙》的相关记述。另外，明代皇帝的木主也大致与此相同，见《明史·礼志一》：“奉先殿帝后神主高尺二寸，广四寸，趺高二寸，用木，饰以金，镂以青字。”

般士人以及庶民阶层又是怎样的一种状况呢？根据程颐及朱熹的说法，这些人使用的不是木主而是牌子。所谓“牌子”，就是一种扁平的木板。

程颐云：

> 问“用主如何”。曰：“白屋之家不可用，只用牌子可矣。如某家主式，是杀诸侯之制也。”（《程氏遗书》卷二二上—47）

在程颐看来，“白屋之家”即庶民和无官的士人不用木主而用牌子。朱熹继承了程颐的这种观点，他指出：

> 主式乃伊川先生所制，初非朝廷立法，固无官品之限。万一继世无官，亦难遽易，但继此不当作耳。有官人自做主不妨。牌子亦无定制，窃意亦须似主之大小高下，但不为判合、陷中可也。凡此皆是后贤义起之制，今复以意斟酌如此，若古礼则未有考也。（《文集》卷六一《答曾光祖》二）

此处所谓“后贤义起之制”，即指前述程颐的所谓“凡礼，以义起之可也”的设想。另外，《语类》中又说：

> 问：“伊川主式士人家可用否。”曰：“他云，已是杀诸侯之制。士人家用牌子。”曰：“牌子式当如何。”曰：“温公用大板子。今但依程氏古式而勿陷其中，可也。”（《语类》卷九〇—76）

朱熹还指出：

> 伊川制，士庶不用主，只用牌子。看来牌子当如主制，只不消做二片相合，及窍其旁以通中。（《语类》卷九〇—78）

也就是说，官僚士大夫无论官品高低都可以供奉木主，而庶民以及无官的士人或其子孙失掉官品者也都可供奉牌子。至于牌子的形状，程颐没有留下任何说法，但依朱熹，其形状与木主相同，只是不须分为前后两片，也不须在两侧开孔。另外，上引《语类》所说“温公用大板子”，那是指司马光根据西晋荀勖的《祠制》制作的长方体型的神版，亦即〈图 8〉所载，不过朱熹并未采用。

根据以上史料可知，朱熹主张只有持有官品的官僚士大夫才可使用木主。然而，有下列语录可知朱熹未必就一定坚持这种意见。他说：

> 问：“庶人家亦可用主否？”曰：“用亦不妨。且如今人未仕，只用牌子，到仕后不中换了。若是士人只用主，亦无大利害。”（《语类》卷九〇—79）

在这里，朱熹并没有区分拥有官僚身份的士大夫与无官衔的士人以及庶人之间的区别。[15] 这与上引朱熹的言论似有矛盾，然而其实也

15 关于宋代的士大夫、士人以及庶人之间的身份认定问题，高桥芳郎：《宋代の士人身分について》（《史林》第 69 卷第 3 号，1986 年）提供了有益参考。

并没有什么大的差异。这是因为由于宋代科举制度的完备，士大夫、士人以及庶人之间的身份已非一成不变。庶人既有可能立即成为士大夫，反之，士大夫也有可能顷刻之间变成庶人。朱熹言论中之所以如此留有余地，恰恰反映出当时庶与士、官与民之间这种阶级关系的变动状况。宋代社会的这种状况导致由出身与身份所带来的礼制上的差异已经变得模糊不清。

由此，归结而言，对于朱熹的立场可这样归纳：即士大夫和士人尽量使用木主，而庶人则尽量使用牌子。但是，由于从外形看，木主与牌子是相同的，所以两者之间并没有多大的实质性差异。

另外，朱熹还使用过“位牌”一词，《语类》载：

> 如祔祭伯叔，则祔于曾祖之傍一边，在位牌西边安。（《语类》卷九〇—93）

另在提到家庙时，又说：“堂置位牌。”（《语类》卷九〇—50）朱熹的所谓“位牌”（意即“位之牌”），意指摆放在各自先祖位置上的牌子。

三　对佛教的影响

（一）中国禅宗与牌位

《家礼》式木主超越了儒教的领域，并为佛教所接受。元代禅宗清规中出现的“位牌”，就说明了这一点。关于清规中的牌位问题，松浦秀光有过专门研究，笔者以此为基础，将相关内容进行整理归纳。[16]

在清规中记述僧侣的葬礼规定，始于北宋末年（崇宁二年）的《禅院清规》，然而其中还没有出现有关牌位的记载。在成书于南宋后期嘉定二年（1209）的《入众日用清规》和南宋末咸淳十年（1274）的《丛林校定清规总要》中，也找不到牌位一词。在清规中首先出现“位牌”一词的，是元初至大四年（1311）泽山弌咸编纂的《禅林备用清规》。在其第九卷的“移龛”条中，载有：

> 下间置龛，麻布帏幙，座安位牌。（《续藏》一一二，123上）

也就是说，在龛内设置用麻布制作的帷幕和坐垫，用以安置位牌。

接着值得一提的是，临济宗的中峰明本于元延祐四年（1317）所著的《幻住庵清规》。在其“津送”即送葬一条中载：

> 龛前立位牌一座，书云新圆寂某上座觉灵。（《续藏》一一一，1001上）

另外，在其“板帐式”条中亦载：

> 收骨皈供养讽经回向。但称圆寂不称新圆寂。或诸方尊宿就庵迁化，及本庵住持迁化。位牌但书道号，不书两字名，帷

16　松浦秀光：《尊宿葬法の研究》（东京：山喜房佛书林，1985年）。

（惟）书下字或公或禅师。(《续藏》一一一，1004 下)

此处所谓只称“圆寂”云云，是指收骨仪式结束之后的回道途中，必须将送葬时位牌上所写的“新圆寂”上的“新”字去掉。《幻住庵清规》的编纂者中峰明本，是元代最具影响力的禅僧，许多来自日本的“入元僧”都曾拜在其门下。[17]

更为重要的是，元末至正二年（1336）根据元顺帝的敕令而编纂的《敕修百丈清规》。该书卷三“迁化”章的“移龛”条载：

入龛三日掙龛。铺设法堂，上间挂帷幕，设床座榹架。动用器具陈列如事生之礼。中间法座上挂真安位牌。(《大正藏》四八，1228 上)

在紧接其后的“全身入塔”条中记载：

每日三时上茶汤，集众讽经，俟迎牌位入祖堂则止。(《大正藏》四八，1229 上)

另外，该书卷六《亡僧》章“抄独衣钵”条亦载：

17　关于中峰明本及其对日本禅宗的影响问题，参见西尾贤隆：《元朝における中峰明本とその道俗》（《禪學研究》第 64 号，京都：花园大学，1985 年）；同：《元の幻住明本とその海東への波紋》（《日本歷史》第 461 号，日本历史学会，1986 年）；原田弘道：《中世における幻住派の形成とその意義》（《駒澤大學佛教學部研究紀要》第 53 号，1995 年）。

维那提督着衣入龛，置延寿堂中，铺设椅卓位牌。牌上书云新圆寂某甲上座觉灵。或西堂则书前住某寺某号某禅师之灵。余从职称呼书之。(《大正藏》四八，1147 下)

在其后的“入塔”条中则载：

荼毘后，执事人、乡曲、法眷同收骨，以绵裹袱，包函贮封定，迎归延寿堂。位牌上去新字。三时讽经。(《大正藏》四八，1149 上)

这段引文中的位牌上去“新”字的做法，与前引《幻住庵清规》中的有关内容相同。

上述《禅林备用清规》《幻住庵清规》以及《敕修百丈清规》中所记载的有关“位牌”的使用状况，可以说都是受到《家礼》影响的结果。龛、帏、座（坐垫，家礼图中称作“藉”）、椸架、椅卓等等，无一不是见诸《家礼》中的词汇。在位牌上写入职位和称呼这一做法，也无疑是模仿《家礼》而来，甚至连“动用器具陈列如事生之礼”这种词句，都透露着儒教丧葬礼仪的影响。毫无疑问，在具体的细节方面，佛教的原则和方式仍然占据主导地位。然而，这些清规中所记载的有关位牌的使用方法，基本上还是受到了朱子学的影响，这也是不容否定的。

在元代，随着朱熹的著作成为科举考试所使用的标准教科书以及朱子学的广泛传播，《家礼》在民间的普及势头也日益强劲。南宋时代的佛教清规中尚未出现过“位牌”一词，到了元代之所以开始出现，正是这种趋势带来的必然结果。虽然无法对中国佛教界的整体状况作出准确的判断，但是仅就元代禅僧的葬礼上普遍使用位牌这一现象而言，就不能不考虑到《家礼》的影响。

（二）日本中世纪与牌位

中国禅宗中普及使用牌位的做法，不久之后就影响到了日本。正如前辈学者所指出的那样，日本的禅僧积极地接受了以《幻住庵清规》和《敕修百丈清规》等为代表的元代佛教清规，室町时代末期的枫隐天伦所著《诸回向清规式》（《大正藏》八一）以及江户时代的学僧无著道忠（1653—1744）所著《小丛林略清规》（《大正藏》八一）等文献中，都明确地记载着牌位的使用情况。[18] 饶有兴味的是，瑞方面山（1683—1769）所著《洞上僧堂清规考订别录》的一段记述：

> 古规有真亭香亭，此原拟儒家之灵车与香案。真亭者，出丧之时，将真影挂于山门，由二人或四人扛行。……香亭之制亦同，中安置大香炉，由人扛行。二者出行均先于灵龛。如有真亭则必有香亭，如有此二亭则位牌与提炉可略。道忠之《小规》有图，模文公《家礼》之图。（卷七《曹洞宗全书·清规》，页296。译者按，原文为日文）

由此可知，放置真影和香炉的真亭和香亭，分别相当于儒家的“灵

---

18 参见注16所列松浦秀光：《尊宿葬法の研究》（东京：山喜房佛书林，1985年），页142。

车”和“香案”。根据《家礼》的说法，“灵车”是一种载有寄附着魂灵的魂帛（用于制作木主之前）和香火的车子，大殓之时，将死者遗体运至墓地。“香案”是大殓之后的虞祭或者举行祭祀祖先的四时祭时放置香炉的台座（见《家礼》丧礼章、祭礼章）。尤应注意的是，在无著道忠的《小规》中载有模仿《家礼》的图。所谓《小规》，即指上述《小丛林略清规》，〈图 13〉即该书所载的真亭图（《大正藏》八一，723 中）。从图中可见，摆放在背面的真影正前方的“牌”就是牌位。它的外形呈圆顶平板型，确实与《家礼》中的木主相同，明显就是对《家礼》的模仿。

正如已有研究所表明的那样，将牌位传入日本的就是那些对当时中国文化的动向十分敏感的禅僧们。例如，义堂周信在其《空华日工集》“应安四年（1371）”条中写道：“位牌，古无有也。宋以来有之。”义堂周信是临济宗梦窗疏石的法嗣，在朱子学方面也有很深的造诣。另外，室町时代的《尘添壒囊钞》、有关足利尊氏之葬礼的《园太历》以及记录足利义满之葬礼过程的《鹿苑院薨葬记》等等，都有关于牌位的记载。详情可参阅前辈学者的研究成果，这里只需指明一点：在禅僧的努力下，到了日本的南北朝时期，牌位已广为人知，并开始被实际使用。[19]

---

19 参见《古事类苑》礼式部二一・丧礼三；迹部直治：《位牌》（《佛教考古學講座》第6卷，东京：雄山阁出版，1936 年）；和田谦寿：《佛教考古學上より見たる位牌起源考》（《印度學佛教學研究》第 2 卷第 1 号，1953 年）；久保常晴：《位牌》（《新版佛教考古學講座》第 3 卷“塔・塔婆”，东京：雄山阁出版，1976 年）；五来重：《葬と供養》（大阪：东方出版，1992 年）第 607 页以下。久保氏指出：“虽然在内容上存在着严格的差异，但是至迟在南北朝时期，禅宗已经在使用儒教使用的位牌。”五来氏指出：“现在的这种牌位始于南北朝时期，儒教的神主和木主通过由中国传来的禅宗而被统治阶级所接受，这是一个不争的事实。”

除此之外，《家礼》一书本身传到日本的时间，至迟可追溯到室町时代的中期。现藏于足利学校的享和二年（1802）抄本《足利文库目录》，录有或许是日本最早的《家礼》版本的书志情况：[20]

文公家礼　唐　端本　一册
武州儿玉党吾那式部少辅寄付
永正三年丙寅八月日
　野州足利学校　能化九天　志焉
永正龙集戊辰七月日拂干蠹之次笔焉
　　　　　　　　司业东井叟

由此可知，足利学校第四世庠主能化九天记录了永正三年（1506）得到了近邻武州捐赠的唐本《家礼》，另又记录了永正五年（1508）第五代庠主东井晾晒该书一事。其中所谓“端本”，意指零本亦即拆离本。另据宽政九年（1797）编订的《足利学藏书目录》（新乐定编，狩谷棭斋自笔本），称该书为《文公家礼纂图集注》。[21]《文公家礼纂图集注》（正确名称是《纂图集注文公家礼》）编纂于南宋时期，在《家礼》本文中，附有杨复的附注及刘垓孙的增注，当然还载有《神主式》。[22] 这段史料表明：16 世纪初，《家礼》的中国

20　据足利学校所藏的《足利文库目录》。此外，川濑一马：《（增補新訂）足利學校の研究》（东京：讲谈社，1974 年，页 85）；结城陆郎：《足利學校の教育史的研究》（第一法规出版株式会社，1987 年，页 79）也对这项内容做过介绍。

21　参见注 20 所引川濑一马：《（增補新訂）足利學校の研究》附录《足利學藏書目录》。

22　关于《纂图集注文公家礼》，参见本书第三章相关讨论。

刊本已经传到了日本的关东地区。

然而，该书只是作为残本由中国传入，这是不可想象的。也许是在该书被人捐赠之前，亦即15世纪，已有《家礼》的全本传到日本。也就是说，最迟在足利时代中期，《家礼》已经传到日本，因而其中有关木主的记述也就开始被人所知。[23]

要之，或是通过禅宗清规的间接影响，或是通过《家礼》传入的直接影响，到了南北朝时期即14世纪初以降，《家礼》所记载的木主已经在日本达到了一定程度的普及。因为“位牌”一词首次出现的《禅林备用清规》撰于至大四年（1311），由此可见日本很快就受到了中国禅宗的影响。

然而，在这一时期，木主和牌位仅在一部分当权者以及僧侣、学者当中被了解，在日本社会得以普及推广还需等待相当长的时间。应该说，它的普及不得不等到江户时代，而在这方面发挥巨大作用的乃是当时的儒家学者。

四　日本、冲绳以及韩国

（一）江户时代的日本

江户时代的知识分子几乎无一例外地学习朱子学。他们学习的朱子学当然包括《家礼》，因而也就自然地引起了他们对木主的兴

23　虽然足利学校现在已不再藏有这部《家礼》，但是在宽政九年（1797）编订《足利學藏書目录》之际，亦即江户时代后期，它仍然被收藏在足利学校。

趣。以下，试举一些著名的事例。[24]

林罗山之子林鹅峰是德川幕府的儒官，明历二年（1656）在为其母荒川亀举行葬仪之际，制作了木主（神主），其样式如下：[25]

神主格式

陷中　荒川氏亀媪神主　孝子林恕奉祀

粉面　显妣顺淑孺人荒川氏神主

高一尺一寸，横三寸，厚四分，并后一寸二分，前后合之植于趺，身出趺上一尺八寸，并趺高一尺二寸

文中有附图，即〈图 14〉。这几乎是原封不动地模仿了《家礼》的木主。

伊藤仁斋和伊藤东涯父子二人也对《家礼》抱有浓厚的兴趣。仁斋著有《读家礼》（载《古学先生文集》卷六），东涯收藏有明版《文公家礼仪节》（该书的手泽本现藏于美国国会图书馆），并在卷末留下了题记：[26]

日本贞享四年，岁次乙卯二月初十日洛阳伊藤长胤阅毕

元禄二年，己巳之岁再阅，始乎戊辰，毕乎己巳腊五日

24　《国书总目录》第 2 卷（东京：岩波书店，1964 年）和《古典籍总合目录》第 1 卷（东京：岩波书店，1990 年）中介绍日本学者关于《家礼》的著述颇多，此处仅列举几个有代表性的例子。

25　参见《鹅峰先生林学士文集》卷七四《泣血余滴》（《近世儒家文集》第 12 卷，东京：ぺりかん社影印，1997 年）。

26　参见王重民：《中国善本书提要》（上海：上海古籍出版社，1983 年），页 22。

也就是说，伊藤东涯曾于贞享四年（1687）和元禄二年（1689）先后两次阅读过明代丘濬的《文公家礼仪节》。不用说，《文公家礼仪节》是增订朱熹《家礼》而成。此外，现在天理大学古义堂文库藏有和刻本《文公家礼仪节》的伊藤东涯手泽本，书中有东涯亲笔写下的“甲申二月七日始读”字样，亦即写于宝永元年(1704)。[27] 如此看来，东涯首先精读了唐本《文公家礼仪节》，此后又阅读了和刻本《文公家礼仪节》。与此同时，在这部古义堂文库本的《文公家礼仪节》中，还留有东涯之子东所亲笔书写的“宝历甲戌岁韶读毕”字样。

在《家礼》的传播过程中，山崎闇斋及其学派发挥的作用同样不容忽视。譬如，山崎闇斋在其《文会笔录》卷一之二和之三中，详细记述了有关《家礼》及朱熹礼学的学习笔记。在闇斋的门人中，三宅尚斋著有作为《家礼》之解说书的《朱子家礼笔记》，浅见絅斋在撰写《家礼师说》和《通祭丧葬小记》的同时，还刊印了《家礼》的训读本。众所周知，出自絅斋之手的这部《家礼》和刻本在江户时代曾被多次重印。另外，絅斋的弟子若林强斋著有《家礼》的详细注释书《家礼训蒙疏》，正如上面所引用的那样，其中充满着至今仍有参考价值的考证。不仅如此，如〈图 15〉和〈图 16〉所示，他们实际上制作过《家礼》式的木主。前者是从正面所看的絅斋的木主，后者是将前面的板撤下而使陷中部分显示出来的强斋的木主，两者都严格按照《家礼》所说的样式制作而成。[28]

27　参见天理图书馆编：《古义堂文库目录》（天理：天理大学出版部，1956 年）。

28　〈图 15〉和〈图 16〉源自近藤启吾《儒葬と神葬》（国书刊行会，1990 年）一书的卷首。此外，该书对崎门的《家礼》受容的考察也非常有益。

此外，室鸠巢有《文公家礼通考》（甘雨亭丛书所收）一书，虽然篇幅不长，但对《家礼》的说法有十分确切的考察。新井白石的《家礼仪节考》八卷是对丘浚《文公家礼仪节》中语句的出典及其含义进行详密考证的研究。[29]

荻生徂徕有《葬礼略》一书，其中的《神主图式》在收录各种图像的同时，对《家礼》式木主进行了解说。[30]

大阪怀德堂的第二代堂主中井甃庵所著《丧祭私说》也值得一提。此书是对《家礼》“冠婚丧祭章”中的“丧祭”部分所做的解说，并且为了便于日本人对内容的理解，还将原书中的尺度由中国式改为日本式。[31]

及至江户时代后期，猪饲敬所著有《家礼仪节正误》一书，是一部对《文公家礼仪节》的记述及其错误进行仔细订正的扎实论著，可以说，充分反映出考据学派的风貌。[32]

以上，我们介绍了若干事例，由此可知，在江户时代，《家礼》超越了朱子学、古学以及考证学的学派藩篱而被广泛阅读，并受到重视。《家礼》以及木主已成为江户时代众多儒家学者共同关注的对象。在日本的场合，在庶民中间开始制作牌位是在江户时代中期以后。[33] 所有这一切都有赖于当时这些儒者的著述及

29 新井白石《家礼仪节考》抄本由多家图书馆收藏，笔者所阅览的是早稻田大学图书馆的藏本。

30 《荻生徂徕全集》第十三卷（みすず书房，1987 年）所收。

31 中井甃庵《丧祭私说》现在大阪大学怀德堂文库藏有抄本，承蒙大阪大学的汤浅邦弘氏惠寄该本的复印件，谨致感谢。

32 笔者手头所有的是花园大学禅文化研究所所藏的该书抄本的复制版。

33 参见新谷尚纪：《位牌》（《日本民俗大辞典》上卷，东京：吉川弘文馆，1999 年）。

其言行。

关于这一点，荻生徂徕曾在《南留别志》中这样写道：

> 今俗所用位牌乃儒家之制也。明会典有云首之式。今之儒者守家礼之法。程朱之法非古礼也。（《南留别志》卷一）

这里所谓的“明会典有云首之式”，乃是徂徕的误解。在《重修大明会典》“品官家庙”一章中，只记载《家礼图》的木主，并没有呈现云首样式（即牌位上部附有云彩模样的装饰）。[34] 即便如此，其中“今俗所用位牌乃儒家之制也”一句，恰恰说明当时社会上得以普及的木主属于《家礼》式木主。虽然徂徕在这里从古学派的立场出发，对《家礼》式的木主（牌位）有所批判，但这完全来自他自己的学术立场，实际上得到普及的并非他所说的所谓“古礼”，而是朱子学的仪礼。考察江户时代牌位的普及状况，当然除了儒教之外，还必须考虑到佛教和神道教的动向。如上所述，日本佛教界使用牌位的做法本身就是受了《家礼》影响的结果，若溯本求源，最终都可上溯至《家礼》。与此同时，江户时代的这种状况可与现代日本普遍使用的圆顶平板型的牌位发生连接。[35]

---

34 后来荻生徂徕在《答松子锦问神主制度》（《徂徕集》，近世儒家文集集成第 3 卷，东京：ぺりかん社影印，1985 年）中写道：“云首，予尝言出《会典》，《会典》诚无之，一时见诸他书而误记耳。”从而订正了《南留别志》的说法。

35 关于神道丧祭中位牌的使用状况，笔者将另外撰文论述。不过就其结论而言，《家礼》的影响痕迹也是显而易见的。可参《古事类苑》礼式部二一・丧礼三；加藤隆久编：《神葬祭大事典》（东京：戎光祥出版株式会社，1997 年）；国学院大学日本文化研究所编：《神葬祭资料集成》（东京：ぺりかん社，1995 年）。

（二）冲绳与韩国

接下来，简单介绍一下冲绳和韩国使用木主的相关情况。

冲绳历来深受中国文化的影响，就《家礼》而言，也是如此，《四本堂家礼》一书就是一个很好的例证。此书是明代来日的福建人后裔蔡文溥的著作，很明显受到了《家礼》的影响。正如漥德忠所指出的，《四本堂家礼》在冲绳得到了相当程度的推广，并已化为当地的习俗。[36]

另外，《家礼》在韩国的影响之大已是众所周知的事实，因而在此仅对《家礼》式木主在文昭殿及民间的使用状况稍加说明。

所谓文昭殿，是在宗庙之外另建的一座祭奠历代皇帝的设施。据李朝《国朝五礼仪》卷八和序例卷五，木主被称为“位版”，并有如下说明：

> 位版用栗木为之。长一尺二寸，厚八分，宽四寸，圭首。趺长八寸，宽四寸，厚二寸。（《国朝五礼仪》序例卷五《凶礼·神主图说》）

由此看来，虽然这种位版的尺寸与《家礼》式木主稍有差异，但是其圆顶平板型（所谓“圭首”即指木主的顶端呈圆形）的外形则明

36　参见漥德忠：《中國の習俗と〈四本堂家禮〉》（《南島史學》第7号，1975年）及《〈四本堂家禮〉に見える沖繩の中國的習俗》（《東方學》第51辑，1976年）。另外，《四本堂家礼》只有抄本传世，现被收入《那霸市史》的《资料篇》第1卷10（那霸市役所编，1989年）之中。

确地告诉我们：它是以《家礼》为依据的。〈图 17〉即《国朝五礼仪》所载的位版图。也就是说，在韩国的李朝时期，与宗庙里放置如〈图 5〉所示唐代风格的木主相对而言，在文昭殿里放置的则是《家礼》式的木主。[37]

在李朝时代，《家礼》的仪礼扎根在韩国民间的程度之深超过了其他任何国家，已经成为韩国人的习俗。〈图 18〉所揭示的就是被供奉在《家礼》式祠堂（家庙）内的木主照片，[38] 值得注意的是，这个木主仍是圆顶平板型。

结　语

本文首先揭示了朱子学中的所谓“礼”的含义，然后对《家礼》式的木主呈何形状及其特色进行了考察，进而论述了木主在后世的普及状况，并涉及禅佛教的清规。在这当中，有关木主的普及问题，还有许多方面有待于进行更为细致深入的探讨，但是本文至少揭示了《家礼》式木主得以推广普及的基本路径。

实际上，对朱熹而言，“礼”就是“理”的具体化，这是朱子学思想中的本质内容。不仅如此，程颐和朱熹从“凡礼，以义可起”——礼可以根据道理而重新制定——这一立场出发，针对礼制问题提出了极其大胆的设想。在朱子学中，存在着一种不同于复古主义或原理主义的柔软姿态。这种立场可以称之为“原则主

37　关于韩国李朝宗庙的木主样式问题，可参本书第 5 章。

38　〈图 18〉据竹田旦：《祖先崇拜の比較民俗學》（东京：吉川弘文馆，1995 年），页 26。

义”。正是因为他们能够准确地把握基本原则（即程颐、朱熹所说的“大体”），所以才能够针对各种不同的具体情况而灵活地采取相应的对策。作为这种行为方针的具体体现之一，程颐在继承传统儒教思想的同时，制作出与此前的礼制不同的圆顶平板型木主。这种新型木主被朱熹的《家礼》所继承，此后不仅在中国，而且在日本、冲绳以及韩国等地得以普及推广，成为祭祀祖先不可或缺的要素之一。

至此，我们再一次感受到了《家礼》对近世东亚世界所产生的影响力之巨大。正如加地伸行所指出的那样，“招魂再生”的观念是中国、朝鲜半岛和日本在内的东亚地区的生死观的一大特色，[39] 的确，这一地区的人们有将祖先亡灵视为生者而进行祭祀的倾向。但是，为了祭祀就必须要有一个寄托祖先亡灵的象征物。儒教主张供奉木主，而程颐和朱熹则设计出了适合普通人使用的木主样式。此后，这种木主就在近世东亚世界得以推广。朱子学以前的木主确有若干种类型，然而除了韩国李朝宗庙里的木主（〈图 5〉）和荻生北溪等人制作的木主（〈图 6〉）是仿制唐代宗庙木主之外，这些样式的木主并没有在东亚地区普及开来。由此可见，在近世东亚世界祭祀祖先这一礼制的发展史上，《家礼》中所倡导的木主（牌位）具有划时代的意义。归根结底，这意味着《家礼》为“招魂再生”这一东亚固有的思想提供了一种仪礼式的范型（form）。

若就日本而言，每家每户的佛坛几乎都供奉着祖先牌位，实际

39　加地伸行：《儒教とは何か》（中公新书，东京：中央公论社，1990 年）及《沈默の宗教——儒教》（东京：筑摩书房，1994 年）。

上便是源自《家礼》。尽管我们平时并没有意识到这一点，然而这却是朱子学扎根于日本习俗之中的一个实例。

图像说明

下列各图在可知的范围内复原其形状和尺寸（小数点第 2 位四舍五入）

图 18：韩国的祠堂与木主

图像

（校者按，图 1 至图 8 与本书第五章《木主考》附录中 8 图的内容及顺序完全相同，故此省略，以下仅列图 9 至图 18）

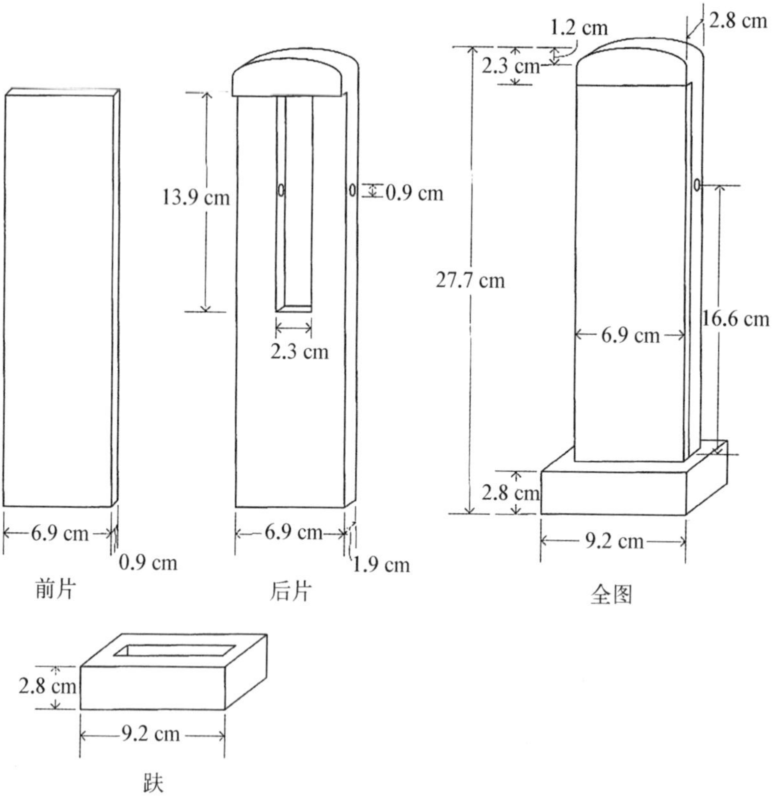

图 9　程颐及《家礼》木主（神主）

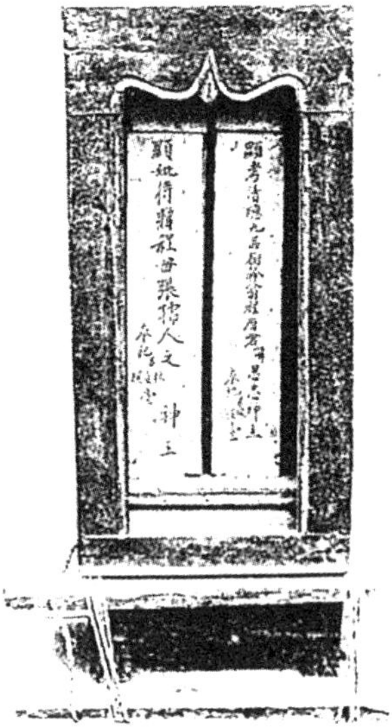

图 10　中国近世的木主

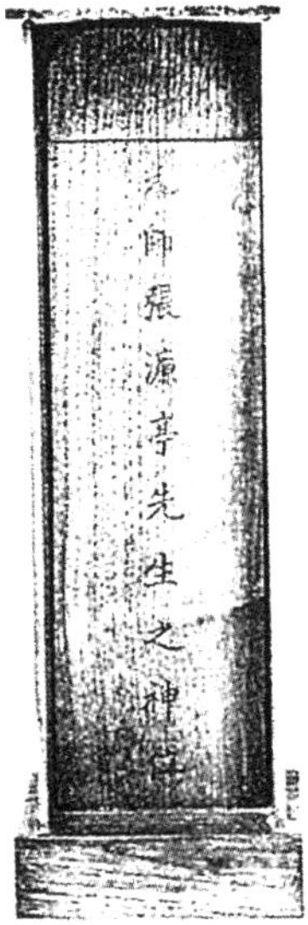

图 11　张裕钊的木主

图 12　乾隆帝的木主

图 13　《小丛林略清规》真亭图

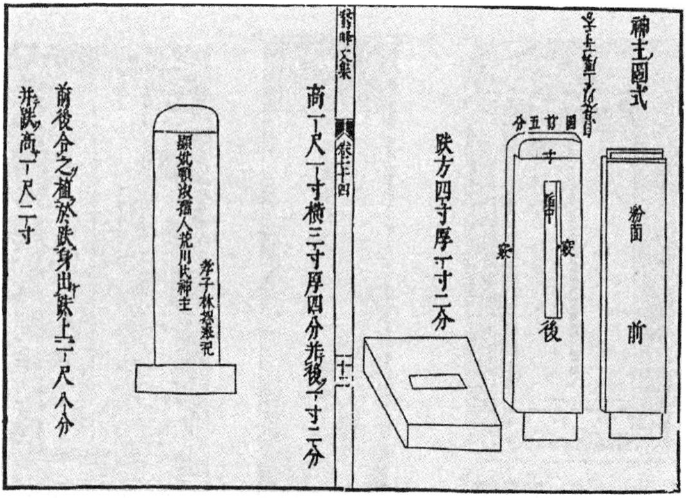

图 14　林鹅峰母亲的木主

图 15　浅见絅斋的木主

图 16　若林强斋的木主

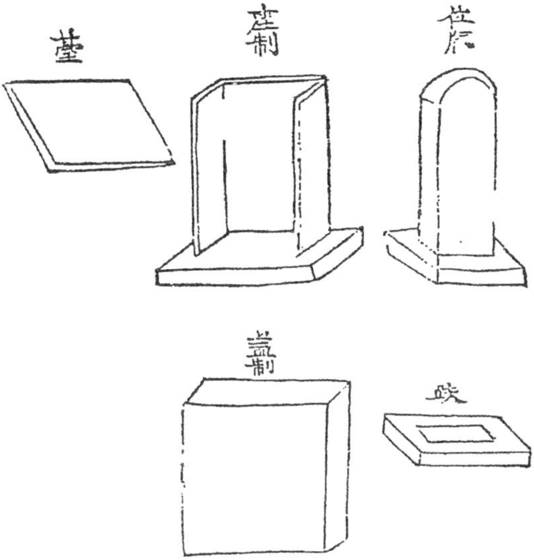

图 17　韩国李朝文昭殿的位版（右上）

图 18　韩国的祠堂与木主

第七章　深衣考

——近世中国、朝鲜及日本的儒服问题

前　言

由朱熹《家礼》引起的反响之一，是儒服的问题，也即作为儒者的服装问题。在同书所见的这种服装当中，最为重要的是“深衣”，在其卷一《通礼》的“深衣制度”中可见相关记述。

服饰在仪礼的实践中具有重要作用，这在现代日本的婚礼及葬仪之际亦可看到，例如，不要说当事者（死者亦如此），即便是参加者也需要身着一定的服装，若无视这一点，则婚礼或葬仪便难以成立。尽管服饰构成了仪礼的重要因素，然而历来在考察《家礼》之际，关于服饰问题却几乎未作检讨。不仅如此，至于深衣在日本是如何被接受的等问题，就管见所及，学界尚无研究。

不用说，深衣是见诸《礼记·深衣篇》《玉藻篇》等文献中的中国古代的服装。《玉藻篇》载“朝玄端，夕深衣”，这是说，白天身着玄端服（上朝时的公服），晚上在家则身穿深衣。在《深衣篇》中，更是说由于深衣是根据“规矩绳权衡”的制法而成，故受到先王的推崇，并说：

> 故可以为文，可以为武，可以摈相，可以治军旅，完且弗费，善衣之次也。

郑玄注“善衣”即“朝祭之服”，故“善衣之次”意指仅次于朝服及祭服（祭祀所用之服装、吉服）的服饰，而且除了士、大夫等统治阶层使用之外，庶人也可作为祭服而使用。要之，深衣是一种不论文服、武服，还是会客时在旁的随从以及祭祀等场合都可广泛使用的简易礼服。[1] 关于“深衣”一词的含义，据《玉藻篇》孔颖达疏，是指将分别制成的衣和裳加以合缝，能深深包裹身体，故有此名。[2]

关于中国古代的深衣，此前已有一定的研究，而且也尝试复原深衣。[3] 这些研究固然重要，但我在这里并不是要探讨有关深衣的

---

1 按，“深衣”一语在儒家经书中仅见诸《礼记》。《礼记》有关深衣的记述除《深衣篇》及《玉藻篇》以外，另见《檀弓篇上》：“将军文子之丧，既除丧而后越人来吊。主人深衣练冠，待于庙，垂涕洟。”《王制篇》及《内则篇》则有“有虞氏皇而祭，深衣而养老”之说。《曾子问篇》载：“曾子问曰：‘亲迎，女在涂而壻之父母死，如之何？’孔子曰：‘女改服，布深衣，缟总，以趋丧。’”

2 “所以此称深衣者，以余服则上衣下裳不相连，此深衣衣裳相连，被体深邃，故谓之深衣。”（《礼记·玉藻篇》孔颖达疏）

3 有关中国古代深衣的代表性论著，列举如下：

黄宗羲：《深衣考》一卷（《四库全书》经部礼类）

戴震：《深衣解》一卷（《戴震全集》第 3 册，北京：清华大学出版社，1994 年）

江永：《深衣考误》一卷（《皇清经解》）

任大椿：《深衣释例》三卷（《皇清经解续编》）

齐思和：《儒服考》（《史学年报》第 2 期，北京：燕京大学，1930 年）

原田淑人：《汉六朝の服饰》（财团法人东洋文库，1937 年）

林巳奈夫：《西周时代玉人像の衣服と头饰》（《史林》第 55 卷第 2 号，1972 年）

林巳奈夫：《汉代の文物》（京都：京都大学人文科学研究所，1976 年）（转下页）

原义问题，而是要探讨深衣在后世的展开问题。这是因为深衣是通过《家礼》而受到关注，并使得中国以及东亚的儒服历史进入了新的阶段。

本章首先略述深衣在宋代的复兴，进而探讨深衣在江户日本引起了怎样的反响。在此之际，亦将朝鲜置于我们的视野进行探讨，这是因为深衣问题在近世东亚地域儒教文化交涉史上具有一定的意义。

一　深衣在宋代的复兴

（一）北宋之前

《礼记》等中国古代文献所见的深衣究竟是如何制作的呢？这一点到了汉代已经变得模糊不清。对此，近年沈从文指出：

> 深衣……西汉以后在中原地区或已不传，亦或发生了较大

（接上页）相川佳代子：《汉代衣服史小考》（《东方学报》京都，第47册，1974年）

沈从文：《中国古代服饰研究》（香港：商务印书馆，1981年；上海：上海书店出版社，2005年）；古田真一、栗城延江译：《中国古代の服饰研究（增订版）》（京都：京都书院，1995年）

孙机：《深衣与楚服》（《中国古舆服论丛》所收，北京：文物出版社，1993年）

周汛、高春明：《中国衣冠服饰大辞典》（上海：上海辞书出版社，1996年）

相川佳代子：《深衣再考》（田中淡编著：《中国技术史の研究》所收，京都：京都大学人文科学研究所，1998年）

高春明：《中国服饰名物考》（上海：上海文化出版社，2001年）

蔡子谔：《中国服饰美学史》（石家庄：河北美术出版社，2001年）

福井重雅：《中国古代儒服诠议》（《早稻田大学大学院文学研究科纪要》第51辑，2006年）

转化，故东汉经学家郑玄为《深衣篇》作注时已难得具体准确。[4]

的确，在郑玄的注当中已有不明确的部分，不免令人有隔靴搔痒之感。更有一种看法认为，古文献所记载的深衣制作乃是一种理念上的设定，未必是实际穿着使用的。[5] 不管怎么说，深衣到了汉代以降，只是作为一种“传说”被人时时想起而已，并没有受到太大的关注。[6]

但是，及至北宋中期，深衣忽然变得大受欢迎。关于这一点，宋末元初的马端临《文献通考》有如下概括：

按三代时衣服之制，其可考见者虽不一，然除冕服之外，惟元端（玄端）、深衣二者其用最广。元端则自天子至士皆可服之，深衣则自天子至庶人皆可服之。盖元端者国家之命服也，深衣者圣贤之法服也。然元端虽曰命服，而本无等级，非若冕弁之服上下截然者之比，故天子服之而不卑，士服之而不为僭。至于深衣则裁制缝衽动合礼法，故贱者可服，贵者亦可服，朝

4 注3所引沈从文：《中国古代服饰研究》（上海：上海书店出版社，2005年），页100。

5 注3所引相川佳代子《汉代衣服史小考》及《深衣再考》对于深衣是否是一种实际使用的服饰表示了怀疑。

6 唐代杜佑《通典》关于深衣只有片断式的记述，而未加以特别重视。又，北宋初聂崇义《新定三礼图集注》关于深衣既无考证亦无图像，只是在其卷二“袆衣”条中，引用《后汉书·舆服志下》“后夫人服”所载“皇后谒庙服，绀上皁下，蚕，青上缥下，皆深衣制”，及在卷三“通天冠”条中，引用《后汉书·舆服下》“通天冠”所载“服衣，深衣制”。可见，直到北宋初期以前，深衣并未受到关注。按，在北宋后期陈祥道《礼书》中，卷一〇“深衣”条及卷一五“深衣带”条有简单的考证。

廷可服，燕私亦可服。天子服之以养老，诸侯服之以祭膳，卿大夫士服之以夕视私朝，庶人服之以宾祭，盖亦未尝有等级也。古人衣服之制不复存，独深衣则《戴记》言之甚备。然其制虽具存，而后世苟有服之者，非以诡异贻讥，则以儒缓取哂。虽康节大贤亦有今人不敢服古衣之说。司马温公必居独乐园而后服之，吕荥阳、朱文公必休致而后服之。然则三君子当居官莅职见用于世之时，亦不敢服此以取骇于俗观也。盖例以物外高人之野服视之矣，可胜慨哉！（《文献通考》卷一一一《王礼考》六）

在这里，大致表述了以下几层意思：

（1）古代礼服最有广泛性的是玄端和深衣。

（2）其中，深衣是自天子至庶人，不论贵贱亦不论在朝还是燕私，谁都可以穿着的礼服。

（3）古人衣服的制作，只有深衣在《戴记》亦即《礼记》中有详细叙述。

（4）然而及至后世，穿着深衣不是被视作奇装异服而受到诽谤，就是被人嘲笑为腐儒。

（5）就连北宋邵雍（康节）这样的贤者，也不会穿着古服，司马光（温公）及吕希哲（荥阳）、南宋朱熹（文公）也只是私底下穿着，即便如此，也被人视作骇俗之举。

尽管对于马端临所说的古代礼服的实际情况，我们在理解时不能照单全收，不过，他指出及至北宋开始尝试复原古服深衣，这一点却是重要的。其实，宋代以道学家为核心，热切期望着“复归古礼”，这一点我在本书中已经指出，[7] 意图复兴长期以来被人忘却的深衣，也正是由这种“复归古礼”之愿望的结果。马端临指出这种行为受到人们的诽谤及嘲笑，关于这一点有待后述，这里我们想确认的是三点：在《礼记》等中国古代文献中，深衣作为简便的礼服而被记录；汉代以后，它的存在几乎未受到人们的关注；及至北宋，有一部分儒者开始尝试复兴深衣。

（二）司马光及朱熹

接下来，我们来看一下对于复兴深衣作出贡献的司马光及朱熹的所作所为。司马光《书仪》卷二的《深衣制度》，在以《礼记》及其郑注、孔疏以及《汉书》《后汉书》《释名》等古代文献为依据的同时，进行了独自的考证。这一记述被《家礼》中的深衣部分所继承，因此《书仪》在深衣历史上具有划时代的意义。

实际上，司马光自己曾制作并穿着深衣。关于这一点，邵雍子邵伯温的《邵氏闻见录》卷一九有记载：

> 司马温公依《礼记》作深衣、冠簪、幅巾、缙带。每出，朝服乘马，用皮匣贮深衣随其后，入独乐园则衣之。常谓康节曰：“先生可衣此乎？”康节曰：“某为今人，当服今时之衣。”温公叹其言合理。

---

7 参见本书第四章。

在同书卷一八亦载："公一日着深衣，自崇德寺书局散步洛水堤上。"上引"独乐园"乃是司马光于颐宁六年（1073），因王安石新法而被贬为闲职之际，在洛阳制造的邸宅，[8] 的确，如马端临所说，司马光在平时是穿着深衣的。〈图 1〉所示的司马光肖像，虽然身体部分不太清楚，但是戴在头上的显然是幅巾。如后所述，幅巾与深衣构成一套冠服。

关于上引邵雍"某为今人，当服今时之衣"，朱熹批评道：

> 康节说"某今人，须着今时衣服"，忒煞不理会也。（《朱子语类》卷八九"冠昏丧・丧"，第 2 条）

这是因为朱熹的立场是，虽然不可能全面恢复古礼，但是有必要汲取古礼之精神，创造顺应时代的仪礼，以保持礼的秩序。[9]

上述马端临有关北宋吕希哲穿深衣的记述出自《吕氏杂记》卷上，但原文所述不是深衣而是"野服"，野服是比深衣更为简便的一种儒服，关于这一点有待后述。

如上所述，在朱熹，《家礼》卷一《深衣制度》详细论述了有关深衣的制作方法，与此几乎完全一致的表述又见《朱文公文集》卷六

8 顾栋高：《司马光年谱》（北京：中华书局，1990 年）熙宁六年条。

9 由以下言论，可见朱熹关于仪礼的基本立场："古礼难行。后世苟有作者，必须酌古今之宜。"（《语类》卷八四"礼一"，第 5 条）"礼，时为大。有圣人者作，必将因今之礼而裁酌其中，取其简易易晓而可行。"（同上书，第 6 条）这里的说法可以规约为二点：第一、不可能全面恢复古礼，第二、尽管如此，但应斟酌古今仪礼，以保持适应时代的仪礼。关于朱熹的有关礼的讨论，参见《東アジア文化交渉研究》别册五《〈朱子语类〉礼关系部分译注 1》（吾妻重二主编，关西大学文化交涉学教育研究基地，2009 年）。

八《深衣制度》。这些表述无疑是蹈袭了《书仪》，不过相对于《书仪》的记述在性质上偏重于文献考证而言，朱熹的场合则省略了这类考证，做了相当实用的说明。另外，《文集》所收的《深衣制度》附载了"图"，这是从《家礼》卷首的"图"那里继承而来的。

关于朱熹在日常起居时身着深衣一事，可由黄榦《朱子行状》所载得知：

其闲居也，未明而起，深衣幅巾方履，拜家庙以及先圣。

《朱子语类》亦载：

春夏则深衣，冬则戴漆纱帽。衣则以布为之，阔袖皂褖（缘），裳则用白纱。（《朱子语类》卷一〇七"内任·杂记言行"，第22条）

又载：

先生以子丧，不举盛祭，就影堂前致荐，用深衣、幅巾。荐毕，反丧服，哭奠于灵，至恸。（《朱子语类》卷八九"丧"，第37条）[10]

10　按，据《宋史》卷四三〇《黄榦传》，朱熹临终之际："病革，以深衣及所著书授榦，手书与诀曰：'吾道之托在此，吾无憾矣。'"但是，王懋竑以为此话乃是附会禅宗衣钵相承说而加以否定（《朱子年谱考异》卷四"甲子先生卒"条）。陈荣捷：《朱子新探索》第70条"朱门传授"（台北：台湾学生书局，1988年）亦持相同看法。

可见，朱熹与司马光一样，复原已失传的深衣，而且还常常喜欢身着深衣。

关于宋代深衣的著作，此外还有北宋末王普《深衣制度》一卷（《宋史·艺文志》），《家礼》也曾参照了此书。王普，福建闽县人，朱熹称赞王普为当时优秀的礼学家，[11] 在《家礼》卷首“图”中的“深衣冠履之图”，朱熹引用王普之说：“王普《制度》云：‘缁布冠，用乌纱漆为之，不如纸尤坚硬。’”或许是基于此书，故在《家礼》的《深衣制度》中，关于缁冠，朱熹主张“以糊纸为之”。由王普的著作可以表明，在当时深衣正开始受到人们的关注。

（三）《家礼》中的深衣制法

然而，《家礼》所说的深衣究竟是一种什么样的服装呢？关于先秦时代的深衣本来是如何制作的，存有许多不明之处，故后世出现有关深衣的大量研究论著是不无理由的，但是，《家礼》的记述也未必明白易晓，而是相当复杂的。这里省略细节的考证，就其大略，列举如下：

材料与形式、尺寸：白色细布，亦即质地细腻的白绢。另将衣（上衣）和裳（下裳）分别制作，然后加以合缝。见〈图 2〉。尺寸使用所谓的指尺。所谓指尺，将中指向内侧弯曲的中间关节的间隔为一尺，这是为了符合个人身体的大小不同。

衣：使用四幅。所谓幅，是指衣料的宽度，一幅为二尺二寸。

---

11 《语类》卷八四“论后世礼书”第 7 条及第 8 条。

身体前后分别为二幅，合计四幅。与裳缝合部分的腰围，除去缝边部分，合计七尺二寸（一尺八寸×四）。两侧腋下部位不断开。

裳：将六幅衣料，斜面裁切为二，共计十二幅，然后将狭窄部分往上缝合。其结果，裳的各个部分有纵向的缝合针线。

圆袂：带圆状的袖口。用一幅布一折为二，与衣的长度相合，分别缝合于衣之左右，因此袖口变得很宽。而且，沿着袖口以圆形缝制。袖口的宽度为一尺二寸。

方领：领子部分呈方形交错，亦即所谓的V字型的形状。见〈图3〉。

曲裾：在裳的右边部分附一条燕尾状的布，以防止裳打开之际露出里面的部分。《家礼》的这部分记述是依据郑玄说而来，但是据朱熹高弟蔡渊及杨复所说，将轻薄的东西缝合在一起的说法，到朱熹晚年被否定，订正为应在裳之左右的前后部分缝合成钩型。[12]若此，则《家礼》本文所说的“曲裾”（原为郑注语，燕尾状之布）丧失了意义。《礼记·深衣篇》的“续衽钩边”被认为正指此而言，盖谓在缝合“衽”（裳之左右）的打开部分之际，以钩型（交叉）缝合成“边”（两端）。日语的读法则是“衽を続くるに辺を钩す”（译者按，即“续衽钩边”的日语训读），缝制成“かぎ型”（译者按，意即“钩型”）的就是钩。《家礼》卷首的“深衣

---

12 在《家礼》附录，蔡渊说：“（先生）谓属衽钩边者，只是连续裳旁，无前后幅之缝，左右交钩即为钩边，非有别布一幅，裁之如钩而缀于裳旁也。”《性理大全》本《家礼》的《曲裾》注引杨复说，曰：“先生晚岁所服深衣，去《家礼》旧说曲裾之制而不用，盖有深意，恨未得闻其说之详也。及得蔡渊所闻，始知先师所以去旧说曲裾之意。”

前图”是依其晚年之说而成（参见〈图2〉）。但是，《家礼》图在其他地方，又作为“裁衣前法·裁衣后法”，记载了制作燕尾状之布的方法，可见，朱熹的早年说与其晚年说似乎混杂在一起。

黑缘：黑色领口。用黑缯亦即黑色的绢织物制作。缝在领、袖口以及裳的下边。

大带：用白缯亦即白色的绢织物制作。打成蝶结（两耳），带的顶端要长垂至裳边。垂于其下的部分叫做绅。另在大带之上，结以五色组合的带条（五采绦）。

缁冠：用糊纸以及黑漆加固的冠。制作五个有一定高度的呈半圆弧形的东西，将其围在武（即冠带）的前后，正好套在结发的髻上。武的高度为一寸，幅度为三寸，长度为四寸。武穿有穴口，以穿过象牙及象骨制成的笄。

幅巾：掩盖头部全体的黑缯的头巾，使用幅度为一幅、长六尺的布。从缁冠的上面套下。另在两鬓的地方，附上幅度二寸、长度二尺的细长带子，并将其绕至头部后面打结，剩余部分让其下垂。

黑履：黑色鞋子。作为一种装饰，附上白絇、繶、纯、綦。白絇是鞋子顶端部分的装饰，繶是连接鞋底及侧面之间的带子，纯是鞋口边缘的装饰，綦则是将鞋子与脚后跟连接的带子。

以上有关大带、缁冠、幅巾、黑履，请参见〈图4〉。

如上所述，我们应注意的是，深衣的装束除了衣和裳的部分以外，还由各种各样的服饰所构成，所有这些成为一整套。

《家礼》的深衣，大致便如以上所说的一套制作，但是，根据

《礼记》的说法，其尺寸具有象征的意味。此即如《深衣篇》所载，裳的十二幅对应于一年十二月，更有“古者深衣，盖有制度，以应规矩绳权衡”之说，意谓深衣是根据规、矩、绳、权、衡五法制作而成的。具体而言，如下所示：

袂成以圆形、圆袖=规（尺子）

领以方形交差、方领=矩（曲尺）

背部有笔直的缝针线、负绳=绳（墨绳）

裳的下边呈垂直平坦状=权、衡（秤砣、秤杆）

不用说，所谓规、矩、绳、权、衡，见诸《淮南子·天文训》及《春秋繁露·五行相生篇》，意指天地之间的基本准绳。由于深衣又被视作天地秩序的象征，可以说，这一寓意亦被蕴含在《家礼》当中。所以，身着深衣就不仅仅意味着穿戴古服而已，而是拥有了将天地秩序附于此身的象征意味。

《家礼》称这种深衣的装束为“平日之常服”（《家礼》卷一《深衣制度》）。每天早晨拜祖先祠堂的场合，以及在四时祭、初祖、先祖、祢、忌日的各个节日举行祭奠之时，或扫墓的场合，主人都要身着深衣。[13] 另外，在冠礼的场合，在三行加冠仪式之际，最初也是身着深衣（第二次则穿皂衫，第三次则穿公服），在丧礼的场合，则穿袭衣亦即作为死后的装束让死者穿上深衣、幅巾、大带。

---

13 《家礼》卷一《通礼·祠堂章》：“主人晨谒于大门之内。”自注曰：“晨谒，深衣，焚香再拜。”另可参见同书卷五《祭礼》的四时祭、初祖、先祖、祢、忌日、墓祭各章。

不过，深衣与所谓的“盛服”不同。据《家礼》，在元旦、冬至、每月朔望参拜祠堂之际，主人以下都要身着“盛服”。所谓“盛服”，若有官位的话，则穿戴幞头、公服、带、靴、笏；若是进士，则穿戴幞头、襕衫、带；若是处士，则穿戴幞头、皂衫、带；若无官位，则穿戴帽子、衫、带。如果没有这些装束，则穿深衣或凉衫。[14] 要之，公服及襕衫乃是正装的“盛服”，相对而言，深衣则毕竟是简略的礼服。

（四）朱熹以后

如上所述，深衣由司马光及朱熹得以复原，并被他们所使用。然而，这种服装在当时，似乎被看成是非常奇异的装束。这一点可从上述邵雍的看法那里得以窥见，而朱熹晚年在遭遇政治迫害亦即所谓的庆元党禁之际，他的这种服装也成了被攻击的目标。例如，南宋末的史绳祖便说：

> 如庆元间四凶劾朱文公之疏，以深衣冠履而为怪服妖服。（《学斋占毕》卷二《饮食衣服今皆变古》）

认为朱熹等人的深衣装束为“怪服妖服”。在庆元六年（1200）的朱熹葬仪之际，有人上奏主张应当取缔朱熹门人的会葬：

14 《家礼》卷一《通礼・祠堂章》：“正至朔望则参。主人以下，盛服入门就位。……凡言盛服者，有官则幞头、公服、带、靴、笏。进士则幞头、襕衫、带。处士则幞头、皂衫、带。无官者，通用帽子、衫、带。又不能具则或深衣，或凉衫。有官者亦通服帽子以下，但不为盛服。”

臣闻此徒盛炽时，宽衣博带，高谈阔论，或沉默不言，则其口似瘖，或蹁跹不趋，则其步似蹇。冠以知天时，儒者之事也，彼独婆娑其巾帻而为不正之冠；履以知地形，儒者之事也，彼独华巧其綦絇而为不正之履。（《道命录》卷七下《言者论伪徒会送伪师朱某之葬乞严行约束》）

这里所谓的“宽衣博带”，与《家礼》所说的深衣之特征相符合，而所谓“婆娑其巾帻”“华巧其綦絇”，则无疑也是基于深衣的一种穿戴。此外，南宋的周密也批评道，就在庆元党禁发生之前，一部分士人身着“裒衣博带”，装扮成一副道学家的气派。这个批评也是指深衣而言。[15]

由此看来，由于受党禁的迫害以及深衣被看作与世俗有违的奇怪服装等原因，故在朱熹以后，深衣只是在一部分儒者之间被使用。据《宋史·舆服志五》的记载，在淳熙年间（1174—1189），朱熹定祭祀、冠婚之服而加以颁行，关于深衣，则说“士大夫家冠昏、祭祀、宴居、交际服之”。不过，朱熹颁行与服装有关的文献并没有其他文献记录，这里所说的深衣制作也只不过是借用了《家礼》的记述而来，因此，在南宋时代，朱熹拟定的深衣是否得以普及，这是相当可疑的。检索《宋史》，几乎找不到有关使用深衣的事例，

15 《齐东野语》卷一一“道学”条：“世又有一种浅陋之士，自视无堪以为进取之地，辄亦自附于道学之名，裒衣博带，危坐阔步。或抄节语录以资高谈，或闭眉合眼号为默识。而扣击其所学，则于古今无所闻知，考验其所行则，于义利无所分别。此圣门之大罪人，吾道之大不幸，而遂使小人得以借口为伪学之目，而君子受玉石俱焚之祸者也。”

可以注意的只有朱熹门人黄灏以及南宋末任参知政事的高定子的事例而已。[16]

此后在中国，究极而言，除了特别的场合，深衣并不被使用。翻开《明儒学案》，也只有很少的有关使用深衣的事例。明代王艮（1483—1541）是少数的例外，他在贫困的生活中，常将《孝经》《论语》《大学》藏于袖中，日日参究，据传：

> （王艮）按礼经制五常冠、深衣、大带、笏板，服之。曰："言尧之言，行尧之行，而不服尧之服，可乎！"（《明儒学案》卷三二《泰州学案一·处士王心斋先生艮》）

这是说，由于王艮是热烈的儒教信奉者，所以依据"礼经"自作深衣而使用。由自作深衣这一记录可知，深衣在当时并不流行。

此外，丘濬在改编《家礼》而成书于成化十年（1474）的《文公家礼仪节》一书中，关于深衣进行了详细的考证，他在引用上述马端临之语后，对于深衣之服早已凋零非常感叹：

> 按马氏此言，则深衣之在宋服之者，固已鲜矣。况今又数百年后哉！（《文公家礼仪节》卷一《通礼·深衣考证》）

关于明代士人通常不着深衣这一点，由明末亡命日本的朱舜水

---

16 《宋史》卷四三〇《道学传四·黄灏传》："灏既归里，幅巾深衣，骑驴匡山间，若素隐者。"同书卷四〇九《高定子传》："退居吴中，深衣大带，日以著述自娱。"

的证言那里亦可窥知。宽文四年（1664），流寓长崎的朱舜水在与德川光圀的使者小宅处斋（生顺）的交谈中，有这样一段问答：

> 问："深衣制，明朝所用如何？先生所见者，法《礼记》乎？法朱文公《家礼》乎？"答："仅见《家礼》耳。明朝如丘文庄亦尝服之，然广东远不可见。王阳明门人亦服之，然久而不可见。《家礼》所言自相矛盾，成之亦不易，故须得一良工精于此者，方能为之。"（《答小宅生顺问六十一条》第56条。译者按，出自《朱舜水集》上册，北京：中华书局，1981年）

在这里，小宅处斋问道明朝深衣是如何制作的，对此，朱舜水答道：深衣仅见诸《家礼》，广东的丘浚（丘文庄）及王阳明门人（或许就是上述的王艮）曾服之，但我自己却不曾亲见。进而他指出《家礼》的记述有矛盾，所以制作深衣并非易事。博识如朱舜水者，竟也如此说，则可推知深衣在明代的实际情况又会如何。在明代，关于深衣似乎有过一些探讨，也在一定程度上受到关注，[17] 王圻《三才图会》虽然对深衣的图有说明，但作为一种百科事典，也只不过记录了经书中所载的深衣。

及至清代，深衣也没有得到普及。举例来说，众所周知，有宽政十一年（1799）之序的《清俗纪闻》是长崎奉行中川忠英动员长

---

17 在《明史·艺文志》礼类中，与深衣相关的著作有以下著录："朱右《深衣考》一卷""黄润玉《考定深衣古制》一卷""岳正《深衣注疏》一卷""杨廉《深衣纂要》一卷""夏时正《深衣考》一卷" "王廷相《深衣图论》一卷" "夏言《深衣考》一卷"。

崎的翻译，向清代商人进行询问调查而撰成的一部广博的清国风俗集，其中也没有深衣的记载。深衣对于清人来说，不得不说已是一种遥远记忆的服装。此外，打开收录有清代学者 368 人肖像的叶衍兰、叶恭绰《清代学者象传》（上海书店出版社影印，2001 年）一书，所见几乎全是长袍像，身着明确的深衣像之人物竟无一例。在《明清人物肖像画选》（上海人民美术出版社，1982 年）所载为数众多的人物画中，身着深衣的肖像仍然未见一例。

由此可见，在中国，自宋代以降，深衣只是那些自负为儒者，欲向他人强烈表示自我的人物才例外地使用，王艮便是其典型的案例，于是，深衣成了只是性格怪异者才使用的特殊服装。

（五）士人的常服

那么，在中国的近世时期，士人平时身着的常服又是怎样的呢？关于这一点，在此略加介绍。[18]

首先，有一种“直掇”。这是衣和裳不分的单衣的长袍，较诸深衣，是更为随意的日常服饰。四周附有黑色的衣边。〈图 5〉所示乃是元初赵孟頫所绘的身着直裰的苏轼像。

与此相似的又有“道服”或“道袍”。原是道士之服，故有此称，宋代以降亦作为士人及庶人的常服而被广泛使用。这也是长袍，用白色、灰色、褐色等布帛制作而成。[19] 顺便指出，朝鲜王朝时代

18 关于中国服饰，注 3 所引周汛、高春明《中国衣冠服饰大辞典》便于参考。

19 南宋程大昌《演繁露》卷八《褐裘背子道服襦裙》：“今世衣直掇为道服。”明王世贞《觚不觚录》：“无线导者，则谓之道袍，又曰直裰。”所谓线导，即指下面所说的横襕亦即膝之部分加入的横线。

的两班平时所穿的平服也是道袍。

其次，有一种“襕衫”。这是儒生即进士合格者以及官学的学生的服饰，《宋史·舆服志五》“士庶人服”载：

> 襕衫，以白细布为之，圆领大袖，下施横襕为裳，腰间有辟积。进士及国子生、州县生服之。

《明史·舆服志三》“儒士、生员、监生巾服”条载：

> 生员襕衫，用玉色布绢为之，宽袖皂缘，皂绦软巾垂带。

“圆领”亦即圆形的项领，故与方领（V字型）的深衣不同，而且它是衣和裳不分的单衣。所谓“下施横襕为裳”，即指在膝下部位，加入襕亦即横线，使其看上去像裳一样。襕衫又叫“蓝衫”。蓝衫在有清一代作为学生制服而被使用，曾在清末进过县学的冯友兰说：

> 秀才有一种制服，叫“蓝衫”，是用绸子缝制的一种像大衣一样的衣服。[20]

秀才即生员，这里是指县学的学生。

20　冯友兰：《三松堂自序》（《三松堂全集》第一卷，郑州：河南人民出版社，2000年），页26—27；吾妻重二译注：《馮友蘭自傳——中國現代哲學者の回想》1（东洋文库本，东京：平凡社，2007年），页59。

此外，与朱熹有关的服装，还有一种“野服”。据《朱子年谱》，庆元四年（1198）夏，致仕的朱熹首次身着野服会客。所谓野服，抑或即指在野闲居时身着的服装。这是模仿上述吕希哲的野服而制成的。根据朱熹《休致后客位咨目》以及曾在黄榦门人赵季仁（赵师恕）那里亲见朱熹野服的罗大经《鹤林玉露》的记载，那是一种衣和裳分开，附有大带、方履的服饰，与深衣有点相似，直领亦即领子呈笔直状而非 V 字形，没有头戴的东西（冠、巾），这与深衣有违。朱熹称，野服是“祖宗盛时之京都旧俗”亦即北宋首都开封之旧俗，结大带而能行礼，解开则很方便随意，是便于燕居时穿着的便服。[21] 可见，野服也就是一种准深衣的儒服，后来，朝鲜的宋时烈对此有所研究，而亡命日本的朱舜水也曾制作（详见后述）。

二　朝鲜王朝时期的议论与普及

在朝鲜，随着朱子学的传播，高丽时代末的 14 世纪开始使用深

21 《朱文公文集》卷七四《休致后客位咨目》：“荥阳吕公尝言，京洛致仕官与人相接，皆以闲居野服为礼，而叹外郡或不能然，其指深矣。……然而上衣下裳，大带方履，比之凉衫，自不为简。其所便者，但取束带足以为礼，解带可以燕居，免有拘绊缠绕之患，脱着疼痛之苦而已。”罗大经《鹤林玉露》卷二乙编“野服”条：“朱文公晚年，以野服见客。……余尝于赵季仁处见其服上衣下裳。衣用黄白青皆可，直领，两带结之，缘以皂，如道服，长与膝齐。裳必用黄，中及两旁皆四幅，不相属，头带皆用一色，取黄裳之义也。别以白绢为大带，两旁以青或皂缘之。见侪辈则系带，见卑者则否，谓之野服，又谓之便服。”

衣，而且，与中国不同，在士人及学者之间被广泛使用。[22] 在这里，对此状况略作介绍。

显示朝鲜时代深衣得以普及的事例是，有关深衣的著述在整个朝鲜王朝时代被不断地书写，就管见所及，按时代顺序，如下所示：

郑　逑（1543—1620）：《深衣制造法》，《寒冈先生文集》卷九“杂著”

韩百谦（1552—1615）：《深衣说》，《久庵遗稿》上“杂著”

郑经世（1563—1633）：《深衣图》，《愚伏先生文集》卷九《答权仲明论深衣》

柳馨远（1622—1673）：《衣冠》，《磻溪随录》卷二五

金　干（1646—1732）：《深衣附论》《深衣篇》《深衣制度考证》，《厚斋先生集》卷三七“杂著”

李　瀷（1681—1763）：《深衣弁》，《星湖先生全集》卷四三“杂著”

黄胤锡（1729—1791）：《山雷深衣制式》《深衣会通新制》，《颐斋遗稿》卷二四“杂著”

李德懋（1741—1793）：《深衣》，《青庄馆全书》卷八“礼记

22 《한국민족문화대백과사전》（韩国民族文化大百科事典）“심의”（深衣）条（韩国精神文化研究所，1995 年，第 14 册，页 176），金英淑、孙敬子：《朝鲜王朝韩国服饰图录》（东京：临川书店，1984 年），金英淑：《韩国服饰文化事典》（大阪：东方出版，2008 年）。关于朝鲜的服饰，亦可参见孙敬子、金英淑：《韩国服饰史资料选集》朝鲜篇 Ⅰ ~ Ⅲ（首尔：教文社，1982 年）。

臆”二

徐荣辅（1759—1816）：《深衣》，《竹石馆遗集》册八“礼记札录”

成海应（1760—1839）：《深衣解》上下，《研经斋全集》卷二十“经解”二

成海应（1760—1839）：《深衣》，《研经斋全集续集》册八“礼说”

成海应（1760—1839）：《深衣考》，《研经斋全集外集》卷一五“礼类”

丁若镛（1762—1836）：《袭用深衣非古》，《与犹堂全书》第三集“礼集”卷二一《丧仪节要·读礼书札记》

丁若镛（1762—1836）：《深衣》，《与犹堂全书》第三集“礼集”卷八《丧礼四笺·丧服商》

丁若镛（1762—1836）：《深衣》，《与犹堂全书》第三集“礼集”卷六《丧礼四笺·丧具订》

李圭景（1788—?）：《深衣弁证说》，《五洲衍文长笺散稿》卷五六

许　传（1797—1886）：《深衣丧服制度策问》，《性斋集》卷九“杂著”

此外，在朝鲜王朝时期《家礼》很普及，基于同书的冠婚丧祭仪礼也得以实施，这一点为学界所熟知。有关《家礼》的注释书也为数不少。在《家礼》的实践中，人们使用深衣。这些事例表明，对于以两班为核心的知识阶层尤其是儒者来说，深衣是他们极为重

要的关怀。[23] 可以说，在朝鲜王朝，深衣乃是表明儒者高贵身份的一种制服。

在上列的著述当中，特别成为议论之焦点是有关“续衽钩边”一句的解释，韩百谦指出：

> 不有蔡、杨诸公推求朱子之意而改正之，则后世几不免服妖。

这是依从经蔡渊、杨复等改正的朱熹晚年说，柳馨远对此表示了支持，针对于此，李德懋及李圭景则指出这与郑玄说有异。

李滉（1501—1570）对于深衣亦持有强烈的关心，他曾向门人金就砺（字而精）询问道：

> 深衣制度，可疑处终未究得。不知都中有能知者否？（《与金而精》，《退溪先生文集》卷二八）

并催促其制作深衣：

> 深衣已制否？暮春间安道来时，付之为佳。（《答金而精》，同上书卷三〇）

23 有关朝鲜王朝时代的《家礼》著述很多，可参见李承妍：《朝鮮における〈朱子家禮〉の受容および展開過程——金長生〈家禮輯覽〉を中心に》（《朝鮮學報》第153辑，1994年）；本书第一章。

金就砺为应对这一要求而制作了深衣和幅巾，并送给了李滉。李滉门人禹性传（字景善）则就其深衣和幅巾，向李滉发问：“金而精制上深衣、幅巾，果不戾于古制耶?”对此，李滉答道：

> 而精制寄深衣，未知尽合古制与否，而大概似得其体，闲中可时着了。惟幅巾，未敢便以为得古制，且其着用，非但骇俗，于己亦殊不便。(《答禹景善别纸》，同上书卷三二)

关于这件事情，李滉门人金诚一曾这样记述：

> 金就砺造幅巾深衣以送。先生曰：“幅巾似僧巾，言失其制，着之似未稳，乃服深衣而加程子冠。”晚年斋居如此。客来则改以常服焉。(《退溪先生言行录》卷三《饮食衣服之节》)

李德弘则说：

> 庚午九月，先生自陶山将返溪堂，冠程子冠，衣深衣，自京初造来。亲启柴门，招德弘曰：“今日欲试古人衣冠耳。”(同上书)

由此可知，李滉虽然于晚年对金就砺制作的幅巾有所不满，但就深衣而言，他在闲居之际亦曾穿着使用。顺便一提，现在韩国的一千元纸币上印制的李滉肖像便是穿着深衣、幅巾的身姿。[24]

24　这是韩国庆尚大学张源哲教授对我的提醒。

〈图 6〉所示的是康熙二十四年（1685）刊行的金长生《家礼辑览》卷首所载的深衣图，〈图 7〉是领子的形状和冠（黑冠而非幅巾），虽略有差异，但这是许传《士仪》卷首所载的许传本人的深衣像。〈图 8〉则是李益炡（1699—1782）的深衣，出土于首尔的麻浦区，目前，被收藏于首尔檀国大学校的石宙善纪念博物馆，乃是 18 世纪的贵重遗产。[25] 又，〈图 9〉是最近在韩国的复原图。

此外，宋时烈（1607—1689）著有《野服图说》（《宋子大全》卷一三四“杂著”），对上述朱熹的野服进行了考察。

三　日本的场合——其一：藤原惺窝、林罗山等

那么，接受了朱子学的日本江户时代的情况又如何呢？就结论而言，深衣在日本并没有得以稳固流传。江户时代儒学家身着深衣的肖像除了个别的一些例外，首先是难以目睹的。

例如〈图 10〉所示的是以荻生徂徕为中心的蘐园学派的一些人的肖像，他们身着的都是和服。其中，坐在最靠前中央的服部南郭，如后所述，他在江户时期的日本乃是少有的推动中国仪礼研究，并试图复原深衣的学者，然而他的肖像不用说也是和服姿，在其膝下甚至还放置了日本刀。经查《古事类苑》，在其服饰部虽有“道服”条，但没有“深衣”条。序于正德三年（1713）的寺岛良安《和汉三才图会》一书中，虽有“深衣”条，但这与明代《三才图会》一样，只是将其作为文献上的知识记载而已。这些都表明，要之在日

25　关于李益炡的深衣，承蒙韩国檀国大学崔圭顺教授惠赠资料，谨致感谢。

本，深衣即便在著名的儒学思想家中亦未得到普及。

然而，有关深衣的接受情况，随着时代的不同而呈现出差异。特别是在江户初期，曾引起儒者们的强烈关心，这也是事实。以下，区分若干案例来展开考察。

首先应注意的是，被视为近世日本朱子学之始祖的藤原惺窝。他在关原之战之后不久的庆长五年（1600）九月，曾身着深衣、道服与德川家康会面，这件事非常著名。林罗山《惺窝先生行状》庆长五年条载：

> 秋九月，幕下入洛。先生深衣道服谒幕下，欲听其言。

惺窝的这身深衣以及道服，也许是向朝鲜儒者姜沆那里学来的。庆长三年（1598）左右，惺窝与被虏至京都的姜沆以及大名（译者按，“大名”指江户时代的地方最高首领，相当于诸侯）赤松广通、贺古宗隆曾有亲密的交往，赤松广通是一位连衣服及饮食等仪礼的细节都要全部模仿中国、朝鲜的儒教信奉者，[26] 可以想见，惺窝是在与他们的交游中得知深衣的制作方法的。

惺窝曾对其门人林罗山这样说道：

> 我衣深衣。朝鲜人或诘之曰：“其衣深衣可也，奈其薙发何？”我对曰：“此姑从俗耳。……”诘者颔之。（《惺窝问答》，

---

26 姜沆：《看羊录》（《睡隐集》所收）。另见姜沆：《看羊录——朝鮮儒者の日本拘留記》（朴钟鸣译注，东洋文库本，东京：平凡社，1984年），页183。

《藤原惺窝集》下)

这里所说的朝鲜人或许就是姜沆，他对惺窝的薙发（剃发）表示了质疑，但不管怎么说，可知他们之间就深衣问题进行了认真的讨论。

其实，惺窝在儒教仪礼的问题上曾指出：

> 若诸儒不服儒服，不行儒行，不讲儒礼者，何以妄称儒哉？（《答林秀才》，《惺窝先生文集》卷一〇）

这个说法值得关注，这是说既然称为儒者，那么就不仅在思想上，而且还必须在仪礼及服装方面也遵从儒教，惺窝为了鲜明地表示自己是名副其实的儒者，所以不顾他人会怎么看而穿着深衣。

这一思考方式亦为林罗山所共有。罗山于庆长九年（1604）三月，为了求见惺窝而向吉田玄之（角仓素庵）写了一封信，该信一上来便以深衣作为话题，其曰：

> 如今先生乃衣深衣而讲儒学，则所谓“若非玉色程明道，便是深衣司马公”者，于先生见之矣。（《寄田玄之》，《林罗山文集》卷二）

他称赞身着深衣而讲学的惺窝的勇气，进而说道，只要是身为儒者，着儒服乃是当然之事，所以若能坚持信念继续下去，不远之将来，那些偏见自然会云消雾散。

在该年闰八月，罗山得到惺窝的许可，借到了存放在贺古宗隆那里的深衣，并以此为模型，让裁缝制作深衣。关于此事，可由以下第一段罗山的记录及第二段罗山寄给惺窝的书信中得知：

时余请贺氏，借深衣欲制之，先生听之。翌日，深衣、道服到。余乃令针工以法裁素布而制深衣。（《惺窝问答》，《藤原惺窝集》下）

前回不虞之会，明快不可言。仮言于贺氏晓此意以达否？所诺之深衣一领、道服一领，备制法。深衣者少杂国服之样，盖取一时之便也。若从皇明之制，则短其袖，长其裳可也。（《与林道春甲辰闰八月二十六日》，《惺窝先生文集》卷一〇）

据此，惺窝的深衣似乎做了某些日本式的改变。另据传，罗山此后便身着制成的深衣从事讲学。[27]

〈图 11〉所示便是惺窝的深衣像。据其识语，原为江户初期狩野永纳所绘的原画，由渡边华山于文政六年（1823）摹画。又，〈图 12〉乃是出自狩野探庵手笔的罗山的深衣像。由这些肖像可见，衣和裳是被分开的，领子、袖口以及裳的下端有黑边，裳有纵向针线，大带及由大带上方打结的纽扣，还有黑色的鞋子等等，非常忠实地模仿了《家礼》的深衣，生动地表现了当时的装束。关于罗山，另有世俗的说法认为，头戴头巾是为了掩盖他的和尚头，因为他对自己的和尚头的僧侣形象感到羞耻，[28] 这是肤浅的误解，罗山

27 《年谱》上“庆长九年条”：“先生自是着深衣讲书。”（《林罗山诗集》下卷《附录》，东京：ぺりかん社复刻，1979 年）

28 堀勇雄：《林罗山》（人物丛书，东京：吉川弘文馆，1964 年），页 130。

只是身着与深衣成为一套的幅巾而已。

值得注意的是，罗山与朝鲜通信使亦曾就深衣问题有过问答。罗山于宽永十三年（1636），在接待以白絖为正使、金世濂为副使的朝鲜通信使之际，与书记官文弘绩进行了如下的笔谈：

> 问：深衣之制法详载《文公家礼》，是行来朝之人，缝裁之工手知之者乎？
>
> 答：我国有刘希庆，尝善于此，年九十而往年死矣。今有学焉者，而是行亦无带来者。然考诸《家礼》，则亦必有可据之处矣。
>
> 问：裁缝之工人虽无之，携深衣而渡海者无之耶？
>
> 答：无之。（《韩客笔语·丙子腊月与朝鲜进士文弘绩笔语》，《林罗山文集》卷六〇）

据此，朝鲜通信使的一行人员虽然没有携带深衣，而罗山在询问有关制法的同时，打听“有无携深衣而来者”，可见其对深衣非常关心。

此外，惺窝在庆长七年（1602）左右，寄希望于尚是少年的松永尺五，向他赠送了自己的深衣和幅巾。[29]

由上可见，在江户初期，以藤原惺窝为核心团体，制作并身

29 松永昌琳：《尺五堂恭俭先生行状》：“惺窝公知其少年诚实简默，必成儒者之名，而授与先生以自所着深衣、幅巾。”（《尺五先生全书》卷首《尺五先生全集》所收，东京：ぺりかん社，2000 年）。据后来成书的泷川昌乐《行状》（同上书），此后有“是继道统之传，此其证”一句，此乃蛇足。

着深衣，在弟子之间得以继承下来。特别是在罗山门下，这一传统似在一定程度上得以保持。宽永十年（1633），在上野忍冈的家塾中建成的先圣殿（孔子庙），罗山在首次举行祭孔的释菜（译者按，“释菜”语出《周礼》，为执师礼）仪式之际，全体人员身着的都是深衣、幅巾。此事见犬冢逊《昌平志》卷二《事实志》：

> 十年癸酉二月十日，始释菜孔庙，林信胜（罗山）献官。
>
> 逊按，献官以下诸执事，皆服深衣幅巾，衣巾并用缎子绉纱制，林恕《释菜诗序》云：“深衣翻袂者是也。”释菜孔庙昉于此。[30]

这里的林恕即罗山子鹅峰，的确，在其《鹅峰林学士文集》卷一一二《释菜颂并序》中，有“深衣曳裾”的记载。在此释菜之际，由各大名寄赠了许多深衣，所以他们得以身着此衣。[31] 而且，鹅峰的日记《国史馆日录》宽文六年（1666）四月二十七日条载：

> 集诸生于圣堂，各着深衣列坐，扬帘，余向正面上香，再拜着座东方，诸生着西方，使高庸读规式。[32]

---

30 《昌平志》卷二《事实志》（《日本教育史资料》第7册），页14。

31 《昌平志》卷三《礼器志》：“深衣若干领，附巾帽若干顶，并用缎子绉纱制，下皆同，盖系于宽永制置。右陆奥守伊达纲村制置。”另有记录藤堂高久、池田纲纪、佐竹义寄赠了深衣（《日本教育史资料》第7册，页386）。

32 《国史馆日录》第一（续群书类从完成会，史料纂集110，1991年），页261。

这是发布最初具体化的林家学塾规则《忍冈家塾规式》之际的记录，[33] 全体成员身着深衣，端坐于圣堂（孔子庙）之内，而且令弟子朗读这部《规式》。明历三年（1657），喜欢儒学的河内守令井上正利作深衣，与鹅峰会面商谈，[34] 在万治三年（1660）成书的鹅峰的祭礼书《祭奠私仪》当中规定，于祭祀祖先之日，可身着深衣。这一点也值得注意。[35] 而且在万治四年（1661），其弟读耕斋去世之际，鹅峰仿照《家礼》，将幅巾和深衣作为死者的装束。[36] 除此之外，还流传着鹅峰以及读耕斋的深衣姿态的肖像。[37]

然而自此以后，在林家行释菜仪式时，渐渐不穿深衣。关于这一点，正如《昌平志》卷五《仪节志》“释奠旧仪”按语所载：

> 按，宽文仪、享官皆服深衣幅巾，故执事员有布衣书生之称，以别于着深衣者。元禄辛未，始令各执事皆服布衣，但不拘颜色。

这里所谓的“宽文仪”，是指宽文二年（1662）及十年（1670），鹅

---

33 关于鹅峰《忍冈家塾规式》，吾妻《江户初期における學塾の發展と中國、朝鮮——藤原惺窩、姜沆、松永尺五、堀杏庵、林羅山、林鵞峰らをめぐって》（《東アジア文化交涉研究》第2号，关西大学文化交涉学教育研究基地，2009年）曾有探讨。

34 鹅峰《后丧日录》（国立公文书馆藏写本）明历三年（1657）四月二十八日条关于“河内守”，曰：“考《丧礼》，作葬具，又考《礼记》制深衣。”此处所谓河内守，即井上正利，由鹅峰《泣血余滴》跋文可知：“河州太守井上正利最好儒学，不信浮屠。”

35 《祭奠私仪》（内阁文库藏鹅峰稿本）：“凡祭日，可着野服。或虽着白袴，亦无妨乎。或虽着深衣，不为过焉。”

36 鹅峰《哀悼任笔五条·其五》关于读耕斋的葬仪，曰：“棺制及敛式，如《泣血余滴》，但蒙幅巾，着深衣。”（《鹅峰林学士文集》卷七五）

37 《国史大辞典》（东京：吉川弘文馆，1990年）第十一卷，页677；原德斋：《先哲像传》卷一。另，《先哲像传》卷一亦载藤原惺窝、林罗山的肖像，均为深衣、幅巾之姿。

峰审定的释奠仪节（式次第），[38] 元禄辛未则指元禄四年（1691）二月，根据将军纲吉的指示，在神田新建圣庙，举行释奠之事。自元禄四年以降，此前的深衣、幅巾装束被全部改成布衣。据《昌平志》，当时，作为大学头而主持释奠的献官林信笃（凤冈，鹅峰子）的装束是“绯袍束带”，其他人员则是布衣（无纹的狩衣。译者按，“狩衣”指日本古代以来公家常用的便服），都是和式的装扮。[39]

为什么会发生这样的变化呢？可以想见的理由是，以纲吉为首的幕府要员也参加仪式。纲吉身着长袴盛装亲赴圣堂，亲自烧香、礼拜而驾临释奠，大名以及老中、若年寄、侧用人（译者按，“老中”“若年寄”“侧用人”均为江户幕府直接侍从将军的官职名称）等等亲信重臣也身着盛装参列。[40] 也就是说，元禄四年的释奠是作为幕府管辖之下的一大典礼而得以举行的，而不是此前的那种林家的私人仪式。在将军以及大名、幕臣以和式的盛装参列的公家仪式上，林家的儒者们也有必要服从幕府的惯例，身着和式装束。换言之，不穿深衣、幅巾，只是由于圣堂逐渐变成了幕府的保护和统制之下的设施。

由此，在举行仪礼之际，身穿儒服的深衣或道服的林家习惯到了元禄时代前后，大体上消失了。我们从传达了江户时代后期状态的圣堂释奠图及圣堂讲释图，可以看到大多是和式打扮及身着羽织袴，而未见深衣姿态的人，也是这个缘故。[41]

---

38 《昌平志》卷二《事实志》（《日本教育史资料》第7册，页16、17）。

39 《昌平志》卷二《事实志》元禄四年辛未二月十一日条：“献官服绯袍束带，执事官并服布衣。”（《日本教育史资料》第7册，页20）

40 《昌平志》卷二《事实志》元禄四年辛未二月十一日条以及《常宪院殿御实纪》卷二十三元禄四年二月十一日条（《（新订增补）国史大系》第43卷，东京：吉川弘文馆，1931年）。

41 参见《湯島聖堂と江户時代》（〔财〕斯文会，1990年）。

顺便指出，后来新井白石也向朝鲜通信使打听有关幅巾及深衣的事情，正德元年（1711），在与正使赵泰亿及从事官李邦彦的笔谈中可以看到相关记载。然而，白石虽然对幅巾表示了兴趣而且还得到了一件，但他对于深衣，却十分牵强地指出："本邦之俗所称吴服者，盖与深衣之制，大同小异耳。"在他看来，似乎只要穿吴服（和服）便可以了，不必特意制作深衣。[42]

四　日本的场合——其二：朱舜水与安东省庵、德川光圀等

接下来应注意的事例是朱舜水的场合，因为他于万治二年

---

42 《江关笔谈》，《新井白石全集》第四（1906），页729—730。关于幅巾和深衣的问答如下（其中，平泉即赵泰亿，南冈即李邦彦）：

> 平泉曰：俺所着，公知之乎？
> 白石曰：不知。
> 平泉曰：此是幅巾。
> 白石曰：本邦近制幅巾，仆未见古制也。若其有副，幸得借一，以仿制焉。
> 平泉遂脱赠。
> 白石起，再揖谢曰：可以比缟纻之赠。
> 平泉曰：欲着幅巾，先着缁冠，制在《家礼图式》，可考。
> 白石曰：……本邦文物，出于三代之制者不少。如仆所戴者，即是周弁之制。亦如深衣之制，校之《礼经》，则知汉唐诸儒漫费其说也。
> 南冈曰：深衣之制，司马光以后，自有定论，贵邦岂有他本耶？
> 白石曰：考之《礼经》而可也。汉唐以来诸儒纷纷之说，何足以征之也。本邦之俗所称吴服者，盖与深衣之制，大同小异耳。
> 南冈曰：贵邦冠婚丧祭，用《文公家礼》否？
> 白石曰：本邦五礼，多与三代之制相同。如其凶礼，则大连氏小连氏，世掌相丧事焉。孔子称善居丧者，即是且如唐陆德明《周礼音义》书，引郑大夫之说，以为本邦盖有古之遗法，可以见其梗概耳。近世丧祭，儒家颇依朱子《家礼》而行之。

（1659）亡命长崎之后，曾尝试制作深衣。邀请他制作的先是安东省庵，然后是德川光圀。

（一）安东省庵

安东省庵（1622—1701）为柳川藩的儒者，松永尺五的门人，因师事朱舜水并援助其在长崎的生活而闻名。

省庵向朱舜水请教了各种问题，服装是其所关心的事情之一。例如，他们有如下的问答：

> 问：老师所服，是大明礼服否？
>
> 答：巾、道袍，大明谓之亵衣，不敢施于公廷之上。下者非上命不敢服此见上人，上人亦不敢衣此见秀才，惟燕居为可耳。今来日本，乃以此为礼衣，实非也。（《答安东守约问八条》，《朱舜水集》上册《问答二》，北京：中华书局，1981年，页374）

据此，朱舜水没有身着深衣、幅巾，所穿的是道袍，他称之为“亵衣”。道袍是平时的服装，这一点已如上述。另外，他虽然戴有头巾，但不是幅巾，而是包玉巾。由其他资料可以确认，朱舜水平时身着道袍（道服）和包玉巾，[43] 其姿态由目前存于水户德川家的朱舜水坐像可以窥见（〈图13〉）。

---

43 《朱文恭遗事》：“先生朔望必望拜。黎明，门弟子扫堂设几，展毡，备香烛台，先生披道服，戴包玉巾，东向而拜。”（《朱舜水集》下册，页625）又，《朱氏谈绮》卷上《道服制》载包玉巾图，曰：“用皂绢造之，玉为饰。朱先生常戴之。”

省庵由对服饰的关心，进而向朱舜水请求制作深衣：

> 日本儒者能整顿得冠婚葬祭四大节，亦是一事。
>
> 问：将以深衣为日本之礼服，如何？
>
> 答：颇好，但图中有差处，不佞不解，亦无余银，令裁工制来一看。（《朱舜水寄安东省庵笔语》[44]）

这是说，省庵为了整理冠婚葬祭的仪礼，而问“以深衣为日本之礼服，如何?”，这是很大胆的说法。对此，朱舜水回答道，深衣的制作方法不太清楚，而且深衣图前后有矛盾，因此先让裁工试做一下。

但是，制作深衣并非易事。省庵向朱舜水这样说道：

> 凶服之制，素所愿也。制之则深衣幅巾，非力所及，不若凶服唯衰而已。制深衣幅巾也，敬计合吉凶服，出银二十两余，则方决为之。去年借银多矣，无可通移者。（安东守约《上朱先生二十二首》第16，《朱舜水集》上册，页754）

在这里，省庵改变了方针，由于凶服（丧服）比深衣、幅巾是更为简易的服装，所以想首先制作“衰衣”（斩衰、齐衰）。而且，如果这些吉服、凶服都要做成，制作费用需要共计银二十余两的巨款，这毕竟无法筹备。另一方面，朱舜水在给

44　徐兴庆：《新订朱舜水集补遗》（台北：台大出版中心，2004年），页207。

省庵的信中则说：

> 制深衣裁工，为虏官所获，囚禁狱中未来，来则急急为之，无问其费矣。潦草则所费不甚相远，而不可以为式，亦不可也。历访他工无知者，今好此者多，但未有能之者耳。(《与安东守约书二十五首》第18，《朱舜水集》上册，页166)

也就是说，可依托的裁工不知何故被逮捕了，导致深衣制作受挫。虽然让其他裁工做了尝试，但是却没有能够正经地按照礼式正确制作深衣的有技术的人。朱舜水进而说道：

> 明朝衰衣之制……今所做者无此，失其制矣。……惟深衣幅巾，能为之者，百中之一二耳。必竢前工到，方可为之，须少宽半年。梁冠不佞亦能为，当备料制奉。(《答安东守约书三十首》第13，《朱舜水集》上册，页182)

在这里，朱舜水说，制作儒教所说的衰衣也并不容易，至于深衣、幅巾，由于没有适当的裁工，希望再等半年。所谓"俟前工到"，大致是指等到上述被逮捕的裁工回来以后的意思。

由此可见，深衣制作伴随着各种各样的困难。若是粗略地制作，那么另当别论，如果要按照礼式来制作，那么有以下各种因素对制作造成了妨碍：第一、朱舜水未见过深衣，第二、必须按照《家礼》及其他各种文献来正确地再现，第三、需要一定的费用，第四、有技术的裁工几乎没有，第五、好不容易找到的裁工却发生了被逮捕的意外事件，等等。最终的结果似乎是朱舜水未能为省庵制成深衣。

(二) 德川光圀

宽文五年（1665）六月，朱舜水为了服务于德川光圀而从长崎来到江户。这一次，他为了光圀而开始着手深衣的制作。

如上所述，在前一年的宽文四年（1664），德川光圀的使者小宅处斋曾为了招聘朱舜水而访问长崎，当时两人有过一场笔谈。并不太受人注意的是，两人最初的问答正是围绕深衣的问题：

> 问：本邦近代儒风日盛，师及门生往往服深衣、野服等，堂堂有洙泗之风。然所制者，皆以《礼记》及《朱子家礼》、罗氏《鹤林玉露》等考之。异域殊俗，虽以义兴之，而广狭长短不便人体。想尺度之品、制法之义，别有所传乎？赐教示。
>
> 答：……仆匏系长崎，如坐井观天……至若深衣之制，亦只学圣之粗迹耳。《玉藻》文深义远，诚为难解。《家礼》徒成聚讼，未有定规。服深衣，必冠缁布，上冒幅巾，腰束大带，系带有绦，垂与裳齐，屦顺裳色，絇繶纯綦（綦）。贵国衣服有制，恐未敢轻易改易也。（《答小宅生顺问六十一条》，《朱舜水集》上册《问答四》第 1 条）

在这里，小宅处斋就深衣及野服的制作进行了询问，朱舜水的回答与其对安东省庵的回答一样，坦陈制作不易。并说除了有必要作文献上的考证以外，还必须对缁冠、幅巾、大带、绦、屦甚至絇、繶、纯、綦等等装饰全部复原。[45]

处斋又就野服问道：

问：野服法，朱文公初制之，然世无服之者。迄罗大经时，其服已绝，才在赵季仁处见之。先生在南京见其服否？但历代有异乎？

答：晦翁先生言“得见祖宗旧制”，则非初制矣。但明朝冠裳之制，大备于古，自有法服，故不用先代之物，而其制遂不可见耳。（《答小宅生顺问六十一条》，《朱舜水集》上册《问答四》第55条）

关于朱熹所作的野服，上面已经提到，处斋是以此为前提而进行的提问，朱舜水则说，明代另有所规定的服装，关于野服，未能亲眼见过。

如此看来，朱舜水对于制作深衣及野服是有点消极的，然而到了江户以后，这次受到了光圀的直接催促。正如“今水户上公欲做深衣”[46] 所说，结果，在宽文六年（1666），朱舜水决定让居住在长崎的福建人陈二娘这位女性来制作。在寄给长崎町年寄的高木作右卫门的书信中，有这样一段记述：

45 处斋还与省庵一样，询问朱舜水身上的冠服，朱舜水答道：此不过是便衣（即道袍），礼衣没有带来，也无力制作礼衣。“问：‘先生所冠所服，是贵国儒服儒冠乎？’答：‘仆之冠服，终身不改。……仆所服者，犹是便衣，至于礼衣，此间不便携来，亦力不能制。’”（《答小宅生顺问六十一条》，《朱舜水集》上册《问答四》第10条）

46 《朱舜水寄何毓楚书》，《新订朱舜水集补遗》，页102。

仆抵东武（按，即江户）以来，所见诸公必以深衣相访。朔日，上公特问深衣可有唐人能作否。仆云："现有闽人陈二娘云能制此衣，言之颇似明晓，且云能制冠履，然行役不能细问，未知其所制果能合式否?"。今，上公欲令此人制深衣一套前来审看之。仆奉托台台，惟冀台台面谕何仁右卫门（按，即上述长崎唐通事〔**译者按，"唐通事"即汉语翻译官**〕何毓楚）唤取此人到府（按，即町年寄的官署），做一套寄来为感。其细数另具于后，诸事俱毫梶川弥三郎书中，不备不宣。

一　深衣一领（用上好袒兰木绵做，缘用上好黑花布单）

一　缁布冠一顶（笄一枚）

一　幅巾一顶

一　大带一条（用白绢为之，辟缘也镶也用绢）

一　黑履一双

一　系带绦一条（或长崎为之，或东武为之亦可）

以上六件令二娘制（《朱舜水寄高木作右卫门》[47]）

这是说，朱舜水根据光圀（上公）的意向，通过长崎的友人，让人制作深衣。不用说，这里所列举的六件与《家礼》是一致的。也就是说，他指示必须依照《家礼》做一套深衣，以准备一套朱子学风格的儒服。

47 《新订朱舜水集补遗》，页103。

此外，朱舜水到了江户以后不久，便撰述了一篇《深衣议》的文章。[48] 文章很长，其要点是：一、深衣有大带、绦、缁布冠、幅巾、履、屦的装饰以及有关尺寸颜色的严密规定，因此若要全部复原成一套，是相当烦琐的；二、自己并没有穿过深衣；三、虽然制作不得不依赖于专门的制工，但他们没有知识而难以达到精纯，等等。这与上述对小宅处斋的回答几乎完全一样。

然而，尽管朱舜水做了不少的努力，最终似乎也没有能够完成深衣。取而代之制成的却是野服和道服。

关于野服和道服的制作，今井弘济、安积觉《舜水先生行实》载：

> 甲寅，二年。先是上公使先生制明室衣冠，至是而成。朝服、角带、野服、道服、明道巾、纱帽、幞头之类也。[49]

亦即延宝二年（1674），到江户九年后，朱舜水让人制作完成了野服、道服及其他服饰，这里不可忽视的是，没有列举出深衣。关于这一点，还值得注意的是，元禄七年（1694），光圀向前关白（译者按，“关白”为日本古代替天皇行使职权的官职名）的鹰司房辅赠送道服之际所说的一番话（译者按，原文为古代日语）：

---

48 《朱舜水集》下册，页461。《深衣议》被与《墓祭议》《学校议》等到江户后所著的论文收在一起，故可判断当为同时期的作品。

49 《朱舜水集》下册，页620。

只今世间通用之道服，不知古来谁人所制。大致所见，其全据直裰，取用于裙、褊、衫。而直裰仅为僧服，即在官之士或隐居隐逸之身，不出家而着用，虽少有疑议，亦自然可有之欤。要之，依古服为宜。若制之，则深衣为吉凶贵贱通用之正服，然全依深衣制之，则相见于异形，可略改深衣而新制矣。[50]

也就是说，光圀虽承认深衣乃是“吉凶贵贱通用之正服”，但是看上去却像是“异形”，他顾虑到这一点，所以让人制道服而代之。

（三）野服和道服的制作

然而，在野服及道服的制作过程中，有水户儒者人见懋斋（野传）和人见竹洞（野节）参与其间。其实，懋斋曾经尝试过野服的制作，在朱舜水的遗著《朱氏谈绮》[51] 卷上所收《野服正制》的开头，有如下记载：

野服正制题辞

子朱子晚年着野服见客，尝称吕原明之言，从赵季仁之

50 《古事类苑·服饰部》十三“道服”条所引《道服考》（同上书，页636）。《道服考》未详，《补订版 国书总目录》（东京：岩波书店，1997年）所载神宫文库藏的写本一册或即此书。另，光圀向鹰司房辅及有栖川幸仁亲王赠送道服一事，又见《桃源遗事》卷五所载（译者按，原文为古代日语）：“今世所云道服制法有误。因是，西山公令改制之，送鹰司前关白房辅公、有栖川幸仁亲王，而受两公赞赏。”（《水户义公传记逸话集》所收，东京：吉川弘文馆，1978年，页181）

51 《朱氏谈绮》三卷是朱舜水死后合册而成，内含《学宫图说》《改定释奠仪注》等朱舜水遗著、人见懋斋的有关仪礼问题的访谈记录以及今井弘济的有关事物名称的访谈记录。宝永四年（1707）安积觉叙，宝永五年（1708）刊本。

制，事载于《文公年谱》、罗氏《玉露》。然《年谱》略而未尽，《玉露》虽寖备，而其言简矣。余患其制难详，因是揭《玉露》本文附注于其下，未详者并按深衣道服之制，搜辑当时巨儒之定论，亦窃附管见，以为成式，绘图于后，便观览也。凡几易不措，方得脱稿，于是就正于弘文学士林先生损益疏冗，庶俾考古者有所折衷云。宽文甲辰三月既望，懋斋野传书。

题后数年，会明征士舜水先生来本朝，游事我君。余陶炙久矣，恳求改削之。先生指点无隐，完补罅漏。于是始惬素愿，深以为幸。丁未之夏，野传书于武州不忍池上寓舍。

据此，懋斋曾在宽文四年（1664）这一年，便已就《朱子年谱》及《鹤林玉露》对野服进行了考证，在对《鹤林玉露》的记述加注作图的同时，请求林鹅峰（弘文学士林先生）加以损益。此后，朱舜水来到江户，于是请其订正，至宽文七年（1667）脱稿。围绕野服，与朱舜水的往来问答，现存有朱舜水寄给懋斋的书信，由这些书信来看，朱舜水不仅对其记述内容，而且就野服的实际制作也进行了指导，并校订了《野服图说》。[52]

接着，朱舜水与人见竹洞就道服及其他事项进行了讨论。例如朱舜水在信中写道：

---

52 朱舜水《与野传（野道设）书四十四首》第30："《野服图说》领到，近日不能及，俟至水户后有余闲，阅竟奉复，不尽。"（《朱舜水集》上册，页241）第19："久不晤，殊觉疏远，歉甚。《野服图说》奉命批定已定，强所不知，弟生平所不敢出也。尊作亦添入一段，并野服裁式，身并袂共二件，希照人。"（《朱舜水集》上册，页237页）

披风、道服奉览。道服镶边，彼时无石青细，故窄狭不堪。今欲为之，须大尺阔三寸五分净，惟后裾不妨稍狭。(《与野节(野竹洞)书三十五首》第3)[53]

由此看来，朱舜水将“披风”和“道服”的实物送给了竹洞。披风即指覆盖双肩的大衣。[54] 对此，竹洞的回函大致是以下这封信：

前日所许借之道服，制工晚成，还璧延及今日，多罪多罪。晦翁先生尝制野服着之。后罗鹤林所谓其制似道服，仆欲见道服久矣。今遇翁之来于江城，并得野服之制。国俗服制混淆，无儒服之制。以此道服为国儒之所服，则仆所愿也。其礼改之则道即在兹乎。奈何，伏请鉴察。(《人见竹洞寄朱舜水书》)[55]

这里竹洞所说“以此道服为国儒之所服，则仆所愿也”，是值得关注的说法，与上述安东省庵的场合相同，充分显示其对中国的仪礼及服饰的钦佩之情。[56]

经由上述考证而制成的野服及道服的制法被收录在《朱氏谈

---

53 《朱舜水集》上册，页207。

54 注3所引周汛、高春明:《中国衣冠服饰大辞典》，页189。

55 《新订朱舜水集补遗》，页111。

56 又，对竹洞此书的朱舜水的回函《答野节书二十八首》第7（《朱舜水集》上册，页223）中，有“遗闻、心史、道服均领到”。所谓“遗闻、心史”，是指《铁函心史》及《明季遗闻》，在此前竹洞的书信中，有将这些书籍借给朱舜水的记录，这里所说表明朱舜水收到了这些书籍。

绮》的《野服正制》中。关于《野服正制》的内容，其目录如下所示，其中未见载深衣：

野服图说
　《鹤林玉露》野服说·注解
　裁衣法
　裁裳法
　野服前图
　野服后图
　裳制
　大带制
　道服着用之图
道服图说
　道服前图
　道服后图
　外襟式
　内襟式
　道服制
　包玉巾　纱帽唐巾
披风图
　披风前图
　披风后图
尺式

其中，关于野服和道服的图，见〈图 14〉和〈图 15〉。[57]

由上可见，对儒教文化怀有憧憬之情的德川光圀及水户儒者曾向朱舜水请求制作深衣，但并未实现，实际上所制作的仅仅是，在儒服中也相当简便的野服和道服。

五　日本的场合——其三：江户时代的考证研究

最后，由于江户时代有一些关于深衣的考证性研究，以下略作介绍。

首先不得不列举的是崎门的若林强斋（1679—1741）的《家礼训蒙疏》（刊本，享保十三年跋）。此书用和文写作，作为《家礼》的注释书而著名，关于深衣的考证也很扎实。

徂徕门人服部南郭（1683—1759）有《朱文公深衣制》，现藏于早稻田大学图书馆服部文库。据笔者的调查，用和线装订的封面上有“享保甲寅年写”附记，故为享保十二年（1734）所刊。在表纸之后，接着有深衣的各部分的尺寸及深衣图（〈图 16〉）的手绘图，此外，还附有两个纸袋，其中装有纸制的微型儒服，共有九点。第一个纸袋中的是玄端服、叔衣、斩齐衣，共三点；第二个纸袋中的是大带（两耳打结的带和五采绦）、深衣、幅巾二点、裳二点，共六点。全部都是小型的，其中的深衣，纵 25.4 厘米，展开衣袖的话，则有 29 厘米，裳边的幅宽有 19.3 厘米。〈图 17〉揭示了其前后

57　又，朱舜水与竹洞还讨论了巾的问题，见《答野节书二十八首》第 13：“垂问巾式，画图并剪纸为样，希照入。”（《朱舜水集》上册，页 226）

两面的图。

服部南郭主持《仪礼》会读，组织礼学研究是在宝历元年（1751）前后，[58] 这个纸制深衣表明，他是最早开始儒教仪礼研究的。

大阪怀德堂的中井履轩（1732—1817）著有《深衣图解》，为明和二年（1765）手稿本，现藏于大阪大学怀德堂文库。内容是对《礼记·深衣篇》《玉藻篇》有关深衣记述的解说，附有图。其特色是，对《深衣篇》的“续衽钩边”进行了独特的解释，此外，他认为深衣不过是燕居之服亦即闲适之时的服装，因此反对将此作为古代礼服而加以推崇。关于这一点，可由同书跋文得以明确：

> 后世巨儒，往往为其眩曜，私制而被服，用之家庙，用之学宫。虽出慕古之至情也，而有不合于礼者，君子病焉。夫家庙、学宫，其燕服之地乎哉！乃服古之燕服而废时王之正服，乌可也？况于吾邦，尤非其所宜。……盖吾之图深衣，特明其度，以通训诂云尔，岂曰服之云乎？（《深衣图解》跋文）

在履轩看来，深衣不能作为儒服的代表，何况“于吾邦，尤非其所宜”，所以在日本穿深衣乃是属于论外的问题。履轩为了反对部分学者推重深衣的风潮，故有此书之作。

履轩也有手制的纸制深衣，明和二年九月制作，与《深衣图解》同年，是用残纸拼接起来而制作的（〈图 18〉）。关于这件纸

58　日野龙夫：《服部南郭传考》（东京：ぺりかん社，1999 年），页 359—360。

制深衣，尚未调查，作为探讨深衣之原义的一个成果，当是十分贵重的。

侍从于津藩的儒者猪饲敬所（1761—1845）著有《深衣考》一文，收录于弘化二年（1845）序刊的《读礼肆考》。关于猪饲敬所的研究至今少见，[59] 他是江户时代后期有代表性的博览强记式的考证学家，关于他的仪礼研究，今后有必要重新评估。

上列这些著作是对《礼记》及《家礼》中的深衣所进行的“研究”，因此将深衣作为自身的穿着这种实践意识较为淡薄，在这个意义上可以说，与上述惺窝以来的儒者们的意向有所不同。但是作为江户时代儒教仪礼研究的代表性成果，仍然是十分重要的。[60]

结　语

本章考察，事涉繁复，作为小结，将论点作如下整理。

深衣是《礼记》记述的中国古代的儒服，但自汉代以降，其制法几乎被遗忘，不过是作为古代儒教的单纯的传说，时常被人想起而已。

然而及至宋代，由于司马光的《书仪》及朱熹的《家礼》，深衣得以重现光芒，并被复原。在“回归古礼”这一热情鼓动的背景中，“传说”变成了“现实”。但是在中国，自此以后，深衣只是为了向他人强烈表明自身的儒者身份、作为一种奇异的服装

59　关于猪饲敬所的《深衣考》，注 3 所引相川佳代子《深衣再考》有所涉及。

60　关于江户时代儒教仪礼研究的大致状况，本书第二章有所探讨。

而被一部分士人所使用，在整个明清时代，深衣并没有被普遍地确定下来。

可是，在朝鲜王朝时期，由于对朱子学及《家礼》的尊崇，深衣受到儒者们的喜爱。深衣成了表现儒者的地位及高贵身份的一种制服。李滉也是复原并身着深衣的一位。可以说，复兴深衣这一在中国未能实现的愿望却在朝鲜得到了实现。

另一方面在日本，令人注目的是，以朱子学接受期的藤原惺窝、林罗山为核心的团体以及朱舜水与德川光圀的团体。他们制作深衣或是为制作深衣而作出了努力。他们是这样一些学者：主张既是儒者，当然就应行儒礼、着儒服的藤原惺窝，对此表示赞同的林罗山，愿将深衣变成日本人的礼服的安东省庵，以及愿将道服变成日本儒者之服装的人见竹洞，等等，他们主张不仅应吸收朱子学的思想，而且还应该吸收朱子学的仪礼。

但是随着时代的推移，江户初期的那种热情由于日本的国情而不得不有所倒退。即便在继承罗山的林家，以 17 世纪末的元禄时代为界线，深衣变得不再被人所使用了。朱舜水也由于复原的艰难而最终未能制成深衣，只是制作了更为简便的野服以及道服等儒服。深衣虽为正装，但看上去却像是“异形”服装这一德川光圀的说法，可以说，恰当地表明了这种理想与现实之间的纠葛。深衣没有作为日本人的服装得以稳定下来，只是作为单纯的研究对象而被人看待。而这一状况，意外地与中国的情况一致。

正如本文开头所说的那样，服饰构成了仪礼的重要部分，而仪礼构成了儒教不可或缺的要素。本章所考察的有关深衣的各种面相，应会作为近世东亚儒教史的一个现象而被我们所记忆。

图像说明（见简目前彩页）

户时代》（〔财〕斯文会，1990 年）

图 13　朱舜水木雕坐像　石原道博《朱舜水》（东京：吉川弘文馆，1961 年）卷首图

图 14　野服图　《朱氏谈绮》卷上

图 15　道服图　《朱氏谈绮》卷上

图 16　服部南郭　深衣图　早稻田大学图书馆服部文库藏

图 17　服部南郭　纸制深衣　前面和背面　早稻田大学图书馆服部文库藏

图 18　中井履轩　纸制深衣　大阪大学怀德堂文库藏　据 WEB 怀德堂网页画像胶卷 37

第三编　礼 书 承 传

第八章 《家礼》和刻本

——日本《家礼》传播史

前　言

朱熹《家礼》作为冠昏丧祭礼仪的日常实践手册，不仅在中国，在朝鲜、琉球、越南等近世东亚国家也广受推崇，对这些国家的儒教礼仪的形成和普及起到了举足轻重的作用。随着人们对儒教的关注，该书在日本江户时代被广泛阅读，且与该书相关的各种译文、解说、研究等也相继问世。

《家礼》及其刻本的出版，是《家礼》被当时的日本所受容的标志之一。根据当时书目文献等可知，该书在当时大量出版，且收获了大量读者。最初在江户时代，大量中国书籍主要通过长崎进入日本，但这些书籍洛阳纸贵，难得一观。因此应读者需求，日本书肆对《家礼》进行大量翻印，和刻本在刊行时通常会附有训点。大多数情况下，日本人正是通过这些和刻本来学习中国典籍和文化的。[1]

据笔者调查，《家礼》相关和刻本至少有四种，分别为浅见絅

1　大庭修：《江户时代中国文化受容之研究》，东京：同朋舍，1984 年。

斋校点《家礼》五卷附图一卷本、丘浚辑《文公家礼仪节》八卷本、小出永安校点《新刻性理大全》(第十八至二十一卷)中《家礼》四卷本，以及《居家必用事类全集·乙集》(第三至四卷)中的《家礼》部分。到目前为止，对这个领域的研究尚属空白。因此，本文结合上述和刻本，对《家礼》的形成、特点及底本版本等内容做了研究。

《居家必用事类全集》是一本人们在日常生活使用、指导生活行为的日用类书籍。但由于书中家礼部分仅记录了《家礼》的主要内容，对《家礼》中原有的描述内容进行了大幅删减，所以虽然该书中记录的《家礼》概要具有一定的意义，但因内容被大幅删减，本文不再引用该书进行相关论述。针对该书的有其他相关研究，[2]如有需要，请另行参考。[3]

一　和刻本《家礼》(浅见絅斋校点本)

(一) 版本的形成过程

和刻本《家礼》校点者浅见絅斋(1652—1712)是江户时代中期的朱子学者，近江高岛人，名安正，俗称重次郎。浅见曾于京都行医，28岁时拜入山崎闇斋(1619—1682)门下，苦心钻研，成为闇斋门下的代表人物，与佐藤直方、三宅尚斋并称“崎

2　关于《居家必用事类全集》，请参考吾妻重二编著:《家礼文献集成·日本篇(五)》解说(东西学术研究资料集刊27—5)，大阪：关西大学出版部，2016年。

3　本稿补充修改了吾妻重二编著:《家礼文献集成·日本篇(六)》解说(东西学术研究资料集刊27—6)，大阪：关西大学出版部，2016年。

门三杰”。因其不认同闇斋的垂加神道，又因批判“敬义内外”说而被逐出宗门。但他性格刚毅，在被逐出宗门后仍秉持自己的观点，还在京都开办私塾。他一生未入仕途，只倾心于研究和传授学问。

絅斋著作除《靖献遗言》八卷、《靖献遗言讲义》二卷、《白鹿洞揭示考证》一卷、《拘幽操附录》一卷、《四箴附考》一卷、《批大学辨断》一卷外，还有《易学启蒙讲义》三册和《论语笔记》三卷，以及大量以《家礼》相关笔记为主的讲义录。其中，流传于世的文集《絅斋先生文集》十三卷为手抄本。[4] 絅斋著作中以《靖献遗言》最为有名。该书收录屈原、诸葛亮、陶渊明、颜真卿、文天祥、谢枋得、刘因、方孝孺等八位以身殉国的忠臣义士的评传，是一本宣扬大义名分论的著作，对以水户学为首的幕府末期的尊王攘夷派志士产生了极其深远的影响。絅斋还校订了正德元年（1711）《晦庵先生朱文公文集》和元禄六年（1693）《大戴礼记》刊本，所有工作均完成得非常出色，并获得高度评价。[5]

絅斋于宝永二年（1705）其继母去世之后，开始给学生讲授《家礼》，[6] 门人若林强斋将笔记内容整理成《家礼师说》一书。除此之外，还留存下了《家礼纪闻》（浅见絅斋先生杂记一一）和《丧祭小记》《丧祭略记》笔记各一册。原本比起其他学派，崎门派

4 《近代儒家文集集成》第 2 卷，《絅斋先生文集》（东京：鹈鹕社，1987 年影印本）。

5 关于《朱子文集》的校点及其正确性，请参考近藤启吾：《浅见絅斋的研究》，东京：神道史学会，1970 年，第 78 页；友枝龙太郎：《朱子的思想形成》附录一《朱子语类的形成 付・朱子文集》，东京：春秋社，1979 年。关于《大戴礼记》的校点，请参考长泽规矩也：《和刻本经书集成》第四辑解说，东京：汲古书院，1977 年。

6 近藤启吾：《浅见絅斋的研究》“年谱”，第 423 页。

就更加重视《家礼》，而闇斋在宣扬以《家礼》为根本的儒式葬祭仪礼的同时，还在《文会笔录》（一）的第二、第三部分中对《家礼》内容进行了研究。[7] 三宅尚斋所著《朱子家礼笔记》抄本九册和若林强斋精心编纂的《家礼训蒙疏》刊本四卷，也是崎门派研究《家礼》的标杆成果。[8]

此外，和刻本《家礼》五卷由絅斋校点并附图后加以刊刻。全书共三册，第一至三卷为第一册，第四至五卷为第二册，《家礼》图别为第三册。此处刊载的书影为关西大学综合图书馆藏本（索书号：3851S2—1~3）。该书是京都秋田屋平左卫门、大阪河内屋喜兵卫、江户须原屋茂兵卫三家书肆于宽政四年联合出版的再刊本，这三家书肆为代表三都的大型出版社，由此可见当时的印刷册数之多。絅斋校点本的《家礼》除再刊本外，

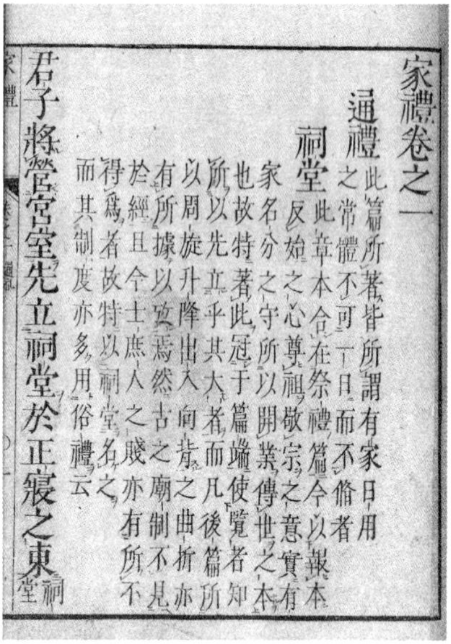
家禮卷之一
通禮 此篇所著皆所謂有家日用之常體不可一日而不脩者
祠堂 此章本合在祭禮篇今以報本反始之心尊祖敬宗之意實有家名分之守所以開業傳世之本也故特著此冠于篇端使覽者知所以先立乎其大者而凡後篇所以周旋升降出入向背之曲折亦有所據以攷焉然古之廟制不見於經且今士庶人之賤亦有所不得為者故特以祠堂名之而其制度亦多用俗禮云
君子將營宮室先立祠堂於正寢之東

图 1　和刻本《家礼》卷一卷首

7　《增订山崎闇斋全集》第 1 卷所收，东京：ぺりかん社，1978 年影印版，第 102—138 页。

8　请参考吾妻重二编著：《家礼文献集成·日本篇（一）》解说（关西大学东西学术研究所资料丛刊 27—1），大阪：关西大学出版部，2010 年。此外，该书还影印了《家礼训蒙疏》。

还有宽政八年、天保二年、嘉永五年等后印本，[9] 广为后世传阅。

在该版本第二册末尾识语中题有“元禄丁丑季冬日，浅见安正谨识”，由此可知该书在元禄十年（1697）校点完毕并出版发行。[10] 但此处存在一个疑点，即该书刊记题“延宝三年乙卯春三月寿文堂旧版烧毁/宽政四年壬子年秋九月复刻”，如果据此推断，寿文堂的木版刻本于延宝三年（1675）被烧毁，宽政四年（1792）又复刻了木版刻本并出版发行。但延宝三年比絅斋完成《家礼》校点的元禄十年早了二十二年。寿文堂是京都的书肆，也是武村市兵卫的堂号，[11] 寿文堂除出版了上述的《晦庵先生朱文公文集》八十册外，还出版了大量山崎闇斋及其门人的著书，如《文会笔录》二十八册、《玉山讲义附录》五册等。如该情况属实，那么在延宝三年前就已出版了《家礼》和刻本。但因目前尚无法证实这种早期版本的情况，且长泽规矩也的《和刻本汉籍分类目录（增补补正版）》也可能是根据该刊记编制而成，所以虽然《延宝三刊（寿文堂）》中记录有《家礼》的相关内容，但其原稿仍被视为“未曾见过”。[12] 再结合复刊的时间，即宽政四年距离延宝三年相差了近一百二十年来看，该消息可能有误。但首先能确认的一点是所有的《家礼》和刻本的初版均是絅斋的校点本。

在该版边框上的线框里有“某当作某”的校记。在上述的《晦

---

9 长泽规矩也：《和刻本汉籍分类目录增补补正版》，东京：汲古书院，2006 年，第 13 页、第 238 页。

10 这一点从元禄十一年的出版目录《增益书籍目录》（丸屋源兵卫）收录了作为《家礼》元本的浅见校对版就可看出。参见市古夏生：《元禄正德板元别出版书总览》，东京：勉诚出版，2014 年，第 232 页。

11 《元禄正德板元别出版书总览》，第 234 页以下；井上宗雄：《日本古典籍书志学辞典》“武村市兵卫”条，东京：岩波书店，1999 年，第 375 页。

12 长泽规矩也：《和刻本汉籍分类目录增补补正版》，第 13 页。

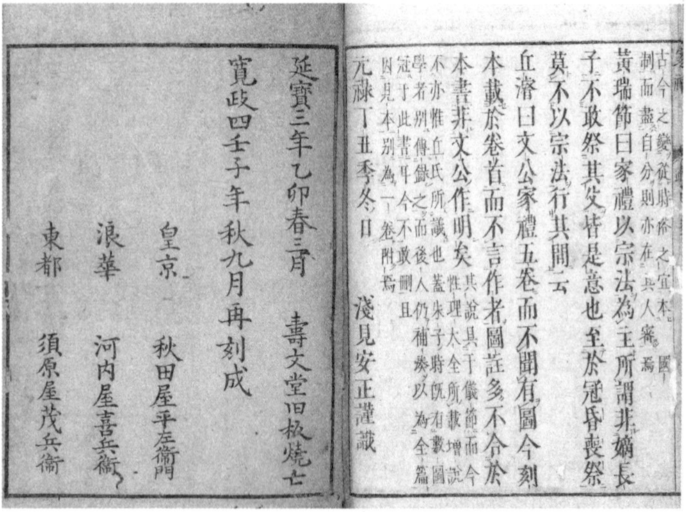

延寶三年乙卯春三月　壽文堂旧板焼亡
寛政四壬子年秋九月再刻成
皇京　秋田屋平左衛門
浪華　河内屋喜兵衛
東都　須原屋茂兵衛

古今之變從時俗之宜本圖
制而盡自分則亦在其人審焉
黄瑞節曰家禮以宗法為主所謂非嫡長
子不敢祭其父皆是意也至於冠昏喪祭
莫不以宗法行其間云
丘濬曰文公家禮五卷而不聞有圖今刻
本載於卷首而不言作者圖註多不合於
本書非文公作明矣其說具于儀節而今
性理大全所載增說
不亦惟丘氏所識也蓋朱子時既有數圖
學者別傳錄之而後人仍補湊以為全篇
冠于此書耳今不敢刪且
因見本別為一卷附焉
元祿丁丑季冬日　淺見安正謹識

图 2　和刻本《家礼》识语及刊记

庵先生朱文公文集》和《大戴礼记》校点本的边框上也有相同的校记，这些充分体现了絅斋严谨的工作态度。

此外，国立公文书馆（内阁文库）收藏有昌平坂学问所旧藏的絅斋校点本《家礼》（索书号：274—0101）。虽然版式几乎相同且有絅斋的跋文，但没有刊记，且边框上的校记也有所不同，或许这就是元禄十年的絅斋校点本的初版。关于该和刻本的形成，絅斋的识语中有以下一段话：

> 丘浚曰：《文公家礼》五卷而不闻有图，今刻本载于卷首而不言作者，图注多不合于本书，非文公作明矣。……盖朱子时既有数图，学者别传录之，而后人仍补凑以为全篇，冠于此书耳。今不敢删，且因见本别为一卷附焉。

由于此处引用的丘浚之言出自其《文公家礼仪节》序言中的双行注，且与明朝《性理大全》中的家礼图和《家礼》原文有出入，由此判断该书不是朱熹所著。尽管絅斋认可这一事实，但由于刻本应是后人以朱熹所著的几幅插画为基础进行的增补，所以絅斋没有删除后人增补的内容，而是将其附在《家礼》中别为一卷。[13] 原《性理大全》本中的《家礼》，其插图被冠于卷首，但在此处则是附在后面。有些和刻本《家礼》中的图位于卷首（笔者家藏本即是），但插图位于最后的版本可以说才是絅斋版本《家礼》原本的体裁，这一体裁也与上文提到的国立公文书馆的昌平坂学问所的旧藏本相同。

（二）关于和刻本《家礼》的底本

絅斋将该跋文作为《书原稿家礼后》收录于他的文集（《絅斋先生文集》卷十一）。当时的出版目录也将其收录为《家礼元本》。[14] 也就是说，这五卷书就是《家礼》的“原稿”。但到底是不是仍有待商榷，因为人们认为这一体裁是絅斋独具特色的还原成果。

阿部吉雄氏对《家礼》做了开创性的研究，他对絅斋校点本的评价是“我国浅见絅斋校点本也去掉了全集的注释，并校正了文字的版本”。[15] 虽然遗憾的是阿部氏未能说明这一看法的依据，但从结论来看，阿部氏的看法是正确的。因为中国的《家礼》旧版本没有

13 《性理大全》本中的“家礼图”确经元人黄瑞节整理汇总。参见吾妻重二：《关于朱熹〈家礼〉版本和思想的实证研究》，科学研究费补助金・基础研究（C）（2）研究成果报告书，2003 年，第 29 页以下。

14 请参考注释 10 提到的元禄十一年的《增益书籍目录》等。

15 阿部吉雄：《关于〈文公家礼〉》，收入《服部先生古稀祝贺纪念论文集》，东京：富山房，1936 年，第 36 页。

像絅斋校点本这样的体裁。《家礼》本身有两个版本系统。即：

A. 周复五卷本系统…… 宋版、公善堂覆宋刊本、明版、四库全书本、郭嵩焘本。

B.《性理大全》系统…… 纂图集注本、朱子成书本、性理大全本、和刻本。

根据各版本文字内容差异可知存在这两个系统。其中，絅斋校点本（和刻本）属于 B 系统，即《性理大全》本系统。[16] 但所有 B 系统版本的书均不是五卷本。南宋《纂图集注》本（《纂图集注文公家礼》）为十卷，元朝《朱子成书》本（黄瑞节编《朱子成书》所收本）为一卷，《性理大全》本为四卷。简言之，B《性理大全》系统中只有和刻本是五卷本。而 A 系统中，南宋末期周复编写的五卷本是原稿，是现存《家礼》各种版本中，最古老最接近原貌的版本。而实际上，在卷五之后附上杨复的注释作为《家礼附录》等做法，这一点与朱熹的《家礼》原稿不同。[17] 但没有证据表明絅斋参考了 A 系统的版本。

以下，我们尝试研究《家礼》的朝鲜刊本，因为我们不能否定絅斋在看到朝鲜刊本后将其作为“原稿”的可能性。但朝鲜刊本是

16　关于《家礼》各类版本的详细情况，请参考注释 13 提到的科研报告书的“校勘本《家礼》”的解说。

17　南宋《郡斋读书志·附志》中有“《家礼》五卷”的提法，所以原稿确实是有五卷的，但该原稿版本没有在后世流传。参见吾妻重二：《〈家礼〉的刊刻与版本——到〈性理大全〉为止》，《关西大学文学论集》1999 年，第 48 卷第 3 号。注释 13 提到的科研报告书中收录了该拙论的补订版。

四卷本或七卷本，没有五卷本。据对朝鲜刊本进行了详细研究的张东宇氏表示，在明宗十八年（1563）出现了将《家礼》从《性理大全》中独立出来，并以木刻版形式刊行的四卷本；此后孝宗九年（1658）出现了七卷本；英祖三十五年（1759）云阁刊行了戊申字版的七卷本。[18] 韩国延世大学全寅初教授所编《韩国所藏中国汉籍总目》也印证了这一事实，里面收录的《家礼》没有一本能够明确证明其为五卷。[19] 近年来，首尔影印出版的《朱文公家礼》为七卷，与戊申字刊本系统相仿，[20] 卷首为《家礼》图，卷一为通礼，卷二为冠礼，卷三为昏礼，卷四为丧礼一，卷五为丧礼二，卷六为丧礼三，卷七为祭礼。

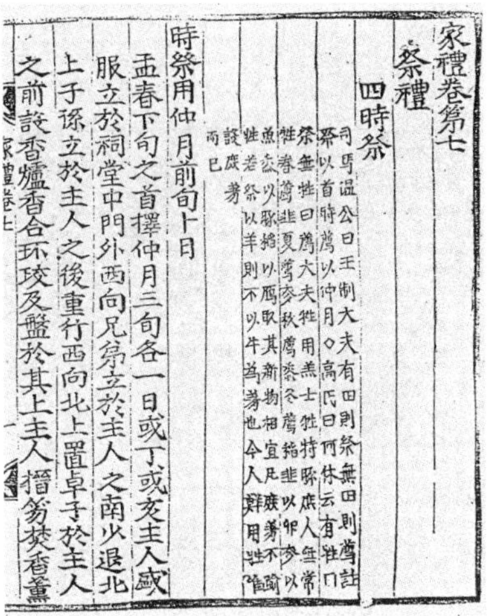
家禮卷第七
祭禮
四時祭
司馬温公曰王制大夫有田則祭無田則薦注祭以首時薦以仲月○高氏曰何休云有牲曰祭無牲曰薦大夫牲用羔士牲特豚庶人無常牲春薦韭夏薦麥秋薦黍冬薦稻韭以卵麥以魚黍以豚稻以鴈取其新物相宜凡庶羞不踰牲若祭以羊則不以牛為羞也今人鮮用牲惟設庶羞而已
時祭用仲月前旬卜日
孟春下旬之首擇仲月三旬各一日或丁或亥主人盛服立於祠堂中門外西向兄弟立於主人之南少退北上子孫立於主人之後重行西向北上置卓子於主人之前設香爐香合环珓及盤於其上主人搢笏焚香薰
家禮卷七

图3　朝鲜刊本（七卷本）
《家礼》卷七卷首

除此之外，国立公文书馆（内阁文库）的《家礼》藏本中，有江户时代流传下来的朝鲜刊本（索书号：274—0106）。据其刊记可知，这是万历三十一年（1603）的川谷书院本，也是林鹅峰为其附注了训点并用来教育次子凤冈的文稿，所以由此可断定这

18　张东宇著，篠原启方译：《〈朱子家礼〉的受容与普及——以东传版本的问题为中心》，收入吾妻重二、朴元在编：《朱子家礼与东亚的文化交涉》，东京：汲古书院，2012 年。

19　全寅初主编：《韩国所藏中国汉籍总目》，首尔：学古房，2005 年，第 155 页以下。

20　《朱文公家礼·全》，首尔：美丽出版社，2001 年。

是在江户时代早期流入的版本。[21] 该书为四卷本，扉页题“家礼大全”，似乎就是前面提到的将《家礼》从《性理大全》中独立出来的版本。主要内容与后述的《性理大全》本一致，卷一为家礼图，卷二为通礼、冠礼、昏礼，卷三为丧礼，卷四为丧礼续和祭礼。总结来说，

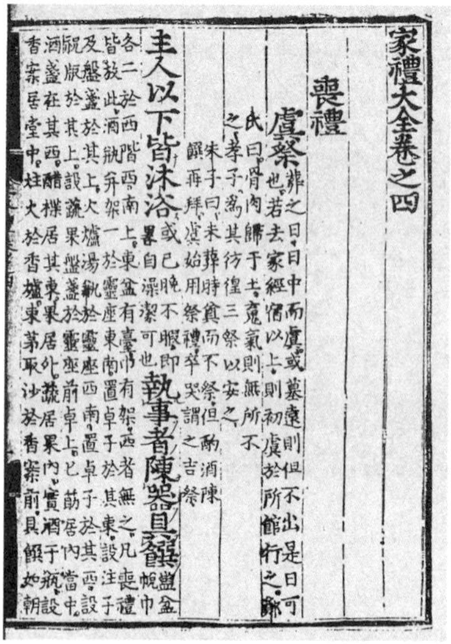
家禮大全卷之四
喪禮
虞祭
主人以下皆沐浴
執事者陳器具饌

图 4　朝鲜刊本（四卷本）《家礼》卷四卷首

C. 朝鲜刊本……为四卷本或七卷本。

故很明显，朝鲜刊本不是絅斋参考的版本。虽然细节处仍有待考证，但总体来讲絅斋以《性理大全》本的《家礼》为原稿，还原了被视为《家礼》原稿的五卷本。[22] 但事实上这类《家礼》文稿在中国和朝鲜都没有留存下来，是絅斋基于自己的判断编制而成的。[23]

下面让我们看看《絅斋先

21　该书卷末旁注为“戊申九月三十日口授，仲龙加训点毕，林学士”“己酉十月二十三夜加朱句了，林戆”。这里提到的“林学士”即林鹅峰，“仲龙”“林戆”即鹅峰之子林凤冈。“戊申”即宽文八年（1668），“己酉”即宽文九年（1669）。

22　南宋赵希弁《郡斋读书志》的《附志》中有“《家礼》五卷”，由此可知《家礼》原本就是五卷本。

23　在注释 13 提到的科研报告书“校勘本《家礼》”解说中，曾说过絅斋将《性理大全》系统的五卷本作为校点本，此处做出修正。

生文集》卷八中的《读家礼》一文。虽然文章略长，但我认为这是一篇能够很好展现絅斋《家礼》研究深度的文章，故此处引其全文：

《朱子家礼》一书，所以本名分纪人伦，而固有家日用之不可得而阙者也。然世之学此书者，本不考乎所谓名分人伦之实，而徒区区于仪章度数之末，欲以施诸日用。是以拘泥烦杂，每苦以难行而无味也。盖有天地，然后有人伦，（然后有）礼仪，则无古今、无远近，不容于一日离礼而立。若夫因时而变，随地而处，则自有当然之宜，而审察而能体焉，则莫往不天地自然之理矣。世之不明于此者，或据礼书之本文，必欲事事而效之、句句而守之，则于本心人情已有不安者，而言语之便、衣服之制、器械之度，皆有不可彼此相强而通者。殊不知，礼也者，理而已矣。苟不得其理，而惟礼文之拘，则先失我所以行礼之理，尚何得合名分人伦之本哉？是以予之译诸和文以诱礼俗，其意非不切。而其所以书礼节之方，则因旧株守异国古制之迹，不明本邦天地一体、风俗时宜之理。不必礼书之说，则为失儒者之体，不知以吾日本之人，变于世俗之所谓唐人，其可谓错名分、失大义甚矣。顷因讲礼书，窃有所感焉，因笔记如此云。元禄戊寅仲夏某日，谨书。

此文完成于《家礼》校点完后的次年，即元禄十一年（1698）。文章考虑到了日本的国情，没有拘泥于“仪章度数”或“礼文”，

图 5　收纳在匣子中的浅见絅斋神主

即没有拘泥于《家礼》中细枝末节的规定，并首次构建了生而为人所应具备的礼仪。礼仪是人区别于禽兽的标志，这是朱子学的基本观点。絅斋以《家礼》为基础，尝试在日常的生活中寻求作为人应有的规范与法则。古人云“礼也者理而已矣”（礼是法则而已），礼象征着法则，因此礼也是人生而有之的品格。

此外，浅见絅斋是重要的《家礼》实践者，他根据《家礼》制作了神主（牌位）。[24]

二　和刻本《文公家礼仪节》（丘浚辑）

（一）版本的形成过程

《文公家礼仪节》八卷本是明中期丘浚（1418—1495）为便于人们更好地实践朱熹的《家礼》而重编的著作，日本也出版了该书的和刻本。

丘浚是明朝杰出的政治家，也是才学博洽的朱子学者。丘浚，广东琼山人，字仲深，号深庵、玉峰。生前任翰林院学士和文渊

24　参见近藤启吾：《儒葬和神葬》，东京：国书刊行会，1990 年。

阁大学士，功绩斐然，死后谥号文庄。他的著作除《文公家礼仪节》外，还有《大学衍义补》一百六十卷、《朱子学的》二卷、《盐法考略》一卷以及《丘文庄公集》十卷等。特别是《大学衍义补》一书，作为与朱子学政治思想有关的百科辞书资料集，曾在日本和朝鲜多次出版发售。[25] 除此之外，日本还出版了和刻本的《新刻丘琼山故事雕龙》二卷和《新镌详解丘琼山故事必读成语考》。[26]

顺带一提，正如序言所提及那样，丘浚的《文公家礼仪节》写于明成化十年（1474）。关于其观点有如下描述：

> 礼之在天下，不可一日无也。中国所以异于夷狄，人类所以异于禽兽，以其有礼。礼其可一日无乎？成周以礼持世，上自王朝，以至于士庶人之家，莫不有其礼。……文公先生因温公《书仪》，参以程张二家之说而为《家礼》一书，实万世人家通行之典也。……夫儒教所以不振者，异端乱之也。异端所以能肆行者，以儒者失礼之柄也。……自少有志于礼学，意谓海内文献所在，其于是礼，必能家行而人习之也。及出而北仕于中朝，然后知世之行是礼者，盖亦鲜焉。询其所以不行之故，咸曰礼文深奥而其事未易以行也。是以不揆愚陋，窃取文公《家礼》本注，约为《仪节》，而易以浅近之言，使人易晓而可行。

25 长泽规矩也：《和刻本汉籍分类目录增补补正版》，第 105 页。

26 长泽规矩也：《和刻本汉籍分类目录增补补正版》，第 153 页、第 261 页。

丘浚根据在日常生活中是否践行仪礼，将中国和夷狄、人类和禽兽区分开来。区别文明与野蛮的标志便是有无礼仪，丘浚便是在《家礼》中探寻作为一个文明的人所应具有的礼仪规范。对于丘浚来说，《家礼》便是“万世人家通行”的通用典籍。但当时因佛教和道教两大“异端”侵入，即使是京城也未严格践行《家礼》。其原因在于仪文“深奥”难以实践。因此丘浚决定以《家礼》为基础，编写一部内容简便、易于操作的礼仪书籍。

因此，《文公家礼仪节》就是一本注重实践的著作，丘浚在本书的“仪节”部分引经据典，在明晰具体仪式规则的同时还添加了插图，并附上“余注”和“考证”，因此著作内容的翔实度远高于《家礼》。全书八卷，卷一为通礼，卷二为冠礼，卷三为昏礼，卷四为丧礼，卷五为丧葬，卷六为丧虞，卷七为祭礼，卷八为杂仪。其中，本书将丧礼部分按照从“初终”到“成服”以及丧服制度、从“朝夕哭奠、上食”到“反哭”、从“虞祭”到“禫”划分成三个部分（三卷），由此可见丘浚对丧葬礼的重视程度。另外，这三个部分不是通过扉页的标题来区分，而是通过版心上记录的“丧礼”“丧葬”“丧虞”来区分。除此之外，卷八的“家礼杂仪”和“家礼附录”中除“司马氏居家杂仪”外，其他全部为丘浚新补充的内容，由此可见其良苦用心。[27] 之后还出版了各种修订版的《文公家礼仪节》，其发行量与普及度远超

27 无论是和刻本，还是后面将会提到的中国诸刊本，以上的详细内容都是相同的。还有一个共同点就是“丧礼”“丧葬”“丧虞”等文字写在版心而非扉页标题内。

《家礼》。[28]

此处登载的和刻本书影为万治二年（1659）刊本。如刊记所示，这是由京都大和田九左衙门出版的后印本。该和刻本为关西大学综合图书馆藏本，索书号为 N8—385—1—1～4。因在衬页的眉栏上横写着“增订大全”，且在下方题“杨升庵先生手

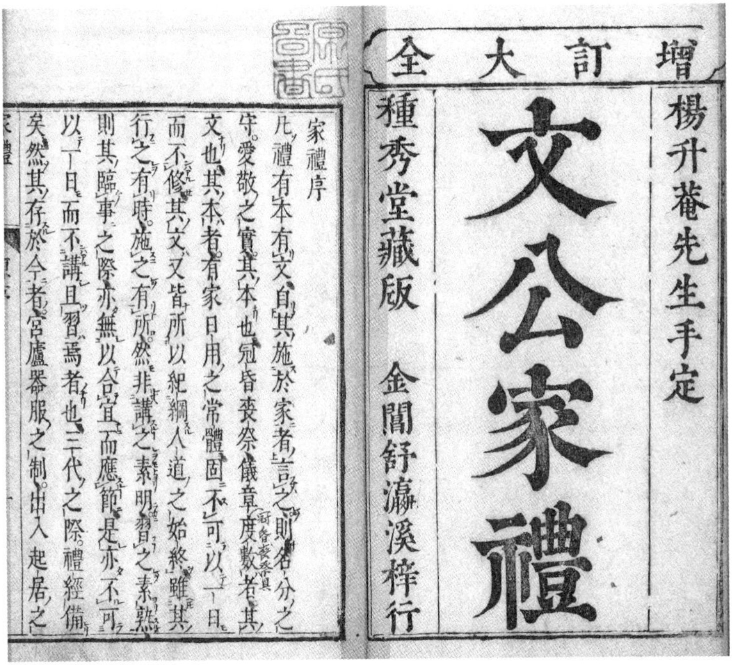
增訂大全
楊升菴先生手定
文公家禮
種秀堂藏版
金閶舒瀛溪梓行

家禮序
凡禮有本有文自其施於家者言之則名分之守愛敬之實其本也冠昏喪祭儀章度數者其文也其本者有家日用之常體固不可以一日而不修其文又皆所以紀綱人道之始終雖其行之有時施之有所然非講之素明習之素熟則其臨事之際亦無以合宜而應節是亦不可以一日而不講且習焉者也三代之際禮經備矣然其存於今者宮廬器服之制出入起居之

图 6　和刻本《文公家礼仪节》衬页 · 序文

28　Patricia Buckley Ebrey, *Confucianism and Family Rituals in Imperial China: A Social History of Writing about Rites*. New Jersey: Princeton University Press, 1991, pp.173－176. 佐佐木爱：《明代朱子学宗法复活的挫折——以丘浚〈家礼仪节〉为中心》，岛根大学《社会文化论集》2009 年第 5 号。另外，根据《四库全书总目提要》可知部分插图非丘浚所制，而为书肆窜入。

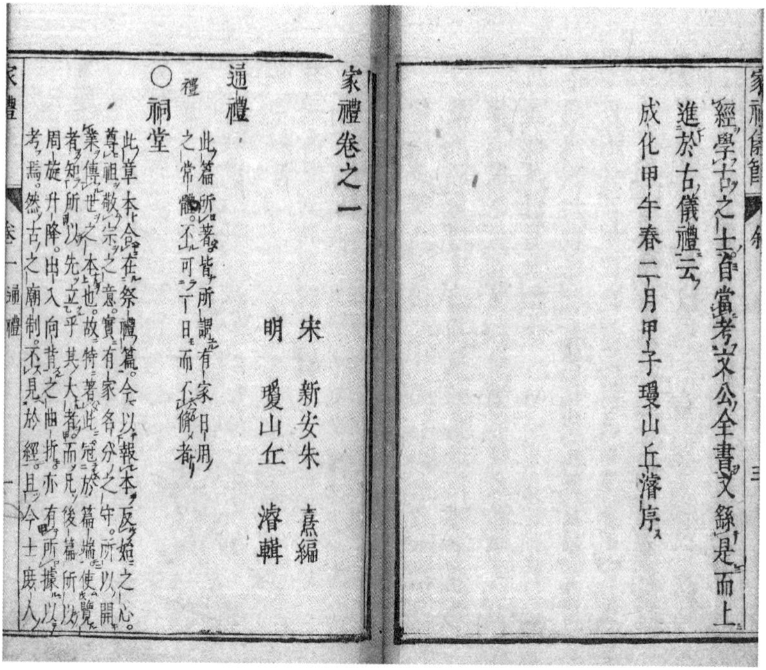

图7　和刻本《文公家礼仪节》卷一卷首

定/文公家礼/种秀堂藏版，金阊舒瀛溪梓行”，由此可知该和刻本是以明末版本作为底本的（后述），校点者不详。值得注意的是，该和刻本的出版时间比絅斋校点本《家礼》的出版时间早了近四十年，且江户时代初期所称《家礼》，指的便是《文公家礼仪节》。

出版商大和田九左卫门，雅号气求，系江户时代初期活跃于京都出版界的学者。其书肆在京都颇具声望。大和田在宽文七年（1667）刊行《文公家礼仪节》，八年后，以《文公家礼仪节》为底本，撰述并刊行《大和家礼》。这也是江户时代唯一一本将《家礼》

原文完整译为日文并附解说的著作，也是一本很好地证实《家礼》为日本近世初期所受容的著作。[29]

但该和刻本在形式上与《家礼》略有差别。虽然扉页标题是“家礼”，但引子“家礼序”之后便是“文公家礼仪节目录”“文公家礼仪节续”（丘浚），且仅在该部分的版心处有“家礼仪节”。此外，虽然封面题签为“文公家礼”，在其下方分别写有“卷之一/通礼”“卷之二/冠礼”“卷之三/昏礼”“卷之四/丧礼”，但这些卷数和章节标题与各册的内容均不一致。人们认为造成书名和卷数标题混乱的原因之一便是与使用的底本为明末坊刻本有关。关西大学综合图书馆藏本的栏外和行间也写有大量的旁注，补述不完善的地方。

实际上最早出版的和刻本系由京都风月宗知出版于庆安元年（1648）的《文公家礼仪节》八册本。笔者虽然未曾见过这一版本，但推测应与万治二年刊本一样以舒瀛溪本为底本。之后，在庆安四年（1651）、明历二年（1656）以及万治二年（1659）还分别刊发了《文公家礼仪节》后印本，除此之外，还至少刊发了两种刊年不详的《文公家礼仪节》后印本，由此可见该书也收获了大量的读者。[30] 此外，在延宝三年（1675）的出版目录《古今书籍题林》中，宣传本书为：

> 《文公家礼》，宋朱文公编，明琼山丘浚辑。校注通、冠、

---

29 参见吾妻重二编著：《家礼文献集成·日本篇（二）》（关西大学东西学术研究所资料丛刊27—2，大阪：关西大学出版部，2013年）中的《大和家礼》及其解说。

30 长泽规矩也：《和刻本汉籍分类目录增补补正版》，第14页、第238页。

昏、丧、祭及杂礼，引古今经史子集，图文并茂。[31]

在元禄年间出版的辛岛宗宪《倭板书籍考》中亦提到：

《文公家礼仪节》八卷。大明成化中，丘文庄于朱子《家礼》中增入仪节、考证、杂录。儒家礼法仪章遂蔚然详尽，文庄可谓有功于《家礼》矣。文庄名濬，字仲深，号琼山，谥文庄，广东琼州人，名儒赫官，有《大学衍义补》《世史正纲》存世。[32]

这些题跋都很好地展现了该书的特点。

（二）关于和刻本《文公家礼仪节》的底本

事实上，和刻本并非全盘照搬丘濬《文公家礼仪节》原稿。据衬页上所题“杨升庵手定”可知，后人也参与了该书籍的编制。“杨升庵”即明后期的杨慎（1488—1559）。由于当时中国书肆假借杨慎之名大肆出版书刊，所以很难让人立刻相信书籍是由杨慎手定，但即使如此，也可确定这并非丘濬原稿。下面我们将初步讨论该书的版本情况。

据该书序言可知，丘濬撰述该书的时间为明成化十年

31　庆应义塾大学附属研究所斯道文库编：《江户时代书林出版书籍目录集成》第1册，东京：井上书房，1962年，第181页。

32　长泽规矩也、阿部隆一编：《日本书目大成》，东京：汲古书院，1979年影印本，第17页。引用时添加标点符号。

（1474），不久后该书便出版发行，而后在成化十六年（1480）又再次刊行。[33] 但这些初期版本的下落尚未得到证实。[34] 在这之后，该书出现了各种版本，而在详细研究中国收藏之各种珍本的《稿本中国古籍书目书名索引》中，该书版本就有十五种之多。[35] 在这之中，与和刻本相关的且笔者亲眼见过的当前主要流传版本有以下几种。

A 本. 正德十三年（1518）直隶常州府刊本。《四库全书存目丛书》经部第 114 册（庄严文化事业有限公司 1997 年版）中收录有影印本，八行十六字。虽为后印本，但却很好地体现了成化年间原刻本的样貌。此外，在朱杰人所编《元明刻本朱子著述集成》第八册（华东师范大学出版社 2014 年版）中收录了正德十二年（1517）赵维藩太平府刊本的影印本。虽然尚未确认细节，但从书影来看，版式延续了八行十六字，二者在体裁和内容上相同。[36]

B 本. 关西大学综合图书馆藏万历年间刊本（索书号：L21—4—

33　在后面提到的正德十三年（1518）刊本（A 本）的卷末有如下刊记："《家礼仪节》初刻于广城，多误字。后至京师，重校改正，然未有句读也。窃恐穷乡下邑初学之士，卒遇有事，其或读之不能以句，乃命学者正其句读。适福建佥宪古冈余君谅以事来朝，谓此书于世有益，持归付建阳书肆，俾其翻刻，以广其传云。成化庚子秋八月吉日谨识。""成化庚子"即成化十六年。

34　严绍璗：《日藏汉籍善本书录》（北京：中华书局，2007 年）中提到京都大学文学部铃木虎雄文库收藏的《文公家礼仪节》8 卷是成化年间刊本（该书第 125 页以下），未确认。

35　天津图书馆编：《稿本中国古籍善本书目书名索引》，济南：齐鲁书社，2003 年，第 80 页。

36　正德十二年（1517）刊本书影收录于中国国家图书馆编著：《第四批国家珍贵古籍名录图录》，北京：国家图书馆出版社，2014 年，第 109 页。

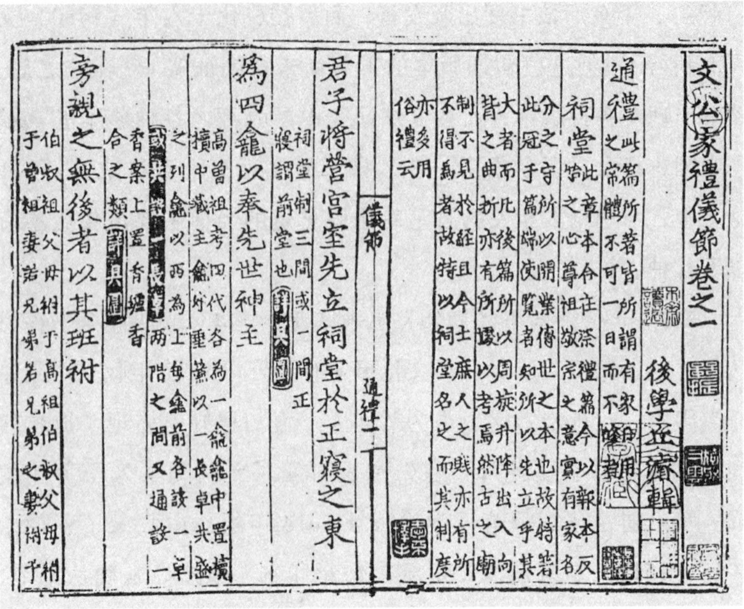

图 8　正德 13 年刊《文公家礼仪节》（A 本）

21—1~3）。九行二十字。卷首有周孔教、杨廷筠、方大镇、杜承式、钱时等五人序言。他们均是在万历年间非常活跃的人物，人们认为该版本是下面 C 本的祖本。

C 本. 万历三十七年（1609）杨廷筠修订、钱时刊订本。收藏于京都大学图书馆（中哲史）。[37] 虽然本文的版式几乎与 A 本相同，为八行十六字，但不知为何卷首朱熹的“文公家礼序”仅有标题没

37　据名古屋市教育委员会：《名古屋市蓬左文库汉籍分类目录》，1975 年，第 50 页可知，蓬左文库收藏的《文公家礼仪节》（118・3）为“明丘濬编辑、明杨廷筠修订”版，是万历三十七年由常州府推官钱时出版发行的版本，因此与 C 本是同一本书。这就是判定 C 本是万历三十七年刊本的原因。此外，杜信孚《明代版刻综录》第 7 卷第 5 页（扬州：江苏广陵古籍刻印社，1983 年）收录了万历三十六年的钱时刊行本。

有内容。插图也与 A 本不同。

D 本. 杨慎编崇祯刊本。刊行时期请参考严绍璗先生的《日藏汉籍善本书录》。[38] 该版本为国立公文书馆（内阁文库）藏书，是林罗山旧藏（索书号：274—0098），九行十八字。在该版本的卷首有“正德庚寅”的杨慎序言，在卷一扉页标题之后题“明成都杨慎编辑”。由此可知该版本是由杨慎而非丘濬编辑。在《四库全书总

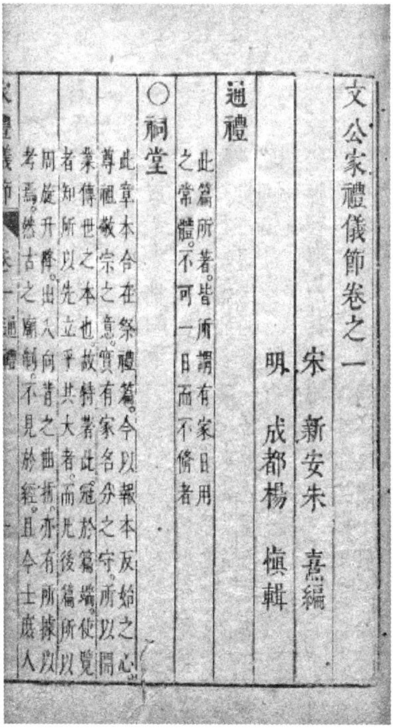
文公家禮儀節卷之一
宋　新安朱　熹編
明　成都楊　慎輯
通禮
此篇所著皆所謂有家日用之常體不可一日而不脩者
○祠堂
此章本合在祭禮篇今以報本反始之心尊祖敬宗之意實有家名分之守所以開業傳世之本也故特著此冠於篇端使覽者知所以先立乎其大者而凡後篇所以周旋升降出入向背之曲折亦有所據以考焉然古之廟制不見於經且今士庶人

图 9　崇祯刊本《文公家礼仪节》（D 本）卷一卷首

图 10　崇祯刊本《文公家礼仪节》（D 本）卷五“送葬图”

38　严绍璗：《日藏汉籍善本书录》，第 126 页。

目提要》“经部礼类存目三”中，确实将该版本归类为“别本家礼仪节八卷　旧本题明杨慎编”，并在《提要》中有“《送葬图》中，至画四僧前导，四乐工鼓吹而随之”的描述。国立公文书馆藏本卷五中的《送葬图》，也确实符合四僧前导的描述。[39] 此外，正德年间并无“庚寅”这一年号，从杨慎的生卒年来看，杨慎序言中所提及的“正德庚寅”实为“嘉靖庚寅”（即嘉靖九年，1530）之误。

E 本. 杨慎手定崇祯刊本。虽然尚未确定该版本的原稿，但已确定这是和刻本《文公家礼仪节》的底本。和刻本为九行十八字。虽然没有明确记载原稿的刊发时间，但根据和刻本衬页“种秀堂藏版金阊舒瀛溪梓行”所提到的舒瀛溪（此人在崇祯年间刊刻了舒弘谔《通鉴纪略》十卷和冯梦龙《纲鉴统一》三十九卷）[40] 可以推断，该原稿的刊行时间为崇祯年间。又因为该本是杨慎手定，因此版式与 D 本大致相同。

F 本. 陈仁锡重订明末刊本。收藏于关西大学综合图书馆（C2—385—S1—1—1~3），十行二十二字。衬页题“陈太史重订/文公家礼/刘衙藏板”，卷首有陈仁锡的“重订文公家礼序”。卷一的扉页标题为“重订文公家礼仪节”，下端题“明长洲陈仁锡辑订”。陈仁锡（1581—1636）是明末的政治家。该本版式不同于上面提到的所有版本。[41]

39　可是，收录该“送葬图”并非始于杨慎版本（D 本），因为 B 本早已有相同的图了。其他各版本均未收录此图。

40　参见杜信孚：《明代版刻综录》第 6 卷第 11 页的“种秀堂”。魏同贤编：《冯梦龙全集》，上海：上海古籍出版社，1993 年，第 8~12 册中还收录有《纲鉴统一》的影印。

41　另外，乾隆三十五年（1770）的刊本是和刻本的底本之一，收入丘文庄公丛书辑印委员会：《丘文庄公丛书》，1972 年，国会图书馆（HB117—4）藏。扉页题“乾隆庚寅年重修《丘公家礼仪节》板藏宝敕楼”，此本虽为八卷，但书末并未收录“《家礼》杂仪”和“《家礼》附录”。

特别值得注意的是，在各不同版本中，B 本、D 本、E 本、F 本的卷八“家礼杂仪”之“司马氏居家杂仪”中，均记录有与女性相关的五项要求：（一）家道不和生自妇人；（二）妇人三从之道；（三）女有五不取；（四）妇有七去有三不去；（五）治家贵忍。这些很显然都是对女性差别的描述，男尊女卑的思想显著。值得注意的是，这五条要求原本并不是司马光《书仪》卷四之“居家杂仪”中的内容，也不是《家礼》卷一中收录的“司马氏居家杂仪”中的内容，更不是《文公家礼仪节》早期版本（A 本、C 本）中的内容。由于该和刻本是以 E 本为底本，所以理所当然收录了这五条要求，

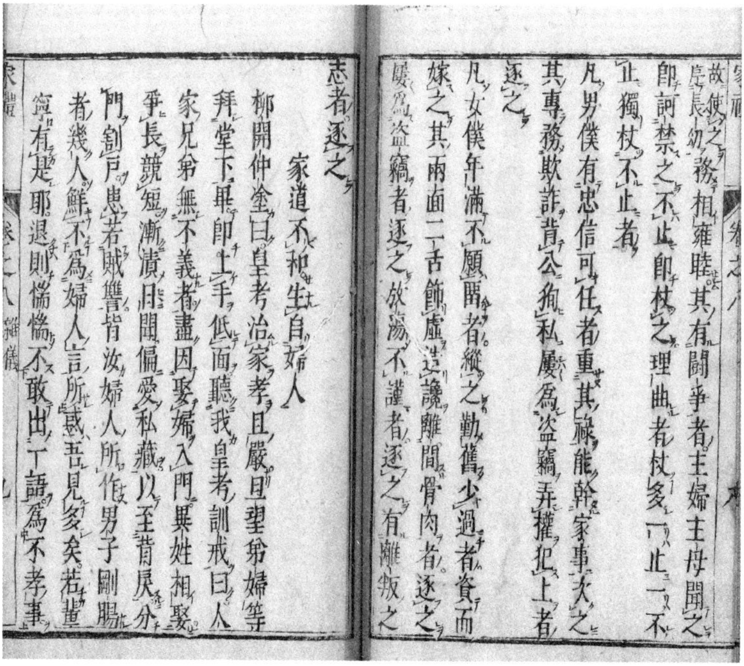
故使之務相雍睦其有鬬爭者主婦主母聞之
即訶禁之不止即杖之理曲者杖多一止一不
止獨杖不止者
凡男僕有忠信可任者重其祿能幹家事次之
其專務欺詐背公徇私屢爲盜竊弄權犯上者
逐之
凡女僕年滿不願留者縱之勤舊少過者資而
嫁之其兩面二舌飾虛造讒離間骨肉者逐之
屢爲盜竊者逐之放蕩不謹者逐之有離叛之
志者逐之
家道不和生自婦人
柳開仲塗曰皇考治家孝且嚴旦望弟婦等
拜堂下畢即上手低面聽我皇考訓戒曰人
家兄弟無不義者盡因娶婦入門異姓相聚
爭長競短漸漬日聞偏愛私藏以至背戾分
門割戶患若賊讎皆汝婦人所作男子剛腸
者幾人鮮不爲婦人言所惑吾見多矣若輩
寧有是耶退則惴惴不敢出一語爲不孝事

图 11　和刻本《文公家礼仪节》卷八（家礼杂仪）之“家道不和生自妇人”部分

所以其与《家礼》以及其他版本的《文公家礼仪节》都不同。[42]

关于《家礼》中朱子学的女性观需另行研究，此处不予详述。但值得注意的是，和刻本《文公家礼仪节》所使用的底本与丘浚原著不同，是明末的崇祯刊本。如果真是如此，那么自该书的底本在中国出版发行仅二十几年之后，其校点和刻本便在日本出版了。这一事例证实了中国书籍很早便已在江户时代的日本传播了。

另外，此处笔者想就伊藤东涯（1670—1736，名长胤）多次阅读《文公家礼仪节》发表一些看法。在天理大学古义堂文库中收藏有东涯最喜爱的和刻本《文公家礼仪节》。从本书的笔记可知，东涯是在宝永元年（1704）开始阅读本书的。[43] 另外，在美国国家图书馆也收藏有东涯最爱的杨慎编《文公家礼仪节》（D 本），该书中有如下笔记：

> 日本贞享四年，岁次乙卯二月初十日洛阳伊藤长胤阅毕。元禄二年，己巳之年再阅。始乎戊辰，毕乎己巳腊五日。元禄三年癸酉六月十三日，重会毕。东涯散人书。[44]

据此或许可推断东涯曾在贞享四年（1687）和元禄二年（1689）阅读过该书。元禄三年（顺带一提，“癸酉”即元禄六年）的“重会毕”就是在古义堂举行的集会。总之，东涯也是通过《文

42　注释 29 提到的吾妻重二编著：《家礼文献集成 · 日本篇（二）》解说简单提及了这一情况。

43　参见天理图书馆编：《古义堂文库目录》“《文公家礼》（《家礼仪节》）”条，奈良：天理大学出版部，1956 年，第 6 页。

44　王重民：《中国善本书提要》，上海：上海古籍出版社，1983 年，第 22 页。

公家礼仪节》一书来学习《家礼》和研究儒教仪礼的。另外，新井白石和猪饲敬所细读和研究的也是《文公家礼仪节》一书。[45]

三　和刻本《新刻性理大全》家礼部分（小出永安校点）

（一）版本的形成过程

永乐十二年（1414）11 月，重视朱子学的永乐帝敕令翰林院学士胡广、侍讲学士杨荣及金幼孜纂修《五经大全》《四书大全》《性理大全》。几人在领命后即刻开始纂修工作，并于次年（即永乐十三年，1415）九月完成了三书的纂修。永乐十五年（1417）三月，这三本冠有"御制序言"的书被分发至中央官厅和北京/南京国子监以及各郡县学校，从而普及到全国（《明太宗实录》）。并且，此三书被归为永乐帝的敕撰书，成为科举考试的标准答案，同时也是明代以降的"国家教材"。在这之中，《性理大全》七十卷——准确说来应是《性理大全书》，此处使用通称——收录了与四书、五经无关的宋代儒者如周敦颐、张载、二程、朱熹、蔡元定等人的主要著作，同时还收录了这些著作的各种注解。自然，《家礼》也被收录其中。[46] 下面，我们通过明内府刊本来了解一下这些内容。[47]

45　参见吾妻重二编著：《家礼文献集成·日本篇（五）》（关西大学东西学术研究所资料丛刊 27—5）所收新井白石《家礼仪节考》及猪饲敬所《文公家礼仪节正误》影印本，大阪：关西大学出版部，2016 年。

46　关于《性理大全》的形成，可参见吾妻重二：《〈性理大全〉的成立与〈朱子成书〉——兼及元代明初的江西朱子学派》，收入氏著：《朱子学的新研究——近世士大夫思想的展开》，北京：商务印书馆，2017 年，第 341—355 页。

47　根据这些内容可以断定《孔子文化大全》（济南：山东友谊出版社，1989 年）中影印的《家礼》为明内府刊本。

卷一《太极图》：周敦颐《太极图·图解》和朱熹《太极图说解》及其注解；卷二～三《通书》：周敦颐《通书》和朱熹《通书解》及其注解；卷四《西铭》：张载《西铭》和朱熹《西铭解》及其注解；卷五～六《正蒙》：张载《正蒙》及其注解；卷七～十三《皇极经世书》：书名虽为《皇极经世书》，但实际收录的是蔡元定的《皇极经世指要》；卷十四～十七《易学启蒙》：朱熹《易学启蒙》及其注解；卷十八～二十一《家礼》：朱熹《家礼》及其注解；卷二十二～二十三《律吕新书》：蔡元定《律吕新书》及其注解；卷二十四～二十五《洪范皇极内篇》：收录蔡沈《洪范皇极内篇》；卷二十六～七十理气以下，诗文以上：收录朱熹及其后学的言论和诗文。

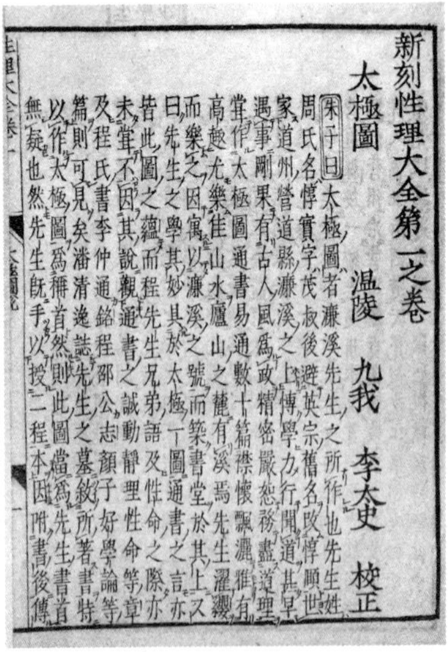
新刻性理大全第一之卷
太極圖　溫陵　九我　李太史　校正
朱子曰 太極圖者濂溪先生之所作也先生姓周氏名惇實字茂叔後避英宗舊名改惇頤世家道州營道縣濂溪之上博學力行聞道甚早遇事剛果有古人風爲政精密嚴恕務盡道理嘗作太極圖通書易通數十篇襟懷飄灑雅有高趣尤樂佳山水廬山之麓有溪焉先生濯纓而樂之因寓以濂溪之號而築書堂於其上又曰先生之學其妙具於太極一圖通書之言亦皆此圖之蘊而程先生兄弟語及性命之際亦未嘗不因其說觀通書之誠動靜理性命等章及程氏書李仲通銘程邵公志顔子好學論等篇則可見矣潘清逸誌先生之墓敘所著書特以作太極圖爲稱首然則此圖當爲先生書首無疑也然先生既手以授二程本因附書後傳

图12　和刻本《新刻性理大全》卷一卷首

《性理大全》卷十八～二十一收录的《家礼》在原文基础上，增加了杨复、刘垓孙、刘璋等南宋以降学者的注解，而后中国和李氏朝鲜将该书奉为极具权威的著作。

此处登载的和刻本书影为承应二年（1653）刊刻的《新刻性理大全》七十卷四十一册，卷一内题为“新刻性理大全”，书有“温陵九我李太史校正”字样，国立公文书馆内阁文库

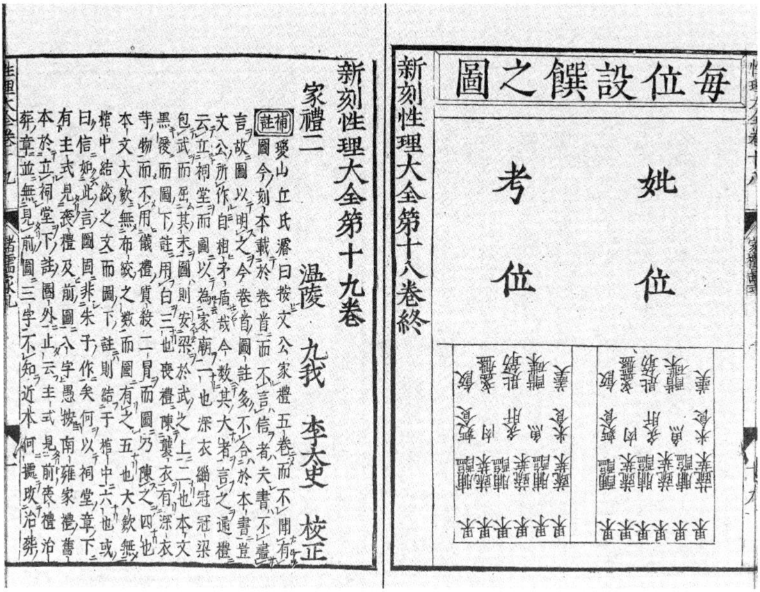

图 13　和刻本《新刻性理大全》中《家礼》的开头部分 1

所藏，索书号为 299—0033。该书卷十八至卷二十一为《家礼》，共四卷二册，卷十八（家礼一）为“家礼图”，卷十九（家礼二）为“通、冠、昏礼”，卷二十（家礼三）为“丧礼”，卷二十一（家礼四）为“丧礼续”及“祭礼”。

这是一本非常出色的精刻本。全书校点者为小出永安，出版商为京都田中清左卫门和小嶋弥左卫门。[48] 据永安跋文可知，校点工作完成于庆安四年（1651），并于两年后（即承应二年）出版。书

48　承应二年刊本的出版商有野田庄左卫门和田中清左卫门，而长泽规矩也《和刻本汉籍分类目录增补补正版》，第 107 页将田中清左卫门、小嶋弥左卫门刊发的刊本归为后印本。正如后面永安跋文中所说的那样，初版是由田中和小嶋发行的，因此有必要进行订正，而野田庄左卫门出版的为后印本。

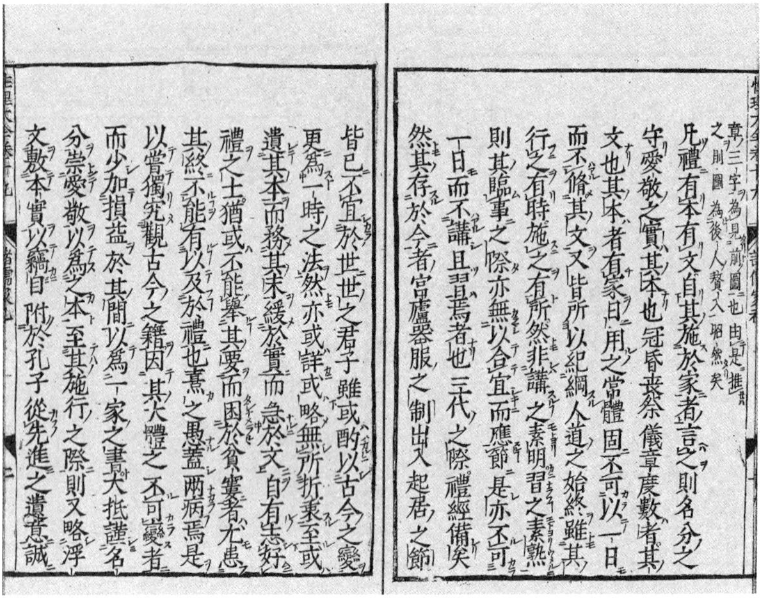

图 14　和刻本《新刻性理大全》中《家礼》的开头部分 2

名为《新刻性理大全》，冠以“新刻”二字，是为与永乐年间出版的《性理大全》相区分。对此，本文后面将会再行讨论。

小出永安（？—1684），尾张人，名立庭，字不见，号永安或永庵，俗称内记，居室称新焦轩。幼时聪颖，在京都师从熊谷活水，学成之后担任尾张藩儒。其师熊谷活水（？—1655）为位列藤原惺窝门下四天王之一的尾张藩儒堀杏庵（1585—1642）门人。后来，永安再次游览京都，并在江户任官，服务于木下利康（肥后守）。永安之子小出蓬山、蓬山养子小出侗斋、侗斋养子慎斋均为尾张藩儒。[49]

49　细野要斋：《尾张名家志》卷上。

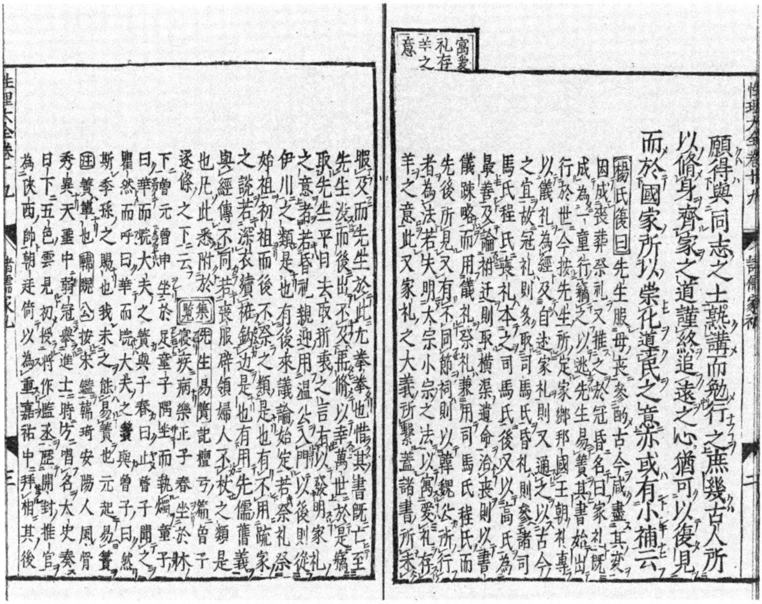

图 15　和刻本《新刻性理大全》中《家礼》的开头部分 3

永安著有《中庸章句倭语钞》八卷四册、《孝经大义讲草钞》六卷六册、《孟子序说假名抄》一册、《江府纪行》一册（收入《词林意行集》），这些均有刊本，并有写本《论孟序说假名抄》一册传世。其重要学术功绩在于校点不少汉文书籍，《新刻性理大全》七十卷是其中最大的一部分，其他已知书籍如下所述。[50]

如《老子翼》六卷、《庄子翼》十一卷，承应二年（1653）刊本，由京都小嶋市郎右卫门出版发行，之后还有很多后印本。

50　长泽规矩也：《和刻本汉籍分类目录增补补正版》，第 158 页、第 4 页、第 107 页。

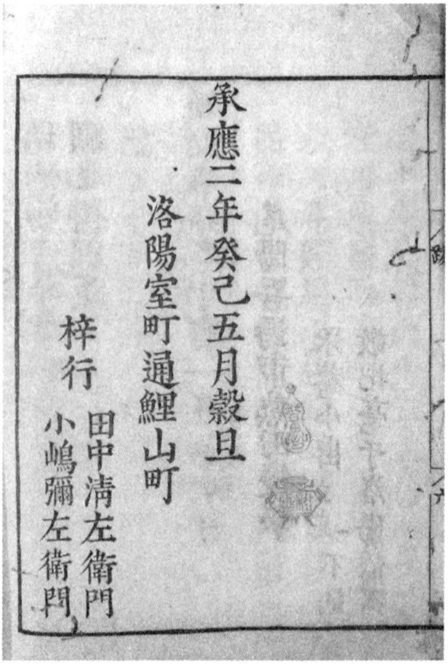

图 16　和刻本《新刻性理大全》刊记

该刊本影印本收入长泽规矩也所编《和刻本朱子大成》第十辑（汲古书院 1976 年版）中。宽文十一年（1671）《直音傍训周易句解》十卷本，由京都吉野屋惣兵卫出版发行。宽文八年（1668）《五伦书》六十二卷本，由京都小嶋弥左卫门发行。在这之中，尤以《老子翼》和《庄子翼》的校点最为有名。可以说这些都是江户儒学草创期的学者所做的启蒙工作。

另外，在永安的跋文中对和刻本《新刻性理大全》的刊刻目的作出说明。具体如下所述：

> 上帝无言而四节自运、万汇自化，此无他，以蕴其理也；圣人有言而八政正敷、五教正叙，此无他，以尽其性也。曰理曰性，虽有天人之别，其实一途，非有二轨矣。大矣哉！性理之为义也。……悲夫，自圣贤既逝，而世道日降月衰，举天下无知所谓性理者。……於戏！有天之未丧斯文也，濂洛诸君子崛起于千有余年之后，以丕阐性理之教。于是乎孔氏家之青毡再布于天下，可嘉之、可尚之。……方今田中宣重、小嶋广繁戮力，将锓梓经营乎不朽之懿，谋以请绪

正于我先生熊谷氏。先生大嘉其举，然官事无盬而不暇应其需以故，不以庭弗类属之，校雠且点以倭训。因拳拳只载较诸本之异同，随而折中之，复字画之舛错，就而是正之。……

庆安辛卯冬十有一月癸未日/尾阳吾汤市热田后学/永庵小出立庭不见/敬把毫于洛阳侨寓

由此可知，永安将“理”定义为天道的真理，“性”定义为人类的真理，并称赞《性理大全》是明确了天人真理的伟大著作，诚可谓朱子学者式的见解。据说，书肆的田中小嶋委托熊谷活水校订该书，但由于活水公务繁忙没有时间，所以永安决定按照师父嘱托校点此书。顺带一提，督促活水和永安进行校点的田中清左卫门还出版了《陆象山集要》六册和《素问灵枢》等重要汉籍。

之后，京都野田庄左卫门出版了《新刻性理大全》后印本。[51]此外，在刚才引述的延宝三年出版目录《古今书籍题林》中，该书被描述为“《性理大全》作者与《四书大全》同，汇集了性理的沙汰诸儒的学说”。[52]辛岛宗宪的《倭板书籍考》中也有对该书的描述：“《性理大全》七十卷，有补注本，为永乐天子敕修三大全书之一。编者与《四书大全》的编者为同一人。校点者为熊谷立设弟子小出永安。”该书可以说是一本非常有名的儒书著作。虽然永安煞

51 市古夏生：《元禄、正德板元别出版书总览》，第404页。

52 庆应义塾大学附属研究所斯道文库编：《江户时代书林出版书籍目录集成》第1册，第181页。

费苦心做了校点，但不久之后林鹅峰（1618—1680）便指出了其中的错误。林鹅峰在《性理大全跋》中写道：

> 解四书、五经，开示其蕴奥，于宋儒备矣。其为辅翼，无切于《性理大全》。华本传来已久，顷年新刊本出而流行于世，便于学者，然倭训往往不免纰缪。余家藏朝鲜本，限句分读甚鲜明矣。自去岁之忧，乃把此本而口授狛庸、仲龙，每月各课三夜，新加训点，以塞修史之暇。萤雪月灯，分影假光，积一年有半余而全部七十卷遂终编之功。[53]

由此可知《性理大全》是帮助理解宋儒学说的重要文献，虽然该文稿很早便已传入日本，但最近新出的《倭训》刊本仍有大量错误。这里提到的刊本即永安校点本，鹅峰为纠正这些训点的错误，参考家中收藏的朝鲜本句读，每月花三晚的时间添加训点，并由其门人狛高庸和中村祐晴笔受相关内容。根据鹅峰《国史馆日录》可知，加点作业始于宽文八年（1668）三月一日，结束于宽文九年（1669）十二月十五日，呕心沥血，历时一年零十个月终于完工。[54]

当然，永安的校点是在对朱子学研究和理解还不够充分的江

53　林鹅峰：《鹅峰林学士文集》卷 99，东京：ぺりかん社，1997 年影印本。

54　关于林鹅峰的《性理大全》校点工作，可参见榧木亨：《林家〈律吕新书〉研究——以林鹅峰〈律吕新书谚解〉为中心》，《关西大学东西学术研究所纪要》2016 年总第 49 辑。另外，市立米泽图书馆收藏有《性理大全》朝鲜刊本，因该版本有标点符号，因此人们认为鹅峰看到的版本也与该版本为同一系统。

户时期进行的，这是导致所指出错误的原因之一。但似乎鹅峰补充校点的《性理大全》文稿没有出版过，所以这里就不得不说永安校点本的《性理大全》七十卷作为唯一的和刻本，对朱子学在日本的普及起到了举足轻重的作用。江户时代初期儒学的领军人物中村惕斋（1629—1702）所阅读的《性理大全》也是永安的校点本。[55]

（二）关于和刻本《新刻性理大全》的底本

下面，我们尝试着就和刻本《新刻性理大全》的底本进行研究。和刻本卷末跋文前的牌记题“万历癸卯年/仲春月梓行”。虽然可由此推测底本是万历三十一年（1603）的刊本。但事实上，明后期出现了坊刻的各种《性理大全》增注本，样态极其复杂，因此不能轻易作出判断。

图 17　和刻本《新刻性理大全》的卷末牌记

在和刻本的每一段后面，都附有《性理大全》原本没有的“集览”和“补注”，这也是和

55　榧木亨：《中村惕斋和〈律吕新书〉——〈修正律吕新书〉及〈笔记律吕新书说〉的文献学考察》，大阪：关西大学东亚文化研究科，《东亚文化交涉》2013 年创刊号。

刻本的特色之一。该“集览”是由玉峰道人于明正德六年（1511）左右编著而成，附在《性理群书大全》（性理群书集览）七十卷中；“补注”也在同一时期由周礼编写而成。[56]

另外，如上所述，和刻本卷一的扉页标题下题“温陵九我李太史校正”，是明人李廷机校正过的文稿。李廷机（1542—1616），福建泉州府晋江人，字尔张，号九我，谥号文节。温陵是泉州的雅名。万历十一年（1583），李廷机在殿试中夺得榜眼，尔后在翰林院、国子监、南京吏部、户部、工部等部门任职，政绩斐然，之后又在北京担任礼部右侍郎、左侍郎等要职；万历三十五年（1607）以礼部尚书兼东阁大学士身份入主内阁。虽然不久之后，李氏因卷入党争而辞官，但由于其在政界的成绩和廉洁的为人，使他在当时声望斐然，甚至还担任过科举的考官。随着他的名声日益显赫，自万历以后到明末，民间书肆出版了大量署名李廷机的科举考试用书。[57] 姑且不论《性理大全》中登载的校正者是否做过实际工作，但毫无疑问，这一现象反映出明末出版界的真实情况。现在，我们再尝试着研究由李廷机校正和题署版本的《性理大全》。

56　参见三浦秀一：《明代中期的〈性理大全〉——对东北大学图书馆藏本的书志学意义的贡献》，《集刊东洋学》2013 年总第 109 号。该论考有助于介绍明代后期刊行的各种版本的《性理大全》增注本。《性理群书大全》是《性理大全》的增注本之一，而“集览”原本就登载在《性理群书大全》七十卷之中。现在收录于《四库全书存目丛书》子部第 8—9 册之中。该书卷一的扉页标题为《性理群书大全》，但开头的“引用姓氏总目”和“目录”则是《性理群书集览》。

57　参见表野和江：《宰相的考试参考书——李廷机和举业书出版》，《艺文研究》2004 年第 87 号。

A 本. 东京大学综合图书馆藏书《新刻九我李太史校正性理大全》（索书号：B60—1287）。卷首内题“新刻九我李太史校正性理大全卷之一/温陵九我李太史校正”，卷末牌记题“万历癸卯年/仲春月梓行”（图 18）。由于这些内容与和刻本相近，因此会误以为这就是和刻本的底本，但里面没有像和刻本那样附上“集览”和“补注”。事实上，仅有卷一内题“新刻九我李太史校正”，卷二及之后的卷册内题“性理大全卷之〇”，这也是与和刻本的差异之一。特别是，即便两书有相同牌记（万历癸卯年），但内容也有所不同，因此不能完全相信牌记的内容。明末出版界的乱象由此可见一斑。

图 18 《新刻九我李太史校正性理大全》（A 本）的卷末牌记

B 本. 国立公文书馆（内阁文库）藏书《新刻九我李太史校正性理大全》（索书号：299—0034）。卷一内题“新刻九我李太史校正大方性理全书卷之一/温陵九我李廷机校正”。但卷二及之后的扉页仅题“性理大方书卷之〇”，没有标注李廷机的名字。值得注意的是，无论内容是否是“性理大全”，但书名就是“大方性理全书”。虽然没有牌记和刊记，但人们认为这与东京大学东洋文化研究所收藏的《新刻九我李太史校正大方性理全书》

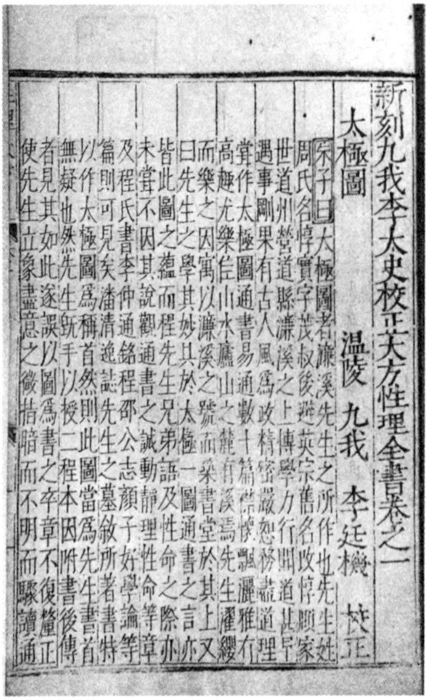
新刻九我李太史校正大方性理全書卷之一
太極圖　温陵　九我　李廷機　校正
朱子曰太極圖者濂溪先生之所作也先生姓
周氏名惇實字茂叔後避英宗舊名改惇頤家
世道州營道縣濂溪之上博學力行聞道甚早
遇事剛果有古人風爲政精密嚴恕務盡道理
嘗作太極圖通書易通數十篇襟懷飄灑雅有
高趣尤樂佳山水廬山之麓有溪焉先生濯纓
而樂之因寓以濂溪之號而築書堂於其上又
曰先生之學其妙具於太極一圖通書之言亦
皆此圖之蘊而程先生兄弟語及性命之際亦
未嘗不因其說觀通書之誠動靜理性命等章
及程氏書李仲通銘程邵公志顏子好學論等
篇則可見矣潘清逸誌先生之墓敘所著書特
以作太極圖爲稱首然則此圖當爲先生書首
無疑也然先生既手以授二程本因附書後傳
者見其如此遂誤以圖爲書之卒章不復釐正
使先生立象盡意之微指暗而不明而驟讀通

图 19 《新刻九我李太史校正大方性理全书》（B 本）卷一卷首

（C4524900）为同一本书。若真是如此，那么这便是万历三十一年（1603）金陵应天府学刊本。[58] 虽然该版本随处都有“集览”和“补注”，但在《家礼》部分没有看到这些“集览”和“补注”，这一点明显与和刻本不同。

C 本. 东京都立中央图书馆（诸桥文库）所藏《新刻性理大全书》（索书号：122—MW—25 诸 775）。衬页题“太史李九我先生纂订/性理大全/青畏堂藏版”。卷一内题“新刻性理大全书”，它的下方仅有一个“校”字，似乎删掉了正上方原本该有的校点者姓名。书中没有牌记和刊记。此外，仅从《家礼》部分来看，里面没有附上“集览”和“补注”。

如上所述，尽管以上 A、B、C 本题有“李廷机校正”，且在形式上与和刻本相似，但因为没有“集览”和“补注”，或附上的“集览”和“补注”极不完整，所以不能说这是和刻本的

58 该万历三十一年金陵应天府学刊本也著录于杜信孚《明代版刻综录》第 7 卷第 11 页中。

图 20 《新刻性理大全书》
（C 本）的衬页

图 21 《新刻性理大全书》
（C 本）卷一卷首

底本。[59] 另外，有的版本虽未题“李廷机校正”，但内容却与和刻本相似，这类版本如下。

D 本. 国立公文书馆（内阁文库）所藏《新刊性理大全》（索书号：005—0003）。在卷首“御制性理大全书序”之后有“嘉靖十九年叶氏广勤堂校正重刊”的牌记，在卷七十末尾有“嘉靖庚

59 另外，万历三十一年（1603）刊本中除题“李廷机校正”外，还有其他版本。在中国古籍总目编纂委员会编《中国古籍总目（子部）》（上海：上海古籍出版社，2010 年，第 32 页）著录的吴勉学刻本《新刻九我李太史校正性理大全书》就是此种版本。但笔者尚未见过，因此尚不清楚是否有“集览”和“补注”。

申孟秋/进贤堂梓新刊”的牌记。据此可知，嘉靖三十九年（1560）进贤堂新刊发了嘉靖十九年（1540）广勤堂的重刊本。该版本虽然没有李廷机的题署，但其最大的特点就是有“集览”和“补注”。

该书《家礼》部分与和刻本版本完全不同，完整地附上了“集览”和“补注”。除此之外，在卷首的“先儒姓氏”处还记录了每位学者的详细经历，这一点也与和刻本一致。栏外线框内的标题也大致相同。该书的版式为十一行二十六字，与和刻本的九行二十字不同。另外两个版本的书名也不相同，该书的书名是《新刊性理大

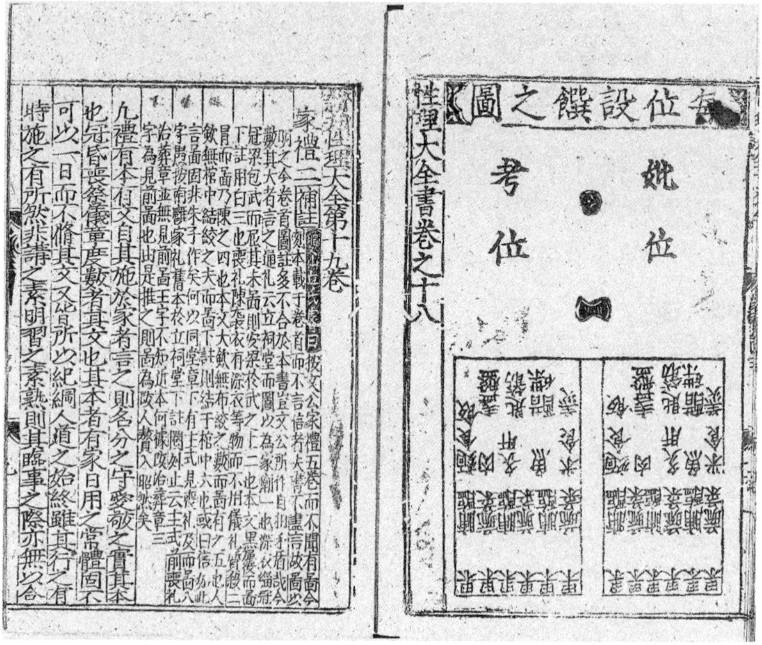

图 22　《新刊性理大全》（D 本）中“家礼”开头部分 1

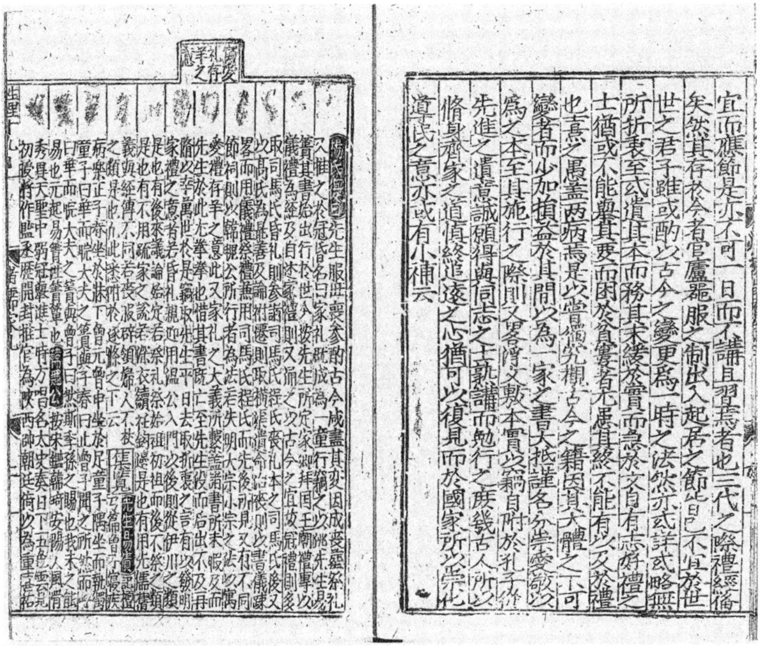

图 23 《新刊性理大全》（D 本）中“家礼”开头部分 2

全》，而和刻本的书名为《新刻性理大全》，但两个版本的内容却完全一致。如果是这样，那么该 D 本即使不是和刻本的底本，也可以说是和刻本的祖本了。

对此，我们先看看书名与 D 本《新刊性理大全》相同的版本（主要有以下两个版本）。

E 本. 东京大学东洋文化研究所收藏的《新刊性理大全》（索书号：C4524700）。在卷七十末尾题“嘉靖庚申孟秋/进贤堂梓新刊”，还有和 D 本相同的嘉靖三十九年（1560）的牌记，但《家礼》部分没有附上“集览”和“附注”。也没有李廷机的题署。

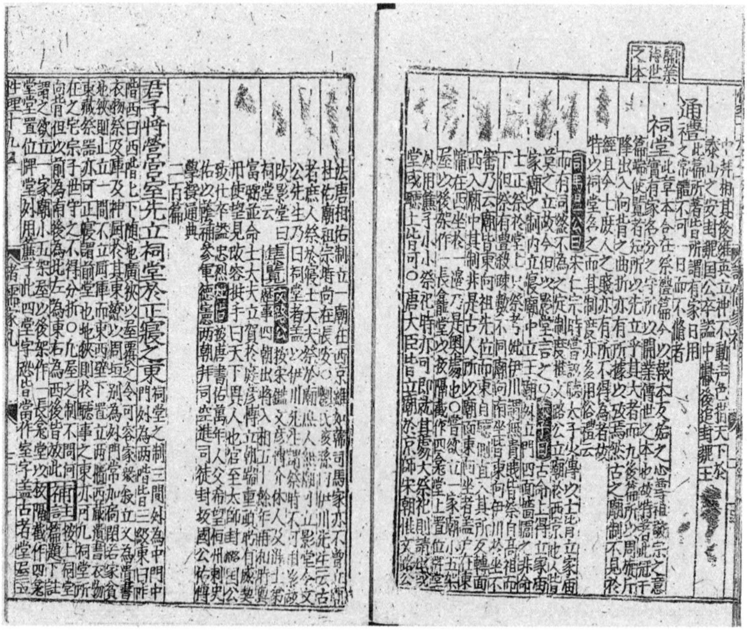

图 24　《新刊性理大全》（D 本）中“家礼”开头部分 3

F 本. 米泽市立图书馆收藏的《新刊性理大全》（米泽善本三六）。在卷首“御制性理大全书序”之后有“嘉靖壬子年余氏双桂堂校正重刊”的牌记，为嘉靖三十一年（1552）的刊本。仅有《家礼》部分没有附上“集览”和“补注”，也没有李廷机的题署。版式与 E 本相同，从年代先后来看，E 本应是 F 本的重刻版本。

明代（尤其是嘉靖年间以后）《性理大全》的刊行状况极其错综复杂。虽然书名相同、题署相同、牌记相同，但内容却不相同，令人感到困惑。若要好好理清这些版本间的关系，还需另行做详细的调查。对于和刻本的底本，暂时整理出了如下内容。

第一、《性理大全》为明永乐十三年（1415）由胡广和杨荣等人编纂的敕撰书，编纂完之后不久便出版发行。第二、明正德六年（1511）左右，玉峰道人补充了“集览”，编制成了《性理群书大全》（性理群书集览）七十卷。第三、这一时期，周礼进一步补充了“补注”。第四、明中期以降，还出现了各种增注本的《性理大全》。根据中国古籍总目编纂委员会编的《中国古籍总目》可知，《性理大全书》七十卷的刊本有十三种，《新刊性理大全》七十卷的刊本有十二种，《新刻性理大全书》七十卷的刊本有四种，《新刊宪台厘正性理大全》七十卷的刊本有三种，《新刻九我李太史校正性理大全》七十卷的刊本有两种，此外还有《性理群书大全》七十卷和《性理大全会通》七十卷的刊本。版本之多，用汗牛充栋来形容确不为过。[60]

在数量众多的相关书籍中，和刻本《新刻性理大全》的祖本是嘉靖三十九年（1560）进贤堂刊本《新刊性理大全》（D 本）。而底本也应是这一系统中的书籍。从和刻本上的万历年间牌记来看，底本是万历年间的重刊本。总而言之，需要着重注意的是，和刻本的祖本和底本并非是永乐年间的《性理大全》，而是增加了“集览”和“补注”的明末坊刻增注本。

最后阐述两点相关事项，仅作参考。首先是关于“集览”和“补注”。国立公文书馆（内阁文库）收藏的朝鲜版《家礼》四卷本（万历三十一年刊），从卷二到卷四，各卷都收录有整理过的“集览”和“补注”。这些“集览”和“补注”不是附在各项之后，而是单独列出并汇总在各卷的卷末。该版本是重编了增注本《性理

60 中国古籍总目编纂委员会编:《中国古籍总目（子部）》，第 31—33 页。

大全》的朝鲜版《家礼》，极富趣味性。另外，校正了《性理大全》中由李廷机编写的《家礼》一卷，并流传后世（部分缺失）。[61] 该书内容简洁，被人们用作自家实际举行冠昏丧祭的指导手册。

61 李廷机编辑的《家礼》影印版收入《四库禁毁书丛刊》史部第44册中（北京：北京出版社，2000年）。

第九章 《家礼》与日本

——日本近世的儒教丧祭礼仪

前 言

儒教与日本的关系，至今已有诸多的讨论。关于儒教对日本的思想、学问、文化与生活带来了多大程度的影响——或者换一种说法，儒教对日本而言究竟是什么？——可以认为，这一问题会根据研究者个人解释的不同而存在相当大的分歧。虽然，像津田左右吉那样认为儒教仅仅是一种知识、对日本人生活几乎没有影响的看法过于极端了，但对于“儒教究竟被日本接受到何种程度”这种儒教在日本的影响和评价问题，应当说依然没有明确的共识。

造成这种情况的其中一个因素，是因为“日本儒教的实际形态为何”这一点上还留有许多不明之处。对此，也就存在这样一种思考倾向，认为日本儒教的内容已经有充分的研究；即便将考察的时间段限定在明治时代以降，从井上哲次郎的三部著作——《日本阳明学派之哲学》《日本古学派之哲学》《日本朱子学派之哲学》(1900—1905) 问世以来已有诸多成绩，日本思想史研究在战后也尤为兴盛，成果不胜枚举。尽管如此，就儒教整体而言，仍有不少尚待开发的领域。特别是，对日本儒教中“礼乐”的研究，应该说才刚刚展开而已。

本文探讨的“儒教丧祭礼仪”，就是还未开发的研究领域之一。该领域属于“礼仪”的范畴，是儒教中的本质性部分，日本的儒者对其也表现出了很大程度上的关心并留下了不少相关著作，而且也有不少进行礼仪实践的案例。然而至今为止，不仅日本思想史界，连日本丧葬制度史中也几乎没怎么讨论这方面的内容。对于“礼仪”方面的研究兴趣不足应是这种情况的一大原因，对此问题有待其他场合讨论。本文在此尝试对日本近世的儒教丧葬礼仪作一概览，以期提供一个大致的参考。

一　三礼的文献与《家礼》

众所周知，儒教经典中有关于礼的三种典籍，即所谓“三礼”:《仪礼》《周礼》《礼记》。这些经典在后世是中国礼学、礼制据以定型的基本文献，特别像《仪礼》，包括冠婚丧祭、相见礼、乡饮酒礼、射礼、聘礼等，是以士阶层身份定位为中心的礼仪实践范本，地位很重要。一般而言《礼记》作为礼书比较有名，但其属于“与礼相关的札记”，除了和《仪礼》有关的解读，还包含有其他各种文献的篇章。《周礼》则是对官僚组织体系进行整理的文书，因此保存有关于国家礼仪的记载。若就“记录仪式程序的礼书”这一点来看，《仪礼》的意义最为重要。

南宋朱熹（1130—1200）根据《仪礼》编著了新式的礼仪范本——《家礼》五卷。《仪礼》和《礼记》是先秦时期的古代文献（一部分内容可上溯至周代），并且其书写方式相当烦琐，在朱熹生活的十二世纪时，要照搬其中的内容来实践礼仪比较困难。《家礼》

如题所述，是应当在家（宗族）中推行的礼仪之意，在通礼之后有冠礼、婚礼、丧礼、祭礼，构成“冠婚丧祭”体系，该书伴随着朱子学的普及，在近世以降发挥了很大的影响力。

二　日本的礼学和《家礼》

谈到日本的礼学，儒教在近世时期广泛普及，并涌现出了众多的儒学者，不过对三礼文献的研究与其他儒教文献比起来并不那么普遍，对礼相关文献的兴趣也都集中在朱熹的《家礼》上。[1] 因为《家礼》中特别强调作为日常礼仪的“冠婚丧祭”，而且这是士人和庶民都能利用的内容。“学即可成圣”是朱子学标榜的著名理念，而朱熹在《家礼》里构想了不问地位、身份、财产，谁都能实行的日常礼仪范本，随着朱子学自身权威性的确立，存在该书中的这种普遍理念也展现在日本知识阶层面前，并得到接受。此外，《家礼》对朝鲜、越南、琉球等东亚地区的冠婚丧祭礼仪也造成了广泛影响，这同样也是《家礼》本身的特性所导致的。[2] 顺便一提，我们日语中平时使用的“冠婚丧（葬）祭”的语汇，可以认为也是来自《家礼》的。

近世日本的《家礼》相关著述数量非常多。取其中几种在此讨论，以此陈述儒教丧祭的案例，并尝试思考其特征。[3] 另外预先说

1　参见本书第二章。

2　关于《家礼》在东亚地区的接受度状况，参照吾妻重二、朴元在编：《朱子家礼と東アジアの文化交涉》，东京：汲古书院，2012 年。

3　在吾妻重二：《家礼文献集成・日本篇》1 ~ 9（大阪：关西大学出版部，2010—2021年）中收有本文稿所提及的主要相关文献的影印版。另，本文所述内容，主要都基于笔者至今为止发表的各种论文。详细内容在注释中引出，请参阅。

明，在日语中“葬祭”的说法比较容易理解，但按照儒教式的说法是“丧祭”，也就是丧礼与祭礼。“丧礼”包括葬礼仪式以及服丧的内容，“祭礼”则是指祖先祭祀（佛教的称法是祖先供养），这两种礼通常是并称的。仅仅从葬仪或祖先祭祀单方面切入都不合适，所以在此将两者同时列入考量。

三　林鹅峰

（一）林鹅峰与葬礼——《泣血余滴》

林鹅峰（1619—1680）是林罗山的第三个儿子，参与了幕府的政治事务，同时留下了《本朝通鉴》等多部著作。与丧祭相关的著作，是《泣血余滴》二卷。

《泣血余滴》是对明历二年（1656）三月以儒礼举行的林鹅峰母亲荒川龟（即林罗山之妻）的葬礼的记录，用汉文写成，三年后在京都的书肆刊行。[4]

原本林鹅峰的父亲林罗山（1583—1657），早在宽永六年（1629）为长子叔胜（鹅峰长兄）举行的葬礼就是按照儒教礼仪实行的。叔胜留下了“吾死勿用浮屠礼仪”（林左门墓志铭，《林罗山文集》卷四十三）的遗言，非浮屠（佛教）式的儒教葬礼，要而言之，就是基于《家礼》的儒教范式。根据《家礼》进行的葬礼，土佐的野中兼山（1615—1663）据说是最早的例子，实际上叔胜这边

4　吾妻重二：《日本における『家禮』の受容——林鵞峰『泣血余滴』『祭奠私儀』を中心に》（如注2所示，已收录于《朱子家礼与东亚的文化交涉》中）。

更早 20 年左右。而且，兼山的儒葬虽然规模很大，但仅举行了一次，相较之下林罗山使用儒葬之后，成为林家的传统。

继承了林罗山方针的林鹅峰，在母亲的葬礼上就采用了儒礼。本来林鹅峰的母亲是佛教净土宗的信徒，但她比起被他人下葬更希望经由子女之手，于是儒葬的形式得到了允许。《泣血余滴》详细记录了从死去到埋葬的五日之间的礼仪，展示了林家的儒葬形式。关于该书的基本方针，书中序文如此写道：

> 昔朱文公遭其母祝孺人之丧，折衷《仪礼·士丧》而制作《家礼》，后学无不由之。本朝释教流布阖国，为彼被惑，无知儒礼者。故无贵贱，皆葬事无不倩浮屠。呜呼，痛哉。近世有志之人、虽偶注心于《家礼》，然拘于俗风，而虽欲为之而不能行者亦有之。今余丁母之忧，而其葬悉从儒礼行之。

其对当时习俗中的佛教式葬礼加以排斥，并按朱熹《家礼》“悉从儒礼”来举办葬礼。书名的“泣血”，指的是《礼记·檀弓篇上》中父母死后三年间泣血哀悼的典故，应当认为，这是儒式葬礼的“孝”的重要表现。

此外，关于该书刊行的旨趣，出版前一年的万治元年（1658），寄给京都的石川丈山的书简（《答石川丈山》，《鹅峰先生林学士文集》卷 28）中说到：

> 闻先年所借《泣血余滴》，可刻梓以行于世，使人知儒礼葬法。

其将自己葬母礼仪的详细记录出版的行为虽然有些奇异，但仍然是为了推广“儒礼葬法”，其中包含了希望使朱子学礼仪在日本普及的意图。

（二）林鹅峰与祭礼——《祭奠私仪》

《泣血余滴》是关于葬礼的书籍，对祖先祭祀之事基本没有记述。此外林鹅峰还著有为实践祭礼而作的《祭奠私仪》一卷。

《祭奠私仪》用汉文写成，现有鹅峰手稿本藏于日本国立公文书馆（内阁文库）。林鹅峰在母亲葬礼的第二年明历三年（1657）一月，遭逢父亲罗山的逝世，这次他将祭祖的方式记录了下来。该书的记述依据《家礼》一事，在序文中这样提到：

> 其仪专宗朱文公《家礼》，且参考丘氏《仪节》，以聊损益而从时宜。

此处说到的《仪节》是指明代丘浚的《文公家礼仪节》，这是将《家礼》的做法改造得更为简易并附上了解释的书。鹅峰同样按照《家礼》，制作让祖先灵魂凭依的木制神主（相当于佛教中用于魂灵凭依的位牌）以及安放神主的祠堂。祠堂是与住房相邻的建筑物，又称家庙，在此进行祭祀活动，而这在日本尚属于早期案例。此后，林家就依照《祭奠私仪》来进行祖先祭祀。

图1所载的是《泣血余滴》中记录的墓石之图，图2是现存的墓石的照片。可见原本的式样保存得比较完好。

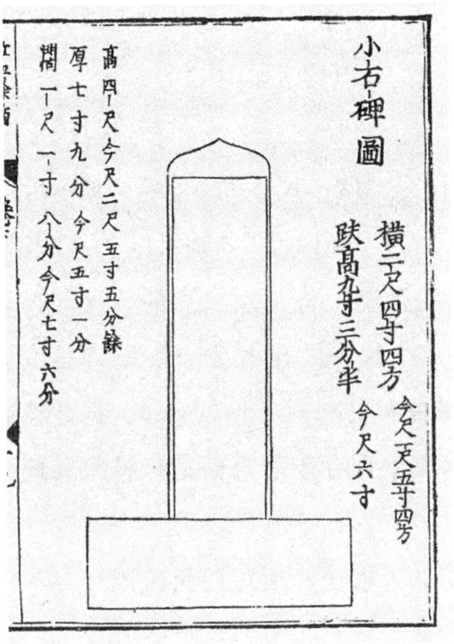

图 1

图 2

另外，此处应当注意一下墓碑的形状和大小。大小方面，图 1 所示的是：

> 高四尺，今尺二尺五寸五分余
>
> 厚七寸九分，今尺五寸一分
>
> 阔一尺一寸八分，今尺七寸六分

相对的，《家礼》对墓碑大小的描述如下：

> 坟高四尺。立小石碑于其前，亦高四尺。趺高尺许。
>
> ○今按……用司马公说，别立小碑，但石须阔尺以上，其

厚居三之二，圭首而刻其面如志之盖，乃略述其世系名字行实而刻于其左，转及后右而周焉。(《家礼》卷四)

《泣血余滴》说的是“高四尺”“阔一尺一寸八分”“厚七寸七分”，可以认为是参照了《家礼》的“高四尺”“阔尺以上”“其厚居三之二”的说法。另外，《泣血余滴》将《家礼》的“尺”换算成日本的“今尺”，高度变成了“今尺二尺五寸五分余”，厚度变成“今尺七寸六分”。今尺是日本的曲尺（一尺=30. 2 cm），据此算来墓碑的高度约是77 cm有余。事实上现存于东京新宿区林家墓地中荒川氏的墓碑高度就是77 cm。

鹅峰的换算法原本并不正确，《家礼》所用的尺是周尺，一尺为23.1 cm。因此，《家礼》中的墓碑高度（四尺）应是92.4 cm，荒川氏墓碑比《家礼》所说要更小。

此外，墓碑的形状按照《家礼》来看应是上方有略尖锐的形态（圭首），而荒川氏墓碑上方也有尖锐的形状，十分相似。

《泣血余滴》作为书籍出版，随着林家名望的扩大，为近世日本的儒教丧祭礼仪提供了一种基准。其中一例是自德川光圀肇始的水户藩儒教丧祭礼仪也受到其影响。

四　藤井懒斋、中村惕斋等朱子学者团体

（一）懒斋与《本朝孝子传》

藤井懒斋（1617—1709）是林鹅峰的同时代人，生于京都。曾出任九州筑紫久留米藩的藩医，此后在京都与山崎闇斋和米川操轩

相识，开始研究朱子学。后来，他于58岁从久留米藩离任，回到京都，聚集了众多门徒来讲解儒书。他和中村惕斋（1629—1702）交好，当时惕斋是与伊藤仁斋、浅见絅斋齐名的儒者。[5]

让懒斋一跃成名的是其著作《本朝孝子传》3卷。该书以中国的孝子传为范本，用汉文记录了日本七十余名孝子的传记，是自贞享二年（1685）刊行以来增印多次的最佳畅销书。井原西鹤的《本朝二十不孝》借助了该书造成的爆发式流行热潮，以其为踏板而写作之事，是有名的逸话。[6] 受到热卖鼓舞的懒斋，在两年后的贞享四年（1687），将该书改成汉文与平假名相参的文本形式，以《仮名本朝孝子伝》为名刊行，《本朝孝子传》也成为江户时代诸多孝子文学中能与幕府的《官刻孝义录》相提并论的重要著作。

懒斋撰写《本朝孝子传》的动机，当然有儒者倡导“孝”的因素在内，同时还有礼仪书《二礼童览》，也是为实践“孝”而作的。

（二）懒斋的《二礼童览》

《二礼童览》是元禄元年（1688）懒斋72岁时刊行于京都的。“二礼”是指丧礼和祭礼，一边依据《家礼》，一边附加了和文的解说。其自序说：

> 喪祭の二礼、世のならはしのまゝなるはあまりにこゝろよからず覚へ侍れバ、朱文公の家礼のおもかげいさゝか家に

5　另参见本书第十章。

6　胜又基:《『本朝孝子伝』の流行》,《金泽大学国語国文》第23号，1998年。

あらまほしくて、ひそかにみづからかの書を抄略し俗語にかへ俗礼をまじへ婦女児童のともがらまで是をよみ見てかばかりの事はよくなしてんとおもえらむやうにと書つく。終に此ふた巻となりぬ。よりて名づけて二礼童覧となんいふ。（大意：丧祭二礼，当下的世风实在令我心有不安，而朱文公《家礼》的影子让我有所向往，于是私自抄写了这本书，俗语写作、俗礼交杂，写成妇女儿童之辈也能明白的样子。最后就有了这样的两卷本。据此命名为“二礼童览”。）

也就是无论怎样也要根据《家礼》在日本推广儒礼，于是抄写了《家礼》，用俗语写作，并夹杂俗礼，这样妇孺也能理解。

这本书原本是懒斋在久留米藩时代的万治三年（1660），因父亲逝世而撰写的，父亲死后懒斋向藩主求得了三年的假期，回到京都举行葬礼和服丧。据友人武富廉斋《月下记》的记载，他当时的情况是庐居（服丧期间在墓旁庐屋内生活）、寝苫枕块（在草垫上睡觉，用硬土作为枕头）、朴素的饮食再加上小祥大祥等，基本都遵照《家礼》的顺序实行下来。懒斋实际上就是依《家礼》实行丧祭，并以其顺序为要点总结形成了《二礼童览》一书。

（三）懒斋周围的京都朱子学者团体

关于懒斋的儒礼实践问题，不能忽略京都朱子学者团体的存在意义。懒斋身边以撰写者中村惕斋为中心，川井正直（1601—1677）、三宅巩革斋（1614—1675）、米川操轩（1627—1678）、增田立轩（1673—1743）等人都推崇朱子学，与儒教丧祭礼仪产生关联。

例如，承应二年（1653）以儒礼葬父的中村惕斋很快就建造了祭祖的祠堂，并经过长年考察，写下丧礼书《慎终疏节》4 卷、祭礼书《追远疏节》1 卷。此外，还撰有可认为是详细资料集的《慎终疏节通考》6 卷、《追远疏节通考》5 卷。这些都是补订《家礼》的工作。最擅长礼学并著有《律吕新书》等音律研究的惕斋，即使在整个日本近世也是第一等的儒教礼乐研究者。[7] 惕斋的门人增田立轩根据惕斋的《慎终疏节》《追远疏节》，整理了惕斋的语录，以和文整合出《慎终疏节闻录》4 卷和《追远疏节闻录》（不分卷）。三宅巩革斋也按《家礼》著有《丧礼节解》2 卷及《祭礼节解》2 卷。

（四）川井正直的实践等

川井正直同样是一个有趣的人物。正直并非学者身份，而是京都茶町的茶商，与惕斋和懒斋亲近。值得注意的是，懒斋在此前所述的畅销书《本朝孝子传》卷下的《今世》部分为川井正直立传，记载了他的孝行和儒礼的实践。

据其所述，正直在将近 50 岁时在山崎闇斋处学习《小学》，注意到了孝亲的重要性，于是尽心奉养父母。在父母死后，遵从《朱子家礼》的方式举行葬礼。当时，正直害怕父亲会接受佛教式的火葬，连夜偷偷把棺材从墓场运出改葬，不久后将母亲在那里陪葬。

7　关于惕斋的音律研究，参考榧木亨：《中村惕斎と律吕新書——『修正律吕新書』および『筆記律吕新書説』の文献学的考察》，《文化交涉》创刊号，大阪：关西大学大学院东亚文化研究科，2013 年。

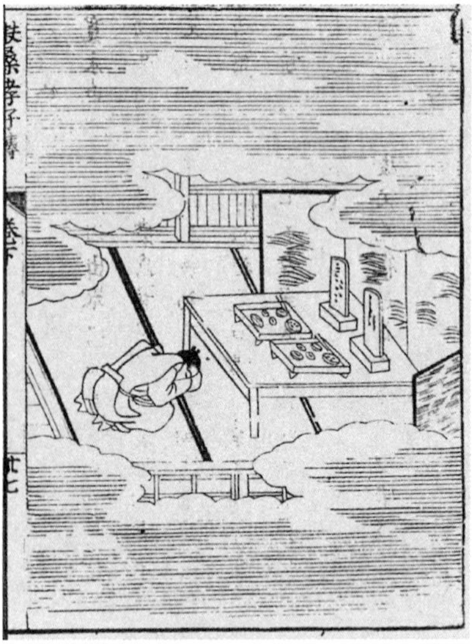

图 3 《川井正直》图（《本朝孝子传》卷下）

这在周围人看来是令人震惊的行径，但正直断然坚持如此行事，并不在意世评。不仅如此，他还完整地服完了三年之丧。

图 3 所示的是《本朝孝子传》记载的川井正直的图像。其中描绘了他在父母二人神主前奉上供品并虔诚行拜礼的姿态。有可能这是实际状况的写照，其虔敬程度之强烈令人印象深刻。懒斋的《本朝孝子传》在当时的评价很高，因此正直据儒礼无畏地实践丧祭礼仪显然也是脍炙人口的事迹。

诸如此类，在 17 世纪后半叶，在京都的懒斋周围聚集起众多朱子学者与其信奉者，他们互相之间形成影响。他们是在日本实践朱熹《家礼》的群体，也有不少关联著作存世。大和田气求将《家礼》全文翻译而成的日语版《大和家礼》，浅见絅斋的《家礼》研究和《家礼》标点本的出版等等，也在京都朱子学者们的行动上起到顺水推舟的效应。

此外，伊藤仁斋（1627—1705）与川井正直完全是同时代人，也同样在京都活跃着，但他并没有特别积极地进行礼仪研究，与以上所说懒斋、惕斋等人的团体形成截然不同的面貌。

五　熊泽蕃山

（一）蕃山的《葬祭辨论》

熊泽蕃山（1619—1691）是江户初期代表性的儒教思想家、政治家。

蕃山生于京都，在十六岁时因缘分成为冈山藩主池田光政（1609—1682）的小姓（译者按：元服前的小侍从，服侍贵族）。数年后离职，师从近江的中江藤树（1608—1648）。此后，再次在冈山藩任职，辅佐光政，庆安三年（1650）升任为番头，成为主导藩政的中枢人物，并取得巨大的治理成绩，声名播于藩内外。明历三年（1657），因受到幕府和藩内外的诽谤中伤，三十九岁就离任隐居，此后仍在藩内维持了一段时间的幕后影响力。不久与公家、幕臣、诸侯等人展开交游，但主要精力集中在著述上。

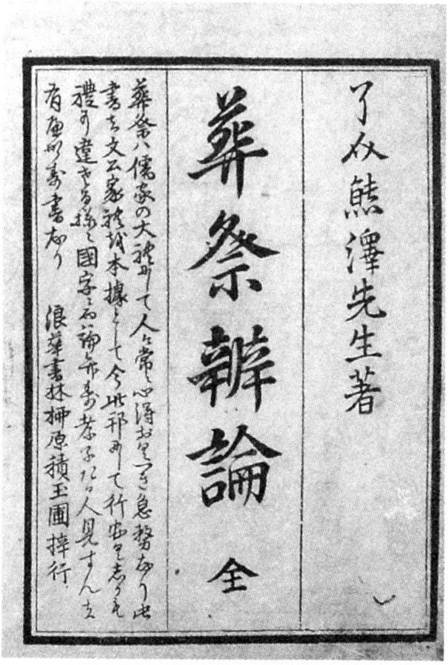

图 4　熊泽蕃山《葬祭辨论》（重刻本）封面内页

蕃山的礼学著作有和文的《葬祭辨论》一卷，于宽文七年（1667）在京都出版。这本书在江户时代后期刊行了重刻本，如图 4 所见，其封面内页上明确记有基于《家礼》的内容：

> 葬祭ハ儒家の大礼にして人々常に心得おくべき急務なり。此書は文公家礼を本拠として、今此邦にて行安くしかも礼に違ざる様ニ国字に而論弁す。孝子たる人見ずんば有べからず書なり。(大意：葬祭是儒家大礼，也是人们应当时刻铭记的要务。本书以文公《家礼》为根据，如今在本国推行，用日语讨论礼的本来面貌。孝子不可不读此书。)

本来蕃山的老师中江藤树就是儒教丧祭礼仪的实践者，藤树制作《家礼》式的神主，而他的葬礼也由门人按《家礼》行事，蕃山继承了他的这种教导。[8]

(二) 激烈的佛教批判

《葬祭辨论》中，蕃山根据《家礼》逐一讨论了在日本可以施行的儒教丧祭礼仪，其中尤为突出的是对佛教的严厉批判。例如：

> 仏者ハ此理をわきまへず、罪ふかふして地獄におつるなどゝ己れも迷ひ、人をも惑し、子たる者も又其理を不弁、父母たる人死すれば悪人のごとくに取成、罪ありて地獄に入べし、其供養にハ経をよみ、施仏をなすべしとて、一七日百日期年などゝ、其忌にあたれる比ハ種ら財を費し宝をすてゝ僧

8　如注5所示，参考吾妻重二：《日本における『家礼』の受容——林鵞峰『泣血余滴』『祭奠私儀』を中心に》。藤树等人的神主，目前可见于滋贺县高岛市的藤树书院内。此外，也有说法认为《葬祭辨论》不是蕃山的著作，但其根据比较站不住脚。

徒に施すと見へたり。是等の事其親を罪悪人にとりなし、漸ら読経施仏の供養にて罪人を佗言するに似たり。為子人、其親を罪人とひとしくする事豈忍ぶべけんや。(大意：佛家不明此理，讲有罪即坠入地狱，使人迷茫、蛊惑人心。为人子者不辨其理，视父母如同恶人，以为父母死后因恶获罪入地狱，需供养读经布施，经十七日、百日、一年，耗费钱财施与僧众。侍奉亲人而将其视为罪人，用读经布施来抚平这种妄言。为人子者如何忍心将亲人视为罪人?)

这是对佛教认为不读经、供佛就会落入地狱，即使父母也被视为罪人的不合理之处有所指摘。儒教原本就没有地狱的观念，对作为儒者的蕃山而言，地狱之说只不过是佛教的妄想而已。还有：

元来葬礼祭礼の事ハ聖人の至理を以てなし給ふことにて、釈迦の経文の中になき事なるを、梁の竺潜といへる出家、はじめて人を葬りしより、漸ら出家の業となり、儒者のおこなふ法式の中を窃ミとりて、其礼法を損益して己が家の法となせり。……故に末流に及てハ渡世のいとなミとなりて、経をよみて仏事をおこなふとも商人の売買するにひとしく、浅ましきありさま也。(大意：原本葬礼、祭礼之事是根据圣人至理而来，释迦的经文中没有这些东西。南朝梁的竺潜这个出家人，最开始只是埋葬人，渐渐形成了出家的做法，窃取儒者的做法，损益礼法以为己用。……因此其末流就讲渡世，要读经、做佛事，跟商人做买卖一样，十分浅薄。)

这是指出父母、祖先的葬礼与祭礼原来并未记载于印度佛典中，佛教僧侣当下所为只是与商人的投机买卖没什么区别的浅薄行径。最后该书说：

もし聖人の礼に順ハんとおもふ人ハ文公家礼をかんがへ見るべしなり。

认为必须将朱熹的《家礼》当作模范。

(三) 蕃山的思想转变

然而，蕃山在此不久之后就改变了之前的想法。后年的《集义和书》与《集义外书》所说的观点，可以看到与此前说法有所不同之处。

来看看《集义和书》的内容。其卷四说到：

それ喪は終を慎むなり。祭は遠きを追なり。民の徳厚きに帰す、尤人道の重ずる所なり。然れ共、喪祭ともに時処位をはかるべし。只心の誠を尽すのみ。格法に拘て不レ叶をしゐ、不レ能をかざらば、必ず基本をそこなふべし。格法の儒者の世に功ある事すくなからず。予がごときものも恩徳にかゝれり。しかれども、心法にうときがゆへに、自己の凡情を不レ知、又行ふこと、日本の水土に叶はず、人情にあたらず、儒法をおこすといへども、終に又儒法を破る事をしらず。貴殿、三年の喪の法はあたはず共、心情の誠は尽し給ふべし。

追レ遠の祭も、又なるべきほどの事を行て、自己の誠を尽し給ふべし。（大意：丧礼慎终，祭礼追远。民德归厚，此尤为人道所重。然而丧祭还需考虑“时处位”。只是尽诚心而已。应当不拘一格，若非如此，将有损于根本原则。弘扬儒法之世，功不为小。我辈也能承其恩惠。然遵循心法，应看到自身的世俗一面，又应在行事中考虑日本的本土情况、人情世故，若非如此，在发扬儒法的同时也有可能最终导致失败。您进行三年之丧之法，心意之诚已尽。追远之祭，也应竭力而为，尽自己的诚心。）

在日本举行丧祭应当“考量时间、场所和地位”，完全没必要拘泥于三年之丧和追远祭祀等儒教丧祭礼仪的方式，只需尽到自己的诚意即可。

这种见解同样见于《集义外书》，其卷一说：

日本は小国にして山泽ふかゝらず。地福よくして人多し。中華のごとく死をおくるの礼を備へがたし。尤今日本国中をかぞへてわづか数十人に過ざる儒者の道を行ふ人の棺槨は、成程美を尽したりとも、害あるべからず。聖人の礼を知べきたよりにもよかるべし。しかれども天下に道の行はるべき通法にはなりがたし。（大意：日本虽是小国而山溪不深，地灵而人口众多。很难如中华那样，送死的礼仪相当完备。特别是现在日本国内仅有数十儒者，其棺椁有百美而无害。如此知圣人之法固然是好事。但要推行成为天下之常法恐怕很困难。)

卷十则有关于火葬的说法:

> 天地ひらけてこのかた、近世ほど人多土地せばき事はあらじ。気運ふさがりくらふしてしかり。時に仏法あるも又かなへり。火葬も又可なり。今の時に当て、家礼の儒法を庶人にまで行ん事は、聖賢の君出給ふとも叶ふべからず。(大意:天地开辟以来,如近世这样人多地少的情况是没有的。是因气运塞暗而然。此时佛法也合乎需要,火葬可以采用。如今的时代,将《家礼》之儒法向庶人推行,与圣贤明君出现一样不可期望。)

在此他断言,《家礼》的儒教礼仪,就儒者而言姑且不论,但向庶民推广成为"通用法则"一事在日本是不可能的。

这时的意见,确实与批判火葬及佛教式供养、遵守《家礼》的《葬祭辨论》大相径庭。也就是出于本土论的角度,考虑"时间、场合、地位",即日本的国情,这与此前以《家礼》为准则的规范意识相比明显是倒退了。《集义和书》刊行于宽文十二年(1672),《集义外书》刊行于延宝七年(1679),表明蕃山的思想在《葬祭辨论》后无疑是发生了转变。

(四)冈山藩主池田光政与蕃山

前文所引《集义外书》中所谓的"家礼的儒法在庶人中间实

行”，实际上指的是冈山藩主池田光政，光政在宽文六年（1666）8月，在领地内向庶民颁布了根据《家礼》、称为“葬祭之仪”的文书，并努力促成其实施。[9] 从这一视角来看，可以发现《葬祭辨论》中有面对藩主陈述见解的口吻。有以下文段：

> 仏道には本より父母妻子をもすてゝ、父母あり共せざる意より教をたてゝ、他人の父母といへ共、おのれが法にまかせて火葬にし、一所の壙にて数百人をやくとミへたり。実に有罪の者を刑罰するにひとしく、国守たる人のゆるすべきところにあらず。（大意：佛道本来是宣扬舍弃父母妻子，父母人人皆平等的教义，因此遵从法式付于火葬，与他人的父母数百人一起置于同一圹中。这实与处置罪人的刑罚相同，并不是国守之人应当做的事情。）

蕃山直接向国守谏言称，火葬与给予有罪之人的刑罚相同，因此对于“守护国土者”而言是不应被允许的行为，这些说法受到了关注。此处说的国守，应该可以认为是指批判佛教、热衷于儒教礼仪实施时期的光政。

如此想来，宽文七年（1667）刊行的《葬祭辨论》正是蕃山在壮年期并与光政处于“蜜月”状态的承应四年（1655）到宽文六年（1666）之间，为催促光政推进儒教礼仪实践而写的著作。

9　吾妻重二：《池田光政と儒教喪祭儀礼》，《東アジア文化交渉研究》创刊号，大阪：关西大学文化交涉学教育研究基地，2008 年。

作为儒礼推动者的蕃山，向儒礼批判者转变的理由，也包括有围绕儒教丧祭礼仪的一个讨论。寺请制（檀家制度）的确在底层庶民中也得到实行，而当时佛教式葬祭礼仪有幕府、各藩权力在背后影响，已然渗透到民间习俗当中，要改变为儒教式礼仪实属困难；这或许也是一种对现状的追加认知。但是即便如此，仍有不少人想要实践儒教式的葬祭礼仪，对这一点应该有所注意。

六　一些特征

（一）大名、儒者与儒礼实践的意义

在此仅举一部分日本近世的儒式葬礼和祖先祭祀，主要是17世纪后半期的例子。

除去文中介绍过的内容以外，还有很多相关部分，特别是名古屋藩的德川义直、水户藩的德川光圀、冈山藩的池田光政等好学的大名，他们在关于儒式丧祭的问题上表现出的关心和实践应当受到注意；并且还有山崎闇斋、浅见絅斋、若林强斋、蟹养斋等崎门派人物，室鸠巢、新井白石、中井甃庵、佐久间象山等朱子学系学者，荻生徂徕等古学派，三轮执斋等阳明学者，也许还应包括猪饲敬所等考据学者。可见，不仅是朱子学派，各类学者对儒教丧祭礼仪或者说是《家礼》都抱有非常高的热忱。埋葬宽政三博士的大阪先儒墓所也是一个具体事例。

近世儒教先驱者藤原惺窝曾对门人林罗山应答说（《答林秀才》，《惺窝先生文集》卷十）：

若诸儒不服儒服、不行儒行、不讲儒礼者，何以妄称儒哉。

此处明确说到，若不着儒服、不仿效儒者的举止、不行儒礼，就不能称之为儒者；这表明儒教并不单纯是某种观念，而需要体现在主体自身的行为与礼仪活动中。惺窝的思考方式，与当时跟儒教思想产生共鸣的人们或多或少有共通之处，他们不仅借鉴儒教思想，也参考了儒教礼仪方面的内容，其原因正在于一种身为儒者的强大自觉性（即以儒教文化为一切行为规范之真理的自觉）。

（二）伊藤仁斋与新井白石

举例来看，虽然上面说过伊藤仁斋与当时的京都朱子学者团体方针不同，并未对儒礼研究怀有充分的热情，但是，仁斋在伊藤家丧祭中推敲《家礼》以及建立《家礼》式神主、祠堂，可以看出他仍然有对儒教礼仪表示关心之处。[10] 此外，仁斋与其子东涯在嵯峨野二尊院内的坟墓也是儒式的。图 5 与图 6 是他们的墓，在建制上基本相同。

仁斋和东涯的墓葬营造法也基于《家礼》。现在看到的仁斋墓，首先应注意到其上端有尖锐的“圭首”之形；大小方面，高度是 120 cm，宽度是 45 cm，厚度是 21.7 cm。上文曾提到日本曲尺（一尺 = 30.2 cm），按此分别对应的是四尺、一尺五寸、七寸。这与《家

10 如注 5 所示，参考吾妻重二：《日本における『家礼』の受容——林鹅峰『泣血余滴』『祭奠私仪』を中心に》。

图5　伊藤仁斋之墓（正面照。墓碑上方篆额刻有《古学先生伊藤君碣》字）

图6　伊藤东涯之墓（背面照。墓地周围以石壁形成半圆形，墓碑后面有土堆成的坟）

礼》的“高四尺”“阔尺以上”“其厚居三之二”的规格严丝合缝。毫无疑问，仁斋等人正是参照《家礼》来修建墓地的。[11] 尽管他们是批判朱子学、主张回归孔孟本义的古学派人物，在儒教礼仪方面依然表现出来自朱子学的深刻影响。

除此以外，仁斋墓碑如图 7 所示。[12] 如图中所见，在墓碑的侧面刻有墓主的传记，其所本来源于《家礼》。

还有一个以往并未引起足够重视的情况是，新井白石著有《家礼仪节考》八卷（写本）。这是对丘浚《文公家礼仪节》中难懂的语句进行详细注解的著作，即使在今天看来也是极为有价值的整理工作。以及，白石在建设祭祖祠堂时，制作了《家礼》式的神主。该神主至今还在新井家被传承下来。[13]

由上述可知，儒教礼仪中的丧祭礼对他们而言是重要的切身大事。

（三）佛教批判与日本式转变

一个重要的相关情况是，推进儒式丧祭制度的儒者们几乎没有例外地对佛教展开了批判。如熊泽蕃山的《葬祭辨论》所示，儒教与佛教在生死观的立场上就存在分歧。儒教不承认地狱和极乐世界的存在，拯救地狱中死者的灵魂、引导向极乐世界的追善供养行为

11 除此之外，朱子学者中村惕斋等人的影响也曾被指出。参考松原典明：《近世大名葬制の考古学的研究》，东京：雄山阁，2012 年，第 269—270 页、第 296 页以下。

12 来村多加史：《关西大学藏『古学先生伊藤君碣』》，《关西大学考古学等资料室纪要》第 7 号，大阪：关西大学考古学等资料室，1990 年。

13 吾妻重二：《家礼文献集成·日本篇（五）》，大阪：关西大学出版部，2016 年，第 355 页注解。

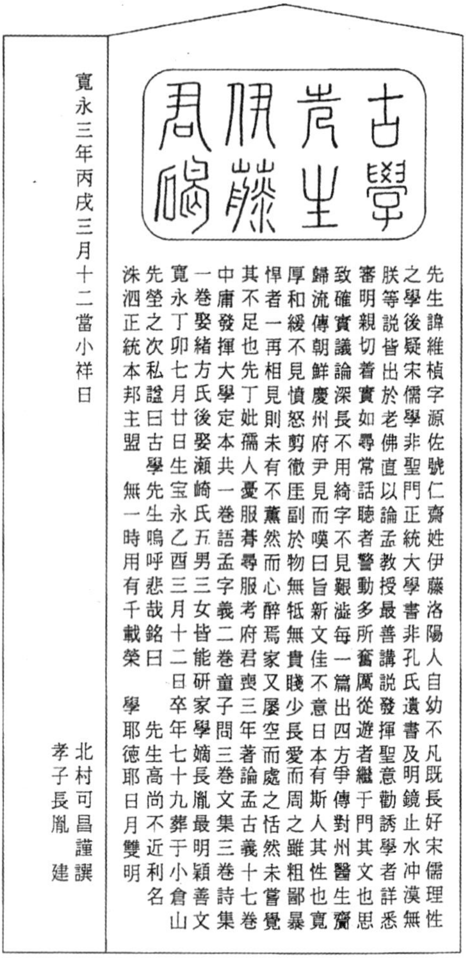

图 7　伊藤仁斋墓碑（正面与侧面）

全无必要，并且佛教火葬的做法会毁伤亲人的身体，与“孝”的教义相悖，应有所避免。

另外，一边守护儒礼的核心内容、一边使之适应日本国情，也是一大特色。在此虽不宜详细展开，但简略来讲，儒者不进行葬礼和追善供养、舍弃火葬采用土葬、不起戒名（法名）和院号、制作为灵魂提供凭依的神主，这些最终底线是不可退让的核心内容。

另一方面，结合日本的情况发生的改变，是三年之丧（算整数虽是三年，实际时间应是两年）的服丧推行困难；服丧中的衣物也难以按《家礼》那样制成麻布服，[14] 只使用日本传统的藤衣；建造安置神主的祠堂也并非易事，通常仅在一室之内安放妥当的情况不少；供品一般不使用四脚的兽类等。再者，月命日（月忌）的祭祀不见于《家礼》，因为这是据日本独有的习俗而形成的做法。还有，虽然《家礼》在选择墓地方面需要在葬礼前卜筮来决定地址，在日本则多数会在自己宗门的寺院内修建墓地。

提到火葬，山崎闇斋死后，其门人一方面按《家礼》做法偷偷将闇斋遗骨埋葬（土葬）于墓地中，另一方面又做了空的棺材，送到寺院举行佛教式葬礼。[15] 其意图正是为了避免与佛教界发生冲突。

（四）对葬礼、祭礼的关注以及“孝”和祖先观念

最后应当指出的是，《家礼》分为“冠婚丧祭”四礼，而丧礼（葬礼）和祭礼内容占据了相关论著的大半部分。从本文有限的材料中也能看出这点。如本文开头所说，《家礼》虽按照“冠婚丧祭”四种礼的范畴来讲述，实则对冠礼和婚礼的关注很少。这并不是仅在日本才有的情况，中国、朝鲜也同样如此。理由或有多种，但最

14　顺带说明，麻制的儒教丧服，现在仍可见于韩国的传统丧礼之中。

15　近藤敬吾：《崎門学派における朱子家礼の受容と超脱》，收于氏著《儒葬と神葬》，东京：国书刊行会，1990 年。

主要的原因还是冠礼、婚礼相较丧礼、祭礼而言，其在现实中的重要性有所差别。“父母亡故后，子孙应该怎样进行葬礼和祭祀”，这对人来说是绝对不能忽视的重大问题。换句话说，儒教丧祭礼仪的实践与宣扬“孝”的思想是表里一体、不可分割的关系。

儒教丧祭礼仪是为了与佛教丧祭礼对抗，而由儒者为中心提倡并实施的。这对幕末以来神道教的“神葬祭”和皇室的祖先祭祀都产生了很大的影响。这些姑且不论，儒者们的行动以及提倡“孝”的思想，给此前日本人淡薄的祖先观念和仪式感（即对祖先的敬意和崇拜之情）进行强化带来了重大契机，这一点是显而易见的。儒教礼仪终究是对日本的思想、习俗造成了深远的影响。

第十章　藤井懒斋的《二礼童览》

——"孝"与儒教葬祭礼仪

前　言

中国儒教的礼制构想涉及国家、乡村、家族以及个人等各个层面，并在传统社会中发展出各种各样的礼仪。自先秦时代《仪礼》以来，有关礼仪的书籍就层出不穷。除"三礼"的注释与解说，即"礼学"之书以外，依据三礼文献，描述如何在实际生活中实施礼仪的"礼制"之书也大量出现。

其中，作为家族礼仪的手册而最负盛名的礼仪书，便是南宋朱熹（1130—1200）亲自撰写的《家礼》。这是一部有关冠婚丧祭（葬祭）的指导书，其对象不是王侯贵族，而是以士人为中心的一般阶层，后来随着朱子学在东亚世界的传播，该书得到广泛的阅读，并引起了巨大的反响。尽管儒教礼仪与日本儒教的关系常常被人遗忘，但是朱熹《家礼》在日本的影响还是不容忽视的。[1]

1　吾妻重二：《江户时代における儒教仪礼研究——书志を中心に》（《アジア文化交流研究》第2号，关西大学东亚文化交流研究中心，2007年）；《日本における〈家礼〉の受容——林鹅峰〈泣血余滴〉〈祭奠私仪〉を中心に》（吾妻重二、朴元在编：《朱子家礼と东アジアの文化交涉》所收，东京：汲古书院，2012年）。

在这里本文想以藤井懒斋为例。一般而言，懒斋以《本朝孝子传》的作者而广为人知，其作为儒者的面相则不太受到关注。但是，其所著《二礼童览》作为窥探《家礼》在江户时代初期流传情况的著作，不仅具有重要的意义，而且也是说明“孝”思想与葬祭礼仪之关系的有趣事例。

一　儒学家藤井懒斋的生平

藤井懒斋（1617—1709）是京都人，名藏，字季廉，通称胜藏，号懒斋或伊蒿子。旧称真锅（真边）仲庵，从学京都的冈本玄冶习得医术，随后在九州筑紫的久留米藩成为藩医。作为良医，在长期行医生活期间，他在京都与山崎闇斋和米川操轩相识，开始钻研朱子学。此后，延宝二年（1674），五十八岁的藤井辞去久留米藩的职务，回到京都，讲授儒书而广收门徒，随后就在京西的鸣滝隐居。他与中村惕斋有深交，并作为笃实的朱子学者一直活跃着，享年九十三岁。[2]

懒斋著作有《北筑杂稿》一卷（写本）、《藏笥百首》三卷（刊本）、《本朝孝子传》三卷（刊本）、《假名本朝孝子传》七卷（刊本）、《徒然草摘议》三卷（刊本）、《国朝谏诤录》二卷（刊本）、

2　关于懒斋的传记，可参见关仪一郎、关义直主编的《近世汉学者传记著作大事典》（井田书店，1943 年），近藤春雄：《日本汉文学大事典》（明治书院，1985 年），大江文城《本邦儒学史论考》（全国书房，1941 年）第 479 页以下。另外，胜又基：《藤井懒斋年谱稿》（一～五）（《明星大学研究纪要》（日本文化学部言语文化学科）第 16—20 号，2007—2012）也是很有用的。又，关于汉文的引用，原则上原文的训读符号省略，同时适当地加上句读。

《二礼童览》二卷（刊本）、《大和为善录》三卷（刊本）、《竹马歌》一卷（刊本）、《睡余录》（写本）等等，特别是在辞去久留米藩职务之后居住于京都时期，懒斋投入大量精力用于著述，可以说是大器晚成型的学者。

懒斋著述的特色之一是多用日文撰写蒙学书籍，《藏笥百首》《徒然草摘议》《假名本朝孝子传》《二礼童览》《大和为善录》都是如此，被认为是面向一般大众的启蒙读物。

懒斋的名字在今天不太为人所知，但其实他是江户时代初期比较有代表性的儒者，同时作为京都的朱子学者也很有名。例如少年时代在京都学习医术的雨森芳洲在《橘窗茶话》卷中回忆道：[3]

> 余童丱时，米川仪兵卫、中村迪斋、藤井懒斋俱以经学教授京都，信从者众。

这里提到的米川仪兵卫和中村迪斋，就是后面会提到的米川操轩和中村惕斋。

又，宍户光风的《元禄太平记》是记录元禄时代世态的当世记录，卷七以“屈指以数今之学者”为题，在列举了山崎闇斋、林罗山、松永尺五、三宅道乙这些江户草创时期的著名儒者之后，以“今此时若论所存之真儒，当属何者”为设问，称伊藤仁斋、中村惕斋、藤井兰斋（懒斋）、浅见絅斋四人为“京

3 井上哲次郎、蟹江义丸编：《日本伦理汇编》卷七《朱子学派》部之上，东京：育成会，1902 年，第 331 页。

都儒者亲四天王”。[4] 对懒斋的评价由此可见一斑。

懒斋的著作中现在最有名的是《本朝孝子传》三卷。此书以中国的孝子传为范本，以汉文记录了日本孝子七十余人的传记，在贞享二年（1685）刊行之后数度重印，成为畅销书。井原西鹤（1642—1693）的《本朝二十不孝》便是搭了这种爆发式流行的便车，以其为基础撰写而成为佳话。[5] 在江户时代诸多刊行的孝子传说当中，《本朝孝子传》与幕府的《官刻孝义录》都是非常重要的文献，懒斋在该书刊行两年之后的贞享四年（1687），又刊行了汉字与平假名交织并用的《假名本朝孝子传》。[6]

至于《本朝孝子传》的写作动机，当然是懒斋作为儒者想要提倡“孝”。如他在同书的自序中就写道：

> 大哉孝之为行也，天下之善皆原乎此。若曰不原乎此而有善者，则无是理。故传有之曰：“不得乎亲，不可以为人。”不可以为人，则禽兽也。

“孝”是一切善行的基本，不本于“孝”，则善行皆不可能，懒斋又依据《孟子·离娄上》的“不得乎亲，不可以为人”，主张如果不实践“孝”，则等同于禽兽，强烈呼吁不要成为禽兽而作为人

---

4 说“亲（译者按：父母）四天王”是因为当时还有比他们小一辈的“若（译者按：年轻的）四天王”。可见他们在京都学者当中是重镇。参见中嶋隆校订的《都の锦集》（国书刊行会，1989 年）所收《元禄太平记》第 160 页。

5 佐竹昭广：《本朝二十不孝（解说）》，富士昭雄等校注《好色二代男·西鹤诸国ばなし·本朝二十不孝》，《新日本古典文学体系》76，东京：岩波书店，1991 年。

6 胜又基：《〈本朝孝子伝〉の流行》，《金泽大学国语国文》第 23 号，1998 年。

的普遍性。这段话在同书的中村惕斋的跋文中也有被引用和强调，很好地体现出极度重视“孝”的儒者的形象。事先提及，在后文中论及的葬祭礼仪的实践也与“孝”的理念有着无法切断的关系。

二　懒斋与京都朱子学者

（一）与中村惕斋的关系

懒斋的上述活动，实际上与中村惕斋、川井正直等京都朱子学者们有着极为密切的关系。首先让我们来看与懒斋最亲密的中村惕斋（1629—1702）。

关于两人的关系，可以举出很多事例，例如宽文元年（1661）中村惕斋完成了女训《比卖鉴》的草稿，此后惕斋在不断增补的过程中采用了懒斋《假名本朝孝子传》中描写孝女的几章内容。[7]又如贞享元年（1664）五月，惕斋为懒斋的《本朝孝子传》写了跋文《本朝孝子传后叙》，贞享四年（1687）十一月，这次是懒斋为惕斋的《比卖鉴》撰写了序文。惕斋的《比卖鉴》和懒斋的《假名本朝孝子传》都是以日文撰写的儒教的教育书籍，相互关联。

元禄十三年（1700），在九州佐贺的多久圣庙（孔子庙）中塑了孔子像。本来，多久圣庙是多久邑主多久茂文所创建的，由茂文的师傅佐贺藩的儒者武富廉斋所设计，廉斋是懒斋的久留米藩医时代的朋友。在这里安置的孔子像作为江户时代所铸造的孔子像，到

7　胜又基：《〈比卖鉴〉の写本と刊本》，《近世文艺》第70号，1999年。

今天也依然很有名，但本来这是惕斋和懒斋的共同设计。[8] 也就是说，多久茂文——武富廉斋——懒斋——惕斋这一系列人的努力使得多久圣庙以及孔子庙的制作成为可能。另外，由此也可知，懒斋与惕斋一样，对于礼乐都有很深的造诣。[9]

惕斋在元禄十五年（1702）去世，此后，为惕斋的《孝经示蒙句解》撰写序文、为增田立轩的《惕斋先生行状》写跋文的，也正是懒斋。

如此，虽然在年龄上懒斋比惕斋要大十二岁，但两人作为朱子学者，出于共同的立场，对彼此互有敬意、互相合作的事实，通过很多资料可以得到佐证。

（二）与川井正直的关系

川井正直（1601—1677）是京都的茶商，号东村。从学于山崎闇斋，以持敬体究为宗旨，与中村惕斋、藤井懒斋也有深交。[10] 年龄上比懒斋大十六岁。懒斋在《川井正直行状》中详细记述了其生平（《事实文编》卷十九），惕斋依据此而撰写了《跋东村翁行状》（《惕斋先生文集》卷十一）。[11]

---

8 武富英亮：《鹤山书院迁座记》：“藤公好善无息，于鹤山书院之境上，亦宫一堂宇，安孔圣之尊像……仲钦甚喜藤公之志愿，与藤藏相谋，考古今之圣迹，赖传来之模范，招铸工之妙手，朝监暮临，以制成自然之胜像。”（多久市教育委员会《重要文化财：多久圣庙》“关系诗文集”，第7页，1983年）。这里所说的“藤公”是多久茂文，仲钦是惕斋，藤藏是懒斋。

9 懒斋在元禄十五年（1702）86岁时，写了《多久邑字说》，对茂文的字进行了解说。

10 参见上引大江文城《本邦儒学史论考》，第479页。

11 《惕斋先生文集》全十三卷十一册为写本。九州大学附属图书馆硕水文库藏。

应当注意的是，懒斋在畅销书《本朝孝子传》卷下《今世》部分中为川井正直立传，称许其孝行。

川井正直

正直，洛之商家〔号布袋屋与左卫门〕，川井其氏也。宅在铜驼坊之室町。

年垂五十始志于学，受读小学之书于山崎氏，然后方知往日之薄于奉亲，赧然耻悔，谨身节用务致父母之乐……

己丑正月，父遂不起。正直哀戚逾节，饘粥绝口。至其丧纪，则遵朱子《家礼》，少出入之。屋后有一小亭，居之以为丧次，自非省母，不敢辄出其户，家事悉委妻子，无复所问。唯灵座昕夕之奠以致己力。

如是者既十有九月，而母又逝。其礼皆不降于前丧。哀痛殊甚，毁瘠更加。通二丧计之，凡四十有余月，愈久而愈谨矣。忧色卒不去面。

初父没未葬时，父之执若干辈与浮屠氏相谋欲以火化。正直忧之，夜窃送榇，躬亲埋筑于洛东之紫云山。妣亦卒祔。方是之时，洛中以儒礼居丧者寂无闻焉。故正直反为众口所讪，然不敢为意，断然行之。自此之后，间有丧至三年者，安知其不兴起于正直哉。

据此可知，曾是室町商人的正直在接近50岁的时候，才开始跟从山崎闇斋学习《小学》，然后醒悟到孝顺父母的重要性，开始尽心孝养父母。若仅如此，则他只是一个热心的孝行实践者而已，值得注意的是他在父母去世之后，遵循“朱子家礼”而进行葬礼并服丧。这里，父亲去世的“己丑”是庆安二年（1649），即正直50岁时，悲叹不已的正直将屋外的小亭定为“丧次”（即居丧的屋子），谨慎地服丧。“自非省母，不敢辄出其户”，是依据《家礼》的《丧礼·大敛》：

> 中门之外，择朴陋之室为丈夫丧次。斩衰，寝苫枕块，不脱绖带，不与人坐焉。非时见乎母也，不及中门。

意思是说，在会见母亲以外不出丧次，在其中一直谨慎服丧。仅仅是对“灵主”也就是神主（位牌）进行供奉（“奠”），就十分齐备了。

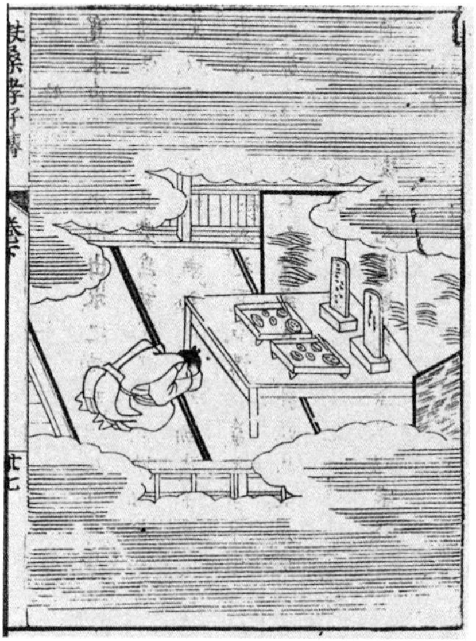

“川井正直”图（《本朝孝子传》卷下）

如此，为父亲服丧经过了十九个月，这次母亲也去世了。和父亲的情况一样，正直悲叹不已并虔敬服丧。“通二丧计之，凡四十有余月”，是为父亲服丧的十九个月加上为母亲服丧的二十七个月的月数吧。依据《家礼》，对于父亲以及母亲的服丧是直到大祥之后的禫，要持续二十七个月的时间。要而言之，正直所服的是三年之丧。

不仅如此，依据上面的记述，害怕父亲会被火葬的正直在夜间偷偷地将棺材运送到洛东的紫云山进行埋葬，之后母亲也陪葬在那里。即使这是会使周围人感到吃惊的行为，正直“断然行之”，毫不介意。

另外，这段纪事之后还引用了正直的话，他认为，对于家贫而无法祭祀父母的人，即便供奉之物较少，也应当持敬而祭之。他是依据《家礼》而重视葬仪和祭祀并进行实践的吧。

在《本朝孝子传》中，每传都附有京都狩野家第四代画师狩野永敬的插图，在这里附上川井正直的图。图中描绘了他对父母之神主奉上供物并虔诚叩头的姿态，给人留下了很深的印象。

《本朝孝子传》近世部分所收录的当代孝行谭共有二十话，懒斋在其中记载了其友人川井正直的事迹。如前所述，《本朝孝子传》在当时得到了很高的评价，并被广泛阅读，敢于实践儒礼葬祭的正直的形象，也无疑是很脍炙人口的。

（三）其他朱子学者与儒教葬祭礼仪

除此以外，在懒斋周围，与儒教葬祭礼仪相关的人物也不在少数。例如山崎闇斋（1619—1682）即是如此，又如三宅巩革斋（道乙，1614—1675）著有儒教葬祭礼仪之书《丧礼节解》二卷以及《祭礼节解》二卷。[12]

刚才提到的米川操轩（1627—1678）也是如此。操轩原本是京

---

12 吾妻重二编：《家礼文献集成・日本篇（一）》，关西大学东西学术研究所资料丛刊27—1，大阪：关西大学出版部，2010年。

都乌丸的商人，名一贞，字干叔。少年时代跟随三宅巩革斋的父亲三宅寄斋学习，是被寄予厚望的优秀人才，随后跟从山崎闇斋、又从学于近江的中江藤树，不久就回归朱子学，跟从巩革斋进行钻研，并收了很多门徒。他也是惕斋、懒斋的朋友。对其葬祭礼仪实践，中村惕斋的《操轩米先生实记》（《惕斋先生文集》卷十二）是如此描述的：

> 三十岁冬，父疾。先生侍奉匪懈，往往终夕不眠，内外皆称孝。明年二月，竟丁其艰。先生悲痛逾节，殓瘗馈奠之事虽为时所制，不能展志，然略依礼修之……三十四岁……是年十二月，母上坂氏没，先生宅忧毁戚，过于前丧。近世国俗，丧祭皆归释氏，不知有先王之典，士夫之家虽有据先儒家礼，粗仿其仪者，而尚稀稀。先生与家兄商议，治二丧皆以礼，至是又营祭室，奉父祖及旁亲神主，凡朔望节序之参，岁时忌日之荐，必斋戒修洁以竭诚意。诸友皆感起，各讲其礼。

如此，在父亲去世之际，虽然有时俗的限制，但依然基本依据儒礼而进行葬仪，此后，当母亲去世时，也排除佛教色彩，依据《家礼》进行葬仪，同时设置“祭室”奉祀祖先之神主，对于时节的祭祀也没有缺漏。由此，其友人也深受感动，开始采用儒教的礼仪。

米轩操办父母的葬礼是在三十岁，也就是明历二年（1656），以及三十四岁，也就是万治三年（1660），是在前述井川正直给父亲举行葬礼的庆安二年（1649）的稍后进行的。或许可以认为，是正直的行动在一定程度上影响了米轩吧。

其次，操轩与惕斋一样，都研究蔡元定的《律吕新书》等乐律之书，可见其对儒教的礼乐也很关心。[13]

接下来，不管怎么说，中村惕斋率先进行了儒教的葬祭实践与研究，并留下了相关著述，这一点很重要。承应二年（1653）为父亲进行儒教葬礼的惕斋，不久就立了祭祀祖先的祠堂。元禄三年（1690），惕斋基于长年的考察，著成丧礼之书《慎终疏节》四卷、祭礼之书《追院疏节》一卷，并且撰写了辅助上述文献的详细资料集《慎终疏节通考》六卷、《追远疏节通考》五卷。[14]

懒斋与惕斋的忠实门徒增田立轩（1673—1743）也有交往。[15]立轩依据惕斋的《慎终疏节》《追远疏节》，并将平时根据惕斋言论而记录的笔记进行整理，以日文出版了总括性的《慎终疏节闻录》四卷以及《追远疏节闻录》不分卷。[16]

除此以外，虽然尚不清楚是否有直接交友关系，与伊藤仁斋、中村惕斋、藤井懒斋并称为“京都儒者亲四天王”的浅见絅斋对于《家礼》五卷进行了训点，在元禄十年（1697）出版。另外，京都的书商兼学者大和田气求（？—1672）在稍早一些时候的宽文七年

---

13 《操轩米先生实记》：“学友仲钦敬甫论乐，始知今世之乐出隋唐燕乐，非古者雅乐，然又为能由今以溯古，遂相与讨究蔡氏律书。”这里的“仲钦敬甫”就是惕斋。关于操轩的乐律研究，榧木亨：《中村惕斋〈笔记律吕新书说〉とその日本雅乐研究について》（《关西大学中国文学会纪要》第34号，2013年）也有所涉及。

14 注12《家礼文献集成・日本篇（一）》以及吾妻重二编：《家礼文献集成・日本篇（四）》（关西大学东西学术研究所资料丛刊27—4，大阪：关西大学出版部，2015年）收录了上述文献的影印以及解说。

15 参见上引胜又基：《藤井懒斋年谱稿（五）》。

16 注14吾妻重二编：《家礼文献集成・日本篇（四）》当中，收录了影印以及解说。

（1667），用日文翻译了丘浚的《文公家礼仪节》，题为《大和家礼》出版，这一点也值得注意。

如此看来，我们可以很清楚地知道，在江户时代初期的京都，以中村惕斋等朱子学者为中心，儒教礼乐研究逐步发展，并且与孝的实践相配合，研习儒教葬祭礼仪。懒斋是在这股潮流中撰写《二礼童览》的。

另外，懒斋与伊藤仁斋（1627—1705）是完全同时代的人，也都是活跃在京都的学者，但出于朱子学者的立场，懒斋、惕斋、川井正直等对于仁斋的学问多有批判。[17] 因此他们的礼学以及葬礼实践都似乎与仁斋没有关系。

三 《二礼童览》的思想

（一）《二礼童览》的撰写

《二礼童览》二卷二册内容为丧礼和祭礼，也就是葬仪和祖先祭祀这两个儒教礼仪，依据《家礼》，并加上汉字、平假名并用的日文解说。上卷为丧礼，总计三十九页，下卷为祭礼，总计十九页。[18]

关于该书的撰写目的，在其自序中写道：

---

17 参见柴田笃、边土名朝邦：《中村惕斋・室鸠巢》（《日本の思想家》11，东京：明德出版社，1983 年）《中村惕斋》部分，第 24 页。另外，川井正直也批判仁斋为“异学”，懒斋《川井正直行状》（《事实文编》卷十九）有载：“又会于伊藤维祯氏，听其所论，不悦以为是异学也，不可与言。退语之曰，伊藤氏之学，我虽未知其所造，而孰与朱门之高迈者，又孰与真西山、魏鹤山、许鲁斋之诸君子及明儒如薛敬轩、胡敬斋者。”

18 《二礼童览》使用国立公文书馆（内阁文库）藏本，编号为 190—509。

> 丧祭之二礼，如从于世间之习俗则觉心头不快，遂希冀于稍许有朱文公《家礼》之面影，秘而自抄略其书，改为俗语，使妇女儿童之辈亦可读之，以此为可为而书之。终成此二卷，而名为《二礼童览》。

换句话说，他依据朱熹的《家礼》，为了在日本推广而对《家礼》进行了摘录工作，为了让妇女儿童也能理解，而混合了俗语、俗礼来撰写。该书的目录如下：

卷上　丧礼

初丧一
护丧主宾司书司货二
备用三
治棺四
神主五
志石六
沐浴七　附：袭
入棺八
发引九
治葬十
虞祭十一
坟墓十二
居丧十三　附：祥禫
奔丧十四

卷下　祭礼

卜日一
斋戒二
备物三
陈器四
用人五
具膳六
仪节七
祔食八
忌日九
墓祭十
庶子十一
通礼十二

返葬十五

诸亲十六

君丧十七

由上可见，（《二礼童览》）基本遵循了《家礼》一书的框架，但懒斋并没有对所有细节都加以一一解说，而只是针对他认为比较重要的事项进行了集中性的说明。

《二礼童览》是在元禄元年（1688）十一月，懒斋72岁的时候，由西村孙右卫门刊行，自序末署有“万治三年七月 日”，因此原稿早在万治三年（1660）的久留米藩医时代就已经整理完毕了。[19]

至于为何在此时著述，则是因为次年也就是宽文元年（1661）六月，父亲了现去世，懒斋依据儒礼而服三年之丧，可能是预期到父亲之死而作的吧。

在父亲去世之后，懒斋是如何虔敬地进行葬仪以及服丧，其友人武富廉斋的《月下记》中有详细记载：[20]

> 伏父病床，不久而终，闻讣告，哭哀，闻丧之勤而逾礼。久之向主上请登三年之暇，葬于京北山鸣滝，临圹墓近而哭哀，诣其墓所而拜，就位而哭，全如初丧，行步徒跣，易服而著藤衣，庐居于塚之上，寝苫枕块，不脱带，拄杖起卧，朝一溢米

19 在这之后，使用同样版型的后印本有好几种，国立国会图书馆藏本（编号：127—152）就是其中一种。另外，早稻田大学图书馆藏有写本（编号：イ4—775）。衬页右下角写着“贝原先生著述”，看似是贝原益轩所作，但这是错误的。

20 转引自胜又基《藤井懒斋年谱稿》（一），原文为日文，此处仅列出中译文。

［手里一合］、夕一溢米为粥，如此啜事三月，其后食粗饭而饮水，至一期年，祭小祥，初食野菜与木之实，居丧中寂寞度过，至哀而哭哀，不忘思亲。人来若不言则不答，沐浴亦如虞祔练祥之祭之时。过三年，祭大祥，大祥之后，中月而毕禫之祭，饮酒，食鱼肉，还归于常。阕丧，归筑紫久留米城而事之，久岁月而不怠职务。

如此，在父亲去世之后，懒斋从久留米藩主那里请了三年假，返回京都操办葬仪和服丧事宜。上文便记载了懒斋行步徒跣与庐居，寝苫枕块，饮食朴素等生活内容，还有小祥、大祥与禫祭等仪式，基本都是按照《家礼》的顺序进行的。很容易看出，这当中贯穿了忠实于儒教礼仪的理念。

另外，在居丧期间着“藤衣”，朝夕“一溢米”（一把米）为粥而啜之，这些都是在《二礼童览》卷上《居丧》中能找到的记述，可见《二礼童览》撰述的直接动机就是为了即将到来的父亲的葬礼吧。

（二）《二礼童览》的特色

（1）基本方针：推荐儒教礼仪

《二礼童览》的特色有很多，首先，该书以日文书写，文风通俗易懂，是江户时代初期与前述《大和家礼》并称的作品，基于尽可能使儒教礼仪为社会所知的普及目的而写成。又，如前所述，该书并非一一遵循《家礼》的仪式先后，而是选取重要部分加以说明，因此可以看作是关于《家礼》的一种启蒙书。

(2) 对于日本国情的考虑

懒斋对于日本的国情与民俗也有所考虑。在该书自序中他说道：

阅此（笔者按：指《二礼童览》）者曰，此事有阙漏，与法有违，而可言依从《家礼》哉？我答曰：暂且如此旁观而不以为可怪之事，亦不妨碍乡俗，自然对其方法不知不觉即会得，后若又遇丧，则渐次追加而当修订之。最初不省略事而全不违此法，已以不适而敬远之，见者闻者以为怪而难之。如此则何以行《家礼》哉？即便之后又加以订正，能做到此为止，亦甚于不作为远也。

在这里，针对有人会提出非难，认为《二礼童览》没有依循《家礼》，懒斋主张自己是考虑到在日本也能实行儒礼的可能性。即便是这样的内容，也要远远胜于完全无法实施《家礼》。在这里我们可以看出，懒斋并非是顽固的原理主义者，而是寻求将儒礼与日本国情相符。

除此以外，懒斋主张在居丧期间不用拘泥于《家礼》之说，而可参照当时广泛流行的“神祇服忌令”（卷上《诸亲》），[21] 且供品应避开“兽类处理”（卷下《备物》），这些都是考量日本风俗习惯的结果。

(3) 采用重要的儒教礼仪

如此考虑日本国情的懒斋，当然也有不肯让步的礼仪。其代表

21 关于神祇服忌令，参见林由纪子：《近世服忌令の研究——幕藩制国家の丧と秽》，东京：清文堂，1998 年，第 11、14 页。

就是对于神主（位牌）的奉祀、祖先祭祀和哭礼等等。

首先关于神主：

神主为古圣贤依据天地阴阳之象数而始作，尤当尊之。（卷上《神主》）

他说：

若有水火盗贼之难，则当舍我身命而救神主。若为家财而使神主遭火炙水浸，则当受天罚。（卷下《通礼》）

神主是去世祖先灵魂的寄宿之所，可以说是等同于祖先之物，故应当得到尊重，这便继承了《家礼》的思想。

关于祭祀神主的祖先祭祀，他说：

娶妻亦是为助此祭，生子亦是为使此祭相续，得官禄而喜亦是为使此祭笃，流浪而不幸亦是因此祭之阙也。古人缘何视此为终身大事，当尽心体之。（卷下《斋戒》）

他特别强调，这是“终身大事”。

另外，关于哭礼，懒斋认为这是应当举行的礼仪：

或曰：不解丧礼动辄教以举哀之意，盖人之哭泣自内而起，在此言哭而其时内若无所动，则不能哭，若依然命哭之，则非诈伪之道乎？予曰：不然。此处若知圣贤曰当哭之，则我心之悲自然能起，此非诈伪之哭也。此教之妙也……若有丧而为小人平生之挂念，则与犬马丧亲之事无异。此是圣贤之深意，使人不陷于为禽兽而垂教之。（卷上《发引》）

也就是说，对于哭仅仅是形式的批判，懒斋认为“我心之哀伤亦自然而被引起”，这正是与“禽兽”有所不同的人类的存在方式，故而认同哭礼的实行。

（4）佛教批判

还有一点，《二礼童览》的葬祭礼仪是以佛教批判为基调的。特别是对于火葬的批判非常严厉。例如：

生为士之母之人，死而舍弃为人之乞食比丘尼，为人子者心能安否？若于此时任凭俗法而置之，后闻圣贤丧葬之礼法而无限后悔，若悲伤之时则又当如何？（卷上《入棺》）

又说：

朱子曰：父之心若固执不变，则随其心，唯独火葬则当逃之。其他皆皮毛之事，火葬伤亲人之身，再无比此更忧心之事。（同上）

前者是攻击亲人在死后被看作出家者这一看法的不合理性，后者则认为我们必须知道火葬是“伤亲人之身”的行为，无论如何都是必须避免的。

本来懒斋作为儒者，对于佛教就有种种非难，其根本在于他认为佛教对亲人是十分薄情的。[22] 为了让父母死后不坠入地狱而强调写经、读经及念佛，结果却是轻视对父母生前的孝养。《二礼童览》作为儒教礼仪之书，可以说是为了对抗佛教葬祭而写的。

结　语

本文围绕着藤井懒斋的《二礼童览》进行了考察。在这里我们能够清楚地看到，十七世纪江户时代初期的京都朱子学者团体非常真挚地实践儒教葬祭礼仪。特别是以中村惕斋为核心的学者们——川井正直、三宅巩革斋、米川操轩、增田立轩等等——相互提携，相互影响，懒斋作为其中的重要人物，声望很高。

京都朱子学者希望朱熹的《家礼》也能在日本得到实践，留下了很多相关著作。在这当中，比较早的著作是三宅巩革斋的《丧礼节解》和《祭礼节解》，之后是懒斋的《二礼童览》，在这之后经过一段时间，中村惕斋作《慎终疏节》《追远疏节》以及《慎终疏节通考》《追远疏节通考》，增田立轩又作《慎终疏节闻录》《追远疏节闻录》进行了概括。大和田气求的《大和家礼》、浅见絅斋《家礼》标点本的出版等等，这些也是在京都朱子学者们的行动下顺水推舟出现的产物。

22　关于懒斋的佛教批判，参见辻善之助：《日本佛教史》第10卷《近世篇》第四，东京：岩波书店，1955年，第89页以下。

懒斋的《二礼童览》基于《家礼》，是为了使儒教礼仪在日本得以普及而用日文写就的著作，其中有“父母去世之后，子女应该以何种方式举行葬仪和祭祀”这样切实的关注，可以说，是基于儒教与日本国情之间紧张关系的同时，试图推进儒教礼仪的苦心之作。

最后笔者想要指出的是其与“孝”思想的关系。懒斋在畅销作《本朝孝子传》当中，编辑刊载了日本的孝子美谈，这是重孝儒者之所为。而且，《二礼童览》中所出现的葬祭礼仪，实际上是为了对亲人行“孝”，《本朝童子传》与《二礼童览》可以说是硬币正反面的关系。

“孝”不单是观念，而是在伴随实践的同时才开始具有意义。郑重地埋葬逝去的父母，对其灵魂进行恭谨的祭祀也是孝不可缺少的行为。江户时代的儒者作为信奉儒教者，对于“孝”的思想（译者按：着重号原有，下同）并不仅仅停留在思想上，还试图在葬礼以及祖先祭祀之礼仪上有所表现，《二礼童览》可以说是一部很好地体现了江户时代“亲孝行”颂扬与儒教葬祭礼仪实践相结合的著作。

第十一章 佐藤一斋的《哀敬编》

——日本阳明学与朱子学的交融

前 言

朱熹的学问思想即“朱子学”不仅影响了中国，还对东亚世界产生了巨大的影响。这一博大精邃的学问思想，不仅在儒教史的展开过程中在质与量上都有突出的内容，还在成为近世中国以及东亚世界各种思想的母体这一层面上，具有十分重要的意义。就日本而言，批判朱子学、产生新的日本儒教展开的伊藤仁斋“古学派”、荻生徂徕“古文辞学派”等，其思考的出发点原本都在于朱子学；如果撇开朱子学的影响，恐怕也不能充分理解他们的思想。这在中国的明清时代、朝鲜王朝以及越南的黎朝、阮朝时期都是如此，那么“作为近世东亚思想母体的朱子学”这一观点，并不是夸张之言，而是在历史上有十分明确的证据。朱子学确实具有这样巨大的冲击力量。

关于朱子学的接受情况，只要确认一下朱熹的著作在东亚世界里是如何被广泛阅读，特别是包括《论语集注》在内的《四书集注》的普及程度，就会立即明白。众所周知，在近世日本，《四书集注》的“和刻本”不仅被多次翻印，而且还有很多用日文编写的通俗易懂的解说，如溪百年的《经典余师》等。《经典余师》是自学用的教材，为了让不能上学、不会读汉文的初学者也能很好地理解，作者下了很大的功夫。此书为只懂“和文”（日语书写的文章）的平民阶层敞开了朱子学的大门。

如果考虑到朱子学这样的普及方式，我们就很容易明白朱熹的《家礼》被广泛阅读是理所当然的事情。虽然学界早已确认《家礼》不仅对中国，而且对朝鲜、韩国和越南也都产生了广泛的影响，但是在日本产生的巨大反响很大程度上是通过近年的研究才得以明确的。这种结果表明，儒教礼仪的一面与其哲学的一面都对东亚诸国发挥了重要作用。

如果仔细观察这种反响在日本是如何产生的，就会发现不仅朱子学派，就连古学系、古文辞学系、阳明学系、考证学系甚至洋学系等不同学派的思想家都非常关注《家礼》。[1]《家礼》中展现的儒教礼仪受到各学派的极大注意。其中，冠婚丧祭中的丧礼和祭礼两类尤为引人关注。丧礼和祭礼，是以父母为中心的家族的葬仪和祭祀。在日本近世时期，随着对父母尽孝这一“孝”思想的渗透，引起了学者们很大的关注，产生了各种各样的研究和论述。

这里介绍的佐藤一斋（1772—1859）的《哀敬编》，便是追溯《家礼》在日本的“接受”与“变化”之时不可或缺的重要文献。到目前为止，对《哀敬编》的研究寥寥无几，今后还有待进一步研究。本文在介绍这本书的同时，也对它的特色进行了初步考察。

1　详见吾妻重二编：《家礼文献集成 · 日本篇》1～9，大阪：关西大学出版部，2010—2021 年。

一　佐藤一斋其人

佐藤一斋，名坦，字大道，通称几久藏、舍藏，号一斋、爱日楼等，是代表江户后期的儒者。一斋作为岩村藩（首府在岐阜县惠那市）家老的儿子出生在江户，曾经成为岩村藩的藩士，但不久致仕，来到大阪向中井竹山学习，后来回到江户，投林信敬门下。不久林信敬去世，一斋成为继任者林述斋（1768—1841）的门生。林述斋从少年时代就和一斋共同读书，是一斋的师兄，一斋发奋读书，在文化二年（1805）34岁时成为林家塾的校长，且声名远播。天保十二年（1841）林述斋去世，一斋成为昌平坂学问所的儒官。他的学术思想被称为立足朱子学，同时尝试融会王学，重视独立自主的精神。

一斋学问德性兼优，据说有弟子三千，在他门下出了渡边华山、安积艮斋、佐久间象山、横井小楠、松崎慊堂、山田方谷、大桥讷庵、东泽泻、池田草庵、吉村秋阳等幕府末期、维新时期的诸多英才。还有虽然非亲炙弟子，却因他的著作而受到深刻影响的，如吉田松阴、西乡隆盛等人。

一斋著作等身，已经出版的有《言志四录》四卷、《传习录栏外书》三卷、《小学栏外书》一卷、《古本大学旁释补》一卷、《爱日楼文诗》四卷，此外还有缩写版《爱日楼全集》五十六卷（收录于《近世儒家文集集成》第十六卷，东京：鹈鹕社，1999)，其中的《言志四录》是他在四十余年间不断缀写的随想录，受到读者欢迎。此外，他对中国古典文献的点校被称为“一斋点”，在四书、五经和刻本中广泛应用。他的著作现在都收录在《佐藤一斋全集》（东京：明德社，1990—2010）中。

二 《哀敬编》及其立场

《哀敬编》为三册写本，藏于国立公文书馆的内阁文库（索书号 190—528），开首两册名《哀编》，第三册题为《敬编》，正文是日文，汉字与片假名混用。这部书虽然在《佐藤一斋全集》中有收录，但出版方考虑阅读感受，在《全集》中把片假名都改成平假名，而且加了浊音符号和句读等，这样就和原文有了些许出入，另外，标题被统一编号，这在原文中也是没有的。

此书完成时间被推定为文化十三年（1816），一斋母亲亡故的时候。[2] 当时一斋 45 岁，正是作为学者的鼎盛时期，这部书也恰如其分地表现出一斋壮年对细节的追求以及对考据方面的投入，十分可贵。只是，正如在卷名下面“佐藤坦稿”几字所传达的那样，此书作为手稿，没有在他生前刊行。

《哀敬编》的目录如下：

第一册

哀敬编一

总论 五则

哀编上

2 参考高濑代次郎：《佐藤一斋及其门人》，南阳堂本店，1922 年，第 477 页；田中佩刀：《佐藤一斋年谱》，《佐藤一斋全集》第九卷，第 813 页。

疾病行祷于五祀

戒内外

死于适室

加新衣

举哀

立相礼者

迁尸　帷堂

始死奠　上食

易服　不食

治棺椁

刻志名

具辨

讣告　告启期

择葬地

拜宾

沐浴

袭　敛

灵坐　奠

成服

穿圹

第二册

哀敬编二

哀编下

启柩　奠　朝祖

窆
反哭
虞祭
作主
立碑
暇满
祔
除服
第三册
哀敬编三
敬编
家庙
神主位次
晨谒　出入
朔望　节祠
时祭
祭器
立春祭
忌祭
墓祭

关于《哀敬编》这一书名，见卷首《总论》第一条后面所做的说明（图1）。

丧祭之主意在于哀敬二字，传曰："丧礼，与其哀不足而礼

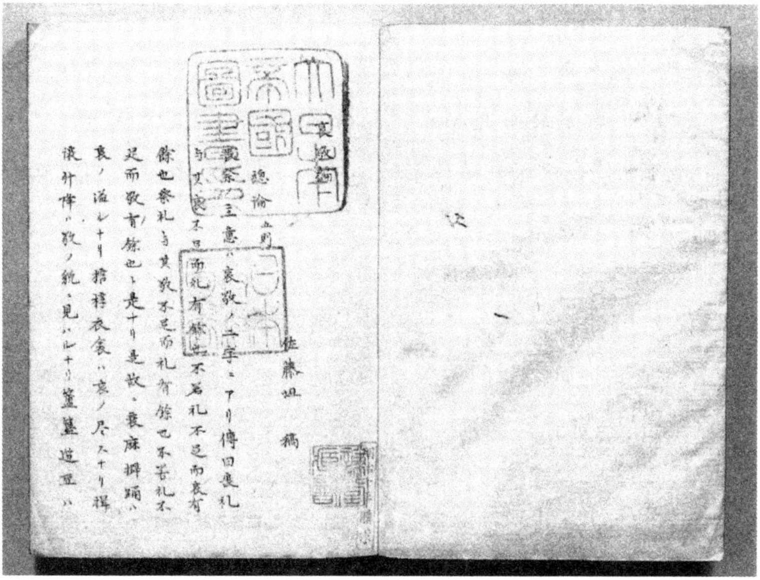

图 1　佐藤一斋《哀敬编》一书的卷首部分

有余也，不若礼不足而哀有余也；祭礼，与其敬不足而礼有余也，不若礼不足而敬有余也。”是也。……今编述丧祭之说，以哀敬为名，为令读者不失其本耳。(原文是日文)

这里的“传曰：‘丧礼，与其哀不足而礼有余也，不若礼不足而哀有余也；祭礼，与其敬不足而礼有余也，不若礼不足而敬有余也’”系引自《礼记·檀弓》上篇，意思是比起丧祭的形式，更应该重视其实质，即“哀”“敬”之心。对丧祭仪式书起“哀敬”这个名称似乎很特别，但也可以说是与一斋所服膺的阳明学的出发点相一致，即相较于形式、更重视内在。第二条中“哀敬之心为我之真情所不得已”所表达出来的也是阳明学式的对于不可遏止的真情的重视。

当然，一斋并不轻视外在仪式，如同第一条所说的“如有哀敬之实，则必有哀敬之文”，有“哀敬”这个实质，当然就会有“哀敬之文”，也就是哀敬之心必然具备眼睛能看到的形式——“仪文”。他并非要在仪式和精神之中二选一，而是乐观地认为仪式和精神可以并行不悖。

此外，一斋对于随“时宜”而改变礼仪是持肯定态度的。他说：“仪文之起本于人心，不必泥于古制。”即认为仪式是根据人心制定的，不必拘泥古代的制度。而且他说这种思想可以从“礼从宜”（《礼记·曲礼》上）、“礼，时为大”（《礼记·礼器》）等古语中得到印证。这样一来，斟酌古礼，制作符合日本的儒家丧祭礼仪就成为此书的方针。关于这一点，同一条中说：

> 今斟酌古礼之可行者，去繁缛，就简易，或从宜以义起，要之使人能达哀敬之心。（原文是日文）

同样的言论还见于他的《言志后录》第156条：

> 邦俗丧祭都用浮屠，冠婚依遵势笠两家；在吾辈则自当用儒礼，而汉地古礼今不可行，须斟酌时宜，别创一家仪注。丧祭余尝著《哀敬编》，冠礼亦有小著，务要简切明白，使人易行耳。独婚礼则事涉两家，势不得如意，当以渐与别为要。[3]

3 《佐藤一斋全集》第十一卷，第219页。相良亨等校注《佐藤一斋·大盐中斋》，《日本思想大系》第四十六册，东京：岩波书店，1980年，第85页。

这里的“汉地古礼今不可行，须斟酌时宜，别创一家仪注”清楚地表达了一斋的立场。

总之，这里表明的是他作为昌平坂学问所的林述斋的门人，以及该学问所后来的儒官的立场。他对于幕府的规定和日本的风俗习惯常常做出妥协，三年丧、追谥法号等办法都出于这种考虑。《朱子家礼》摈斥佛教礼仪，但一斋鉴于日本国情，对一部分佛教礼仪采取了默许的态度。

三　佐藤一斋与《四库全书总目》（四库提要）的关系

在当时，根据日本的国情和习俗，对中国的礼仪进行取舍的态度并不限于一斋，所有想要在日本奉行儒家礼仪的儒者都有同样的方针。不过，这里要强调的是，一斋并不认为《朱子家礼》是朱子的作品，而认为是伪托之作，这一点则是其他日本儒者未曾言及的特点。他在《言志晚录·别存》第28条里说：

> 林家丧祭旧式沿《文公家礼》，公尝疑《家礼》出于假托，不欲用之。晚年自述《丧式》，余亦有《哀敬编》，经公订览。[4]

这里的“公”指的是林述斋，可见《家礼》为伪托之作也是林

4　《佐藤一斋全集》第十二卷，第176页。相良亨等校注《佐藤一斋·大盐中斋》，第160页。

述斋的意见，而一斋的《哀敬编》曾经过述斋的订正。

关于《家礼》的假托之说，一斋在《哀敬编》第3条中说：

> 世所传《家礼》之书……恐非文公所作，若为文公之作，亦是其早年之稿本，而必非本意也。明王懋竑《白田杂著》曾细论之，清乾隆官修《四库全书总目》亦从其说。然文公之礼说，除散见于《文集》《语类》以外，另无有成书可考，则今大抵依《仪礼》次序，又斟酌《礼记》诸书而成此编，而至于《家礼》之说，则不可从者多矣……〔《四库全书总目》曰：《家礼》五卷附录一卷，旧本题宋朱熹撰。案王懋竑《白田杂著》有《家礼考》，曰《家礼》非朱子之书也……〕（原文是日文）

一斋认可清王懋竑以及《四库全书总目》的看法，认为《家礼》要么是伪作，要么是早年未定之论，并非朱子本意。[5]述斋和一斋恐怕都没有亲自看过王懋竑的《白田杂著》，所以把他误为“明人”。这一条的结尾，从“四库全书总目曰”到“礼从宜使从俗也”为止的汉文长句的双行注，是照搬抄录《四库全书总目》的“家礼”条原文。[6]因为《四库全书总目》是根据王懋竑的《白田杂著》所说做出说明，所以一斋说他参考了王懋竑的说法。不论如何，日本的文化、文政时代，清朝学

5　然而，王懋竑以及《四库提要》的家礼伪托说，已被近年来的研究所否定。

6　笔者参考的《四库提要》，在下一条注释中所说的北京中华书局版的《四库全书总目》第二十二卷经部礼类四“家礼五卷附录一卷”条。定本被称为“浙本”。

者的考据成果已有很多流传到了日本，一斋把这些作为新知识采纳进来。

《四库全书总目》全二百卷，由纪昀等人奉诏撰修，于清乾隆四十七年（1782）完成，乾隆六十年（1795）由浙江布政使以及武英殿刊行。即所谓“浙本”及“殿本”。“浙本”流传最广。[7] 该书何时传到日本不明，但可肯定它刊行之后不久就传至日本，文化二年（1805）昌平坂学问所已刊行《乾隆钦定四库全书总目》四卷本。[8] 主导此次官方刻本的应是林述斋以及佐藤一斋，以他们两人当时的地位来判断，是毋庸置疑的。这部官刻本《乾隆钦定四库全书总目》，鉴于原书《四库全书总目》的体量过大，故把解题部分全都删除，只保留了目录部分。[9] 其中，关于《家礼》的记录是：

家礼五卷　附录一卷〔旧本题宋朱子撰，盖依托也。〕

在这里，明确记录《四库全书总目》的《家礼》假托说（方括号内的是双行注）。顺便一提的是，由于《四库全书总目》卷帙浩繁，所以又编了缩略版的《四库全书简明目录》二十卷。缩

---

7 参见《四库全书总目》（北京：中华书局，1981）“出版说明”。

8 此外，根据大庭修编著《江户时代的唐船持渡书的研究》（关西大学东西学术研究所研究丛刊一，关西大学出版部，1967），《四库全书总目》的最早入关记录是弘化元年（1844）的书籍总账（同书第478页C）然而该书实际上在此之前已经来到日本，只是没有留下记录。根据大庭的考证，弘化元年以后，该书被频繁地带到日本。

9 如同杉山精一官刻本解题《官版书籍解题目录》（出云寺万次郎，弘化四年1847）上“四库全书总目　无卷数　五册”条中所说：“凡卷二百，卷帙繁重，为便检寻，故删去解题，以从简便。”

略版目录于乾隆四十七年（1782）编成，并于两年后的乾隆四十九年（1784）先于《四库全书总目》刊刻。[10] 这部《四库全书简明目录》在中国刊刻九年之后就流传到日本，在宽政五年（1793）的《商舶载来书目》中已经有书名记载。[11] 不仅如此，在前述官刻本《乾隆钦定四库全书总目》刊刻之前的享和二年（1802），此《四库全书简明目录》已经有了附训点的和刻本四卷刊本，只是内容到“经部”为止。[12] 这部书的发行也有赖于一斋的推进，一斋在书序《刻四库全书简明目录序》中详细记载了刊刻的过程。[13] 此和刻本《钦定四库全书简明目录》卷二的“家礼”条，引用如下：

> 家礼八卷
>
> 旧本题朱熹撰，据王懋竑《白田杂著》所考，盖据依托也。自明以来坊刻窜乱，殆不可读。此本为邓钟岳所刻，犹宋人原帙也。

关于该书的作者问题，和官刻版的《乾隆钦定四库全书总目》

10 参见《四库全书简明目录》，上海：上海古籍出版社，1985 年。

11 注 8 前述大庭修编著《江户时代的唐船持渡书的研究》“商舶载来书目”记载，宽政五癸丑年中“钦定四库全书简明目录一部二套”（第 718 页 D）。

12 田原藩有朋馆镌藏，鹰见爽鸠、星皋点。爽鸠和星皋是田原藩的儒者。同书第一卷以外，第一卷到第四卷的“经部”被刊刻，“经部”以下的“史部”“子部”“集部”没有刊刻。参见长泽规矩也《刻本汉籍分类目录 增补补正版》，东京：汲古书院，2006 年，第 92 页。

13 和刻本《钦定四库全书简明目录》卷首。另见《爱日楼文诗》卷一，收录于《佐藤一斋全集》第二卷，第 37 页。

一样，明确记载为伪托（参考图二）。这里《家礼》的卷数变成了八卷，恐怕是其所依据的《简明目录》的版本问题。[14]

上面考据很多，简单地说，一斋在讨论儒教丧祭仪礼的时候，对于《四库全书总目》提要上关于《家礼》的伪托说非常重视。日本近代的儒家丧祭仪礼研究，几乎都受到《家礼》绝大的影响，《哀敬编》则采纳清代考据学的观点，对《家礼》采取存疑的态度，从而构思了新的儒家丧祭仪礼，这作为日本独自发展儒教的尝试意义重大。

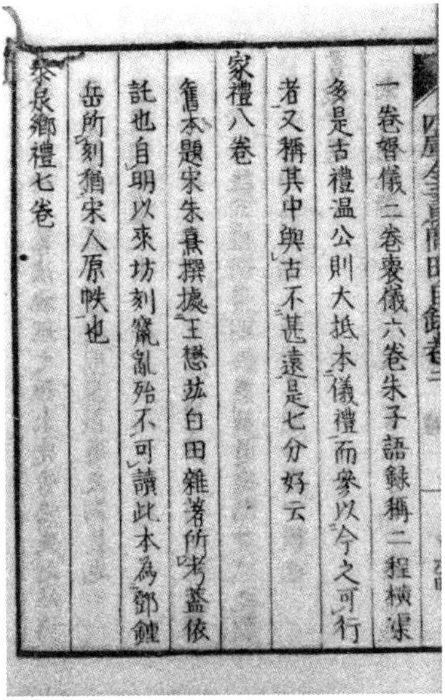
一卷婚儀二卷喪儀六卷朱子語錄稱二程橫渠
多是古禮温公則大抵本儀禮而參以今之可行
者又稱其中與古不甚遠是七分好云
家禮八卷
舊本題宋朱熹撰據王懋竑白田雜著所考蓋依
託也自明以來坊刻竄亂殆不可讀此本為鄧鍾
岳所刻猶宋人原帙也
泰泉鄉禮七卷

图2　和刻本《钦定四库全书简明目录》家礼条（关西大学综合图书馆・长泽文库藏）

由于上述理由，《哀敬编》根据古礼以及日本的习俗，对《家礼》提出种种批判。但也不能不以朱熹的说法为根据，所以会进一步援引朱熹的《语类》和《文集》中的语句进行解释。另外，作者在引用朱熹原文的时候，并不单纯采信，而是会追踪其思想的变化，这一点让人惊讶。比如关于外亲之神主的祭祀、时祭的日期等等就是如此。这些都意味着一斋曾经就这些话题对朱熹的著述作过深入

14　另外，注10前述的上海古籍出版社《四库全书简明目录》是根据广东官刻本印刷，为“家礼五卷　附录一卷”；民国二十一年（1932）的扫叶山房版《四库全书简明目录》则写的是“家礼八卷”，与和刻本相同。

的研读。

四　其他版本以及小结

这里顺便介绍一下，在关西大学综合图书馆内藤文库中藏有《哀敬编》的一个写本（图三）。此写本不是三册而是一册，卷首的目录有“总目”二字，上部栏外有几句关于文字校勘的按语。卷尾有“天保十三年岁次壬寅七月二十一日校字毕/伊藤辅世”的字样，说明校订者是伊藤辅世。伊藤辅世（1791—1860）是幕府末期的朱子学者，字孟德，又字子长，号樵溪，冈藩（现在的大分县竹田市）儒者，原

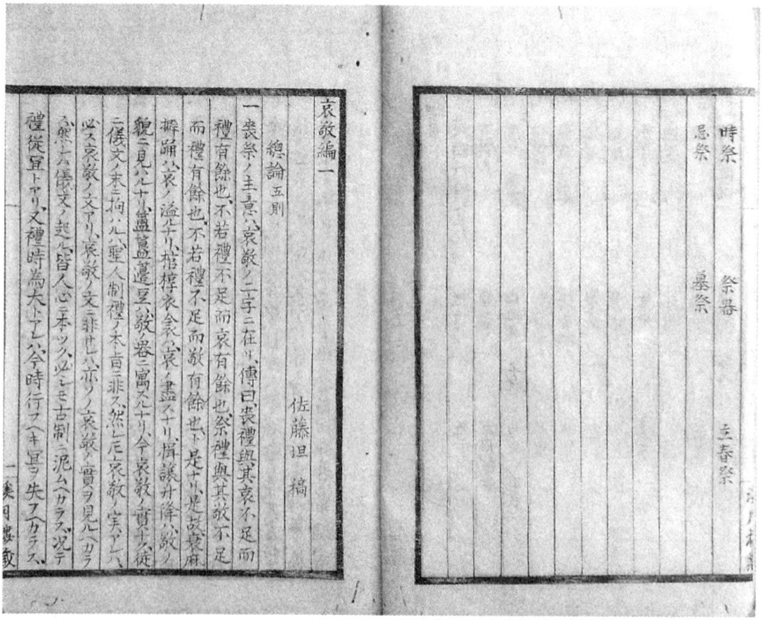
時祭　忌祭
祭器　墓祭
立春祭

哀敬編一
總論　五則　佐藤坦　稿
一　喪祭ノ主意ハ哀敬ノ二字ニ在リ。傳曰、喪禮與其哀不足而禮有餘也、不若禮不足而哀有餘也。祭禮與其敬不足而禮有餘也、不若禮不足而敬有餘也ト。是ナリ。是故衰麻擗踊ハ哀ノ發スルナリ。棺椁衣衾ハ哀ノ盡スナリ。揖譲升降ハ敬ノ貌ニ見ハルナリ。簠簋籩豆ハ敬ノ器ニ寓スルナリ。今哀敬ノ實ナクシテ徒ニ儀文ノ末ニ拘ハルハ聖人制禮ノ本旨ニ非ス。然レトモ哀敬ノ實アレハ必ス哀敬ノ文アリ。哀敬ノ文ニ非サレハ亦ソノ哀敬ノ實ヲ見ルヘカラス。凡ソ此ノ儀文ノ起ルハ皆人心ニ本ツク。必シモ古制ニ泥ムヘカラス。況テ禮從宜トアリ、又禮時為大トアレハ今時行フヘキ宜ヲ失フヘカラス。
一　喪用憂敬

图 3　关西大学综合图书馆内藤文库藏《哀敬编》

来学习徂徕学。伊藤辅世成年后向田能村竹田学诗，后来又从游角田九华，成为以朱子学为主的冈藩藩校“由学馆”的助教。[15] 九华曾从学于中井竹山以及林述斋，后来成为由学馆的教授。

考察此内藤文库本，可以发现在栏外备注的位置记载文字校勘，很多与内阁文库本相一致。从这里可以推测，内藤文库本是抄写内阁文库系统之一本，并在抄写后统一加以校勘而成立的。另外，由于正文和栏外按语的笔迹一致，可以推测伊藤辅世不但是校勘者，也是抄写者。

《哀敬编》虽然没有刊刻发行，但该书的写本，除了上述地点之外，还在国会图书馆和东北大学附属图书馆狩野文库、财团法人无穷会、静嘉堂文库等处有收藏，可见其是广受欢迎的。另外，在明治初期写作完成、堪称日本《家礼》相关文献殿军之作的池田草庵《丧祭略仪》也摘抄了《哀敬编》的一部分。[16]

总之，佐藤一斋的著作《哀敬编》是一部很有特色的文献，其特色总结如下：

（1）一斋重视诚实的心情，重视丧礼中“哀”的感情和祭礼中“敬”的感情。作为尊信阳明学的学者，有这样的态度应该是理所当然的。《哀敬编》的书名也是由此而来。

（2）但是这不意味着一斋忽视仪式。他站在仪式和心情并不冲突这一基本观点上，兼顾两者，撰写了儒教丧祭礼仪手册《哀敬编》。

15　笠井助治：《近代藩校的学统学派研究》（下），东京：吉川弘文馆，1970年，第1862页。

16　池田草庵《丧祭略仪》见吾妻重二编《家礼文献集成·日本篇（八）》（大阪：关西大学出版部，2019年）有影印本。

（3）一斋在对中国古代的礼仪选择取舍后，还根据日本的国情和习惯进行了必要的修改。特别是他站在率领昌平坂学问所的林述斋的门人以及后来的昌平坂学问所儒官的立场上，往往需要妥协于幕府的规定和日本固有的风俗习惯。他的“吾辈则自当用儒礼，而汉地古礼今不可行，须斟酌时宜，别创一家仪注”这句话，很好地概括了一斋的立场。《哀敬编》中围绕三年丧与服期、追号（法名）等的讨论，便是很好的例子。

（4）与此同时，很有特色的是一斋很早就关注了当时传入日本的《四库全书总目》（《四库提要》）以及《四库全书简明目录》，并根据这些文献，采用了其中所载的王懋竑的《家礼》假托说。这似乎是受到了林述斋的启发，对同时代中国的最新学术动态采取相对应的措施，这一点很值得注意。

（5）因此，《哀敬编》以清朝考证学的论点为基础，与《家礼》保持一定的距离，提出了相当独特的丧祭礼仪构思。

（6）但另一方面，一斋在《哀敬编》中还对朱熹的其他著作进行了较为仔细的研究。这些研究可以说是从《家礼》出发，探求了儒教丧祭礼仪中的新发展。

（7）《哀敬编》虽然不曾出版，但其手抄本除了收藏在国立公文书馆·内阁文库、关西大学·内藤文库以外，还收藏在国会图书馆、东北大学附属图书馆·狩野文库、财团法人无穷会、静嘉堂文库等地。此外，还有幕末阳明学者池田草庵的抄本。因此可以得知它获得广泛的读者，并发生浓厚的反应。

第十二章　水户藩的儒教丧祭礼仪文献
——水户学与家礼

一　日本江户时代（1603—1868）初期与儒教

江户初期，当德川政权结束战乱，社会日趋稳定之后，儒教作为新文化逐渐深入人心。一个意味深长的事实是:“儒教的普及与受容”正是划分日本思想史“近世”与“中世”的显著标准。近世之前，只在以京都博士家、五山寺院为中心的封闭世界里传授的儒学，到了近世，突然一变而为清新的学术，得到了广泛的传播与接受。

当时，无论在官方还是在民间，都能明显看出这种围绕儒学而产生的新动向。在民间，出现了如藤原惺窝、林罗山、谷时中、山崎闇斋、松永尺五、堀杏庵等有名的儒教思想家，他们致力于讲学与著述，追随者也纷至沓来。另一方面，在官方，出现了如尾张的德川义直、水户的德川光圀、备前冈山的池田光政、会津的保科正之等既醉心于儒教又好学的大名。这些大名将上述学者从民间招来起用之，从而既巩固了藩政基础，又提高了作为明君的声望。这样，无论在官方还是在民间，儒教及其作为近世形态的朱子学就引领起了时代的思潮。说到朱子学，可能会对它产生一种冥顽固陋的保守思想的印象。但这其实是太过于片面的误解。实际上，日本近世初期的朱子学，作为清新的思想引人注目的同时，亦为日后各种思想的产生提供了土壤。这是不能忽略的事实。

与此同时还有一点也不能忽略，亦即在儒教的受容过程中，儒教的“思想”自不用说，儒教的“礼仪”也逐渐受到重视。“礼仪”与“思想”，不言而喻，是作为儒教的两翼存在的。例如藤原惺窝（1561—1619）在写给其高徒林罗山的信中说：

> 若诸儒不服儒服、不行儒行、不讲儒礼者，何以妄称儒哉。[1]

在这里，惺窝明言，若不穿儒者服装、不按儒者举动行事、不讲儒教礼仪，就不是儒者。可以说，儒教不单纯是观念上的，也是自我行为和礼仪的表现，这种意识非常强烈。惺窝的这一想法，或多或少也是当时儒学者共通的想法。他们不会只研读思想或只研习礼仪，而是抱着将儒学视为学问、技艺、文化的有机整体来彻底学习的态度。

作为尊崇儒教的“官”一方的代表性大名，水户藩的德川光圀以及冈山藩的池田光政的重要性不言而喻，而同时他们对儒教礼仪

1 藤原惺窝：《惺窝先生文集》，《藤原惺窝全集》卷上，东京：思文阁出版，复刊，1978年，第138页。

的关心也非常显著。[2]

其中，就水户藩来说，光圀以及幕末的德川齐昭时代尤其大放光彩。实际上，水户藩从光圀以来直至幕末，就一直在认真思考如何得体地施行丧祭。这其中，朱熹的《家礼》发挥了决定性的作用。

二　水户藩与儒教丧祭礼仪·《家礼》

水户藩，作为“御三家”之一，在德川政权中一直占据着枢要位置，其影响之大不言而喻。从光圀编纂《大日本史》开始，此藩的学问被统一称为“水户学”，一般来说分为前期与后期。

前期水户学以德川光圀时代、后期水户学以德川齐昭时代为中心展开，首先有必要对这两个时期的儒教礼仪相关内容分别略作说明。

（一）前期水户学

水户藩的第二代藩主德川光圀（1628—1700，1661—1690 年在位）是第一代藩主赖房之子，德川家康之孙。光圀对儒教的热情无须赘言。在《西山随笔》中，他说：

2　吾妻重二:《水户德川家与儒教礼仪——以葬礼为中心》,《东洋的思想与宗教》第 25 号，早稻田大学东洋哲学会，2008 年；《水户德川家与儒教礼仪——以祭礼为中心》,《亚洲文化交流研究》第三号，关西大学亚洲文化交流研究中心，2008 年；《池田光政与儒教丧祭礼仪》,《东亚文化交涉研究》创刊号，关西大学文化交涉学教育研究基地，2008 年。

> 只晓仁义，知礼节，以此分人畜，而彼仁义礼节之道，舍学问而如何知之。学问应有三，曰性理，曰经济，曰词章。先晓四书、五经之文义，以明人伦之大义，辩《春秋》《通鉴》之理致，以鉴古今之治乱，有余则品诗文，横槊赋诗，此方为士也。[3]（译者按，原文为日文）

在这里，光圀认为辩仁义、道德、礼节乃人与禽兽相异之处，且视四书五经、《春秋》《通鉴》为必备的教养，可以说是参透儒教本质的发言。与对儒教的这样一种共鸣相应，光圀从很早开始就关心儒教的礼仪以及《家礼》，并积极投身实践。例如，万治元年（1658），其正室泰姬的葬礼就是按照儒教礼仪进行的；宽文元年（1661），其父赖房的葬礼也是按照《家礼》、中国的礼仪实施的。除此之外，他还在大田的瑞龙山营造了儒教式墓葬群。不仅如此，他又于宽文五年（1665）招朱舜水讲授《家礼》，于宽文六年（1666）以《家礼》为基础，命人以和文撰述《丧葬仪略》，分发给家臣。宽文二年（1662），光圀在水户城内建造了供祭水户藩历代藩主的祠堂，并开始了儒教式的祖先祭祀。祠堂也可称为家庙，在《家礼》中被视为祖先祭祀的中心设施。但是，在日本，这种建筑在光圀时代之前基本上是不存在的。光圀对儒教的倾心如此可见一斑。

在考察光圀与儒教关系的时候，其本人与以林罗山起首的林家，以及与朱舜水的关系非常重要。光圀原本也住在江户，与林家系统

3 德川圀顺编：《水户义公全集》中卷，东京：角川书店，1970年，第207页。

的学者——林鹅峰、人见卜幽、小宅处斋、中村篁溪等有亲密的交往。林鹅峰以《家礼》为基础所作的葬礼守则——《泣血余滴》对水户藩的丧葬礼仪也有颇大影响。[4]

朱舜水的到来又为水户藩的儒教礼仪带来了若干变化。朱舜水于万治三年（1660）流寓九州长崎，光圀耳闻其名，遂召见之。朱舜水于宽文五年（1665）赴江户仕光圀。其早在长崎时就开始研究《家礼》。此事从朱舜水写给其学生、柳川藩儒者安东省庵的信中可以知晓。到了江户之后，光圀经常就儒教礼仪相关问题向朱舜水请教。[5]

然而，有观点认为，比起儒教礼仪，光圀对日本固有的神道礼仪更为重视。

的确，光圀对日本的传统礼仪也多有关心。他曾命学者编撰《礼仪类典》《神道集成》这些大部头书物。《礼仪类典》从天和三年（1683）开始编纂，是日本传统礼仪制度的集成。而《神道集成》从宽文八年（1668）开始编纂，网罗了日本神道相关资料。现在需要讨论的是《神道集成》。该书卷十二题为“丧祭”[6]，载录了由井桐轩整理的神道的丧祭法。其中有记：

伏惟我国殡葬之法，颓败也久。故人死，则委之浮图手，

4　参见吾妻重二：前揭《水户德川家与儒教礼仪——以葬礼为中心》。林鹅峰《泣血余滴》影印收录于吾妻重二编著：《家礼文献集成　日本篇一》，东西学术研究所资料集刊 27—1，2010 年。

5　参见吾妻重二：前揭《水户德川家与儒教礼仪——以葬礼为中心》。

6　《神道集成》据神道大系编纂会《神道大系》首编一（神道大系编纂会，1981 年）中所收文本翻刻。此本即第一次十二卷本，后增补十七卷中有“殡葬诸式”之题。国學院大学日本文化研究所编《神葬祭资料集成》（东京：ぺりかん社，1995 年）中也有本文献的翻刻，其中有“殡葬诸式”之题。

> 投之荼毘坑，吁！可叹哉。……本朝自有丧祭之事，其法半为异端乱。今稽之遗书，且加师傅，未足者，窃附己意，记其大概。庶几本朝学者赖此行之，则适我神法乎。夫上古质朴之时，自有丧葬之事，况于只今文物之世乎？何假外国之法，祭我邦之祖先哉？学者孰思焉。

也就是说，日本固有的“葬祭之事”应遵照“我神法”礼仪，而“外国之法”如“浮图”（佛教）或是儒教祖先祭祀方法则应当摒弃。[7]

有学者据此推断，这表明光圀对以神道为基础的“神葬祭”的关心和理解。不仅如此，他还鼓励神职者及其家族施行。因此，光圀本人其实想施行“神葬祭”，但因材料不充分，不得已只能遵从《家礼》等儒教礼仪。[8] 这种观点是否说得通呢？在笔者看来，认为《神道集成》于宽文十年（1670）作成正编12卷，光圀读过后，产生了思想的转变，这种看法过于武断。《神道集成》依书名所示，是神道相关资料的集成式书籍，而并不一定是实践性守则。实际上，也并没有光圀命令藩士必须施行这些神道葬祭法的相关记录。[9] 另外，若认为光圀从宽文十年左右——此时光圀四十三岁——由儒教复归神道的话，那么如何解释光圀对朱舜水始终抱有的尊崇之念？又如何解释以《丧葬仪略》为基础的儒教礼仪文献，在继承光圀遗

---

7 水户市史编纂委员会：《水户市史》中卷（一），水户市役所，1968年，第874页。

8 近藤启吾：《水户光圀与神葬祭》，《水户史学》第29号，1988年。

9 又，《神道集成》所收“葬祭”实则受了儒教的影响，这一点已成定论。前揭《神葬祭资料集成》中将此文献归于“神儒习合流葬祭”类，是比较恰当的。

志的同时得到了续写？

这种看法，恐怕是在拿后期水户学中逐渐显现的民族主义思想去反推前期水户学。众所周知，幕末后期水户学有非常强烈的神主儒从的尊皇思想，但这种思想在前期水户学中却未见得明显。光圀一生自始至终崇奉儒教，信赖儒教普遍主义，这点是非常显著的。

（二）后期水户学

水户藩的第九代藩主德川齐昭（1800—1860，1829—1844年在位），在继承了光圀意志的同时，为了应对幕末危机，施行了包括强化对西洋列强的警戒在内的一系列改革。这是众所周知的事实。

例如，齐昭施行了断然的宗教改革。其从天保元年（1830）开始，排斥佛教，创立唯一神道。[10]

可以说，这一时期，水户藩提倡尊皇思想，强调神道，确实是新的倾向。后期水户学的代表——藤田东湖的代表作《弘道馆记述义》卷下中有如下之语：

> 公之于庙祭，虽用儒法，而祭服祭器饮食之类，皆遵皇朝之典；坐跪拜趋之节，悉从当世之俗。其他若元旦荐兔羹献佩刀鞍马之料，亦依宗室之旧章，固非世之拘儒舍此从彼者之比也。[11]

也就是说，东湖认为，光圀虽然使用“儒法”，但那顶多是表面上

10 水户市史编纂委员会：《水户市史》中卷（三），水户市役所，1976年，第288页。

11 今井宇三郎、濑谷义彦、尾藤正英校注：《水户学》，《日本思想大系》53，东京：岩波书店，1973年，第437页。

的，实际上还是遵从日本传统礼仪。这样的解释，正如上文所说，是给“尊王攘夷”“大义名分”等这些来自儒教的词汇赋予日本式内涵后，从而鼓吹民族主义思想的后期水户学的独特解释。光圀本人本来当然没有如此强烈的排外意识。

如此，幕末的水户藩在具有对外危机感与尊皇思想的同时，在丧祭礼仪方面也显示出强烈的神道倾向。但是，尽管如此，在实际实施丧祭仪礼的时候，水户藩也还是以《家礼》为基础来施行的，这点并没有改变。这从齐昭时代所集成的《丧祭式》（后述）中也可知晓。

所以，在水户学丧祭礼仪中儒教与神道的关系方面，可以认为，前期水户学儒教倾向明显，后期水户学中虽可见神道的影响，但却不能说取代了儒教。水户学的丧祭礼仪始终受儒教礼仪特别是《家礼》影响巨大。[12]

另外，齐昭时代的儒教丧祭礼仪也影响了其他藩。后述冈山藩的《儒葬祭式》可以说明。

三　儒教丧祭相关文献

（一）《朱氏谈绮》（朱舜水著）

朱舜水（1600—1682），名之瑜，字鲁屿或楚屿，舜水是其号，浙江余姚人。自明亡于清后，舜水就一直为明王朝的复兴而奔走。

12　幕末栗田宽著有《葬礼私考　同附录》二册（庆应 2 年撰，明治 9 年刊），此书是有关日本古代葬仪、坟墓的研究，不是葬祭礼仪的实践书。可参阅见濑沼好文：《栗田宽博士的〈祭礼私考〉》，《水户史学》第 57 号，2002 年。

他往返于中国、安南（越南）、日本之间，策划明王朝的再兴。万治二年（1659，清顺治十六年），鉴于时势难挽，遂断了复兴明王朝之念，流寓九州长崎。在长崎，受柳川藩的安东省庵等支援，讲学论道。之后，水户藩藩主德川光圀听闻其名声，以宾师相迎，舜水乃于宽文五年（1665）赴江户。除了与光圀、彰考馆的学者以及其他儒者文人交往之外，朱舜水还培养了彰考馆总裁安积澹泊等众多门人。去世后，舜水以儒教礼仪被安葬在水户德川家墓地，谥号文恭。在江户驹込水户藩别墅中，也建造了供奉朱舜水牌位的祠堂。舜水的学风以朱子学为基础，但比起抽象的理学，他更重视博学、实证、实效。这是众所周知的事情。

舜水的文集《舜水先生文集》二十八卷据传乃光圀亲自编集，于舜水死后的正德五年（1715），由光圀的继承者第三代藩主纲条刊行。其后，又经过了多次编集。朱谦之所编《朱舜水集》（二册）（中华书局，1981）以及徐兴庆在搜集了朱舜水很多佚文后编订的《新订朱舜水集》（台大出版中心，2004 年）是比较好的版本。

但是，舜水尚有《朱氏谈绮》这部著作，并未收录于文集中。此书是舜水死后，由安积澹泊整理编纂，并于宝永四年（1707）作序后，在宝永五年（1708）由京都书肆小川多左卫门以单行本刊行。小川多左卫门号茨城（茨木）屋，轩号柳枝轩。该书为其第二代主人茨城（茨木）方道的藏版。柳枝轩是与水户藩关系密切的著名书肆，水户藩相关书籍大部分由这里刊行。[13]

---

13 参照井上宗雄等《日本古典籍书目学辞典》（东京：岩波书店，1999 年）之“小川多左卫门”条目。

本书外题《舜水朱氏谈绮》，内题《朱氏谈绮》，共三卷四册。中卷分为两册，题签上分别记有“中之本”与“中之末”。关西大学综合图书馆泊园文库有影印藏本[14]，索书号为 LH2—3.02—1~4。

本书卷首安积澹泊序中详细记载了本书的成书经过，云：

舜水朱氏谈绮序

文恭先生研究古学，视科场为儿戏，薄海鼠辫，而独峩衣冠。航海晦迹，流落于交趾、暹罗，坎坷阻绝，抗节皦厉，几濒死而不悔，遂客崎港，屹为明室遗老。我西山公礼致而宾师之。敬齿德而讲道义，尝有志于兴学校，先生商榷古今，著《学宫图说》。

公使梓人依图而造木样，大居三十分之一，先生亲指授之。凑离机巧，丝发缜密，观者服其精妙。既而权装学宫于别庄，使习释奠礼。先生折衷礼典，删定仪注，龙眉皓发，褒衣博带，日率府下士子，讲肄其间，周旋规矩，蔚有洙泗之风，距今三十余年，犹闻其謦咳也。懋斋野传尝从先生游，问简牍笺素之式，质深衣幅巾之制，旁及丧祭之略，裒其所闻，题曰《朱氏谈绮》。先友今井弘济，先生之门人也。益习之暇，概举所闻事物名称，以备遗忘。公览而善之，一日命觉曰，二者宜合为一，补其遗漏，以行于世。其学宫规度，约为小图，并载焉。觉退而厘正之。顾事物之夥，名称之广，固非此书所能尽，而

14 《朱氏谈绮》于 1988 年以《朱氏舜水谈绮》为题，作为《上海文献丛书》的一册，由华东师范大学出版社影印出版。

觉逮事先生之门，未届成童，所谓事物名称，什之未能得一，偶所记者补之，不记者阙之，虽不足为大方之观，亦可以塞童蒙之需。如学宫图，已有成式，不敢增损，营构之法，一从梓匠所笔，使人易晓也。虽然，此皆先生之绪余，而不足窥其涯涘，矧简牍之零碎，事物之琐微者乎……

公景仰之笃，不弃蕉萃，爰及屋乌，如此书者，亦颇能注意，岂不休哉……

宝永四年丁亥仲冬谷旦

水户府下澹泊斋安积觉叙

如上所述，本书是澹泊将朱舜水的遗著以及朱舜水门人所记录的其本人的言行等集结起来而成的。本书所收录的文献，每一篇都有跋语及题辞，记录了各个文献的成立经过。笔者根据这些记述整理如下：

卷之上

书柬式

此乃人见懋斋（野传）在誊抄从前舜水传授给今井鲁斋（弘济，字将兴）的书仪之时，同时于各条之下所记下的平生从舜水处听得之言，以成一卷。有贞享元年（1684）的跋语。

上表式

此乃从前的门人佐佐十竹（良峰宗淳）奉光圀之命与舜水的问答，今井鲁斋将舜水所答译为和文。有跋语。

野服图说

开头处是人见懋斋的《野服正制题辞》。据这一题辞来看，此篇是研究野服、深衣、道服等儒服的懋斋，托林鹅峰校阅，于宽文四年（1664）先行整理，其后，朱舜水来日之后又托其删改的。篇后附有宽文丁未（1667）的跋语。紧接其后的《道服图说》《披风图》《尺式》，从内容来看与《野服图说》一脉相承。这里的记述也与《家礼》中所言“深衣”等儒服有关。[15]

棺制以下

此乃以朱舜水的笔记、书信为基础所述。其中《棺制》《铭旌式》《神主式》《坟墓式》《碑式》与丧祭礼仪有关，尤其与《家礼》关系颇深。

卷之中

大成殿以下

此乃相当于上引澹泊序中所言《学宫图说》之类的著述。又卷

15　参见本书第七章。

末的《改定释奠仪注》是学宫（学校）里施行的释奠仪式的具体流程。根据澹泊序，舜水让水户的士人们每天练习这种仪式。

卷之下

天地以下

据澹泊序所言，今井鲁斋曾整理过平时从舜水处所闻“事物之名称”，而澹泊在光圀的建议下，将之与《学宫图说》《改定释奠仪注》以及儒服、丧祭等相关礼仪规范合集成书。下卷的这部分像字典一样分类罗列了汉语名称，并对其分别作了解说。从内容来看，这部分应当相当于今井鲁斋记录的“事物之名称”。

《朱氏谈绮》中，多收录了舜水对《家礼》的想法与看法，其中上卷尤其多。中卷中有关于“孔子庙”“大成殿”“牌位”“礼器图”的记述，还有《改定释奠仪注》等与儒教礼仪、祭祀相关的记述。下卷是与日常生活、各种礼仪相关的汉语词汇解说，其中也涉及《家礼》中衣服等用语。例如，对“掠头”的解释为“将绢制宽一寸左右的带子，从头后面缠到前额再挽成髻之物”，而“衫”乃“内衣，亦称汗衫。蓝衫也可着于外，为秀才之服”，“背心”乃“无袖，前开襟，似外褂，前有扣可系，古亦云半臂”等等这些，若非晓此类衣服之实物者，盖无法说明得如此详细到位。这些可以说是非常难得的珍贵解释。

（二）赖房、光圀的葬仪记录

如前所述，光圀在对亲族施行儒教式葬仪的同时，也嘱咐对自己亦要采用儒教式葬仪。此事在《慎终日录·威公》以及《慎终日录·义公·恭伯世子》中均有记载。由此二本合成一册的抄本，作为常盘神社藏本之一，现藏于茨城县立历史馆。索书号为“常 7—18”[16]。“慎终”出自《论语·学而》“慎终追远，民德归厚矣”，要之乃言丧礼（葬礼与服丧）。

《慎终日录·威公》是宽文元年（1661）七月光圀之父赖房的葬仪记录，由汉文写成。开头处写有“小宅顺谨志”，可知此由小宅处斋记录。后跋中记有天保十四年（1843）十一月的日期以及“石河干修谨记”，可知后由江户时代后期的石河明善抄写流传。[17]

威公赖房的葬仪当然是由光圀操办，关于葬仪的方针有如下记载：

> 嗣君，命儒臣野一，考文公家礼，襄事一从先王之制，兼通时宜，不杂浮屠，其不可于今者，略阙之。

也就是说，不能混杂“浮屠”（佛教）的葬仪，要以《家礼》为基础，合日本之“时宜”实施。这里所说的“野一”是林罗山的门人人见卜幽。在此葬仪中，除《家礼》外，也可见《泣血余滴》的深刻影响。

16 《慎终日禄·威公》及《慎终日禄·义公·恭伯世子》已有翻刻，见古文书研究会《慎终日禄·义公·恭伯世子》（《水户史学》第 56 号，2002 年）与《慎终日禄·威公》（《水户史学》第 57 号，2002 年），略有错字脱字。

17 关于石河（石川）名善，可参考清水正健《增补水户文籍》，水户学风普及会，1971 年再版，第 116 页。

《慎终日录·义公·恭伯世子》是光圀及恭伯世子的葬仪记录，由日文写成。义公，自不用说是指光圀。恭伯世子是水户藩第三代藩主纲条之子吉孚。吉孚作为纲条的继承人被寄予厚望，并娶了将军纲吉之女八重姬为妻。然而却在宝永六年（1709）25岁早逝。原记录者不明。由后跋中“天保十四年癸卯十二月八日，平干修敬写”可以推得，此应为石河明善继《慎终日录·威公》之后而继续抄写的。[18]

这些葬仪均为儒教式，《慎终日录·义公·恭伯世子》中，关于光圀的葬仪有如下记录：

> 召中村新八、栗山源介，告之：欲按威公之葬，诸事行儒法。启禀可以日记等相考筹谋。新八、源介考《家礼仪节》并威公葬记，又与鹈饲权平、青野源左卫门等众议一致后，入报殿下，殿下御览斟酌而后定夺。

这里的中村新八即中村篁溪，是林罗山的门人；栗山源介即栗山潜锋，是崎门派的学者；鹈饲权平即鹈饲称斋，投山崎闇斋门下，是侍奉光圀的鹈饲錬斋之弟；青野源左卫门即青野栗居。[19] 这样，纲条对光圀，同光圀对赖房一样，也施以儒教式葬仪。具体的仪式步骤则是纲条与儒臣们在参考了相关日记、《家礼仪节》以及赖房的

18　有关光圀的葬仪，还可参考水府明德会彰考馆藏《源义公葬仪日录》，近藤启吾《儒葬与神葬》（国书刊行会1990年）中有翻刻本。但记录的内容总体上来说还是《慎终日禄》比较详细。

19　名越时正：《水户藩崎门学者的功绩》，《水户光圀与其余光》，水户史学会，1985年。

葬仪记录之后，商讨斟酌后决定的。

这里需要指出的是，光圀的葬仪受朱舜水的影响相当大。原本朱舜水认为《家礼》是士人的仪礼书，而作为诸侯的礼仪并不充分：

> 《家礼》皆士礼，间有及于大夫者。若诸侯之礼，未可尽以此为凭。

此句明确表达了舜水的意见，安积澹泊在《大城祠堂宜称庙议》[20]中也加以引用。因而光圀的葬仪及墓的建造方法、规模，除参考了《家礼》《泣血余滴》之外，也参照了《礼记》《白虎通》《大明集礼》等众多文献。要想办法制定出与诸侯地位相适宜的仪礼——日本的大名相当于中国的诸侯——这真是非常有趣的事情。[21]

（三）《丧祭仪略》（德川光圀等）

前面谈到，光圀在宽文六年（1666），命人参照《家礼》而用日文撰述《丧祭仪略》并分发给家臣。此事见于《义公行实》：

> 六年丙午，四月，赐士人坟墓地于常盘及阪户，据朱子《家礼》，略解葬祭之仪，以颁士人。[22]

---

20 安积澹泊《大城祠堂宜称庙议》水府明德会彰考馆所藏抄本（索书号 9886）。

21 可参考吾妻重二：前揭《水户德川家与儒教礼仪——以葬礼为中心》。

22 德川圀顺编：《水户义公全集》上卷，东京：角川书店，1970 年，第 465 页。

《桃园遗事》卷一上中也记有：

> 同六年丙午四月，赐士人坟墓地于常盘及阪户，且据文公《家礼》，命作丧祭仪略，以赐诸士。时三十九岁。[23]

也就是说，光圀为藩士们在水户城下的常盘和坂户准备了墓地，撰述并颁布了他们所应执行的规范书《丧祭仪略》，并劝赏实践。这恰好是迎朱舜水作宾师后第二年的事情，因而可以推断此事有舜水的影响。此时，光圀更是大举废佛，废除寺院九百九十七所，强使三百四十四寺的僧人破戒还俗。与佛教批判相对的，乃是推行以《家礼》为基础的儒教仪礼的施行。这样，篇幅短小精悍的《丧祭仪略》，作为面向一般武士、庶民的儒教丧祭手册，恐怕是近世日本编得最好、施行最易的读物之一。

此书在水户藩一直传承下来，不断加以修订。现在流传下来的有初期的 A 系统与后期的 B 系统两种文本。[24]

A 系统

1.《丧祭仪略》一册（抄本，国立公文书馆藏，索书号：143—0288）

外题、内题都是“丧祭仪略”，内容由《丧祭仪略》《居丧仪略》《祭礼仪略》构成，由汉字、片假名和文写成，插图很多，内

23 常盘神社、水户史学会编：《水户义公传记逸话集》，东京：吉川弘文馆，1978 年，第 95 页。

24 田世民：《水户藩的儒礼实践——以〈丧祭仪略〉为中心》（《近世日本儒礼受容研究》第四章，东京：ぺりかん社，2012 年）中也有提及。

题右侧有“西山公所颁藩中”字样。由《义公行实》一书可知，光圀引退后，于元禄四年（1691）隐居于大田西山，自称“西山隐士”。此版本可能是光圀隐居后不久所抄。[25]

在水户藩供职的儒者，大多数本为林家门人。所以 A 系统中林鹅峰《泣血余滴》的影响非常显著。这从书中所载魂帛、铭旌图、神主图、棺图、灰隔图、坟墓图、石碑图中即可见得。这些图与《泣血余滴》中的几乎一模一样。图 1 对比了该书的窆封图与《泣血余滴》中的窆封图，其相似程度可一目了然。[26]

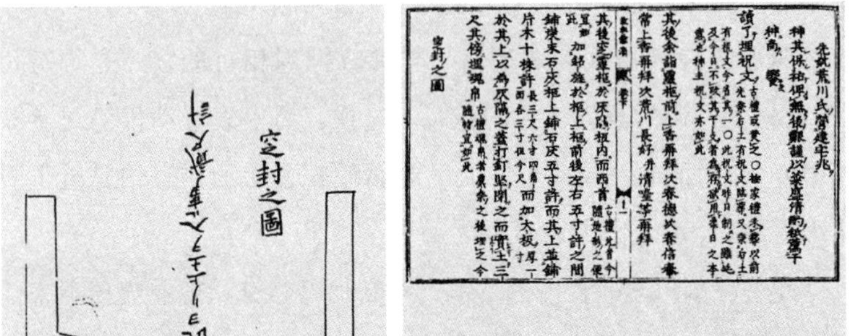

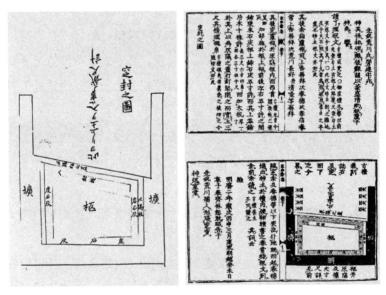

（图 1）窆封图（右为《泣血余滴》卷下、左为 A1《丧祭仪略》）

25　德川圀顺编：《水户义公全集》上卷，第 468 页。
26　《泣血余滴》，见吾妻重二编著《家礼文献集成・日本篇一》。

该书部分地方也可见朱舜水的影响。《明制坟墓图》即为此。这里用了《朱氏谈绮》的坟墓图。现将两图并列于图 2 中。

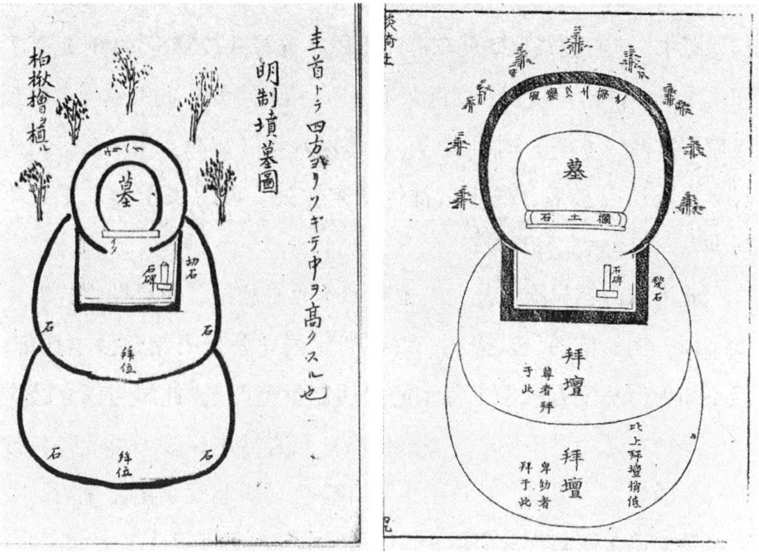

（图 2）坟墓图（右为《朱氏谈绮》卷上、左为 A1《丧祭仪略》）

另外，美篶书房（みすず书房）《荻生徂徕全集》第十三卷（1987 年）所载《丧礼略》（二）与该书所收“丧祭仪略”部分内容是一样的，仅有个别文字上的出入。由此可以认定，《荻生徂徕全集》中的《丧礼略》乃 A 系统之异本，后假托为徂徕所作[27]。

2.《丧祭仪略》一册（抄本，伊藤东涯旧藏本之影印本，关西大学综合图书馆・中村幸彦文库藏，索书号：L24—25—4）

---

27 《丧礼略》（二）财团法人无穷会及丽泽大学图书馆・广池文库所藏。此误在前揭田世民《水户藩的儒礼实践——以〈丧祭仪略〉为中心》中也有提及。

外题、内题都是“丧祭仪略”，但是内题下面写有“水户侯手制教乡国之吏民者，占庵野氏寓于常陆得此册，以传于东武”；后跋中写有“此一册骏州人渡边长藏写寄/时享保八年癸卯岁也/伊藤长胤藏书”“右丧祭仪略就东涯先生原本誊写并校雠一过/时延享丁卯之季秋/泽永世谨识/度世荣敬书”。由此可知，此书原为占庵野氏旅居常陆（水户）时得到的，于享保八年（1723）由一名为渡边长藏之人所誊抄后，送于京都伊藤东涯处。再后来于延享丁卯年（1747）由泽永世誊写校订。

此本的内容与国立公文书馆藏抄本几乎相同，只是图之详略不太一样。例如棺图、灰隔图、坟墓图比国立公文书馆藏抄本详细，但不知为何却没有载录朱舜水的《明制坟墓图》。此本与国立公文书馆藏抄本之关系不明。《丧祭仪略》只有抄本，该书可能是传抄而产生的异本；但是，从该书中没有登载《明制坟墓图》来看，或许是受朱舜水影响之前的形态。

B 系统

3.《丧祭仪略》一册（抄本，名古屋大学附属图书馆・神宫皇学馆文库藏，索书号：176・9—A—神皇）

B 系统的特色是其附载了《伊藤兼山葬仪》等 A 系统中没有的内容。此本外题、内题均为“丧祭仪略”。虽然与 A 系统一样，都有《丧祭仪略》《居丧仪略》《祭礼仪略》，但是继其后又有以汉字、平假名日语写成的《伊藤兼山葬仪》及《安积氏葬仪》。

伊藤兼山是水户藩的执政，于正德四年（1714）去世。《伊藤兼山葬仪》乃安积澹泊记录下来的伊藤兼山的葬仪状貌。关于此事该书内题之下记有：

伊藤友亲称七内，水户执政，隐居号兼山。正德四年甲子（甲午之误）五月廿日卒。

紧接着的跋语有言：

先年伊藤兼山老葬送际，与大井介卫门商榷所定之礼仪，命用达家臣小室清卫门、清水嘉卫门两人笔录之。应以是为准施行。

享保十六年亥八月

安积觉兵卫

“安积觉兵卫”就是安积澹泊。

此篇之后的《安积氏葬仪》乃元文二年（1737）安积澹泊去世后的葬仪记录。记录者不明。作为水户藩士的儒葬记录，此篇与前篇都是非常珍贵的资料。澹泊是朱舜水忠实的继承者，从这里记载的葬仪的具体做法中也可看出《家礼》的强烈影响。从前澹泊写给荻生徂徕的信中说：

今世颇有据《家礼》而修祭者，即如仆家，先人不用浮屠法，据程子式制木主，以来不腆之荐，殆将六七十年。[28]

澹泊家自澹泊之父以来，祖先祭祀就不用佛式而从《家礼》，且一

28 安积觉：《答荻徂徕书》，《朱舜水集》下册，北京：中华书局，1981年，第767页。

直奉祀程颐所定之木主（即《家礼》式牌位）。由此明确可见由光圀首倡之儒教仪礼在水户藩家臣中也有施行。

图 4 为现水户市常盘墓地的安积澹泊墓碑（墓石）。前面提到，常盘墓地是光圀为了推行以《丧祭仪略》为基础的儒葬而为家臣营造的墓地。从墓碑可见，此墓地确实是按照《丧祭仪略》中所记形状（图 3）而建造的。常盘墓地直到现在仍不属于某个特定的寺院，而是作为共同墓地运营，一直传递着光圀的理想。[29]

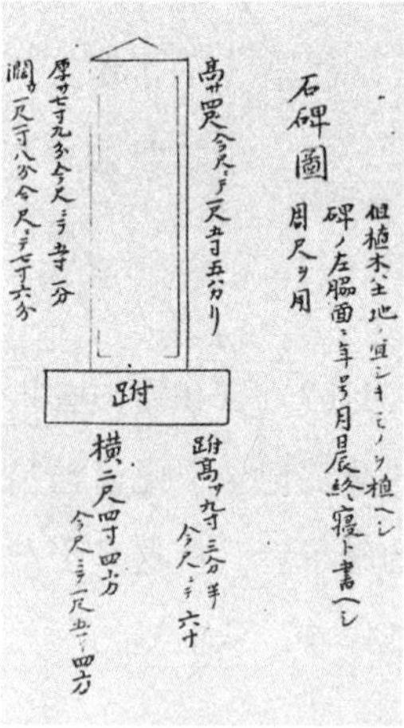

（图 3）　石碑图（B3《丧祭仪略》所载）

（图 4）　安积澹泊之墓（水户史常盘共有墓地，2008 年 1 月笔者拍摄）

4.《丧祭仪略》一卷（同文馆编辑局编纂《日本教育文库·宗教编》收载，同文馆，1911 年）

29　水户市史编纂委员会：《水户市史》中卷（一），第 873 页。另，安积澹泊是著名电视剧《水户黄门》中"格先生"的原型，现在常盘墓地也以"格先生之墓"进行宣传，甚是有趣。

此本仍属于B系统，除《伊藤兼山葬仪》外，还附有大藏龙河的评论。活字本。该书解题中有记：“本书大藏让之著，赠予立原翠轩，水户藩儒葬足见一斑，据黑川藏本印。”卷末还有大藏龙河的跋语：

右《葬祭仪略》一书，遵照吩咐，略陈愚见。以浅陋之见妄议先贤书之事，实恐不少，且误必极多。今奉上并乞就正。顿首。

八月

大藏让　再拜

翠轩老先生　函文

大藏龙河（1757—1844），名让，字仲谦、谦甫，通称谦斋，信浓饭田人。曾从学于猪饲敬所、柴野栗山。[30] 立原翠轩（1744—1823）因其在作彰考馆总裁时，重启了一时停止的《大日本史》修史事业而广为人知。这里的“黑川藏本”是指黑川真赖（1829—1906）的藏书。[31] 黑川是丛书“日本教育文库”的编纂者，该书也收录于其中。龙河应翠轩之请陈述己意，卷末所载第一至第九的评论以及关于图式的评断即是。这些评论都是对《丧祭仪略》内容的

30　长泽规矩也监修，长泽孝三编：《改订增补　汉文学者总览》，东京：汲古书院，2011年，第92页；国学院大学日本文化研究所编：《和学者总览》，东京：汲古书院，1990年，第149页。

31　根据国学院大学图书馆主页《黑川文库（黑川家）》解说可知，当时黑川家所收的八万多册藏书中，关东大地震时，三分之二被焚毁，剩下的藏书在二战后被家人卖掉，现分散在各处。国学院大学黑川文库只是整个藏书的一部分。此书也并不在其中。

订正与补充，可以说从一个侧面反映了江户后期对水户藩儒教丧祭礼仪研究的热情。

除此之外，与B系统相关，需要补充的是，接下来要论及的《丧礼略私注》的后半部分也收录了《丧祭仪略》，其中也附有伊藤兼山的葬仪记录。

与A系统相比，B系统的特征之一就是受朱舜水影响强烈。这从神主（牌位）、“点主”、神主及其他题字的字数等等中即可见得。

首先是“点主”。虽然《家礼》《泣血余滴》中说道，埋葬时要施行“题主”仪式，但B系统中却说施行“点主”仪式。B系统“神主书了”的旁注中说：

> 葬地急书易错，故初时陷中粉面共书，只预留主字上一点，葬时题陷中主字上之一点，再题粉面并行礼。

这里的“陷中”，是指神主内部的纵长槽刻，而“粉面”是指神主的表面。原本墓地埋葬死者时，这两个地方要以“……之神主”的形式记入死者的官爵、姓名，表明神主收得死者之魂。但B系统中说，因为在墓地当场写可能会出错，所以要预先写好神主。也就是说，埋葬前写好“……之神主”，但截去“主”字上面一点，写成“王”字，埋葬时就只将这一点补全，作成“主”字。这种“点主”的做法来自中国明代习俗，而据考证将其传到日本的就是朱舜水。[32]

32　参见吾妻重二：前揭《水户德川家与儒教礼仪——以葬礼为中心》。

另从神主、铭旌的字数也可看出舜水的影响。B系统之（四）以及下文要提到的《丧礼略私注》里的“陷中”的旁注中说：

文字应记偶数，不足则以之字补。

与这一点相关，《朱氏谈绮》卷上中可见如下说明：

大明俗，吉礼用偶数，凶礼用奇数，故卜葬日必用单日（言一三五七九），凡铭旌石碑等文，书其官爵属称，若会偶数（言二四六八十）则加之字，足以为奇，如之柩、之墓之类也。唯神主从吉，用偶数，若会奇则亦加之字。

也就是说，凶礼用奇数，吉礼用偶数，这是明代习俗。在葬仪等凶礼的场合，取奇数日，铭旌、墓碑的字数也必须是奇数。另一方面，神主与祭礼（吉礼）相关，所以字数要用偶数。若不一致时，则用“之”字补上调节，使之成为奇数或偶数。若稍微留意下水户藩的铭旌、墓碑、神主，就会发现确实有这样的调整，由此可见这种方法在实际中确有使用。[33]

（四）《丧礼略私注》（加藤九皋）

此书是水户藩的儒医加藤九皋（1664—1728）于享保十年（1725）所撰。其抄本藏于财团法人无穷会神习文库中。索书号为

33 前揭田世民《水户藩的儒礼实践——以〈丧祭仪略〉为中心》中也有考察。

神习14574。加藤九皋名博，字与厚，称宗博，号春风洞，武藏人。元禄元年（1688）以医道来仕水户，是光圀晚年家臣。其著作有《医学澄源》一册、《卢经裒腋》二卷以及《脉位辨正》二卷，均为享保年间刊行。[34]

该书外题“丧礼略私注”，内题“朱文公家礼丧礼略私注”。前半部分是有关《家礼》中丧礼（葬仪）部分的汉文注解，且用红笔添入了很多订正，也在栏上用小字记有按语。后半部分则载录了B系统的《丧祭仪略》。[35]

关于该书的撰述，九皋在序文中写道：

> 冠婚丧祭者，乃天理实用，圣贤制礼，尊卑殊等，风华含宜。我朝廷礼典，古昔遗美，今于其进退步趋拜揖舞踏之际，颇可概见焉。……至丧祭之礼，多为浮屠氏所有，遂毁棺敛之实，理而火其尸。人皆惯看，恬而不怪。
>
> 西山大君好礼之余，尝命儒臣，据文公《家礼》等籍，译之俗语，令众庶以便采用。……然而贵贱不齐，襄事各别，至若其为铭旌，结魂帛，题神主，询诸有学之者，学者取《家礼》考之其间，异拜（邦）殊俗，有不可尽从者，经往艰焉。今揭《家礼》本文，附以诸家之说，间又加管见，质诸同志，

34 关于加藤九皋，参见前揭《增补水户文籍》第50页，以及国文学研究资料馆的日本古典典籍资料库。

35 关于本书的介绍，可参见近藤启吾：《儒葬与神葬》，国书刊行会，1990年，第141页以下。吾妻重二《水户德川家与儒教礼仪——以葬礼为中心》中曾推断《丧祭仪略》的原作者是加藤九皋，但这一推断从年代来看并不准确，在这里稍作订正。

庶乎仓促临时之际，措置得所，而莫趑趄嗫嚅之弊矣。享保乙巳岁，加藤宗博谨识。

也就是说，日本自古以来就有礼仪，但丧祭礼仪都是被佛教（浮屠氏）支配，将死者火葬谁都不会奇怪。与之相对，光圀公让庶民尽可能依据《家礼》等书籍施行丧祭礼仪。然而因贵贱不同，中日国俗各异，所以产生了很多问题。因而揭《家礼》之原文，记诸家之说及私见，以供参考。

从此序文中可知，该书列出了日本习俗与《家礼》原文的差别，并进行反复推敲。此乃其特色。例如，“既绝乃哭”之条中有“然本邦人，多不饭含也”；继之关于“复”之礼仪，写有“本邦古者有之，今无行之者矣”，言必须考虑国情之差异。关于前述奇数偶数的问题，在本书“文字奇偶数”之条中也写有应该根据日本的习俗进行调整。

此书后半部分就是B系统的《丧祭仪略》，即在《丧祭仪略》《居丧仪略》《祭礼仪略》之后，还载录有安积澹泊所记的伊藤兼山的葬仪记录。该书与其他书相比，红笔加入的内容很多，可看出九皋在水户藩进行反复推敲的痕迹。

(五)《丧祭式》

此书是刊刻本。题签外题“丧祭式 全”，内题“丧祭式”，扉页上题有“官许 丧祭式/弘道馆藏版”。内容有《丧礼略节》《祭礼略节》《丧祭仪节》《丧祭大意》，用汉字及片假名日语写成；后附《丧祭式附录》里有《乡中丧祭大概》《天保年中乡中达之略》，用汉字及平假名日语写成。此书是幕末水户藩儒式丧祭礼仪书的代表，可以说为水户藩的儒教礼仪实践画了一个完美的句号，与《家礼》关系也甚为密切。

关于本书的刊行时间，卷末中跋语有“明治己巳春三月”，可知刊行于明治二年。但是，清水正健在《增补水户文籍》中提到：

> 明治四年刻成，同年二月，呈大史局书云：丧祭式二部，乃源齐昭吩咐教职者撰述而成。昨午年正月中，于大学校申请开版，今刻成之，如前所言，奉上献纳，特此以告。[36]

鉴于这里说得非常详细具体，所以可以认为该书成书于明治二年，刊行于明治四年（1871）二月。此处谈及向大史局递送一事是值得留意的。当时，大史局是负责出版管理的行政机构，在此之前，明治二年（1869），明治政府公布《出版条例》，规定了事前出版许可制、送审义务制以及出版禁止事项等。[37] 鉴于此，该书扉页上“官许”二字，是指已经从政府获得了出版许可的意思，而并不是指该书就是明治政府、水户藩（废藩置县后，明治四年改为水户县，同年改设为茨城县）的官方丧祭礼仪书，这一点需要注意。[38]

36　见前揭《增补水户文籍》“烈公”项，第 23 页。

37　另外，负责出版管理的政府机构，明治五年起，由大史局移至文部省。关于明治初期的出版条例，可参见内川芳美“出版条例”（《国史大辞典》第 7 卷，东京：吉川弘文馆，1986 年）、谷井精之介“禁书‘日本’”（《世界大百科事典》，东京：平凡社，1978 年）。

38　该书前揭《神葬祭资料集成》第 209 页以下也有翻刻收录，只是缺了“官许”二字，原本是汉字与片假名日语写成，但这里不知为何转换成了汉字与平假名日语。

关于该书的成书过程，卷末跋语中有如下记载：

右丧祭式一卷，天保年间，烈公命史臣删定。将上梓，未果而致仕。今公继绍乃刻于学，使国人有所矜式焉。慎终追远，礼之尤大者，庶几使民德归于厚矣。明治己巳春三月。

由此可知，此书为天保年间德川齐昭宗教改革时期作成，因齐昭引退而未刊行，到了明治时期，由齐昭创设的藩校弘道馆刊行。负责刊行的是齐昭之子、水户藩最后的藩主德川昭武，从明治二年起到明治四年七月任水户藩知事。此书为传承光圀以来水户藩传统儒式丧祭礼仪之书，是为了纪念齐昭的事迹而刊行的。然而，该书在明治维新之后究竟发挥了多大的影响力就很难说了。

这里需要说明一下齐昭的改革与此书的关系。齐昭成为藩主的第二年，也就是天保元年（1830），就已经开始了废佛毁释运动，具体涉及破毁寺院，整顿僧侣，肃清风仪，没收梵钟、佛具，更新葬祭及其他佛事风俗，神佛分离，对神职人员施行神丧祭等众多方面。天保四年（1833），齐昭在自己领地宣布禁止火葬，同时奖励与僧侣无关的儒式“自葬祭”。天保十四年（1843）规定了自葬祭的具体流程，翌年即弘化元年（1844）二月宣布禁止盂兰盆会及其他佛事法会，七月又给每个村子发放了丧祭式的影印本，命其照此施行[39]。众所周知，就是这些过激的废佛政策引起了幕府的警戒心，同时也是招致齐昭下台的主要原因。弘化元年五月，齐昭被下令退

39 水户市史编纂委员会:《水户市史》中卷（三），第287页。

隐，长子庆笃继位。

《丧祭式》就是对天保年间改革中推行的葬祭（丧祭）流程的整理。[40] 其中的《丧祭式附录》中收录了《乡中丧祭大概》《天保年中乡中达之略》，用汉字及平假名日语写成。《乡中丧祭大概》的开头提到，“虽云礼不下庶人，聊举大略附录之”，由此可知武士以外，一般庶民也是推行的对象。

《丧祭式》的基本构想，在《乡中丧祭大概》如下内容中有清楚的表达：

> 云人死后，去另一快乐或困苦之地，化为他物，斯诚惑也。概除眼前天地之外别无另一世界。万物以天为本，人以祖为本，子孙乃分父母先祖之气血骨肉而成。子孙之身即父母之身，故虽死而犹未死；气血骨肉永不尽，留于一家之中，言化为他物者谬矣……万物生时乃受天地之气而成魂魄，死时魂魄离躯而归回天地。故制神主牌位以驻其神而止其游散，则亲之魂魄不散而永驻其家，环绕子孙之身旁而守护降福。如此，则死者孝子其心莫不同喜。故人死后精神尚存于世，享孝子之祭必无疑也。

这里，借由儒教关于气的哲学而否定了佛教生死轮回说，亦即此世之外并无极乐或地狱世界存在；虽言死者之灵魂归于天地，但制作

---

40 详见泽井启一《后期水户学丧祭礼》，吾妻重二、朴元在编：《朱子家礼与东亚文化交涉》，东京：汲古书院，2012年。

神主（牌位）可以使灵魂驻足；灵魂在身边享子孙之祭等等。这些儒教生死观、祭祀观的核心就这样浅显易懂地表达了出来。

《丧祭式》的记述，大多依据《家礼》。这从《丧礼略节》所言具体流程中就可以看出。从“初终”“设魂帛”开始，经过“立丧主”“治棺”“择埋地”“祭土地之神”“刻志石”“作主”“题主”“发引”，再到“小祥”“迁主”“大祥”，这些葬仪的步骤基本都从《家礼》而来。《祭礼略节》《丧祭仪节》中所见神主、铭旌的做法、写法，安置神主的祠堂的建法，以及《土神祭祝文》《题主祝文》等各种各样的祭文也都是遵照《家礼》中所写而作。而强调祭祀中要特别重视春夏秋冬之“时祭”这一点也本于《家礼》。

《丧祭式》受《家礼》影响之所以如此强烈，其中的一个原因可能是，原本《家礼》就是为士庶（士人与庶民）而作的礼仪书。在以士庶（藩士与庶民）为对象的《丧祭式》那里，《家礼》具有亲近性。这与赖房、光圀的葬仪、墓制以及水户历代藩主的祠堂不同，后者仅接受了与其身份相当的中国“诸侯”之礼，而前者可以说关注到了更广泛的阶层。

当然，《丧祭式》中也有简化《家礼》或者做了日本式改变的例子。例如，复礼有志者行之则已；魂帛不使用亦可；丧服不着中式斩衰、齐衰，而着日式藤衣；神主中无槽刻亦可；服父母丧期也不用前后三年，而依“国制”“小祥”即满一年即可。另外，安放神主的盒子（《家礼》称龛）三个一隔开，也要安放始祖之神主等这些也与《家礼》所讲不同。

根据国情与时代的不同，发生以上这些改变也是当然的，但礼仪的主要内容还是以《家礼》为模本，这一点显而易见。也就是说，《丧祭式》总体是以《家礼》为基础的，只是为了在日本推行而做了些许改变。

另外，也有看法认为《丧祭式》的礼仪是“神式”的。[41] 根据笔者上述所阐明的，这肯定是不正确的。之所以会产生这样的误解，可能是因为儒教与日本神道在生死观与灵魂观方面有共通的地方，而幕末兴起的所谓“神葬祭”因为受儒教的影响又非常强烈，从而混同了儒式与神式。《丧祭式》的基本记述就是儒式的，这是不容置疑的。

(六)《儒葬祭式》

《儒葬祭式》藏于冈山大学附属图书馆·池田家文库。池田家文库是冈山藩以及原池田侯爵家的藏书。该书为抄本一册，索书号为P3—65。扉页中写有“水府封内所行”，可知所记为水户藩的丧祭礼仪。用草书日语写成。

此文献与前述水户藩《丧祭式》附录中的《乡中丧祭大概》《天保年中乡中达之略》相同之处很多，很可能是天保年间于水户藩誊写的有关自葬祭礼节的异本。

两者相比，《儒葬祭式》的开头部分与《丧祭式》中的《天保年中乡中达之略》有相通之处，但加入了更为详细的说明。另外，其后面的《乡中丧祭大概》与《丧祭式》中的《乡中丧祭大概》基本相同，但后半部分的《位元牌认法》以下比《丧祭式》更为

41　例如前揭《水户市史》中卷（三）第291页《丧祭式》中就说自葬祭“以神式为基础”，这里必须订正。

详细。

作为同类文献，顺便需要注意的是伊势神宫附设的神宫文库所藏《水户丧祭大概》这一文献（抄本一册，索书号第2门1907）。其卷首题有“乡中丧祭大概”，而根据卷末跋语可知是天保十五年（1844）六月于江户抄写的，这也是齐昭时代的文献。

《儒葬祭式》与《水户丧祭大概》两文献都记录了当时的官方通告：

《儒葬祭式》

愿行定祭者，须遵村官之指示行事。

以上申请者，于俗家不可擅自修行七月盂兰盆及其他佛事。

《水户丧祭大概》

乡中愿行自葬祭者，必须遵村官之指示施行。

以上申请者，于俗家不可擅自修行七月盂兰盆及其他佛事。

以上两则内容虽在表述上有些差异，但内容是一样的，都是命令申请自丧祭（自葬祭）的村民要按照村官的指示施行，同时也不可私自举行如七月的盂兰盆会等佛教法会。这一官方通告反映了天保年间的实情，而在《丧祭式》中并没有记载。另外，这两份文献也说明了齐昭的改革不仅在水户藩，也传播到了江户与冈山藩，因而是极其重要的文献。

水户藩在供奉历代藩主的祠堂里举行的祭祀活动，从光圀以来就一直没有断过，历经明治、大正、昭和，一直持续至今。与祠堂祖先祭祀相关的礼仪文献基本上都是抄本，现在由水户德川家的后继——水府明德会彰考馆收藏。其主要的文献目录，在拙稿《水户德川家与儒教礼仪——以祭祀为中心》中有列出，敬请参考。

第十三章　郑齐斗的礼学

——朝鲜阳明学与礼教

前　言

郑齐斗（1649—1736）是朝鲜王朝后期的阳明学者，在朱子学作为体制教学而支配思想界的朝鲜王朝时代，其存在散发出异样的光彩。近年以来，在韩国以阳明学会为中心对于他的生涯与思想的研究正逐步展开，在日本，中纯夫最近的研究达到了郑齐斗以及韩国阳明学研究的新高度。[1] 但是，关于郑齐斗的礼学，一直以来都没有受到关注，窃以为还存在着探讨的余地。[2]

郑齐斗作为朝鲜的儒者，一方面其学风博大笃实，另外也有着较强的士大夫精英的风貌。如此的精英风貌当然与他的出身以及婚姻关系有关，但是在学问上面尤其在礼学方面也非常显著。

例如，郑齐斗对于国王与朝廷有多次献议，其中几乎都与国家仪礼相关。这与朝鲜政治中特殊的“礼讼”有关，虽然作为阳明学

1　中纯夫：《朝鮮の陽明學——初期江華學派の研究》，东京：汲古书院，2013 年。

2　对于迄今为止的相关研究，参考中纯夫的“朝鮮陽明学研究史に関する覚え書き”（《京都府立大学学术报告》人文・社会，第五十七号，2005 年）的介绍是十分有帮助的。

也并非与礼学毫无关系，但是即便如此，对于种种问题，郑齐斗都能从正面非常完备地进行回答，从这一点来看他在礼学上也是具备不同寻常的造诣之人。

关于上述礼学，过去尹南汉曾认为这说明了郑齐斗的"程朱学的保守性"，将郑齐斗的学风视为折中朱王。[3] 对此，近年来金允贞认为有必要考虑朝鲜王朝后期的宗族以及国家的仪礼的必要性，并重新检讨其意义。[4] 笔者基本上赞同金允贞的观点，不过在此想要在重新整理郑齐斗的礼学思想的同时，检讨其对于阳明学而言究竟意味着什么的问题。对于这个问题，考虑与中国的阳明学相比较具有怎样的关系，当然是非常有必要的，但还需要将与日本阳明学的比较也纳入视野中，由此来思考其礼教的意义所在。

一　郑齐斗的生涯与阳明学

首先来看一下郑齐斗的生涯。[5] 郑齐斗，字士仰，人称霞谷先生。1649年（仁祖二十七年）6月，生于汉城（现在的首尔）。本籍是迎日县（现在的庆尚北道）。谥号文康。高丽末的名儒郑梦周的子孙，祖父维城曾官至议政府右议政，是与王室以及当时的重臣都有姻亲关系的名流出身。郑齐斗是朴世采与尹拯的门人，学派上属于西人的少论派。但是，在1672年（显宗十三年）他二

3　윤남한:《朝鲜時代의 陽明学研究》(집문당，首尔，1982年)，第217页。

4　김윤정:《霞谷鄭齐斗의 宗法 시행과 禮論》(《인천학연구》九，2008年)。

5　"霞谷先生年谱""行状"（均为韩国文集丛刊一六〇《霞谷集》所收，首尔：景仁文化，1995年)，前引윤남한论文第206页，前引中纯夫著作第65页以下。

十四岁的时候，在别试（临时试验）的殿试中落第，由此决心断绝仕途，一心向学。这被认为是为了回避当时日趋激烈的党争的危险。

郑齐斗在此后屡屡被重臣推举要职，但都谢绝了就任。不过，在晚年的景宗朝、英祖朝时，却非常例外地获得了官职。1722 年（景宗二年）担任司宪府大司宪，之后任吏曹参判，1724 年（景宗四年）任成均馆祭酒。之后，郑齐斗更得到英祖的深厚信任，在最晚年的 1734 年（英祖十年）成为议政府右赞成，1735 年（英祖十一年）成为皇太子的辅佐官，之后的第二年也就是 1736 年（英祖十二年）八月去世。

他的生涯可以以居住地的（一）京居时代（一岁~四十一岁）、（二）安山时代（四十一岁~六十一岁）、（三）江华时代（六十一岁~八十八岁）进行划分。据推测他从二十多岁开始信奉阳明学，三十岁以后，通过书简等方式屡屡向师友倾诉并讨论自己的阳明学信仰。在这一时期，可以显示他的思想动向的一个例子，是 1682 年（肃宗八年）、时年三十四岁的郑齐斗一时陷入病危的状态，为了将后事托付给弟弟郑齐泰，他写下了“壬戌遗教”（《霞谷集》卷七）。曰（〔　　〕内的是原注）：

> 后世学术不能无疑，窃恐圣旨有所未明。惟王氏之学，于周程之后，庶得圣人之真。窃尝委质潜心，略有班见，而恨未能讲。乃以其书及所尝抄录表识而未及脱稿者，并与所藏经书数匣，手写数册，藏之一箧以遗之。惟是毋自卑下，无忘吾志〔良志之学，直是真实，只惟吾性一个天理而已。不是拘于文

句，逐于言语，以为论辩之资而已也。须是知得至意所脑而领会之耳。是人心良知之无不自知得者是耳。惟实致之而已，且不必与世俗相为标榜，而于末梢上争弁而外面浮泛，惟自老实为之〕。

这段材料很好地显示出郑齐斗的思想与其周围的情况：郑齐斗倾心阳明学，其核心是“良知之学”，然而，这些想法却无法公之于“世俗”。另外，他认为，作为圣人之教的传达者，在周敦颐、二程等道学的先驱者之后，以朱熹为顶点，并由王守仁所延续，这一点也是值得注意的。

在此后众所周知的是，郑齐斗是朝鲜历史上首位真正接受阳明学思想的思想家。他的思想完全由他的子孙或者姻亲所继承，现在，他的学统一般被称为霞谷学派或者江华学派。因为担心阳明学者的身份暴露，郑齐斗的著作在其生前没有刊行，只有写本流传下来。现在，作为文集而言最容易入手的是《霞谷集》二十二卷（影印标点，韩国文集丛刊第一百六十册，民族文化推进会发行，首尔：景仁文化社，1995 年），本文也使用这个版本。郑齐斗的主要著作，包括“学辨”“存言”“中庸说”“大学说”“论语说”“孟子说”“经学集录”“心经集义”“经仪”“河洛易象”，都收录在《霞谷集》中。

二　郑齐斗的礼学

郑齐斗的礼学按照其著作可以分为三个大类：（一）“壬戌遗

教”中的宗族内仪礼，（二）“献议”中的国家仪礼，（三）“经仪”中的日常生活之仪礼。以下，分别探讨三类著作的内容和特色。

(一)“壬戌遗教”中的宗族内仪礼

如前所述，“壬戌遗教”（《霞谷集》卷七）是郑齐斗在三十四岁病危状态时所写下的著作，对于事项进行了逐条的记录。内容上主要分为三点：

1. 关于家事（宗族内的事情）

宗族内的事情应该由男性主宰，不应当交给女人，小辈要从小从学于贤师，并接受父亲兄长的教诲。在这当中，关于家事的男女分工问题：

> 凡家事，惟丈夫主之。妇人则虽有哲妇，不宜当家与政。故夫死从子，以其无专制也。道理自如此。妇人奉母亲，须一意承受，惟在顺吉安意，无有自专。

在这里强调的是宗族的维系。男性同族集团的宗族在当时作为朝鲜的血缘组织，具有非常重要的意义。众所周知，朱熹的《家礼》当中对于宗族内的仪礼有所规定，而之后我们就会看到，郑齐斗对于《家礼》也显示出不同寻常的关心。

2. 关于丧礼、祭礼的实施

郑齐斗自己对于丧礼（葬仪）以及祭礼的实施，有很多指示，其方针一言而蔽之，曰“仪礼的简略化”，所以可以说是“重视人的内在的心情”。其文献的根据就是朱熹的《家礼》，还有就是他自己所属的西人学者的文献——李珥（栗谷）以及成浑（牛溪）的礼说。例如郑齐斗说道：

> 生而死常事，死而归于朽亦常事。圣人制作，为之厚葬，只是生者不忍之仁耳，非有补于死者也。

又：

> 丧祭《家礼》从简，而《备要》复以古礼增之〔其间或不得已从用处则有之，大旨《家礼》自备矣〕，难于适从。今只从《家礼》行之，可以不失其大要矣。且其序中谨名分、崇爱敬之道，乃以略浮文、务本实为主，此至要之旨也。此两句宜深体而勿失也。

这里所说的《丧礼备要》为西人派的申义庆所著，并由其亲友金长生（1548—1631）补订而完成。《备要》以《家礼》的丧礼篇为基础，古礼、诸家礼节乃至时俗等在当中交织在一起，是代表朝鲜时代的仪礼书之一。[6] 郑齐斗在其中寻求的不是繁文缛节的礼的规定，而是有可能进行实践的朴素的仪礼。

同样的旨趣也在关于祭礼的部分有所提及：

6　都民宰著，吾妻重二译“畿湖学派における『朱子家禮』の受容”（吾妻重二、朴元在编：《朱子家礼与东亚的文化交涉》，东京：汲古书院，2012年）第427页。

礼言称家有无，而主于尽爱敬之诚而已者，此祭礼之宗旨也。苟知此也，节省从简，宜遵吾之所自好。

这里注重“尽爱敬之诚”的心情，也同时主张仪礼简略化。

另外，关于宗子的重要性：

凡祭祀之轮行之非，先贤已言之。支子亦非，况至外孙乎？一切祭礼，宗孙主之，力有不足，诸子孙必助之。俾有成法，则幸矣。考之《家礼》，宗法明矣。所以尊祖也。

他强调不是嫡庶轮番，而应当只有宗子本人才能举行祭祀，这也是依据《家礼》的。

又，关于成浑的礼说：

勿用挽，勿用翣，铭旌用小红幅书五字，如牛溪先生事。[7]

“挽”（挽章）是提棺木时候所唱的挽歌、挽词，“翣”是棺材移动到墓地的时候，在棺材旁边所有的扇状的装饰。在这里，没有使用《家礼》的“挽”，而使用“翣”，是比《家礼》更加简化了。

关于李珥的礼说：

---

7 《牛溪先生集》杂著、后事、书附文书中有“且勿用挽章，但于前路，以红小纸书‘昌宁成君之柩’六字，使一人持之前路可也”。

四节日祭，从栗谷先生说为可。○《家礼》择日上冢，或三月十月，诚为至当。国俗四节。诚如栗谷先生语，依遵《击蒙要诀》行之。

这里所说的“四节”是指正朝（元旦）、寒食、端午、秋夕，在上述“四节”的时候参加墓祭，郑齐斗遵从李珥之说，承认这种《家礼》中所没有的朝鲜的时俗。[8]

另外，也有比《家礼》更简化的地方：

平日家祭，于吾鱼肉饭饼兼设蔬果数品，略仿《家礼》，而又从省陈之。[9]

3. 学问以及儿童的教育方法

“壬戌遗教”中对于儿童教育是这么叙述的：

凡教儿童，不宜摧残其气，以折生意，惟当顺以导之。王文成《训蒙大意》最是善诱善养，必可为法，但世人无能知其意。

8 李珥《祭仪钞・墓祭仪》：“墓祭。依俗制，行于四名日〔正朝、寒食、端午、秋夕〕……谨按《家礼》。墓祭只于三月，择日行之，一年一祭而已。今俗于四名日，皆行墓祭，从俗从厚，亦无妨。但墓祭行于四时，与家庙无等杀，亦似未安。若讲求得中之礼，则当于寒食秋夕二节，具盛馔，读祝文，祭土神，一依《家礼》墓祭之仪。正朝端午二节，则略备馔物，只一献无祝，且不祭土神。夫如是则酌古通今，似为得宜。”

9 本文所使用的王守仁全集是《王阳明全集》（上海：上海古籍出版社，1992 年）。

这里所说的《训蒙大意》是指王守仁的“训蒙大意示教读刘伯颂等”（《王阳明全集》卷二）。这篇文章是王守仁的儿童教育方针论，以三大方法为支柱：“诱之歌诗，以发其意思”“导之习礼，以肃其威仪”“讽之读书，以开其知觉。”作为启发儿童能动性的方法，上述思想是非常有趣的，不过在这里需要注意的是第二项仪礼的学习，也就是“导之习礼，以肃其威仪”。王守仁解释道：

> 导之习礼者，非但肃其威仪而已，亦所以周旋揖让而动荡其血脉，拜起屈伸而固束其筋骸也。

通过实践来学习仪礼，这是王守仁所特别强调的，在《训蒙大意》附录的《教约》中，他也说：

> 凡习礼须要澄心肃虑，审其仪节，度其容止。毋忽而惰，毋沮而怍，毋径而野，从容而不失之迂缓，修谨而不失之拘局。久则礼貌习熟，德性坚定矣。

又曰：

> 每日工夫，先考德，次背书诵书，次习礼或作课仿，次复诵书讲书，次歌诗。凡习礼歌诗之类，皆所以常存童子之心，使其乐习不倦，而无暇及于邪僻。教者知此，则知所施矣。

在这里，实践优先于理论，并通过实践发挥礼教的立场是非常显著的。并且，这种通过演习来掌握仪礼的主张，也为郑齐斗所继承。

另外，这种仪礼的学习，也很明显是对试图使得人们能从小就习得“洒扫应对进退之节”而编纂的朱熹的《小学》精神的继承。这个问题之后还会再次提及，在这里需要注意的是，郑齐斗推崇《小学》以及《家礼》的阅读与实践。[10]

（二）“献议”中的国家仪礼

《霞谷集》卷五“献议”，收录了从戊戌年（1718 年，肃宗四十四年）到癸丑年（1733 年，英祖九年），也就是郑齐斗从七十九岁到八十五岁（去世三年之前）为止的上奏三十一篇。令人吃惊的是，这些献议几乎都与国家仪礼有关（丧礼、丧服制、祝辞、属称、迁陵、祭服、嫔宫号等等）。现在根据尹南汉的整理，列举如下：[11]

一、端懿嫔丧视事燕居服色议对（礼郎　李善行）　戊戌三月十三日

二、端懿嫔丧服制议对　戊戌十一月七日

三、辞对朝晡哭临受杖议　回启（礼郎　韩斗一）　庚子七月三日［谢绝回答（译者按：意思是说郑齐斗对于询问表示无法回答，

10　“壬戌遗教”当中有“立儿明年可早毕史略，复略授少微鉴等数册，以资文理。自再明年授小学〔先以资兴起〕，以次连授语孟四书，次及诗书，循环熟读”，“答从子俊一书”（《霞谷集》卷三）：“小学、家礼，诚为切实门庭，须勤加读习。”

11　前引윤남한书，第 249 页。

并且在“回启”中说明无法回答的理由）］

四、朝官燕居带议对　庚子七月

五、新授职人追服当否议对　庚子八月十五日

六、辞对练带议　回启（礼郎　赵命臣）　辛丑六月　［谢绝回答］

七、辞对明陵志文事议　甲辰闰四月　佚

八、嫔宫议号议对（史官　郑重器）　大概是在辛丑、壬寅年间

九、服制仪节议对（阙外　哭班时）　甲辰八月二十八日

十、香室祝辞议对　甲辰八月二十八日

十一、大妃殿服制议对　甲辰八月二十九日

十二、永徽殿告文属称议对（礼郎　尹尚白）　甲辰九月六日

十三、庚子服制追议（入于甲辰辞召命　疏下）　甲辰九月　佚

十四、启圣祠拜礼议对（礼官　郑再春）　甲辰十月十日

十五、辞对宗庙移安仪议　回启（礼郎　申思稷）　乙巳九月十日　［谢绝回答］

十六、辞对四贤祠合享议　回启（礼官　郑再春）　乙巳十一月十二日　［谢绝回答］

十七、孝章世子丧两殿服制议对（承召入对时）　戊申十一月十八日

十八、葬前私家祭行否议　戊申十一月二十九日

十九、葬前朔望参议对　戊申十二月四日

二十、殡宫祭礼议对　戊申十二月四日

二十一、卒哭前后服色议对　戊申十二月二十六日

二十二、钱货便否议对　己酉正月五日

二十三、魂宫练后享官服色议对　己酉十月二十四日

二十四、逆女夫及父缘坐律议对　庚戌三月十八日

二十五、德宗室祝辞属称议对（礼郎　宋履瑞）　庚戌九月二十一日

二十六、德宗室属称议复对（礼郎　朴宗儒）　庚戌十月二十六日

二十七、长陵迁奉议对　辛亥三月

二十八、进讲册子议对（史官　李显谟）　辛亥五月　佚

二十九、迁陵仪注议对　辛亥六月

三十、视学时所讲册子及讲官员数议对（礼官　崔成大）　癸丑二月

三十一、辞对祭服议　回启（礼郎　李世垕）　癸丑十二月二十七日

其中，一“端懿嫔丧视事燕居服色议对”和二“端懿嫔丧服制议对”是1718年（肃宗四十四年）关于死去的端懿嫔沈氏（作为当时的皇太子景王之妃子，端懿王后）的丧制，三“辞对朝晡哭临受杖议　回启”、四“朝官燕居带议对”、五“新授职人追服当否议对”、六“辞对练带议　回启”、七“辞对明陵志文事议”是与1720年（肃宗四十六年）死去的肃宗的丧礼相关的。

另外，九“服制仪节议对”、十“香室祝辞议对”、十一“大妃殿服制议对”、十三“庚子服制追议”与1724年（景宗四年）去世

的景宗的丧制有关。十二“永徽殿告文属称议对”是关于同年即位的英祖在拜祭端懿王后庙时的称谓问题，十四“启圣祠拜礼议对”是与成均馆的启圣祠（祭祀孔子、颜回、曾子、子思、孟子各自的父亲）的礼拜相关，十五“辞对宗庙移安仪议　回启”与宗庙中的神主的奉安有关，十六“辞对四贤祠合享议　回启”是关于成均馆内的四贤祠的合享。

十七“孝章世子丧两殿服制议对”、十八“葬前私家祭行否议”、十九“葬前朔望参议对”、二十“殡宫祭礼议对”、二十一“卒哭前后服色议对”、二十三“魂宫练后享官服色议对”均与1728年（英祖四年）就早早去世的孝章世子的丧制相关。

二十五“德宗室祝辞属称议对”以及二十六“德宗室属称议复对”是与德宗的祭礼时所用祝文相关。德宗是第七代王、世祖之长子，在即位前夭折的懿敬皇太子（1438—1457），之后由他的儿子成宗，将其追尊为德宗。二十七“长陵迁奉议对”与二十九“迁陵仪注议对”是仁祖的妃子仁烈王后的陵墓迁往长陵的事，三十“视学时所讲册子及讲官员数议对”是关于国王在视察成均馆时候的讲书，以及讲义担当官员的数目的讨论。三十一“辞对祭服议　回启”是关于宗庙祭祀时候祭官所穿服装颜色的修正相关的问题。

如此，郑齐斗在晚年，屡屡得到国王以及礼官的垂询，但这当中几乎都与仪礼相关，与仪礼无关的是：二十二“钱货便否议对”，讨论钱币流通的利弊，二十四“逆女夫及父缘坐律议对”，主张对于逆女（恶逆之女）的丈夫以及父亲应当连坐，以及二十八“进讲册子议对”，与对英祖的进讲相关，依据年谱，郑齐斗在“进讲册子议对”中认为应当讲“礼”，英祖听从了他的意见。[12]

在这当中也有谢绝回答的情况，基本也是与国家仪礼、祀典相关的重要内容。总之，郑齐斗在引用诸说的同时进行答复，可以确认他对于国家仪礼以及相关文献是非常精通的。从这些献议所体现出的基本方针来看，郑齐斗并没有把讨论复杂化与玄学化，而是以《国朝五礼仪》的礼说为中心来进行决断。[13] 这和“壬戌遗教”中所体现出的仪礼简化的思考是一致的。

那么，王守仁对于国家仪礼的态度又如何呢？已经有研究指出，他对于国家仪礼并没有积极的发言。这和明世宗（嘉靖帝）即位之后、正德十六年（1521 年）发生的所谓“大礼议”进一步发展成重大政治斗争是有关的。[14] 王守仁门人邹守益上疏劝谏世宗，却反而激怒了世宗并被下诏入狱，最终被流谪到安徽广德州做判官。[15] 王守仁对于被卷入权力斗争与政治斗争很警惕，与中央政权保持距离，将重心放在地方的讲学活动中。但是当然，王守仁对于国家仪礼并非毫无关心。[16]

---

12 以上，关于“献议”的内容，可以参看“霞谷先生年谱”（《霞谷集》卷十）、《奎章阁所藏文集解说 18 세기 13》的“霞谷集”（서울대학교，奎章阁韩国学研究院、民昌社，2010 年）。

13 “献议”的礼说主要以《国朝五礼仪》为依据，这一点是由前引김윤정的论文所指出的。

14 中山八郎《王陽明と明代の政治軍事》（安冈正笃等监修《阳明学入门》所收，东京：明德出版社，1971 年）。

15 《明史》卷二八三“邹守益传”。

16 关于大礼议问题，可以参看天田武夫《大禮の議と王陽明》（《中国哲学》创刊号，北海道大学中国哲学会，1960 年）。另外山下龙二认为，邹守益是接近于朱子学的人物，王守仁在大礼议问题上毋宁说是比较同情世宗的（山下龙二：《陽明学の終焉》，东京：研文出版，1991 年，第 285—287 页）。但是，即便退一步承认这一点，就仪礼本身的定位而言，王守仁与邹守益的观点也不会是完全对立的。

这一点可以从王守仁写给邹守益的书信中看出来。这是他在听说邹守益在流谪所在地建立书院、为了振兴礼教而刊行《谕俗礼要》并分发给士兵和民众的事情之后所写下的：[17]

> 承示谕俗礼要，大抵一宗文公家礼而简约之，切近人情，甚善甚善。非吾谦之诚有意于化民成俗，未肯汲汲为此也。古礼之存于世者，老师宿儒当年不能穷其说，世之人苦其烦且难，遂皆废置而不行。故今之为人上而欲导民于礼者，非详且备之为难，惟简切明白而使人易行之为贵耳……若徒拘泥于古，不得于心而冥行焉，是乃非礼之礼，行不著而习不察者矣。后世心学不讲，人失其情，难乎与之言礼。然良知之在人心，则万古如一日。苟顺吾心之良知以致之，则所谓不知足而为屦，我知其不为蒉矣。非天子不议礼制度，今之为此，非以议礼为也，徒以末世废礼之极，聊为之兆以兴起之。故特为此简易之说，欲使之易知易从焉耳。冠婚丧祭之外，附以乡约，其于民俗亦甚有补。至于射礼，似宜别为一书，以教学者，而非所以求谕于俗。……文公家礼所以不及于射，或亦此意也欤。[18]

王守仁对于邹守益依据《家礼》进行简化、作冠婚丧祭的仪式表示很赞赏。并且认为今天的为政者在导民以礼的时候，不能考虑详细而完备的形式，只有简单明白而易于实践才是最重要的。这种

17 “谕俗礼要序”（《邹守益集》卷二，南京：凤凰出版社，2007 年）。
18 “答邹谦之　二　丙戌”（《王阳明全集》卷六　文录三）。

简略而富于实践性的仪礼的制定策略与前面提到的郑齐斗的礼学方针是完全一致的。王守仁还在论述了“非天子不议礼制度”（《礼记·中庸篇》）的一般原则之后，认为这种尝试不是议礼，而是在仪礼颓废的今天，想要成为振兴礼教的契机而已，也就是依据政治现状，从地方开始重振礼教的企图。王守仁著名的乡约整备也是与此相关的实践。[19]

另外，王守仁在此书信中还提及祠堂内的高祖、曾祖、祖、祢的神主的配置，遵从在自己家中以《家礼》为依据、并适度加以变更的浦江郑氏的方式进行祭祀。[20]

由此看来，郑齐斗对于国家仪礼的通晓，也可以理解为是基于阳明学的礼教性质。郑齐斗与王守仁等学者一样，对于仪礼的形式以及礼的教化抱有强烈的关心。而避免讨论的复杂化，以《国朝五礼仪》为主要依据而进行决断的姿态，也可以说是与重视实效性的阳明学者身份相符合的。

（三）“经仪”所反映的日常生活的仪礼

接下来看一下“经仪”（《霞谷集》卷十九）部分，这是郑齐斗从少年时代开始，从各种各样的文献中摘录的，可以说是古圣贤

19 关于王守仁的乡约整备及其历史意义，可以参看清水盛光《中国乡村社会史》（东京：岩波书店，1951 年）第 358 页以下，寺田浩明“明清法秩序における「約」の性格”（沟口雄三等编《アジアから考える4　社会と国家》，东京：东京大学出版会，1994 年），井上徹《中国の宗族と国家の禮制——宗法主義の視点からの分析》（东京：研文出版，2000 年）。

20 浦江郑氏居住在婺州金华的浦江，作为累世同居的宗族，在元朝以及明太祖朱元璋时都得到旌表，是很有名的义门，传有以《家礼》为依据的宗族内仪礼之书《郑氏家仪》（元郑泳撰）。

的日常起居动作规范的格言，在申大羽的跋中说“经，常也，仪，犹法也”，亦即是说，“经仪”是“日常生活中的规范”。卷末附录了郑齐斗的老师朴世采的“追辑”。依据目录可以给出如下的内容构成：

> 通言 3 条　容貌 30 条　视 11 条　坐 8 条（附　跪说、退溪说各 1 条）　立 8 条　步趋 19 条（附　朱子说、朱子事各 1 条）　拜揖 8 条（附　朱子说 1 条）　言语 36 条（附　朱子说 1 条）　衣服 13 条　饮食 28 条　授受 7 条　相见 24 条（附　礼见、燕见、往还、请召、进退、迎送、拜揖、道涂、朱子事各 1 条）　升车 12 条（附　朱子事 1 条）　居处 49 条　少者仪 16 条　从宜 4 条（附　先儒说 4 条）　杂记 12 条
>
> 追辑　通言 6 条　容貌 3 条　视 3 条　听　新目 2 条　步趋 1 条　拜揖 1 条　言语 1 条　杂记 2 条　夙兴夜寐箴　敬斋箴

一望便知，这个“经仪”是与朱熹、刘清之的《小学》非常类似的。因为当中所列举的各种名目，是关于日常生活的坐卧起居的正确做法，正好相当于朱熹的所谓“洒扫应对进退之节”（“大学章句序”以及“题小学”）。依据朱熹，中国古代的儿童从小学阶段开始学习起居动作的规范，由此他从《礼记》《论语》《仪礼》《管子・弟子职篇》等古代文献中摘录出相关记事，编纂了《小学》。特别是《小学・内篇》的“敬身”部分，对于起居坐卧的记事有大量的引用，可以感到与“经仪”的亲近性。但是，《小学》的“敬

身”部分分为“心术之要”“威仪之则”“衣服之制”“饮食之节”，并没有像“经仪”那样进行细致的分类，要而言之，可以说“经仪”是以《小学》的编纂方针为基础，由此发展出来的。

介绍几个“经仪”中的记事吧，首先，篇首的“通言”如此说道：

> 毋不敬，俨若思，安定辞。○九容。足容重，手容恭，目容端，口容止，声容静，头容直，气容肃，立容德，色容庄。○九思。视思明，听思聪，色思温，貌思恭，言思忠，事思敬〔一事之作、无不敬慎〕，疑思问〔有疑于心，必就先觉审问，不知不措〕，忿思难〔有忿必惩，以理自胜〕，见得思义〔临财必明义利之辨，合义然后取之〕。○九容九思。分见各章。故只注其未见者。

这里的“毋不敬”条出自《礼记·曲礼篇》，“九容”出自《礼记·玉藻篇》，“九思”出自《论语·季氏篇》。都是叙述起居动作时候的姿态与心态的具体做法。又如“坐”条目：

> 坐如尸。○坐端而直。○坐无箕。○并坐不横肱。○席不正不坐。○虚坐尽后，食坐尽前。○有忧者，侧席而坐。有丧者，专席而坐〔忧谓亲有疾也。侧，独也，谓独坐不舒佗面席，明忧不在接人故也。专，单也。自齐衰以下，始丧而有席，并不重降居处也〕。○两膝着地，伸腰及股，而势危者为跪。两膝着地，以尻着跖，而稍安者为坐。

古人席地而坐，有问于人则略起身时其膝至，或谓之跪。

退溪先生曰：盘坐虽不如危坐之俨肃，似不害于义理，可以通谓之正坐端坐。

这是关于坐的正确方法的论述，“坐如尸”出自《礼记·曲礼篇》，“坐端而直”出自黄榦《朱子行状》，“坐无箕”出自《白孔六帖》卷二十九“傲慢”。又，“并坐不横肱”出自《礼记·曲礼篇》，“席不正不坐”出自《论语·乡党篇》，“虚坐尽后，食坐尽前”以及“有忧者，侧席而坐。有丧者，专席而坐”出自《礼记·曲礼篇》。“两膝着地”以下是朱熹“跪坐拜说”（《朱文公文集》卷六十八）的话。最后引用了李滉（退溪）的说法，出自《退溪先生文集》卷二十八书简“答金惇叙”。

虽然是非常琐细的做法，但这样的规定是非常切实而具体的。人在行住坐卧的任何时候，都需要这样去做，可以说显示了躬行自得的学问。

日常生活中的上述指导方针，并不是朱子学之专利。从“训蒙大意”就可以看到，王守仁对于日常的仪礼也戒备着不使之流于形式，在重视精神性、实践性的自觉的同时逐渐习得仪礼，郑齐斗的“经仪”可以视为是对阳明学的上述侧面的继承与发展。

三　郑齐斗的“克己复礼”“博文约礼”理解

《论语·颜渊篇》当中的“克己复礼”，以及同书雍也篇、颜渊篇中的“博文约礼”的说法，在仪礼的实践上具有重要的意味，对于克己复礼以及博文约礼的解释，郑齐斗非常正确地理解了王守仁的思想。

郑齐斗在“学辩”（《霞谷集》卷八）中说道：

> 王氏则以为出于此心而不在于物。是心之天理，发之于物，无不各有其则矣。所谓有天然之中于事事物物者，乃是心也。是故曰民之秉彝也，孟子以仁义礼智之心人皆有之，非由外铄我者是也。其可谓之在物乎？故仁而克己复礼，义而必有事焉。其礼与非礼，在于此心，非在于耳目口四肢也。其义与非义，在于此心，非在于事物也。所谓复礼者，所以于视听言动之上复此心之礼，而四勿克己者，视听言动于非礼之心而克之，非以其礼之则在于视听言动而制之也。所谓集义者，所以于事事之上集此心之义，而必有事者，有事于此心之义耳，非以义为集之于事而有事于外也。何者？仁也、礼也、义也，皆心也，非外也。

一般来说，“克己复礼”是指抑制利己之心，恢复礼教的规范并遵守之，朱熹也是从这个方向进行解释，郑齐斗则认为礼不是外在的规范，而是作为自己心中所具有的东西而内在化。礼是心中所具有的理，在视、听、言、动的日常起居动作之场中，自己克服“非礼”之心，使心成为天理本身，这就是“克己复礼”。

又，关于“博文约礼”,“学辩”是这样进行说明的：

> 博文者，即约礼之功，博学于文，乃所以为约礼也。其所

以博之于文者非他，即学之于其礼之文。博之于文而礼斯约矣。非文之外别有礼也，非博之后更事约也〔文其费也，礼其隐也，博其功也，约其归也。非舍礼而徒博于文也。随其理之发见而学存天理，是博文也。其要是心之纯乎天理则是约礼也〕。

一般而言，“博文约礼”是指在学习各种各样的事情的基础上（“博而学文”），将众多的知识向礼教规范进行收束（“以礼约之”），朱熹也是如此解释的，郑齐斗则反对这种阶段论式的理解，将“博文”和“约礼”视为同一实践的两个侧面。广泛学习和理解作为现象而呈现出来的事物的条理，这叫做“博文”，而这种实践能使得心成为纯粹天理之本身，由此也就是“约礼”。

此外，“学辩”中说：

鸣呼，约礼者存天理者也。

并且：

博问约礼，博学笃行，只是一功而有显微，一事而有体用，不可以先后言之也。凡先后之分节者，乃后儒支二之见也。

此外，“存言”下（《霞谷集》卷九）：

孔颜则曰克己复礼，博文约礼。博之于视听言动而归之于礼。

从中可以看到同样的主张。郑齐斗主张，在各种各样的起居动作之场，将自身内在的天理作为完全的东西而进行实践。

这样的礼思想非常忠实地继承了王守仁的思想。这一点对照叙述王守仁礼思想核心的“博约说”（《王阳明全集》卷七“文录四”）以及《传习录》卷上第九条，就很清楚了：心中自有天理作为礼，外部的礼节规范实际上是心内在的作为天理的礼的反映，外在的“博文”之实践与内在的“约礼”被完全直接联系起来进行说明，用语也非常相似。[21] 由此可见，郑齐斗的礼思想无论在内容还是表现上，都是依据王守仁的上述思想而建构起来的。

结　语

如上所述，郑齐斗的礼学很好地继承了王守仁的礼学。郑齐斗

21　王守仁在“博约说”中写道：“博文以约礼，格物以致其良知，一也。故先后之说，后儒支缪之见也。夫礼也者，天理也。天命之性具于吾心，其浑然全体之中，而条理节目森然毕具，是故谓之天理。天理之条理谓之礼。是礼也，其发见于外，则有五常百行，酬酢变化，语默动静，升降周旋，隆杀厚薄之属。宣之于言而成章，措之于为而成行，书之于册而成训。炳然蔚然，其条理节目之繁，至于不可穷诘，是皆所谓文也。是文也者，礼之见于外者也。礼也者，文之存于中者也。文，显而可见之礼也。礼，微而难见之文也。是所谓体用一源而显微无间者也。是故君子之学也，于酬酢变化、语默动静之间而求尽其条理节目焉，非他也，求尽吾心之天理焉耳矣。于升降周旋、隆杀厚薄之间而求尽其条理节目焉，非他也，求尽吾心之天理焉耳矣。求尽其条理节目焉者，博文也。求尽吾心之天理焉者，约礼也。文散于事而万殊者也，故曰博，礼根于心而一本者也，故曰约……是故约礼必在于博文，而博文乃所以约礼。二之而分先后焉者，是圣学之不明而功利异端之说乱之也。”又，《传习录》卷上第九条载：“礼字即是理字。理之发见可见者谓之文，文之隐微不可见者谓之理，只是一物。约礼只是要此心纯是一个天理，要此心纯是天理须就理之发见处用功……这便是博学之于文，便是约礼的功夫。”

屡屡引用朱熹的《家礼》与《小学》，这并不表示他回归朱子学或者说对于阳明学的背叛，这一点从王守仁自身的思想也可以得到确认。

本来，中国的阳明学者对于恢复礼教就很积极，由此也灵活运用作为基本资料的《家礼》。[22] 这一点从前面的讨论也可以知道，其他的事例也为数不少。例如，阳明学的先驱者陈献章（白沙）在广东新会县与知县丁积一起依据《家礼》实践礼式，使得时俗为之一变，[23] 陈献章门人周成在歙县做训导的时候，让学生实践“冠祭之礼”。[24]

另外，王守仁的门人邹守益对于仪礼的实践，前面已经介绍过，邹守益还刊行了《丧祭礼要》并进行推广普及。这本书从《家礼》中抽取要点进行整理，意欲成为易于实践的丧祭指导手册。[25]

此外，虽然不是阳明学者，与王守仁同时代的王廷相（1474—1544）在著《丧礼备纂》二卷的时候，除了参照《大明集礼》以外，还参照了《家礼》《家礼仪节》《开元礼》等。[26] 重视躬行实践的清初的颜元（1635—1704），也著有以《家礼》为底本的《礼文

---

22 关于阳明学的礼教性，沟口雄三“中国近世の思想世界”（沟口雄三等著：《中国という視座　これからの世界史 4》，东京：平凡社，1995 年）、小岛毅《中国近世における禮の言説》（东京：东京大学出版会，1996 年）也有所指出。

23 陈献章“丁知县行状”（《陈献章集》卷一，北京：中华书局，1987 年），《明史》卷二八一《丁积传》。

24 《万历嘉定县志》卷九《职官下》（四库全书存目丛书，史部第二〇九册，台湾：庄严文化事业有限公司，1997 年）。

25 邹守益“丧祭礼要序”（《邹守益集》卷二，南京：凤凰出版社，2007 年）。

26 王廷相《丧礼备纂》（《王廷相集》第四册，北京：中华书局，1989 年）。

手钞》。[27] 这是在抄写《家礼》本文的基础上、颜元自己写下详细评论的一本书，其热情由此可见一斑。而颜元在其母亲丧葬仪式的时候依据的也是《家礼》。[28]

这一点，即便观察日本阳明学，情况也并没有有所改变。中江藤树依据《家礼》而作神主，熊泽蕃山则在“葬祭辩论”中对于佛教加以痛斥，试图唤起人们对《家礼》重要性的认识。[29]

由此看来，《家礼》与《小学》等朱熹的著作，在后世受到了儒者的广泛接受，包括朱子学者、阳明学者以及躬行实践派，这是因为仪礼的实践对于儒家而言是十分必要的，而这些书记录了极其卑近的日常生活的规则，几乎没有引起思想争论的余地吧。

当然，朱子学与阳明学在对仪礼的理解上还是存在差异的。与将仪礼作为自己的外部存在的朱子学相比，阳明学并不认为仪礼是身外之物，而视为自己的内心的反映，并且具有通过主体来对此进行省察的能动性。由此，阳明学就不太拘泥于琐细的仪礼研究，而寻求简明地重视内在之心情的实践方针。朱子学者积极地追求对于仪礼的客观研究，而阳明学则将仪礼的实践视为自我实现的一部分，参照自己的实践能力而停留在可以被认为是正确仪式的阶段上［译者按：也就是说，阳明学者对于超过实践范围的纯粹知性的考察没

---

27 颜元《礼文手钞》（《颜元集》上册，北京：中华书局，1987年）。

28 《颜习斋先生年谱》上·戊申三十四岁条（《颜元集》下册，北京：中华书局，1987年）。

29 吾妻重二“日本における『家禮』の受容——林鵞峰『泣血余滴』『祭奠私儀』を中心に”（吾妻重二、朴元在编《朱子家礼与东亚的文化交涉》，东京：汲古书院，2012年），以及吾妻重二“池田光政と儒教喪祭儀禮”（《東アジア文化交涉研究》创刊号，关西大学文化交涉学教育研究基地，2008年）。

有兴趣]。在阳明学中，礼教是作为基于自发的实践而得到推进的。

就郑齐斗的礼学而言，并没有失去作为阳明学者的本质。郑齐斗的礼学并不意味着折中朱王或者右倾化，而毋宁说是包含着礼教之层面的阳明学。

附录 周惇颐墓

——历史与现状*

前 言

北宋的周惇颐（1017—1073）是近世东亚思想史上大放光彩的人物。他的揭示宇宙生成与构造的《太极图·图说》，不拘泥于俗务的“胸中洒落”的高雅精神，以及任何人都可以通过学习而成圣的“圣人可学论”等等，都无不因其蕴含深刻的思想和崭新的内容，而被南宋的朱熹（1130—1200）吸收从而构成朱子学的重要组成部分。随着朱子学的广泛传播，周惇颐的思想与品格对其后的中国以及韩国、越南、日本等所谓“儒教文化圈”产生了巨大的影响。对此笔者在旧作中已有论及。[1]

笔者于 2011 年 10 月 19 日至 20 日参加了一次国际朱子学会议

---

* 原文《周惇頤の墓—その歴史と現況》载于关西大学大学院東アジア文化研究科《東アジア文化交渉研究》東アジア文化研究科开设记念号，2012 年 3 月，第 145—162 页。

1 吾妻重二：《周惇頤について——人脈·政治·思想》，收入氏著《宋代思想の研究——儒教·道教·仏教をめぐる考察》，大阪：关西大学出版部，2009 年。（译者注：中文本《论周敦颐——人脉、政治、思想》可参见吴震主编《宋代新儒学的精神世界——以朱子学为中心》，上海：华东师范大学出版社，2010 年。）

并发表了论文，[2] 这次会议是在与朱子渊源极深的、位于江西庐山山麓的白鹿洞书院召开的。会议结束后的10月21日，笔者得以拜访了周惇颐墓。[3]

周惇颐的墓位于庐山北部的九江市南郊。在历尽沧桑之后，如今已经整修得气势恢弘。本文即欲对其曲折的历史以及现状进行考察。其近来的变化也从一个侧面展现了儒教在当代中国的发展情况。

另外还须交代的是，本文使用的周惇颐文集是十二卷的南宋版《元公周先生濂溪集》的影印本（北京图书馆古籍珍本丛刊八八，书目文献出版社），以下简称“南宋版《文集》”。

一　周惇颐墓

周惇颐，字茂叔，号濂溪，北宋天禧元年（1017）出生于道州营道县（今湖南省）。他因恩荫入仕，但始终与权力中枢无缘，而是作为地方行政官迁转于江西、湖南、四川和广东等地，并取得政绩。这期间，在南安军（今江西南部）他教授了少年时代的程颢、程颐两兄弟，并对他们产生了巨大的影响。这是众所周知的事情。熙宁四年（1071）八月初，已经五十五岁，步入迟暮之年的周惇颐出任位于庐山东面的南康军的知军，但他随即隐退，住进建于庐山北部莲花峰山麓的“濂溪书堂”，并在那里度过了晚年。熙宁六年

2　关于本次国际会议的情形，可参井泽耕一：《江右游記——「哲学与時代　朱子学国際学術研討会」に参加して》，《日本中国学会便り》2011年第2号，通卷第20号。

3　同行前往的是大阪大学的汤浅邦弘先生、岛根大学的竹田健二先生和茨城大学的井泽耕一先生。领路的是南昌大学许家星先生，在此对其致以谢意！

（1073），周惇颐去世，享年五十七岁。[4]

周惇颐的墓建于江州德化县德化乡清泉社三起山。[5] 如后所述，这个墓区是由清末光绪年间所扩大和整修而来，清代当时的地名是九江郡德化县德化乡清泉社栗树岭（栗树岭即三起山），位于庐山莲花峰以北 20 里，即现今江西省九江市庐山区周家湾。

饶有趣味的是，埋葬于此的除了周惇颐以外，还有他的母亲郑氏、他的原配陆氏以及继室蒲氏，为四人的合葬墓。以下本文就考察他们四人先后埋葬于此的经过。

1. 母亲郑氏（仙居县太君）

周惇颐的母亲郑氏是郑灿的女儿、郑向的妹妹，她嫁给了周惇颐的父亲周辅成。周辅成是特奏名赐进士出身，天圣九年（1031）卒于贺州桂岭（今广东北部）令任上，葬于家乡道州营道县。十五岁便成为孤儿的周惇颐，跟随母亲寄身于舅舅郑向门下。郑向是大中祥符年间的进士，任过知制诰，后以龙图阁直学士身份成为知杭州的高官，周惇颐入仕也是受其恩荫。不过在周惇颐母子投靠五年之后的景佑三年（1036），郑向便在知杭州的任上去世，死后葬于润州丹徒县（今江苏镇江）。接着，次年景佑四年（1037）七月郑氏于五十五岁之际去世，死后葬于郑向的墓旁。

然而后来润州的墓因为水害而损毁，熙宁四年（1071）十二月十六日，刚刚就任南康知军的周惇颐特意将母亲郑氏的遗骸移至庐

4 关于周惇颐的传记，若非特别说明，本文依据的是许毓峰《周濂溪年谱》，金陵齐鲁华西三大学《中国文化研究汇刊》三，1943 年，以及注 1 所揭拙文。

5 潘兴嗣：《先生墓志铭》及《仙居县太君墓志铭》，蒲宗孟：《先生墓碣铭》，均见南宋版《文集》卷八。度正：《濂溪先生周元公年表》，南宋版《文集》卷首。

山，将其改葬于现在的墓地。潘兴嗣在《仙居县太君墓志铭》（南宋版《文集》卷八）中详细记载了此事。

此外，关于母亲郑氏的改葬，度正在其《濂溪先生周元公年表》（南宋版《文集》卷首，以下简称《年表》）的“熙宁四年”条目中有如下的记载：

> 俄得疾，闻水啮仙居县太君墓，遂乞南康。八月朔，移知南康军。十二月十六日改葬于江州德化县清泉社三起山。葬毕曰：“强疾而来者，为葬耳。今犹欲以病污麾绂耶?”上南康印，分司南京。

另外潘兴嗣的《仙居县太君墓志铭》在叙述郑氏葬于润州之后接着记载道：

> 后二十年，水坏墓道。惇颐以虞部郎中为广南东路提点刑狱，乞知南康军。遂迁夫人之衬窆于江州德化县庐阜清泉社三起山，熙宁四年十二月十六日也。

从这些资料可以看出，周惇颐乞知南康军不外乎是为了将母亲改葬到庐山。尤其是《年表》中所说“强疾而来者，为葬耳”，可以让我们强烈意识到这一点。而《仙居县太君墓志铭》的说法则略有不同，患病、乞知南康和改葬母亲这一连串的事情具有密切的联系。此外，《年表》最后“上南康印，分司南京”说的是周惇颐辞去南康军的职务，转而担任南京应天府的分司官。分司官即便不担任实际职务也可获得一定俸禄，乃是官员将要引退之际担任的闲职官。[6] 这也意味着周惇颐就任南康军仅仅四月有余而已。由此可推知，患病后的周惇颐考虑在自己所酷爱的庐山隐居下来，[7] 安静地度过余生，并希望将母亲的墓安置在其旁边。母亲郑氏在丈夫去世之后艰难地将周惇颐抚养成人一事则已如前所述。

而郑氏在去世后获赠“仙居县太君”的称号，依照的则是北宋当时对文武百官的母亲以及妻子实行的叙封制度。[8]

2. 妻子陆氏（缙云县君）

接下来是周惇颐的两位妻子。正室陆氏是职方郎中陆参的女儿，在景佑三年（1036）周惇颐二十岁时嫁给他。陆参的生平已无从考证，职方郎中是相当于从六品的小官，其他传记资料也没有留下，

6 可参龚延明：《宋代官制辞典》，北京：中华书局，1997 年，第 668 页“分司官”条。

7 周惇颐嘉佑六年（1061）四十五岁时赴任虔州（今江西南部）通判的途中，游玩了庐山，被其美景吸引。他将莲花峰下的小溪命名为“濂溪”，在溪旁建立“濂溪书堂”，此后他惦记着将来何时能到此隐居。可参度正《年表》。（译者注：据此，本文末尾提到的九江学院的历史可追溯到“濂溪书堂”建立的 1061 年，而非周敦颐隐退后定居于此的 1071 年。）

8 基于《宋史·职官志十·叙封》中“庶子、少卿监、司业、郎中、京府少尹、赤县令、少詹事、论德、将军、刺史、下都督、下都护、家令、率更令、仆，母封县太君，妻县君，其余升朝官以上遇恩，并母封县太君，妻县君”的制度。这项制度在北宋末的政和三年（1113）被蔡京修改，蔡绦《铁围山丛谈》卷一记载：“改郡县君号为七等，郡君者为淑人、硕人、令人、恭人，县君者室人、安人、孺人，俄又避太室人之目，因又改曰宜人。”根据这项规定，此后不再用“县太君”或“县君”的称号，而以“宜人”或“孺人”代替。如朱熹的高祖父、曾祖父和祖父均未入仕，凭借朱熹父亲朱松的官职而使他们及其夫人获得“承事郎”和“孺人”的称号。朱熹：《皇考左承议郎守尚书吏部员外郎兼史馆校勘朱府君迁墓记》，《朱文公文集》卷九十四。朱熹母亲祝氏称“先妣孺人”也是依照此制，朱熹：《尚书吏部员外郎朱君孺人祝氏圹志》，同上。

由此或可推知他的一生并不显赫。陆氏为周惇颐生下长子周寿，于嘉佑三年（1058）周惇颐四十二岁的时候去世。[9]

3. 妻子蒲氏（德清县君）

继室蒲氏是蒲宗孟的妹妹。蒲宗孟比周惇颐年少十岁左右，是皇佑五年（1053）的进士，后任翰林学士，并于元丰五年（1082）高升至相当于副宰相的尚书左丞，但仅仅一年后就左迁汝州知州，在辗转担任多地知州之后，卒于知大名府（今河北南部）任上。嘉佑四年（1059），由于景仰周惇颐的品行，蒲宗孟将妹妹嫁给了他。其时周惇颐四十三岁。蒲氏为他生下次子周焘。蒲氏于何时去世并不清楚，从蒲宗孟《先生墓碣铭》[10] 称“德清县君”可知她在周惇颐之前去世。

我们并不清楚周敦颐的两位妻子是何时被合葬在一起的。不过就陆氏而言，她去世时，周惇颐正以合州（今四川）签曹判官厅公事的身份赴任四川。她可能被暂时埋葬于某处，熙宁四年以后再移葬于此。

4. 周惇颐

如上所述，熙宁六年（1073）六月七日周惇颐五十七岁时去世。随后十一月二十一日按其遗言，他被葬于母亲郑氏墓左侧，一如潘兴嗣《先生墓志铭》所记载的：“其年十一月二十一日，窆于德化县德化乡清泉社母大人之墓左，从遗命也。”葬于母亲墓侧的遗言较为罕见，由此也可看出周惇颐对于母亲的深情。

---

9 《周子全书》卷二十所收《进呈本年谱》，台北：广学社印书馆，1975年，第390页；陈克明点校：《周敦颐集》，北京：中华书局，1990年，第98页。

10 蒲宗孟：《先生墓碣铭》，南宋版《文集》卷八。

二　对周惇颐的表彰及其墓的修复

1. 南宋

南宋建立后不久，周惇颐便受到了以朱熹、张栻（1133—1180）等道学士人为中心的群体的推崇，对其的“表彰运动”也由此开始，尤其是淳熙以降更为显著。道学家们竞相在与周惇颐渊源颇深的地方州县学或书院里奉祀他，借此为自己的学说寻求正当性的根据。这些从南宋版《文集》和《濂溪志》中为数众多的《祠记》《祠堂记》中便可窥知。以下举出其中几个显著的例子。

如淳熙二年（1175）冬，广南东路提点刑狱公事詹仪之在韶州曲江县（今广东省）建立周惇颐祠之际，张栻为其撰写了《祠堂记》。[11] 同年，静江府知府张某在府学的明伦堂之侧建立“三先生祠”，张栻也为其撰写了《祠记》。[12] “三先生”即周惇颐和二程。上述祠堂均供奉有周惇颐的画像。淳熙五年（1178），张栻还为周惇颐出生地道州营道县（舂陵）重修的祠堂撰写了《祠堂记》。这所祠堂是在南宋初绍兴年间兴建的祠堂基础上重修、扩建而成，据称达到了“堂四楹”的规模，堂中央供奉有周惇颐和二程的画像。[13]

而在江州（九江）的庐山山麓，江州知州潘慈明与通守吕胜己

11　张栻：《濂溪周先生祠堂记》，《南轩集》卷十，杨世文、王蓉贵校点：《张栻全集》中册，长春：长春出版社，1999年，第794页。

12　张栻：《三先生祠记》，同上，第707页。

13　张栻：《道州重建濂溪周先生祠堂记》，同上，第698页。

于淳熙三年（1176）重建了濂溪书堂。濂溪书堂原为周惇颐的住处，当时已经荒废。重建的翌年淳熙四年（1177）二月，朱熹为此写了《江州重建濂溪先生书堂记》，文中写到：

> 先生姓周氏，讳惇颐，字茂叔，世家舂陵，而老于庐山之下，因取故里之号以名其川曰濂溪，而筑书堂于其上。今其遗墟在九江郡治之南十里，而其荒茀不治，则有年矣。淳熙丙申，今太守潘侯慈明与其通守吕侯胜己始复作堂其处，揭以旧名，以奉先生之祀。而吕侯又以书来，属熹记之。[14]

此后，朱熹每当读到周惇颐之书便想要拜访江州和庐山，对周惇颐的为人仰慕备至。

两年后的淳熙六年（1179）三月，朱熹成为周惇颐曾担任过的南康军知军，由此得以前往江西，实现上述愿望。四月，朱熹在南康军学建立周濂溪祠，供奉他的画像，并以二程配享。朱熹《文集》中的《奉安濂溪先生祠文》即为那时所读的祭文。[15] 张栻也为此寄来了《祠记》。[16] 此外，据记载朱熹在此期间踏访了周惇颐的遗迹，由此可推断他应该也到过周惇颐墓。[17] 五月，朱熹在

14 朱熹：《江州重建濂溪先生书堂记》，《朱文公文集》卷七十八。

15 朱熹：《奉安濂溪先生祠文》，《朱文公文集》卷八十六。

16 张栻：《南康军新立濂溪祠记》，《南轩集》卷十，《张栻全集》中册，第706页。

17 王懋竑：《朱子年谱》“淳熙六年三月”条，束景南：《朱熹年谱长编》卷上，上海：华东师范大学出版社，2001年，第621页。

南康军学刊行了周惇颐的《太极通书》,[18] 十月，复兴了白鹿洞书院。[19]

这样，南宋中期道学家们的表彰运动极大地突出了周惇颐的存在。其后值得注意的是，嘉定十三年（1220）应魏了翁等人的请求，周惇颐被朝廷赐予“元”的谥号。[20] 淳祐元年（1241），南宋朝廷将周惇颐、张载、程颢、程颐和朱熹从祀孔庙，并追封周惇颐为汝南伯。[21] 不用说，这意味着始于周惇颐的朱子学（道学）的系谱亦即“道统”的确立，周惇颐在传统中国的地位也由此确立。

在这前后，嘉定十四年（1221），朱熹门人度正收集周惇颐的遗文编成《文集》。[22] 至于墓，则在端平元年（1234）得到修复，并设置了祭田。[23] 宝佑元年（1253），在墓右侧筑室，并置周惇颐像于其内。[24]

2. 从元到清

对周惇颐表彰的势头在元代以降依然持续。元代延祐六年（1319），加封周惇颐为道国公，明代正统元年（1436），修复其祠堂和墓地，并给予其后人以恩惠。[25]

---

18 朱熹:《再定太极通书后序》,《朱文公文集》卷七十六。

19 王懋竑:《朱子年谱》“淳熙六年十月”条。

20 参度正《年表》。

21 《宋史·理宗本纪》，及《进呈本年谱》,《周子全书》卷二十所收。

22 度正:《书文集目录后》，南宋版《文集》卷八。

23 赵善璙:《濂溪书堂谥告石文》,《希贤录》卷上，有关《希贤录》请参见后文。

24 何子举:《先生墓室记》，南宋版《文集》卷八。

25 《希贤录》卷上《历代尊崇典礼》,《周子全书》卷二十一《列代褒崇》。

弘治三年（1490），九江知府童潮修复杂草覆盖的墓地，在墓前修建三间祠堂，安置周惇颐的像，并挂上“宋元公濂溪先生祠”的匾额。另外设立“爱莲室”三间，在其前面开凿池塘，种植莲花，并设立了祭田。[26] 弘治十六年（1503），江西督学副使邵宝将祭田扩大，并将周惇颐后代周纶从道州迁来管理祭祀。[27] 正德六年（1511），傅楫修复了墓地和祠堂，并增置祭田。[28] 紧接着正德七年（1512），廖纪拨出“公廪陶甓数万”，用两个月时间修葺了墓区。[29] 而在嘉靖三十三年（1554）的修复中，则刻上了“宋知南康军濂溪周先生”的文字。[30]

清代咸丰五年（1855）二月，罗泽南与李续宾修葺了墓地。[31] 罗泽南（1807—1856）是湖南湘乡县人，在太平天国军兴之际，他组织的乡勇成为曾国藩湘军的主力部队，他也以此闻名。在九江附近激战之余，他拜访了周惇颐的墓地，并命人将其修复。他虽然身为武将，但朱子学的修养却很深，而且著述颇丰。李续宾是其部下和同乡。[32] 他们同为湖南出身，无疑有意表彰乡土先贤周惇颐。

总而言之，自南宋至清代，历代王朝和士人乡绅对于周惇颐墓

---

26 《童潮濂溪祠墓记》，《希贤录》卷下。

27 《庐山志》：“了髻山东北为凤凰山、天花井山，西北为栗树岭，其下有濂溪先生墓。”见《希贤录》卷下。《查取后裔赴九江守墓公檄》，亦见《希贤录》卷下。

28 《傅楫重修墓祠增置祭田记》，《希贤录》卷下。

29 《廖纪重修濂溪先生墓记》，《希贤录》卷下。

30 彭玉麟：《重修周子墓碑记》，《希贤录》卷下。（译者注：彭玉麟原文如此，但据下文常盘大定的记载，“宋知南康军濂溪周先生”之下应有一“墓”字。）

31 《罗泽南修濂溪先生墓记》，《希贤录》卷下。

32 《清史稿·卷四百七·罗泽南传》，《卷四百八·李续宾传》。

的维护和修复，始终在持续不断地进行。

三　清末光绪年间的整修

周惇颐墓的整修，以彭玉麟及其部下在光绪九年（1883）完成的大规模扩建为标志，达到了顶峰。彭玉麟编辑的《希贤录》对此进行了记载，本文以下主要据此进行叙述。

《希贤录》刊本共上下二卷，上卷二十二叶，下卷十四叶，内题下有“衡阳后学彭玉麟谨辑”，并有光绪九年（1883）春三月彭玉麟的序文。在卷首《濂溪墓图》所附的《说》中，写着“光绪癸未秋八月益阳丁义方谨撰”，可见该书是光绪癸未即光绪九年秋天到冬天期间刊刻而成的。各卷末写着“桐城存之方宗诚/善化麓樵胡传钊分校”“正江与吾李成谋/益阳燕山丁义方合刊”。[33] 另外毋庸赘言，《希贤录》这个名字来源于周惇颐《通书》中“士希贤”一语。

编者彭玉麟（1816—1890）是湖南衡阳人，又名玉麐。他与前述的罗泽南都是湘军武将，他在曾国藩领导下创建湘军水师，在镇压太平天国时屡建战功，官至太子少保、一等轻车都尉，并制定了湘军水师营制。光绪九年编辑《希贤录》之际他已是任职兵部尚书的高官。

丁义方是湖南益阳人，李成谋是湖南芷江人，两人均是彭玉麟

33 《希贤录》近年被收入俞冰、马春梅编《周濂溪先生实录》第四册（《中国历史名人别传录》2，北京：学苑出版社，2007 年）影印出版，本文所用即此影印本。

麾下的武将。光绪九年丁义方是湖口镇总兵，李成谋是长江水师提督，[34] 胡传钊是江西新昌县知县。[35] 方宗诚是安徽桐城人，《汉学商兑》作者方东树的族弟。方东树是后期桐城派的代表人物之一，是与朱子学有着共鸣的学者。[36]

卷首的《濂溪墓图》如图 1 所示。附于其后的丁义方的《说》，叙述了此次修复的详情。在此全文引用如下：

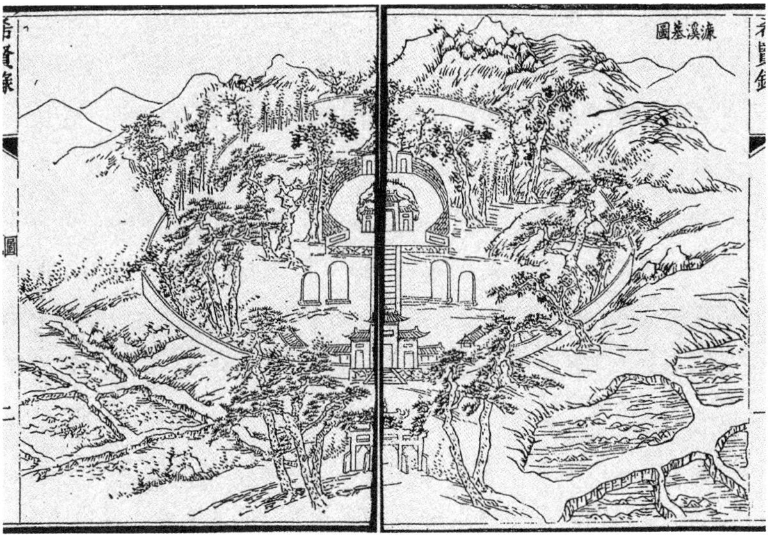

图 1　濂溪墓图

《希贤录》卷首

34　丁义方与李成谋的传记均在《清史稿》卷四百十五中，彭玉麟《重修周子墓碑记》则在《希贤录》卷下。

35　根据后文将述及的《濂溪墓图》所附的《说》。

36　《清史稿·卷四八六·方宗诚传》。

濂溪周元公墓在九江郡南十里许，系隶德化县属之德化乡清泉社，地名栗树岭，亦名三起山，即庐阜了髻山西北之分支也。墓虽面莲花峰，而相去二十余里，《廖记》所称窆于清泉社莲花之岑，《罗记》所称墓在浔城东南莲花峰下，皆误。义方始闻德化知县刘君长景之言，得确知元公墓所。暨于光绪辛巳，随侍彭大司马率同正任新昌知县胡君传钊，往谒之，乃定集赀修墓之举，自壬午夏经始，洎癸未春蒇事。计拓垣围长八十余丈，高视旧加倍，深其址，而石垒以甓而增厚焉。宰木数十株，周环于内，墓之垒魄原罅也，则规石而封之。前有祠，明季已毁于兵。今且濂溪祠与书院遍天下，复可不亟。遂度祠基，建舍于左右，俾奉守者有栖息，展礼者有斋沐之处。崇高其门，而坊表之，自门至墓，级石为道。旧有碑仍之，新立碑四，中为元公母仙居县郑太君墓，左为元公墓，右为元公配缙云陆县君，继配德清蒲县君墓，皆彭公所敬题。义方则谨摹元公遗像，兼图所爱莲花于石，以表洁而遗芳，庶俾过墓则式者有所宗仰乎。工竣，以告彭公，为之记。彭公复以征考文献有系于元公最要者，辑为《希贤录》，命胡君传钊继方存之先生分校督刊。义方亦遵命绘锲《墓图》，且为《说》以附于后。抑更有说者，圣贤道大原无不包，以墓为元公体魄所藏，则任修毋嫌越俎。况有京兆赵将军重修濂溪祠宇之例，在责何敢辞。但不为希贤君子所讥，斯为幸耳。时光绪癸未秋八月，益阳丁义方谨譔。

上文主要讲了以下几点：

一、厘清了周惇颐墓的正确位置，并指出了《廖纪重修濂溪先生墓记》和《罗泽南修濂溪先生墓记》里记述的错误。

二、“光绪辛巳”亦即光绪七年（1881），彭玉麟率江西新昌县知县胡传钊等前往墓地，并制定对其进行修复的计划。

三、“壬午夏”亦即光绪八年（1882）夏，修复工作开始，“癸未春”亦即次年光绪九年（1883）春竣工。

四、围墙长度达八十余丈，高度在原来基础上增加一倍，墙基也挖得更深，并在墙顶盖上了瓦，墙体也进行了加厚。

五、种植几十株树木，将周围围起来。

六、在出现了裂缝的坟墓土堆上盖上了切割整齐的石块。

七、墓前原有的祠堂毁于明末的战火，在其左右建立屋舍，以供守墓者休息和祭祀者斋戒沐浴之用。

八、将门加高，且树立牌坊。

九、铺设从门到坟墓的石板路。

十、在原有石碑的基础上，新建了四块石碑。中央是周惇颐之母郑氏的墓碑，左侧是周惇颐的墓碑，右侧是周惇颐妻子陆氏和蒲氏的墓碑。墓碑表面均由彭玉麟题字。

十一、石碑上刻有丁义方描摹的周惇颐遗像以及莲花。

十二、彭玉麟将有关周惇颐的主要文献整理成《希贤录》，并命胡传钊、方宗诚等校勘之后将其出版。

十三、《希贤录》中，由丁义方画了墓区示意图，并附以解说。

十四、在上述引文之外，根据彭玉麟的《重修周子墓碑记》还可了解到，他在原有墓碑题词“宋知南康军濂溪周先生墓”中加上“元公”二字。

由上可见，这是一次规模极大的修复。在竣工后的光绪九年六月四日，彭玉麟率文武宾客幕僚数十人前往拜谒，并进行了祭祀。[37]

四　常盘大定的调查

彭玉麟整修之后，周惇颐墓的面貌维持了很长时间。日本大正十一年（1922），在彭玉麟整修后的三十九年，日本学者常盘大定对此进行了实地调查。他拍摄的照片收入《支那文化史迹》，向我们展示了当时的情形。

常盘作了如下的记录：[38]

周濂溪墓

江西省九江市南十里铺，有周濂溪墓，其位置在十里铺往左转走大约五里处。穿过横梁上写着“元公周夫子墓”的石门，就是墓地的大门。墓非常气派，在儒家学者的墓中能有如此雄伟规模的，恐怕非常罕见。其缘由或许在于周夫子的后人就住在这里。登上大门内的石阶，就是周濂溪的墓。周围环绕着石墙，墓前有三块碑，左右有两块碑，周子墓上所刻的内容

37　方宗诚：《谒周濂溪先生墓记》，《希贤录》卷下。

38　引文出自常盘大定、关野贞：《中国文化史迹》“解说下”，京都：法藏馆，1976年。该书原先以《支那文化史迹》之名在1940年由法藏馆出版。（译者注：常盘大定（1870—1945），日本宫城县人，研究中国佛教的学者，古建筑研究者。本文所录图版出自《中国文化史迹》第十册第44—46页。另，根据《希贤录》卷下《罗泽南修濂溪先生墓记》，常盘在文中提到的“咸丰甲寅”疑为“咸丰乙卯”之误，因罗泽南修复濂溪墓在咸丰五年乙卯春，而非在此前一年的甲寅年，恐涉上“嘉靖甲寅”而误。）

如下：

濂　溪　先　生　像　赞

道脉｛先贤宋元公濂溪周子墓　光绪癸未
宋赠仙居县太君周子母郑太君墓
宋赠缙云县周子元配陆夫人 墓
德清县周子继配蒲夫人｝

在将这个墓围起来的石墙的中央，有如下三块碑：

宋知南康军濂溪周先生墓　嘉靖甲寅

重修濂溪周子墓碑　咸丰甲寅

太极图

笔者是在大正十一年十一月二十八日访问此地的。

常盘当时拍摄的照片如图2—图4所示。若将这几幅图与图1的《濂溪墓图》及其解说对比，可以看出常盘当时所见的墓地，与后者所记载的光绪时代的情形非常吻合。高大的门以及围墙，覆盖在坟墓上的石块，刻在石碑上的周惇颐像等，都还是原来的样子。此外，墓前并立着的三块碑，中间是母亲郑氏的墓碑，左边是周惇颐的墓碑，右边是两位妻子的墓碑。周惇颐墓碑上“元公”二字也是彭玉麟整修后的样子。丁义方描摹的周惇颐遗像也在他墓碑左边（从前面看则在右侧）的碑上。如丁义方解说里提到的，遗像旁边刻着《濂溪先生像赞》，这些都延续了光绪时代的景象。

此外，常盘还提到围墙中央的三块碑，写着“宋知南康军濂溪周先生墓　嘉靖甲寅”和“重修濂溪周子墓碑　咸丰甲寅”（译者注：应为乙卯）的两块不外乎就是前述明嘉靖和清光绪时所立的两

图 2　周惇颐墓的门

（常盘大定、关野贞：《支那文化史迹》，1940 年。）

图 3　周惇颐墓

（常盘大定、关野贞：《支那文化史迹》，1940 年。）

图 4　周惇颐遗像

（常盘大定、关野贞：《支那文化史迹》，1940 年。）

块碑。这两块碑就是图 2 左后方嵌入墙体的碑。常盘说周惇颐墓“非常气派”，“在儒家学者的墓中能有如此雄伟规模的，恐怕非常罕见”，但原因并不在于他说的“周夫子的后人就住在这里”，而是清末声名显赫的彭玉麟大张旗鼓地整修，才有了这样的规模。

结　语

本文追溯了周惇颐墓漫长的历史，最后对从“文化大革命”至今的情况做一考察。

墓在“文化大革命”中遭到了彻底破坏。笔者在留学北京大学期间的1983年5月14日到访了此地。那次漫长的独自旅行的路线是：北京—南京—镇江—扬州—镇江—无锡—苏州—上海—九江—庐山—九江（周惇颐墓）—汉口—北京。根据笔者当时的日记，在从九江市内前往墓地的巴士上，向旅客询问周惇颐墓的情况，得到了“现在就算去的话，因为什么都没有了，所以找都找不到”之类的回答，由此引来大家议论纷纷。下了车以后沿着田间小路，朝着像是墓地的方向走去，在洼地中心人工堆放的土就是周惇颐的墓地。周围杂树丛生，建筑物也已不复存在，只剩下满地的残垣断瓦。如果不向当地人请教，根本不知道这就是周惇颐墓。展现在眼前的风景，与随身带来的常盘著作影本上的截然不同。询问当地人，他们均说墓是在“文革”中被毁坏殆尽的，笔者对此感到非常震惊。不过从墓地往南远眺庐山的风景，确实非常美丽，当地人对此也都做如是说。

不过正如开篇所述，在那以后墓被修复一新。就其经过，以下根据墓地中的碑文《盛世修文颂濂溪——濂溪墓重修记》（资料1）加以说明。

周惇颐墓在1959年被列为省级文物保护单位，但是在“文革”中被破坏，只剩下墓穴而已。不过“文革”结束后周氏后裔便为修复而奔走，1998年香港周氏宗亲会从政府和民间募集到二十万元，首先复原了墓冢和围墙等。2004年由其后人出资举办“周氏后裔祭祀先祖暨濂溪墓修复规划研讨会”，会上设立了“修墓委员会”，委员会向海内外的周氏后人募集约二百万元的捐助，在九江市政府支持下，对墓进行了全面的修复，从而恢复了往昔的盛况。

在此附上笔者2011年10月时隔28年重访故地时拍摄的照片。可以看到，现在墓地修复以后非常气派，堪称规模雄伟。首先南侧近处有一座牌坊，其后是墓道（图5）。紧接着是墓区的大门，向左右两边延伸的高高的石墙将墓区包围起来（图6）。进入门内，中央是爱莲池，两侧是展览馆，走上正面高约三十米的台阶（图7），到了一块平地。平地中央是石板覆盖的坟墓，前面并立着三块石碑（图8—图10），中间是母亲郑氏，左边是周惇颐，右边是两位妻子的碑。再往左右两边是刻着画的小块石碑。据说整个墓区面积达四千余平方米。

图5　牌坊、墓道、墓区

图6　墓区的门

图7　墓区内部的石阶

图 8　周惇颐及其母亲、妻子的坟墓（1）

这样，宗亲会尽可能将墓地复原回彭玉麟当时整修的样子。但也存在着不同之处。周惇颐母亲和两位妻子的墓碑上都有“西元一九九九年九月　日 重立”的字样，在母亲的碑左侧的那块碑上，虽然刻着周惇颐的像，但没有了常盘大定照片上“濂溪先生像赞”的文字。只有周惇颐的墓碑上刻着“后学衡阳彭玉麟敬题”的文字，可见这应是光绪时代的原物。此外，背后的石墙上确实嵌入了三块石碑（图 9），上面是《太极图 · 图说》《通书》和《爱莲说》。本来这里嵌入的应是嘉靖年间“宋知南康军濂溪周先生墓”和咸丰年间“重修濂溪周子墓碑”，但都已经荡然无存了。要之，“文革”期间破坏得仅剩墓穴的说法是事实，坟墓以及整个墓区基本上都是新建的。

不过，更让人意外的是，墓区的展览馆里竟然陈列着本文多次提到的潘兴嗣《仙居县太君墓志铭》（图 11），并且是刻在石板上的

图 9　周惇颐及其母亲、妻子的坟墓（2）

图 10　周惇颐及其母亲、妻子的坟墓（3）

图 11　潘兴嗣《仙居县太君墓志铭》

原物。从带领我们参观的许家星那里得知，这是近年从田里发掘出来的。墓志铭原来埋在墓前，可见北宋周惇颐将母亲从润州改葬到这里时，也将墓志铭一起移过来埋藏于此了。这几乎就是周惇颐墓唯一遗留至今的原物，无比珍贵。假如没有“文革”的破坏，这块墓志铭一直埋在地里的话，人们就连它的存在本身都不知道吧。这也许可以说是不幸中的万幸了！

还有一点，参观了展览馆才知道周树人（鲁迅）、周作人、周建人兄弟以及周恩来均是周惇颐的子孙。挂着“周氏家谱展”匾额的展览馆里，与新的周惇颐坐像（图12）摆在一起的有《周氏后裔名人介绍》，其中就包含了上述几人的展区。展出的还有几种《周氏宗谱》。另一个展馆挂着周恩来亲笔写的“爱莲堂”匾额（图13）。现在笔者无暇考证他们的家系，但是他们作为周惇颐子孙的事实应该没有错吧。因为向来鲜为人知，所以在此提及，希望引起世人的注意。

图12　周惇颐坐像

笔者在此再次惊叹于“文革”对传统文化造成的可怕破坏。方宗诚在光绪年间修复周惇颐墓之际提到，咸丰以后战乱频仍，庐山的很多名胜以及佛寺都遭到破坏，而周惇颐墓的树木、石碑以及坟堆等都并未受损，即便是盗贼，也不敢破坏墓

图 13　周恩来题“爱莲堂”匾额

地。[39] 就算在清末大乱期也保存下来的墓，却在“文革”期间遭到了真正的毁灭。不得不说，即使在漫长的中国历史长河中，像“文革”这样无情破坏文化的例子也是非常少见的。

不过另一方面，近年来中国也在深入推进对传统文化包括儒教的再评价，周惇颐墓的修复也得到了海外华人的支援。靠近墓的南边的崭新道路，还被命名为“濂溪大道”。附近还有“九江濂溪宾馆”“濂溪农贸市场”。墓的西边近处有一座于 2000 年兴办的九江学院，在这所大学偌大的校园里挖了一座很大的爱莲池，还立了周惇颐的像。登录九江学院的网站就能看到，这所大学的历史可以追溯到 1071 年建立的“濂溪书院”（准确说应是“濂溪书堂”），濂

39　方宗诚：《谒周濂溪先生墓记》，《希贤录》卷下。

溪书院在清末 1902 年改称九江中学，成为现在九江学院的前身。以上所述，可以说都在诉说着中国正致力于再度“盛世修文”的动向。

附：盛世修文颂濂溪——濂溪墓重修记

盛世修文，古今皆然。今重修濂溪墓，以承先人之遗风，夙后世子孙之愿，供仰慕者以瞻。

濂溪墓历千年沧桑，1959 年被列为省级文物保护单位。毁于文革，仅存墓穴。文革后，族裔周观源奔走四方，呼吁修复。1998 年香港周氏宗亲总会周国枚、国材、楚阶、汉明等来浔谒祖，九江市文物名胜管理处与之连手，以政府拨款和民间募捐计 20 万元，完成了一期墓冢、围墙、照壁的复原。2004 年苏州鸿利机电设备公司董事长周斌炎出资召开“周氏后裔祭祀先祖暨濂溪墓修复规划研讨会”，会上成立修墓委员会，由香港周氏宗亲总会理事长周楚阶担任委员会主任。他广结善缘于海内外，联同美国侨领周谦益、苏州周斌炎、重庆周厚勇等，共筹款 200 万元左右，九江市文物名胜管理处主任吴宜先积极支持，组织全面修复，终使墓园焕然于世。

濂溪先生，理学鼻祖，图说太极，诠释周易；胸中洒落，光风霁月；道德文章，千古流芳。后世凭吊者络绎不绝。今景观已复，而道脉重传，告慰先生于九泉之下。特为之记以志其盛。

周氏宗亲重修濂溪祖墓委员会

顾　　问：吴锦萍　郭建林　周　仪　周谦益　周炎沐

周汉彬　周国枚　周国材　周汉明　周振基

周炳树　周国屏　周朝宜　叶伟平

主任委员：周楚阶

常务副主任委员：周斌炎　吴宜先　周厚勇

副主任委员：周黄丽英　周厚立　周开泉　周志峰

叶筱慧　　周桂洪　周日新　周镇隆

周锡强

九江市文物名胜管理处　立

资料1　《盛世修文颂濂溪——濂溪墓重修记》

原题、译者一览

第一章　原题《儒教儀禮研究の現狀と課題——〈家禮〉を中心に——附:〈家禮〉關係研究文獻リスト（中國、朝鮮・韓國、ヴェトナム、日本）》，载吾妻重二、二阶堂善弘编:《東アジアの儀禮と宗教》，関西大學アジア文化交流研究叢刊第3辑，东京:雄松堂出版，2008年。（程朝侠　译，吴震　校）

第二章　原题《江户時代における儒教儀禮研究——書誌を中心に》，载《アジア文化交流研究》第2号，関西大學アジア文化交流センター，2007年。（薄培林、陈晓杰　译，吴震　校）

第三章　原题《〈家禮〉の刊刻と版本——〈性理大全〉まで（補訂稿）》，载《朱熹〈家禮〉の版本と思想に關する實證的研究》第一章，大阪:关西大学文学部，2003年。（郭海良　译，吴震　校）

第四章　原题《宋代の家廟と祖先祭祀》，载《朱熹〈家禮〉の版本と思想に關する實證的研究》第二章，大阪:关西大学文学部，2003年。（吴震　译）

第五章　原题《木主について——朱子學まで》，载《福井文

雅博士古稀記念論集：アジア文化の思想と儀禮》，东京：春秋社，2005 年。（吴震　译）

第六章　原题《近世儒教の祭祀儀禮と木主・位牌——朱熹〈家禮〉の一展開》，载吾妻重二主编、黄俊杰副主编：《国際シンポジウム：東アジア世界と儒教》，东京：东方书店，2005 年。（郭海良　译，吴震　校）

第七章　原题《深衣について——近世中國・朝鮮および日本における儒服の問題》，载松浦章编：《東アジアにおける文化情報の發信と受容》，関西大學アジア文化交流研究叢刊第 4 辑，东京：雄松堂出版，2010 年。（吴震　译）

第八章　原题《〈家禮〉の和刻本について》，《東アジア文化交渉研究》第 9 号，関西大學大學院東アジア文化研究科，2016 年（彭卫民　译）

第九章　原题《日本近世的儒教丧祭礼仪——〈家礼〉与日本》，武汉大学主办“礼学与中国传统文化国际学术研讨会”的主题报告，2018.11.10（古宏韬　译）

第十章　关于藤井懒斋的《二礼童览》——“孝”与儒教葬祭礼仪，《历史文献研究》38 号，上海：华东师范大学出版社，2017 年（陈晓杰　译）

第十一章　佐藤一斋的《哀敬编》——日本阳明学与朱子学的交融（李洁　译）

第十二章　水户藩的儒教丧祭礼仪文献，《历史文献研究》第 36 辑，上海：华东师范大学出版社，2016 年（胡珍子　译）

第十三章　郑齐斗的礼学——朝鲜阳明学与礼教，郭齐勇主编

《阳明学研究》第 3 辑，北京：人民出版社，2018 年（陈晓杰　译）

附录　周惇颐墓——其历史与现状，《历史文献研究》第 39 辑，上海：华东师范大学出版社，2017 年（傅锡洪　译）

后记　礼学与绝学

礼学研究是一种“绝学”，这样说是否有些言过其实呢?

正如本书中屡次提到的，过去礼学在中国文化中发挥了重要作用，关于礼的相关著作也曾层出不穷。那么，在本书的结尾，也不妨简单回顾一下礼学的继承与发展吧。

简单地说，礼学有两个方面：一个是“经学”的领域，另一个是“礼制”的领域，过去的礼学都在这两个领域中进行讨论，不断积累了各种著述。

其中，就“经学”方面说来，《仪礼》《周礼》《礼记》，即所谓的三礼文献的注释是其代表性著述，诸如十三经注疏中的各注疏、胡培翚《仪礼正义》、孙诒让《周礼正义》等都有详尽而精密的内容。而在“礼制”方面，朱熹与黄榦《仪礼经传通解》、江永《礼书纲目》、秦蕙田《五礼通考》等书都是收集、整理古代或历代礼仪制度的资料汇编，这些书并不限定于上述三礼文献中的任何一种，而广泛涉及吉凶宾军嘉等各种礼仪方式，因此《四库全书总目》（四库提要）将其分类为“通礼”。换言之，“经学”之书作为儒教经典阐明了礼的基本原则，而“礼制”（通礼）之书则以此为依据而表示礼仪实践的应用方式。

除此之外，还有礼仪的实践手册、仪式程序（manual）的礼书。

这种礼书就是所谓的“仪注”，大致可分为国家举行的国家礼仪和个人实施的私人礼仪（顺便说一下，在朝鲜，通常不称为“仪注”而称为“仪轨”）。《四库全书总目》（四库提要）对此作了如下解释：

> 案：公私仪注，《隋志》皆附之“礼类”。今以朝廷制作，事关国典者，隶“史部政书类”中。其私家仪注，无可附丽，谨汇为“杂礼书”一门，附“礼类”之末。（《四库全书总目》卷二十二·经部二十二·礼类四）

据此，“仪注”诸书中“事关国典者”就分类为“政书”，“私家仪注”则分类为“杂礼书”。在《四库全书总目》中，作为国家层次的仪注书列举了唐朝《大唐开元礼》、宋朝《政和五礼新仪》、明朝《明集礼》等，而将朱熹的《家礼》归入“杂礼书”中。当然，这里所说的“杂礼书”仅仅是以经学为正统的角度下做的分类，其定位颇低，但实际上，如在本书中也反复叙述的，《家礼》作为一种日用礼仪实践手册在人们的日常生活中发生过巨大的影响。这些仪式程序（manual）的礼书，从广义上来说，也可属于“礼制”的领域。

此外，还有研究在礼仪中使用的器物、服饰等东西的学问，传统上，聂崇义的《三礼图集注》等考证工作就相当于此。

这样看来，可知所谓的礼学涉及的领域十分广泛，总括起来应该如下：

经学——关于《仪礼》《周礼》《礼记》的注释、著作　目的：

阐明礼仪的基本原则

礼制——礼仪实践的著作　目的：表示礼仪实践的应用方式

1. 通礼——实践诸礼的资料汇编

2. 仪注——国家层次（政书）、私人层次（私家仪注）

3. 名物——器物、服饰等的考据

虽然这只是一个很粗略的分类，但由此我们可知，“礼”并不是单纯的观念，而是要求以可见的形式付诸实践（performance）的，因此，“礼”在历史上持续实行，“礼制”方面的各种著作也十分浩瀚。所谓“礼学”，从广义上说，就是包括所有这些方面的学问。

那么，这样的礼学方面的研究情况又如何呢？本书的第一章和第二章中对此讨论了一些，但总的说来，近代以来，此领域的研究与其他领域的学问相比，不得不说是相当稀少，甚至寥寥无几。

现在按我的记忆随便举例，在近现代中国，到一九八〇年代为止，积极推动礼学研究的人物只有张锡恭、王国维、曹元弼、人民共和国以后继承曹元弼的沈文倬，以及杨宽等人而已。在台湾，虽然在一九七〇年代开展了“仪礼复原研究”，但此只是一种孤立研究，似乎当时并没有引起特别的反响。尤其应该指出的是，在近代学制中，儒教的研究被分类在“中国哲学”的领域，致使礼学在儒教研究中被搁置不理。这种倾向在中国尤为显著，但是关于这种近代的学问划分导致的问题，在这里就不多作讨论了。另外，礼仪只是封建残余这一观念，似乎也阻碍了礼学研究的继承与发展。就上面提及的沈文倬而言，他所从事的礼学研究，正是“存亡继绝的工作”（王元化《贺信》，《礼学与中国传统文化》，中华书局，2006 年）。

与此相比，在日本近代还相对保留了汉学的传统，可以举出加藤虎之亮、服部宇之吉、加藤常贤、宇野精一、藤川正数、川原寿一、西冈弘、影山诚一、池田末利、栗原圭介、林巳奈夫等人的名字。不过，即便如此，他们的礼学研究还是被认为是颇为特殊的，不免给人一种“有点古怪”的印象。说到底，它只是旁系，或者只不过是为了理解中国哲学等“主流”的辅助手段而已。在这种情况下进行的他们的研究虽是很宝贵的，但其范围还很狭隘，仍是以中国古代为中心，几乎没有涉及宋代以后的近世时期。

总的说来，近代以后，礼学的研究长期处于“不绝如线”的状态，给人一种奄奄一息、勉强维系生命的印象。特别是本书中研讨的《家礼》研究，在近代以后，除了一些讨论其真伪问题的文章之外，基本上几乎没有人关注。这种状况在中国、日本、韩国基本上都是一样的。

宋代的张载曾经高唱“为去圣继绝学”（《张子语录》）的理想。在激进的近代化、西化的浪潮中濒临断绝的礼学以及《家礼》的研究，自一九九〇年代以后却逐渐复兴，现在出现了很多成果，与我开始研究礼学时相比，不禁有隔世之感。本书虽然并不是为“去圣”（去世的古圣人）而撰写的，但是在继承“绝学”这一方面，与近年来不断出现的其他相关著作一样，或亦可有羽翼之功。至于《家礼》在日本的接受史，至今研究还很少，本书在这方面也会有一定的意义。

最后附记一下本书书名的由来。本书原本要称为“东亚《家礼》思想研究”，但经过一些商量后，决定名为“爱敬与仪章：东亚视域中的《朱子家礼》”。如上所述，儒教不仅有思想层面，也有礼仪层面，家礼关涉的不仅是思想上的事，因此不用“思想”两个字了。关于“爱敬”与“仪章”两个词，取自朱熹《家礼序》开头的一节：

凡礼，有本有文。自其施于家者言之，则名分之守，爱敬之实，其本也。冠昏丧祭仪章度数者，其文也。

据此，所谓礼需要兼备“本”（实质）与“文”（形式）两个方面，而“本”与“文”的核心是“爱敬”之情和“仪章”之饰。以感情与文饰的混合（hybrid）说明礼的成立，是中国传统的思考方式，《礼记·坊记篇》“礼者，因人之情而为之节文，以为民坊者也”、《孟子·离娄篇上》“仁之实，事亲是也；义之实，从兄是也。智之实，知斯二者弗去是也；礼之实，节文斯二者是也”等语都表明了这一点。朱熹注云“节文，谓品节文章”，意思是对“仁”“义”的真实情感加以调节、文饰，才能成为礼仪。因此《家礼》主张，在举行冠婚丧祭时，人不仅要怀着爱敬家族的亲切感情，还要按照礼仪规定举行仪式才行。“爱敬”与“仪章”这两个词虽然平淡，但却很好地表现出了强调实质与形式、内与外、主观和客观的《家礼》一书的本质。

此外，本书的书名里使用了《朱子家礼》一词。当然，《家礼》是原来的名称，但为了便于一般读者理解而用了《朱子家礼》。

本书是首次在中国出版，在日本尚未出版。礼学以及《家礼》

的研究今后仍要继续下去，本书是在这个过程中取得的一个成果。当编辑本书之时，很多朋友和学生都予我以帮助，参与了翻译工作，在此表示衷心的感谢，并希望学界同仁指正、赐教。

吾妻重二

2021 年 4 月 18 日